O DICIONÁRIO DA BRUXARIA

O DICIONÁRIO DA BRUXARIA

DOREEN VALIENTE

TRADUÇÃO

Carolina Candido

goya

O DICIONÁRIO DA BRUXARIA

TÍTULO ORIGINAL:
An ABC of Witchcraft

REVISÃO:
Tássia Carvalho
Hebe Ester Lucas

CAPA, SOBRECAPA E ILUSTRAÇÕES:
Mateus Acioli

ILUSTRAÇÃO DE QUARTA CAPA:
Luis Aranguri

DIAGRAMAÇÃO:
Juliana Brandt

**DADOS INTERNACIONAIS DE CATALOGAÇÃO NA PUBLICAÇÃO (CIP)
DE ACORDO COM ISBD**

V172d   Valiente, Doreen
O dicionário da bruxaria / Doreen Valiente ; traduzido por Carolina Candido.
São Paulo, SP : Goya, 2025.
512 p. ; 16cm x 23cm.

Tradução de: An ABC of Witchcraft
Inclui índice.
ISBN: 978-85-7657-661-7

1. Bruxaria. 2. Dicionário. I. Candido, Carolina. II. Título.

                  CDD 133.43
2025-363   CDU 133.4

ELABORADO POR ODILIO HILARIO MOREIRA JUNIOR - CRB-8/9949

ÍNDICES PARA CATÁLOGO SISTEMÁTICO:
1. Bruxaria 133.43
2. Bruxaria 133.4

COPYRIGHT © DOREEN VALIENTE, 1973
COPYRIGHT © EDITORA ALEPH, 2025

PUBLICADO PRIMEIRO NA GRÃ-BRETANHA SOB O TÍTULO
AN ABC OF WITCHCRAFT, DE DOREEN VALIENTE, EM 1973 E
1994, POR ROBERT HALE, SELO DE THE CROWOOD PRESS LTD,
THE STABLE BLOCK, CROWOOD LANE, RAMSBURY,
MARLBOROUGH, WILTSHIRE, SN8 2HR.

**TODOS OS DIREITOS RESERVADOS.
PROIBIDA A REPRODUÇÃO, NO TODO OU EM PARTE,
ATRAVÉS DE QUAISQUER MEIOS, SEM A DEVIDA AUTORIZAÇÃO.**

goya

é um selo da Editora Aleph Ltda.

Rua Bento Freitas, 306, cj. 71
01220-000 – São Paulo – SP – Brasil
Tel.: 11 3743-3202

WWW.EDITORAGOYA.COM.BR

@editoragoya

SUMÁRIO

13 ÍNDICE DE ILUSTRAÇÕES

15 NOTA DE EDIÇÃO

17 PREFÁCIO DA EDIÇÃO DE 1994

23 INTRODUÇÃO

29 ADIVINHAÇÃO

32 ADORAÇÃO DA LUA

36 ADORAÇÃO FÁLICA

40 AIRTS, OS QUATRO

42 ALFABETOS MÁGICOS

45 AMULETOS

47 ANEL DE CHANCTONBURY

48 ANTIGUIDADE DA BRUXARIA

53 APULEIO, LÚCIO

55 ARADIA

61	ARTE DAS CAVERNAS, RELIGIOSA E MÁGICA
66	ÁRTEMIS
67	ÁRVORES E BRUXARIA
74	ASSASSINATO RITUAL
79	ASSOMBRAÇÕES RELACIONADAS COM A BRUXARIA
82	ASTROLOGIA
86	ATHAME
87	ATHO, UM NOME DO DEUS CORNÍFERO
89	ATLÂNTIDA, TRADIÇÕES COM ORIGEM EM
91	AUSTRÁLIA, BRUXARIA NOS DIAS ATUAIS NA
93	AVALON
97	BAPHOMET
102	BÍBLIA, REFERÊNCIAS À BRUXARIA NA
103	BOLAS DE BRUXA
106	BROCKEN, O
109	BRUXA DE SCRAPFAGGOT GREEN
112	BRUXARIA
123	CALDEIRÃO
125	CANON EPISCOPI
127	CARTAS DE TARÔ

- 131 CAVALOS E BRUXARIA
- 135 CIGANOS E BRUXARIA
- 138 CIMARUTA
- 139 CÍRCULO MÁGICO
- 141 COLINAS ASSOCIADAS À BRUXARIA
- 145 CONEXÕES DO ORIENTE COM A BRUXARIA EUROPEIA
- 153 COTSWOLDS, BRUXARIA EM
- 156 COVEN
- 162 CRENÇAS BÁSICAS DAS BRUXAS
- 165 CRISTALOMANCIA
- 170 CROWLEY, ALEISTER

- 175 DANÇA, SEU USO NA BRUXARIA
- 178 DEE, DR. JOHN
- 180 DEMONOLOGIA
- 184 DEUS CORNÍFERO
- 189 DIABO
- 196 DIANA
- 199 DIGITÁLIS
- 199 DORSET OOSER
- 202 DRAKE, SIR FRANCIS
- 203 DRUIDAS, SUAS LIGAÇÕES COM A BRUXARIA

207	ELEMENTOS, ESPÍRITOS DOS
208	ENCANTAMENTOS DE AMOR
214	ENCRUZILHADAS COMO PONTOS DE ENCONTRO DE BRUXAS
215	ERVAS USADAS POR BRUXAS
218	ESBÁ
221	ESCADA DE BRUXA
223	ESTADOS UNIDOS DA AMÉRICA, BRUXARIA NA ATUALIDADE
231	EVOCAÇÃO
235	FADAS E BRUXAS
242	FAMILIARES
249	FERTILIDADE, CULTO À
254	FLAGELAÇÃO, SEU USO EM RITUAIS POPULARES
259	FOGUEIRAS
262	FÓSSEIS USADOS COMO TALISMÃS
265	GARDNER, GERALD BROSSEAU
273	GATOS COMO FAMILIARES DE BRUXOS E BRUXAS
277	HALLOWEEN
279	HÉCATE

281	HIPNOSE E BRUXARIA
285	HOMEM ERETO, O [THE UPRIGHT MAN]
288	HOMEM VERDE, O
289	HOPKINS, MATTHEW
297	IMAGENS USADAS NA MAGIA
302	INCENSO, USOS MÁGICOS DO
305	ÍNCUBOS E SÚCUBOS
312	INICIAÇÕES
315	INVOCAÇÕES
319	JANICOT
323	JARROS BELARMINO
326	JEJUM SOMBRIO
327	KYTELER, DAME ALICE
333	LAMMAS
334	LEIS CONTRA A BRUXARIA
341	LELAND, CHARLES GODFREY
344	LIGAS COMO SINAIS DISTINTIVOS DE BRUXAS
345	LILITH

- 346   LIVRO DAS SOMBRAS
- 347   LOBISOMENS
- 353   MÃE SHIPTON
- 356   MAGIA
- 359   MAGIA CERIMONIAL E A DIFERENÇA PARA A BRUXARIA
- 361   MAGIA DO FOGO
- 363   MALDIÇÕES FAMOSAS
- 367   MANDRÁGORA
- 372   MANSON, CHARLES
- 377   MARCA DO DIABO
- 380   MAU-OLHADO
- 385   MISSA NEGRA
- 389   MORTE NA FOGUEIRA COMO PUNIÇÃO PARA AS BRUXAS
- 391   MURRAY, MARGARET ALICE
- 395   NUDEZ RITUAL
- 399   NÚMEROS, SIGNIFICADO OCULTO DOS
- 403   OVNIs
- 405   PÃ

408 PEDRAS E CÍRCULOS DE PEDRA

412 PEDRAS FURADAS

414 PENTAGRAMA

416 PERSEGUIÇÃO ÀS BRUXAS

424 PLANO ASTRAL

427 PORTA NORTE

431 QUATRO PODERES DO MAGO, OS

432 QUINTESSÊNCIA

437 QUIROMANCIA

441 REALEZA, LIGAÇÕES COM A BRUXARIA

446 REENCARNAÇÃO

451 SABÁ

461 SUMMERS, MONTAGUE

465 TORTURA USADA CONTRA BRUXAS

473 UNGUENTOS PARA VOAR

481 VAMPIROS

485   VARA *BUNE*

486   VASSOURA DE PALHA OU *BESOM*

489   VELHO, O

491   X — O SINAL DA CRUZ

495   YULE

499   ZODÍACO

503   ÍNDICE REMISSIVO

511   SOBRE A AUTORA

ÍNDICE DE ILUSTRAÇÕES

43   ALFABETOS MÁGICOS. Exemplos de alfabetos tirados de *O mago*, de Francis Barrett.

68   ÁRVORES E BRUXARIA. A Árvore do Mundo, Yggdrasill.

88   ATHO, o deus cornífero da bruxaria, como mostrado em uma pintura da autora.

98   BAPHOMET, o deus dos cavaleiros templários, tirado de *Transcendental Magic*, de Éliphas Lévi.

108 BROCKEN, O. Uma antiga gravura. "O espectro do Brocken."

138 CIMARUTA. Ilustração de um cimaruta.

190 DIABO. Duas xilogravuras que ilustram concepções do Diabo.

194 DIABO, CAÇADA SELVAGEM. Uma antiga gravura da Caçada Selvagem cavalgando o vento noturno sob a lua cheia.

210 ENCANTAMENTOS DE AMOR. Uma jovem bruxa realiza um feitiço de amor em "O Encanto do Amor", do Mestre do Baixo Reno, um artista flamengo desconhecido do século 15.

219 ESBÁ. *A Diversão das Bruxas*, de uma gravura do artista George Cruikshank, do século 19.

257 FLAGELAÇÃO. "Eles sacrificam para os demônios, e não para Deus" são as palavras que se leem nessa miniatura de um manuscrito francês do *Civitas Dei*, de Santo Agostinho, datado do século 15.

274   GATOS COMO FAMILIARES DE BRUXOS E BRUXAS. *The Woman, the Fool and his Cat*, pintura de Jacob Jordaens, século 17.

306   ÍNCUBOS E SÚCUBOS. Desenho de um livro de Jules Bois, ocultista francês do século 19.

324   JARROS BELARMINO. Um exemplar do século 17.

368   MANDRÁGORA. Raízes com formas estranhas, reproduzidas a partir de gravuras antigas que as declaravam genuínas.

382   MAU-OLHADO. Amuletos de bruxas contra mau-olhado: *mano in fica* e *mano cornuta*.

398   NUDEZ RITUAL. Gravura de quatro bruxas, criada por Albrecht Dürer.

415   PENTAGRAMA. Homem, o microcosmo; o pentagrama de Cornélio Agrippa.

417   PERSEGUIÇÃO ÀS BRUXAS. Xilogravura mostrando o "teste da água" das bruxas, do folheto "Witches Apprehended, Examined and Executed", publicado em Londres em 1613.

452   SABÁ, O. Miniatura francesa do século 15 mostrando um encontro de bruxas.

455   SABÁ, O. A ideia seiscentista de um sabá de bruxas, em *Tableau de l'inconstance des mauvais anges et démons*, de Pierre de Lancre.

501   ZODÍACO. O zodíaco de Glastonbury.

NOTA DE EDIÇÃO

A editora Goya optou por manter o texto de Doreen Valiente tal como concebido por ela no início dos anos 1970, preservando conceitos e informações eventualmente datados, bem como anacronismos que possam causar estranhamento ao leitor atual. Além do conteúdo amplo e riquíssimo, O *dicionário da bruxaria* é um mergulho no universo da autora, uma das figuras mais importantes da wicca moderna que generosamente compartilhou seu conhecimento e o deixou como legado.

PREFÁCIO DA EDIÇÃO DE 1994

Já faz vinte anos que a primeira edição deste livro foi publicada. Durante esse período, muitas coisas aconteceram na comunidade da bruxaria e em relação ao paganismo em geral. O impacto do que veio a ficar conhecido como Nova Era, que previ no verbete "Astrologia", contido neste livro, foi sentido no mundo inteiro.

O colapso da ordem social associado ao término da Era de Peixes aumentou em um ritmo alarmante. Assim como a turbulência associada a isso. Mas, ao mesmo tempo, o movimento verde ganhou fôlego. As pessoas que querem salvar florestas, plantas, animais e pássaros das nossas áreas rurais já não são mais chamadas de fanáticas. O perigo que nosso planeta corre é reconhecido por governos do mundo inteiro.

Não foram forças militares que destruíram o Muro de Berlim ou derrubaram o grande monólito que foi o comunismo soviético, mas sim algo como explosões revolucionárias do espírito humano. Os ventos da Era de Aquário estão começando a soprar.

O impacto da Nova Era começa a ser percebido em nossos centros comerciais, com o surgimento de lojas vendendo livros, baralhos de tarô, cristais e até mesmo acessórios para rituais de bruxaria! O que o velho Gerald Gardner diria se tivesse vivido para presenciar isso? Goste ou não, o marketing da magia está entre nós, e os esforços dos fundamentalistas cristãos não foram capazes de impedi-lo. Aqui em Brighton, Sussex, quando uma dessas lojas abriu, a proprietária viu um grupo barulhento desses oponentes montar um piquete na tentativa de impedir as pessoas de entrar. Sem se deixar intimidar, ela chamou a polícia, que logo expulsou os manifestantes. Eles nunca mais voltaram. De fato, desde aquele confronto, muitas outras lojas semelhantes surgiram.

Contudo, as coisas não correram tão bem em outras partes da Grã-Bretanha e dos Estados Unidos. Jornais nos informavam dos ataques incendiários sofridos por lojas dessa natureza, supostamente cometidos por fundamentalistas cristãos. Conferências que tratavam de assuntos relacionados à mediunidade foram canceladas após os proprietários de dois estabelecimentos onde elas ocorreriam receberem ameaças de bomba por telefone. Aconteceu a mesma coisa em uma feira de mediunidade, cujo hotel que a sediava sofreu ameaças de bomba. Ainda existem pessoas que julgam ter o dever religioso de queimar bruxas — literalmente!

O novo fenômeno das feiras de mediunidade tem se tornado muito popular, apesar de todos os esforços dos extremistas cristãos. Além disso, bruxas ilustres são frequentemente convidadas para palestrar em tais eventos, fazendo com que o conceito da religião antiga tenha mais aceitação pública do que antes.

A palavra "wicca" tem sido utilizada na língua inglesa como equivalente a Antiga Religião, apesar de não significar estritamente "bruxaria". Na verdade, a melhor tradução seria "um bruxo homem". O equivalente feminino era *wicce*, mas Gerald Gardner julgou — erroneamente — que *wicca* fosse um sinônimo para bruxaria, e seu erro tem sido replicado desde então. Entretanto, o termo se mostrou útil para as crenças das bruxas modernas, uma vez que serve para distingui-las de associações com o satanismo. O Museu da Bruxaria de Gerald Gardner, em Castletown, na Ilha de Man, foi vendido por seus herdeiros e a coleção se dispersou — algo que as bruxas britânicas nunca perdoaram. Mas seu legado permanece vivo, e todos os atuais seguidores da wicca têm uma dívida com ele.

Quando este livro foi editado pela primeira vez, os rituais modernos de bruxaria, como descritos no *Livro das sombras* de Gerald Gardner, nunca tinham sido publicados de forma autêntica. Entretanto, havia versões roubadas e deturpadas do livro em circulação. Por isso, quando conheci Stewart e Janet Farrar, decidi que tinha chegado a hora de apresentar a versão verdadeira do velho *Livro das sombras*. E foi isso que fizemos nos livros de Stewart e Janet Farrar, *Eight Sabbath for Witches* (Londres: Robert Hale, 1981) e *The Witches Way: Principles, Rituals and Beliefs of Modern Witchcraft* (Londres: Robert Hale, 1984). Alguns setores ficaram bastante indignados com a publicação desses livros, e mais indignação se seguiu após o lançamento do meu livro, *The Rebirth of Witchcraft* (Londres: Robert Hale, 1989), no qual contei, pela primeira vez, a história por trás do renascimento da bruxaria moderna e o papel de Gerald Gardner nele. Perdi alguns amigos, fui criticada e insultada por causa dos meus escritos, mas não me arrependo de nada.

Não há dúvida de que a bruxaria evoluiu muito desde os tempos de Gardner. Poucos covens ainda insistem na nudez ritual ou praticam rituais mais controversos envolvendo sexo ou flagelação. Na minha opinião, isso só traz benefícios, mas é claro que outros podem discordar. Eu sinto, no entanto, que a bruxaria tem a ver com os poderes ocultos da mente humana. A parafernália dos rituais serve apenas para criar a atmosfera adequada a fim de que esses poderes possam se manifestar.

Hoje, muita gente questiona se existe mesmo a necessidade da velha estrutura do coven. Precisamos mesmo de um grupo que faça juramento de segredo e que seja dominado por uma Suma Sacerdotisa ou um Mestre para, só então, seguir a Antiga Religião? Não há dúvida de que a estrutura de conventículo permitiu que a Antiga Religião sobrevivesse aos anos de perseguição que as bruxas chamam de "Era das Chamas" (em inglês, conhecido como "the Burning Times"). Nem há qualquer dúvida de que, atualmente, alguns extremistas gostariam de reacender essas chamas da perseguição. Mas outros métodos de autodefesa estão disponíveis no presente. A liberdade religiosa é um direito garantido por lei, o que não existia no passado. Há, na Grã-Bretanha e nos Estados Unidos, associações que lutam contra a difamação disseminada por intolerantes fundamentalistas. Paganismo e wicca estão no caminho para se tornarem crenças religiosas reconhecidas.

Gerald Gardner afirmou que "você não pode ser uma bruxa isolada". Essa ideia é repudiada por muitos nos dias atuais, e acho que com razão. Bruxas solitárias, pessoas que trabalham por conta própria, ou aquelas que trabalham com um parceiro e talvez mais uma ou duas pessoas são, na minha experiência, tão poderosas — e muitas vezes até mais — que a maioria dos covens. E a decisão de se apresentarem ao olhar público como bruxas ou manter segredo cabe só a elas.

Em geral, houve grande avanço na disseminação da bruxaria e do paganismo nos Estados Unidos desde que este livro foi escrito. Muito disso está ligado ao crescimento do movimento feminista e de adoração às deusas. Autoras como Zsuzsanna Budapest e Starhawk criaram versões novas de um *Livro das sombras*, voltadas para os sentimentos das mulheres de hoje. Na Austrália, o paganismo e a bruxaria agora também estão difundidos, e a arte de Rosaleen Norton, a notória "Bruxa de King's Cross" de tempos atrás, está começando a ser apreciada em vez de denunciada.

Desde que escrevi o verbete intitulado "assassinato ritual", houve um avanço extraordinário desse tema, tanto na Grã-Bretanha quanto nos Estados Unidos. Alegações sensacionalistas, feitas em sua maior parte por cristãos evangélicos, diziam que centenas — até milhares — de bebês e crianças estavam sendo sacrificadas por satanistas, dentre os quais as bruxas. Parece que essas histórias começaram com a publicação de um livro intitulado *Michelle Remembers*, de Michelle Smith e Lawrence Pazder (Nova York: Congdon & Lattes, 1980), que narra como uma jovem chamada Michelle, durante uma sessão de terapia com o dr. Pazder, supostamente se lembrou de abusos terríveis que sofreu durante a infância em nome do satanismo. Li o livro assim que foi lançado e o descreditei como pura fantasia. Não havia uma evidência sequer para apoiar as alegações que continha. No entanto, parece que a história aguçou a imaginação de cristãos fundamentalistas nos Estados Unidos. Depois dele surgiram tantos outros livros parecidos que um colunista cético de um jornal britânico chamou essa produção de "indústria caseira".

Logo foram criadas associações para combater esse mal horrível. Realizaram-se seminários em que assistentes sociais e policiais eram doutrinados sobre a existência de satanismo, magia das trevas, assassinato ritual, rituais de abuso infantil e a promoção generalizada do reino de Satã na Terra. Fomos solenemente informados de que isso estava acontecendo das mais diversas maneiras, de logotipos em embalagens de detergente ao ato de jogar *Dungeons and Dragons*. Um fabricante de detergente precisou até mudar o logo de sua marca devido à indignação contra suas supostas implicações ocultas.

As consequências dessa campanha teriam sido engraçadas se não tivessem sido tão sérias. Os resultados, porém, foram horríveis.

A campanha se espalhou para a Grã-Bretanha. Manchetes perturbadoras apareceram em nossos jornais, narrando histórias de crianças aos prantos que eram, literalmente, arrancadas dos braços de pais confusos por assistentes sociais, com o apoio da polícia, sob alegações de "abuso em ritual satânico". Mulheres começaram a aparecer na televisão com relatos impressionantes de que fizeram parte de covens de magia das trevas e de serem usadas para gerar bebês que seriam sacrificados a Satã. Alegavam terem testemunhado sacrifícios criminosos. O estranho, no entanto, era que nenhuma das histórias tinha chegado até a polícia antes. Essas pessoas contavam suas narrativas para a mídia com prazer, mas quando eram questionadas se tinham procurado as autoridades, diziam que não o faziam por medo de represálias. Quando a polícia insistia em entrevistá-las para conduzir uma investigação, não encontrava nenhuma evidência que corroborasse o que diziam. Dadas as possibilidades da ciência forense moderna, acho isso muito estranho. Tantos sacrifícios que aconteceram na Grã-Bretanha e nos Estados Unidos e, mesmo assim, não há nenhum corpo, nenhuma mancha de sangue, nenhum osso — nada!

Com o tempo, a opinião pública nesse país começou a mudar. Pais se juntaram e tomaram providências legais para reaver seus filhos. Grande parte obteve sucesso nessa empreitada, ao mesmo tempo que assistentes sociais excessivamente zelosos se viram desmoralizados. Dois documentários contundentes na televisão ajudaram a expor a verdade. O primeiro foi ao ar na série *Panorama*, da BBC, em dezembro de 1992, apresentado por Martin Bashir. O programa revelou como todo o enredo satânico fora importado dos Estados Unidos e como a mente das crianças tinha sido manipulada de acordo com essa trama. O segundo programa foi ainda mais mordaz. Chamado *In Satan's Name*, produzido por Anthony Thomas para a ITV, o documentário foi ao ar em junho de 1993 e revelou todo o processo de criação do mito da teoria satânica nos Estados Unidos, além de citar Kenneth Lanning, do FBI, que considerou os apoiadores de tais alegações "totalmente alheios à razão".

Kenneth Lanning também contribuiu com um artigo especial para um importante livro intitulado *Satanism in America: How the Devil Got Much More*

Than His Due (Gaia Press: El Cerrito, Califórnia). Os anais desse simpósio, que reuniu inúmeros escritores com autoridade na área, deveriam ser lidos por todos que têm verdadeiro interesse nesses assuntos.

Isso significa, entretanto, que devemos ignorar toda e qualquer história de magia das trevas que envolvam abuso infantil, sacrifícios de sangue ou assassinato ritual? Gostaria muito de poder dizer que sim, mas não posso. Em primeiro lugar, já conheci pessoas no mundo do oculto que seriam doidas e malvadas o bastante para fazer esse tipo de coisa a fim de obter poder, caso soubessem que não sofreriam consequência alguma. Em segundo lugar, existem indícios reais, tanto antigos quanto contemporâneos, de crimes que foram cometidos em nome da magia das trevas. Eu tenho recortes de jornais de casos que foram a julgamento e comprovados. Um dos piores efeitos colaterais do grande mito do ritual satânico de abuso infantil, como descrito anteriormente, é que serviu para atrapalhar investigações que buscavam entender o que de fato acontecia.

DOREEN VALIENTE
Brighton, 1993

INTRODUÇÃO

Sim, este é um livro tendencioso de bruxaria, ainda que seja tendencioso na direção oposta à maioria dos livros que abordam o assunto. Este livro está do lado das bruxas.

Isso porque a própria autora é uma bruxa. Trezentos anos atrás, essa afirmação poderia me levar à forca. Mas os tempos mudaram. Hoje, a Arte dos Sábios até certo ponto é conhecida como uma fé pagã na qual seus praticantes podem encontrar prazer e realização.

Os céticos argumentam que a bruxaria não pode ser considerada uma religião legítima porque não possui um livro sagrado, uma liturgia sagrada nem nada que se assemelhe com as outras religiões da humanidade. Isso acontece, entretanto, porque a bruxaria é mais antiga do que todas essas coisas. A bruxaria é tão antiga quanto a própria humanidade, e não surgiu nos livros. Começa no coração. Qualquer ser humano que tenha senso de admiração, uma imaginação que possa reagir aos humores da natureza, que não esteja satisfeito com as respostas superficiais dos intelectuais e materialistas, que tenha curiosidade e sensibilidade — ele possui os fundamentos da bruxaria.

Eu me tornei bruxa há muitos anos. Quer dizer, fui iniciada em um dos muitos ramos do culto da bruxaria presentes na Grã-Bretanha hoje. E desde aquele tempo, entrei em contato com outras vertentes do culto e também fui iniciada em algumas delas.

Eu dancei no sabá das bruxas em muitas ocasiões e, ao fazê-lo, senti um prazer livre de preocupações. Fiquei sob as estrelas à meia-noite e invoquei os antigos deuses, e durante essas invocações dos poderes mais primitivos, que são a vida, o amor e a morte, senti tamanha inspiração em minha consciência que nenhuma religião ortodoxa jamais foi capaz de me proporcionar.

Contudo, reparei que, tirando um pequeno grupo de escritores, como Charles Godfrey Leland, Margaret Murray, Gerald Gardner e Robert Graves, quase todos que escreveram livros retratando bruxas as mostravam como desvairadas e perversas celebrantes da missa negra e aliadas de Satã, ou então vítimas patéticas e iludidas de histeria em massa.

Então escrevi um livro chamado *Where Witchcraft Lives* (Londres: Aquarian Press, 1962; New Jersey: Wehman, 1962), falando da bruxaria no condado onde fica meu lar atual, Sussex, e nele incluí algumas das coisas que me foram ensinadas a respeito do que as bruxas de fato faziam e no que acreditavam. Naquele tempo não pude, por motivos pessoais, dizer que era uma bruxa. Em vez disso, eu me descrevi como estudante de bruxaria.

Na verdade, eu ainda sou uma estudante. Não pretendo falar de tudo porque, ao contrário de outros que escreveram sobre esse tema, não finjo que sei de tudo. Bruxaria é um assunto importante — tão antigo quanto a raça humana e tão profundo quanto a mente humana. Eu só posso elucidar alguns aspectos em um livro como este. Ainda há outras muitas esferas a serem exploradas e, sem dúvida, muitas descobertas a serem feitas.

Quando falo "bruxaria" me refiro aos vestígios da antiga religião da Europa Ocidental, relegada à clandestinidade devido ao crescimento do cristianismo e forçada a se organizar como um culto secreto para sobreviver. Um culto que se espalhou para a América do Norte e outros lugares, levado por imigrantes europeus.

Não mencionarei a chamada "bruxaria" africana, ou a "bruxaria" de outros povos que, com prazer, consideramos primitivos, porque "bruxaria", em todos esses casos, é o termo infame e arrogante do homem branco usado para nomear aquilo em que esses povos acreditam e fazem. Não é como esses povos chamam suas crenças e costumes.

A magia, tanto das trevas quanto das luzes, é uma herança mundial. Por todo o mundo, em todas as sociedades, forças ocultas foram usadas — e, algumas vezes, mal-usadas. Bruxaria, no inglês *witchcraft*, é uma palavra anglo-saxã forjada em um período em que a antiga fé pagã e a nova fé cristã se sobrepunham; em um período em que guerreiros do rei talvez aceitassem ser batizados porque seu suserano fora batizado, mas ainda clamariam por Thor quando fossem para uma batalha; em um período em que padres missionários cristãos tentavam convencer os pagãos — os povos das pradarias — de que seus antigos deuses eram demoníacos. É uma palavra muito antiga: *witchcraft* (bruxaria) — *the craft of the wise* (a arte dos sábios). E ainda assim continua aparecendo nos lugares mais inesperados, mesmo neste novo e eficiente mundo de voos espaciais e computadores. As pessoas podem rir da bruxaria, podem temê-la, denunciá-la, podem negar sua existência, mas, de alguma maneira, parecem não conseguir se livrar dela.

Além disso, após conversar com outras pessoas e por minha própria experiência, acredito que poderes psíquicos e certos acontecimentos sejam, na realidade, muito mais comuns do que se imagina. Aqueles que passam por essa experiência costumam ter receio de falar a respeito, preocupados com o que os outros podem pensar, e isso acaba levando à ideia de excepcionalidade. A mente humana é literalmente atormentada pelo medo do desconhecido.

Muitos desses tabus têm sido derrubados atualmente. Conversas francas sobre o oculto e o paranormal andam de mãos dadas com atitudes mais liberais em relação a sexo, nudez e outros tópicos que um dia já foram proibidos. As pessoas estão começando a dizer o que de fato pensam e como se sentem em relação a esses assuntos, ao contrário do que era feito até então, quando pensavam e sentiam de determinado modo para não ofender a sociedade. Os ventos da Era de Aquário estão se levantando.

Em tempos extraordinários, não é surpresa alguma que algo aparentemente tão extraordinário como o ressurgimento da bruxaria esteja acontecendo na Europa e na América. Entretanto, as pessoas não estão tentando voltar ao passado, mas avançam em direção a uma nova sociedade, da qual fará parte um paganismo regenerado e esclarecido.

Muitos palpites infundados visam especular o real número de bruxas praticantes na Grã-Bretanha hoje. Nenhum deles é ou pode ser preciso, porque a Arte dos Sábios não é organizada sob a mesma liderança. Existem covens que buscam publicidade; outros a abominam. Existem covens que insistem no antigo conceito de nudez ritual; outros não. Existem covens que são devotos principalmente da Deusa da Lua, Diana; outros que dão maior importância ao Deus Cornífero — chame-o de Pã ou como você desejar. E há também outros covens que invocam de forma igual tanto o aspecto masculino quanto o feminino da natureza divina. Contudo, apesar dessa aparente diversidade, existe uma espécie de sentimento e atitude básicos em relação à vida que é comum a todos que possuem real conhecimento a respeito da sabedoria das bruxas.

Há uma crença geral entre as bruxas na invocação e adoração das forças da vida, dos aspectos masculinos e femininos da natureza, por meio das quais toda manifestação acontece. Esses poderes são personificados no Deus Cornífero e na Deusa da Lua, e têm muitos nomes diferentes por serem muito antigos. As bruxas acreditam que obras de arte primitivas, do tempo da Idade da Pedra, retratem as mesmas divindades que são adoradas hoje, e por isso, dizem, a bruxaria é a religião mais antiga do mundo.

O grupo ritual de treze, conhecido como coven, de maneira geral, mas não invariavelmente, segue esses princípios. Os covens acontecem uma vez por mês no período de lua cheia ou próximo a essa fase. Esses encontros mensais são chamados esbás.

Além desses, existem os sabás, que são celebrações mais importantes do ponto de vista religioso e se dividem em quatro sabás maiores e quatro sabás menores. Aos sabás maiores correspondem a Candelária, a Véspera de Maio, o Lammas e o Halloween. Os sabás menores ocorrem nos equinócios e solstícios.

Os meios de invocação são simples, como dançar, entoar cantos ou sentar de pernas cruzadas para meditar. Existem outras técnicas nos estágios mais avançados do culto que, por vezes, envolvem entrar em estado de transe. Essas práticas acontecem no interior do círculo mágico, que é desenhado para concentrar o poder que se eleva e para expulsar forças hostis. O círculo é iluminado por velas se o rito ocorrer em local fechado. Ao ar livre, costuma-se acender uma fogueira. Sempre que possível queima-se incenso, e o punhal ritualístico de cabo preto, chamado Athame, é usado para desenhar o círculo. Os participantes podem estar nus ou usar mantos e capas.

Já houve insinuações de que a bruxaria estava conectada com o uso de drogas. Eu nunca vi isso acontecer em nenhum círculo de que participei, e não acredito que desempenhe um papel importante na bruxaria moderna. Nos tempos antigos, as bruxas, sem dúvida, sabiam como fazer um uso seguro de drogas vegetais, mas grande parte desse conhecimento se perdeu.

Há uma ideia geral de que a iniciação deva ser feita sempre de um homem para uma mulher, e de uma mulher para um homem. Em outras palavras, a iniciação na bruxaria precisa ser conduzida por uma pessoa do sexo oposto. A exceção a essa regra é quando uma bruxa ou bruxo inicia o próprio filho ou filha.

Há também uma convicção geral no mundo dos espíritos, tanto humana quanto elemental. Acredita-se que as poderosas bruxas do passado ainda sejam capazes de ajudar e aconselhar suas descendentes nos dias atuais, se forem invocadas corretamente para fazê-lo.

Outro princípio geral é a crença na reencarnação, e no destino envolvido nesse conceito. Muitos membros atuais do culto das bruxas sentem que já fizeram parte dele no passado. Há, inclusive, o ditado: "Uma vez bruxa, sempre bruxa".

Ao contrário da crença popular, a postura das bruxas em relação ao cristianismo não é de hostilidade. Já ouvi falar de uma bruxa que colocou um retrato de Jesus em seu santuário particular porque, de acordo com ela, ele foi um grande bruxo de luz e conhecia o segredo do coven de treze. Entretanto, as bruxas têm pouco respeito pela doutrina das igrejas, que julgam ser um conjunto de dogmas criados pelo homem. Também não seria de se esperar que se lembrassem com carinho dos anos em que a Igreja promoveu a caça, a tortura e a morte às bruxas.

As bruxas não alegam que os rituais de hoje sejam realizados como na Idade da Pedra, sem modificações. Que religião antiga e ainda praticada pode afirmar que seus ritos são exatamente os mesmos de quando foram fundadas? Se assim fosse, não seria uma religião viva, mas fossilizada. Pelo contrário, o que as bruxas modernas praticam é uma versão atualizada de uma fé muito antiga, cuja essência fundamental permaneceu intocada.

A magia das trevas e o satanismo, duas coisas frequentemente confundidas com a bruxaria no imaginário popular, na realidade não têm nada a ver com a Arte dos Sábios, tampouco as bruxas modernas desejam ter qualquer relação com essas práticas ou com seus adeptos. Dizer que magia das trevas e satanismo não existem, tendo em vista as igrejas e cemitérios profanados que foram parar nas manchetes nos últimos anos, seria ignorar uma boa quantidade de indícios perturbadores. No entanto, as bruxas não foram as culpadas por essas ofensas.

Escrevi este livro com a estrutura aqui apresentada porque não queria que fosse só mais um título sobre bruxaria, mas algo diferente. Não vou negar minha inclinação a favorecer a Antiga Religião, mas seria essa uma postura errada depois de todas as publicações que a abordaram com tamanho preconceito?

Posso garantir a quem lerá estas páginas, porém, que não estou procurando converter ninguém, mas apresentar um outro ponto de vista. Se o leitor ou leitora se interessar ou se deixar seduzir pelo aroma do que preparei neste caldeirão, com tantos e tão variados ingredientes, ficarei contente.

Então, com a pequena runa que Charles Godfrey Leland aprendeu com as bruxas da Itália:

Que Diana, a Rainha da Lua,
Do Sol e das Estrelas,
Terra e Céu,
Conceda-lhe sorte!

Doreen Valiente
Brighton, 1972

ADIVINHAÇÃO

Adivinhação é o nome dado à arte de prever o futuro, ou descobrir coisas escondidas por meios mágicos.

É uma prática tão antiga quanto a própria humanidade, e inúmeros meios foram e ainda são utilizados para esse fim. Cartas, xícaras de chá e leitura de cristais são muitas vezes usados por pessoas que negam — muito indignadas — estar praticando bruxaria ou mesmo magia. No entanto, a adivinhação em todas as suas formas sempre foi uma parte importante do ofício da bruxa.

É difícil dizer qual a forma mais antiga de adivinhação, talvez ver imagens no fogo, ou ouvir as vozes do vento, ou o som de um riacho ou cachoeira. Mesmo o indivíduo bastante "civilizado" e intelectualizado de hoje — ao acalmar a mente pensante e se sintonizar com as forças mais sutis da natureza na atmosfera — pode alcançar certa mensagem, uma percepção do subconsciente, por esses meios.

Muitas pessoas têm a ideia errada de que a clarividência envolve, necessariamente, o ato de entrar em transe, mas não é assim. Tem a ver com um grau de quietude, sintonia e percepção; com a capacidade de deixar de lado por um tempo toda a confusão e burburinho da vida cotidiana e permitir que os pensamentos se expressem e digam o que veem, seja por meio de visão simbólica ou de uma voz interior, seja apenas por impressão intuitiva.

Como a clarividência muitas vezes transmite seu significado por meio de símbolos, encontramos várias listas de símbolos e os significados a eles relacionados, como a leitura de uma xícara de chá. Entretanto, não é preciso memorizar uma lista desse tipo e segui-la de forma mecânica, embora possa ser útil para o iniciante fazer isso, porque *o que de fato importa é o que um símbolo significa para quem o está lendo*.

Por exemplo, a imagem de um cão costuma figurar nessas listas como a representação de "um amigo fiel". Mas suponhamos que a pessoa que lê a xícara não goste de cães e tenha medo deles? Tal significado dificilmente se aplicaria nesse caso. Portanto, o fator individual sempre entra na interpretação de quaisquer símbolos divinatórios, e isso deve ser permitido.

Contudo, como os psicólogos estão descobrindo em suas interpretações dos sonhos, muitos símbolos possuem um significado mais ou menos universal, e qualquer pessoa que queira praticar adivinhação com seriedade irá se beneficiar com o estudo do simbolismo em todas as suas muitas manifestações.

Esta escritora pode atestar por experiência própria que, se a adivinhação for praticada com seriedade, produzirá resultados valiosos. Se, por outro lado, isso for feito "apenas para dar risada", ou no espírito de "Oh, está bem, vamos tentar, mas é claro que não vai funcionar", então, obviamente, não se pode esperar bons resultados.

Às vezes, conjuntos já prontos de símbolos são usados para adivinhação. É muito provável que as pedras pintadas, com frequência encontradas nas cavernas um dia habitadas pelo homem da Idade da Pedra, tenham sido utilizadas para esse fim. Mais tarde, à medida que a civilização avançava, o ser humano desenvolveu métodos muito mais sofisticados, como o *I Ching* da China Antiga, as cartas de tarô de origem misteriosa e desconhecida ou os dezesseis símbolos usados no sistema ocidental de geomancia.

O essencial é que o adivinho tenha algum conjunto básico de símbolos com os quais esteja familiarizado e que transmitam um significado definido, mas que sejam, no entanto, flexíveis o bastante para dar asas aos poderes da percepção psíquica. Também é necessário que a pergunta seja feita de forma precisa e com concentração, com desejo real de obter uma resposta verdadeira. Além disso, a seleção de símbolos significativos deve ser aleatória e realizada pela mente subconsciente sem interferências. Não deve haver nenhuma tentativa de forçar ou distorcer a resposta.

A coisa mais difícil para um adivinho estabelecer é o tempo, ou seja, *quando* a coisa vai acontecer. De modo geral, algumas regras sobre isso são definidas de acordo com o método de adivinhação adotado. Ao ler os símbolos formados pelas folhas de chá, por exemplo, supõe-se que aquelas mais próximas da borda da xícara estejam a pequena distância em termos de linha do tempo, sobretudo as folhas mais próximas da alça pela qual você segura a xícara, porque isso representa a pessoa para quem você está lendo. As folhas que ficam no fundo da xícara estão desaparecendo ao longe, no futuro. Mas, em última instância, a *sensação* do adivinho sobre uma manifestação em particular é o mais importante.

Várias pequenas cerimônias estão relacionadas à adivinhação, a fim de atrair as influências certas e garantir o êxito do ritual. Por exemplo, na leitura de xícaras de chá, somos instruídos a girar o que restou da infusão três vezes ao redor da xícara, depois virá-la de cabeça para baixo no pires e dar três batidas leves na base antes de tentar ler as folhas. O que isso faz na verdade é distribuir bem as folhas e dar tempo para o líquido escorrer, melhorando assim as chances de leitura.

As pessoas podem zombar da simplicidade da leitura em xícaras de chá, mas, na verdade, é um meio muito prático de adivinhação. As formas aleatórias das folhas dão à consciência profunda algo a partir do qual pode formar imagens com significados, mais ou menos como o teste do borrão de tinta, que é um método convencional de teste psicológico. Além disso, o fato de a pessoa ter acabado de beber o chá e, portanto, ter estado em contato íntimo com a xícara, colocou por um período de tempo a influência dessa pessoa sobre o recipiente e seu conteúdo.

Os métodos usados para adivinhação em todas as épocas e países são muitos, mas os princípios básicos explicados neste verbete são a base de todos eles. Porém, deve-se fazer uma distinção entre a adivinhação pelo uso de algum método de sinais, como a distribuição de cartas de tarô, e a adivinhação por presságios que acontecem espontaneamente. Conhecer o significado deste último é um estudo oculto em si.

Embora tenha sido durante muito tempo ridicularizada como mera superstição, a observação de eventos estranhos e curiosos recuperou a respeitabilidade graças aos psicólogos da escola de Carl Jung, que lhe deram o nome de "sincronicidade". É maravilhoso o que uma palavra longa e sonora pode fazer! O estudo da bruxaria é muitas vezes condenado, mas o estudo da percepção extrassensorial, da hipnose, dos fenômenos psíquicos, da projeção astral, da telepatia etc. é hoje realizado por professores renomados em muitas universidades. No entanto, todas essas coisas faziam parte da bruxaria no passado, e eram geralmente incluídas nessa categoria.

(*Ver* CARTAS DE TARÔ; CRISTALOMANCIA.)

ADORAÇÃO DA LUA

"Se olhei para o sol resplandecente ou para a lua que caminha com esplendor, e meu coração se deixou seduzir secretamente, e minha mão lhes enviou um beijo; também isto seria um crime digno de castigo, pois teria renegado ao Deus do alto."

Essas palavras do Livro de Jó, considerado o livro mais antigo da Bíblia, testemunham a antiguidade da adoração da Lua. Além disso, testemunham a sedução da Lua e o medo do escritor de despertar a ira ciumenta de Javé ao realizar o antigo rito de saudá-la.

Enquanto luminar mais visível da noite e corpo celeste mais próximo da nossa Terra, a Lua pende como um espelho mágico brilhante, refletindo os sonhos do homem. Da Idade da Pedra à era das viagens espaciais, ela enfeitiçou e seduziu a humanidade.

A Lua sempre foi considerada feminina, embora existam muitos deuses lunares, bem como deusas lunares. A psicologia confirmou isto: na vida onírica do homem, a Lua é um símbolo da influência feminina, especialmente da mãe. Os deuses lunares — dos quais o nosso antigo livro de histórias, *Homem na Lua*, é o último vestígio — representavam os poderes positivos da Lua, quando ela está crescendo ou aumentando seu brilho.

A relação da Lua com a fertilidade humana foi notada por nossos antepassados distantes, haja vista que ela gira em torno da Terra em cerca de 28 dias, o período do ciclo menstrual de uma mulher, e essa foi outra razão para considerar a Lua feminina. No entanto, esse astro também rege as secreções fluidas do corpo, no jargão astrológico, e isso inclui o fluido seminal, branco e perolado. Assim, o sêmen e o sangue menstrual, sinais e elementos essenciais da fertilidade humana, são igualmente governados pela Lua.

Ela também governa as marés, que são mais altas nas fases de lua nova e lua cheia. Para as antigas comunidades de pesca, isso era muito importante. Mas ainda mais importante é a antiga crença na influência da Lua sobre as marés da energia psíquica e dos assuntos humanos.

Hoje há uma diferença de opinião a esse respeito. Algumas autoridades afirmam que a velha crença de que as fases da Lua influenciam o comportamento humano é totalmente absurda. Outros declaram com igual segurança que essa suposta influência é um fato, e dizem que qualquer pessoa colocada em contato com a natureza humana em todos os seus estranhos caprichos pode atestar isso. Diz-se que policiais de todo o mundo reconhecem a lua cheia como o período em que coisas inusitadas podem ocorrer — não apenas crimes comuns, mas também atos bizarros, sobretudo aqueles com viés sexual. Muitos feminicidas foram apelidados de "assassinos da lua", pelo menos pela imprensa.

Durante muito tempo acreditou-se que a luz da lua cheia, sobretudo da Lua de verão, tinha um efeito inquietante sobre a mente humana; daí origina-se a palavra "lunático" para designar os indivíduos mentalmente perturbados. Mais uma vez, há quem concorde com essa crença, dizendo que as crises de pessoas com transtorno mental coincidem com o período de lua cheia, enquanto outros zombam dessa ideia chamando-a de história da carochinha. No entanto, posso assegurar que conheci um empresário de sucesso, bastante normal, cuja fala era afetada em fase de lua cheia. A forma como tropeçava nas palavras nessa época do mês era tão conhecida por sua família que seus parentes costumavam falar que ele era "de lua".

Antigos almanaques, dos quais os camponeses muito dependiam, traziam listas completas de coisas para fazer e não fazer de acordo com as diferentes fases da Lua, como plantio de certas culturas, corte de madeira e assim por diante. Em geral, a regra era usar o crescente da Lua para aqueles assuntos que você desejava estimular, e o minguante da Lua para remover as coisas das quais queria se livrar.

A lua minguante também é uma época de magia sinistra, assim como a lua crescente é de magia benéfica.

Todas essas coisas fazem parte da antiga tradição da adoração e da magia da Lua. Como diz a velha rima:

Reze para a Lua quando ela estiver cheia.
A sorte, então, vai lhe acompanhar.
O que procurar, irá encontrar,
Seja em terra firme ou no mar.

Uma das tradicionais tríades bárdicas, supostamente transmitidas pelos druidas, nos diz: "Três nomes embelezadores da Lua: o Sol da Noite, a Luz do Belo e a Lâmpada das Fadas".

Os raios da Lua são de fato "a luz do belo", estejam eles furtivamente entre os galhos de alguma floresta, iluminando de prata os telhados de uma cidade ou abrindo um caminho de luz através das ondas do mar. As coisas tendem a parecer bem diferentes ao luar, cuja claridade tem atraído amantes ao longo dos tempos, desde antes da construção das pirâmides. A deusa da Lua era a deusa do amor, bem como a senhora do encantamento e do mistério em todas as terras e cidades que floresceram quando o mundo era jovem. Belas mulheres do Antigo Egito a saudavam como Rainha Ísis. Os raios da lua eram as flechas da branca Ártemis, disparadas por entre as árvores murmurantes nas florestas da Grécia. Os festivais selvagens e alegres de Ishtar foram realizados em sua homenagem. Ela era a Diana dos carvalhos de Nemi, e Lúcio Apuleio, em sua visão mágica, viu-a surgir à meia-noite do oceano encantado.

Para os filósofos ocultistas da Idade Média, a Lua era prata alquímica, assim como o Sol era ouro alquímico. Aqueles que faziam qualquer tipo de magia observavam a Lua — particularmente as bruxas, hábeis nos trabalhos tanto em fase de lua crescente quanto de lua minguante. Dos treze meses lunares do ano, foi retirado o venerado e temido número treze.

Pela primeira vez na história, o ser humano realizou um dos seus sonhos mais antigos: viajou para a Lua e pisou na superfície lunar. Algumas pessoas — creio que bastante desprovidas de imaginação — gritaram que isso roubou da Lua seu antigo esplendor, que seu glamour e sua magia se dissiparam. Em minha opinião, nada poderia estar mais longe da verdade. O voo para a Lua, a busca da Deusa Branca, tem sido uma das maiores aventuras do homem, e uma das mais mágicas.

Não havia qualquer razão para alarmismo, não mais do que para a subida do Everest ou para a louca viagem de Colombo através do Atlântico, com seus marinheiros sempre receosos de cair no fim do mundo — a viagem que descobriu um Novo Mundo por engano. É claro que o dinheiro poderia ter sido gasto de forma mais razoável em serviços sociais ou no combate à fome, mas, às vezes, o ser humano é guiado por sentimentos muito mais profundos do que os da mente racional. O impulso de uma magia ancestral atraiu sua nave para aquele reino verdadeiramente sobrenatural, aquele espelho brilhante que fica pendurado no espaço, aquele crescente prateado no escudo da noite.

As primeiras amostras de rocha lunar examinadas revelaram-se revestidas e fundidas com uma substância semelhante ao vidro, supostamente de origem vulcânica. Assim, a superfície da Lua é de fato semelhante a um espelho e, portanto, refletora, tal como os antigos ocultistas afirmavam que era a sua função, isto é, a de reunir e refletir os raios do Sol, das estrelas e dos planetas para a Terra, mas imbuída do peculiar magnetismo da própria influência da Lua.

Nenhum pagão inteligente jamais foi tolo o bastante para pensar que a Lua que via no céu era uma deusa. Pelo contrário, os planetas e os astros luminosos receberam nomes de deuses, e não o inverso. Foi a influência dos grandes poderes da natureza, personificados como deuses e deusas, que se manifestou por meio dos corpos celestes. Essa, de qualquer forma, foi e é a concepção de astrologia dos iniciados.

O mesmo poder que governava o Sol, governava o fogo. O poder que governava a Lua, governava a água. O Sol era basicamente masculino; a Lua, basicamente feminina. Em sua forma, toda a natureza manifestada era uma força encarnada; e para que os homens pudessem se aproximar dessas forças, que *não* são ocultas, mas de inteligência superior à da humanidade, eles construíram imagens a serem vivificadas pelos "poderes constituídos", e deram a elas nomes de deuses e deusas. "Pois todos os poderes são despertados e redespertados por nomes e imagens", como nos diz uma grande regra da tradição ocidental dos Mistérios.

A magia da Lua, derivada da antiga tradição da adoração da Lua, é uma parte significativa da bruxaria genuína. Apesar dos inúmeros livros escritos sobre bruxaria nos tempos modernos, em resposta ao renovado interesse público no assunto, muito pouco tem sido dito a respeito disso.

Uma das poucas pessoas que já escreveu com profundo conhecimento de bruxaria foi Charles Godfrey Leland, e ele nos conta muito sobre a magia da Lua em seus livros. Outro escritor que evidencia um conhecimento incomum sobre o assunto é o falecido Dion Fortune. Embora não tratem especificamente de bruxaria, dois de seus romances de ocultismo, *The Sea Priestess* e *Moon Magic*, contêm muitas histórias lunares curiosas.

De religião bastante popular que se espalhou por todo o Império Romano, o culto às deusas da Lua, como Ísis e Diana, acabou por afundar na obscuridade forçada com a consolidação do cristianismo. Ao contrário da crença geral, os Mistérios religiosos pagãos *não* desapareceram. Eles foram violentamente reprimidos, mas continuaram vivos de forma clandestina, às escondidas, em razão de seu apelo emocional, especialmente com as mulheres. E, com o tempo, assumiram a forma do que era a Antiga Religião, o culto da bruxaria.

ADORAÇÃO FÁLICA

Foi apenas em tempos relativamente modernos que a verdadeira natureza de grande parte do simbolismo religioso antigo pôde ser discutida de forma pública. A ideia de que as pessoas usavam os atributos da sexualidade para representar algo sagrado era tão chocante — sobretudo para os séculos 18 e 19 — que livros que tratavam desse assunto, por mais eruditos que fossem, eram vendidos por baixo do pano.

No entanto, parece muito natural que os meios de transmissão da vida representem, nas profundezas da mente humana, a fonte desconhecida e divina dessa vida.

Esse entendimento tem sido reconhecido no Oriente desde tempos imemoriais, e o *Lingam* sagrado, ou falo de Shiva, tem sido adorado na Índia como emblema da Força Vital sem qualquer constrangimento ou ideia de "obscenidade" — isto é, até que o homem branco civilizado chegasse e, em regra, risse ou se horrorizasse, de acordo com seu temperamento.

Muitos anos atrás (e, em certos lugares, em anos não tão distantes), porém, a Europa Ocidental também reverenciava o culto do falo e de sua contraparte feminina, o *cteis* ou *yoni*. Na verdade, foi o elemento fálico da bruxaria na Antiga Religião que a Igreja Cristã considerou particularmente abominável.

Antigas gravuras e xilogravuras do Diabo, seja presidindo uma dança de bruxas, seja percorrendo o campo em busca de travessuras, quase sempre o representam com enormes órgãos sexuais expostos de forma proeminente. É notável também como os inquiridores de bruxas, em grande parte clérigos, sempre estiveram muito interessados em obter de suas interrogadas uma descrição pormenorizada dos órgãos sexuais do Diabo. E não se davam por satisfeitos enquanto não ouvissem um relato detalhado das relações sexuais que o Diabo teve com suas seguidoras.

A maior parte disso correspondia à curiosidade excitada e lasciva dos celibatários forçados, mas talvez não tudo. Os clérigos mais eruditos, que leram os relatos dos autores clássicos sobre a veneração pagã, podem muito bem ter percebido que o falo artificial tinha um significado religioso definido. Eles procuravam vestígios dos antigos cultos pagãos da fertilidade, e sabiam muito bem que a bruxaria era uma continuação desses cultos.

A dança saltitante que as bruxas executavam com um cabo de vassoura entre as pernas era um rito obviamente fálico. Isso era feito para que as colheitas crescessem mais altas e tinha por trás a mesma ideia que levou gregos e romanos a colocarem em seus jardins uma estátua de Príapo, o deus fálico, com um enorme membro genital, como um encantamento para fazer o jardim crescer.

O falo também trazia sorte e afastava o mau-olhado. Neste último papel, às vezes era chamado de *fascinum*, porque deveria exercer o poder de fascinar a visão e atrair todos os olhares para ele, o que não era um mau exemplo de psicologia prática. As pessoas não podem deixar de se interessar por sexo. Mesmo o puritanismo é apenas uma forma invertida de fascinação por questões sexuais.

Muitos pequenos amuletos ou pingentes em forma de falo foram encontrados. De modo geral, eram feitos para pendurar no pescoço, embora alguns tenham formato de broches. Dois exemplares que possuo em minha coleção de objetos mágicos ilustram a antiguidade e a difusão do culto fálico. Um deles, do Antigo Egito, é feito de faiança verde e tem a forma de um homenzinho com um enorme membro genital. Trata-se de um amuleto para ser pendurado no pescoço.

O outro foi obtido há alguns anos na Itália. Também para pendurar no pescoço como amuleto da sorte, é uma boa réplica de um antigo original etrusco, um falo alado. Disseram-me que esses amuletos pagãos, embora não estejam à venda ao público, podem, entretanto, ser adquiridos com facilidade e são bastante populares. Ainda se acredita bastante em seu poder de trazer boa sorte e evitar o mau-olhado.

Na Roma Antiga, a efígie consagrada de um falo era considerada uma imagem que conferia santificação e fertilidade, em certas circunstâncias. Assim, uma noiva romana sacrificava a sua virgindade sobre o falo em tamanho natural de uma estátua do deus Mutinus. Além disso, no mundo antigo, sobretudo no Egito, as estátuas dos deuses da fertilidade eram, de forma geral, feitas com um falo removível, que era usado em separado em rituais destinados a invocar os poderes da fertilidade.

Somos lembrados desses ritos antigos, vindos de uma época mais simples, quando lemos as muitas histórias do "Diabo" presidindo o sabá das bruxas, tendo ou simulando relações sexuais com as muitas mulheres presentes por meio de um falo artificial que fazia parte de sua "grande coleção", junto com a máscara de chifres e o traje de peles de animais.

Esse ritual não era realizado apenas para gratificação sexual, e os inquisidores que examinaram as suspeitas de bruxaria sabiam que não. A razão de seu cumprimento remonta a uma longa história ancestral.

É claro que os relatos publicados foram deliberadamente tornados tão repulsivos e horríveis quanto possível, porque o sabá tinha de ser representado na propaganda da Igreja de tal forma que as pessoas não desejassem participar dele. Contudo, a mesma repulsa desses relatos anula seus próprios fins. E se o sabá das bruxas era de fato tão vil, aflitivo, imundo e repugnante como alegavam os propagandistas da Igreja, por que diabos alguém iria tomar parte dele, quando poderia estar seguro e aquecido em sua cama? No entanto, as informações são de que muitas pessoas, sobretudo mulheres, o faziam.

Como Rossell Hope Robbins apontou em sua obra *Encyclopedia of Witchcraft and Demonology* (Nova York: Crown Publishers Inc., 1959), é divertido notar que a maioria dos relatos anteriores do sabá declara que a celebração incluía uma orgia sexual do tipo mais voluptuoso e satisfatório. As mulheres, dizia-se, desfrutavam de relações sexuais com o Diabo *"maxima cum voluptate"*. Então, nos últimos anos do século 15, alguém na comunicação da Igreja parece ter percebido que esse não era o tipo de imagem do sabá que ajudava a causa eclesiástica, e a partir desse momento as histórias publicadas sobre o evento começaram a mudar. Passou-se a dizer que a relação sexual com o Diabo é dolorosa e horrível, e só é realizada à força e com relutância.

Uma característica comum a quase todos os relatos era a afirmação de que o pênis do Diabo era anormalmente frio. Foi isso que levou Margaret Murray a especular, em seus escritos sobre o culto às bruxas, que se fazia uso de um falo artificial em muitos casos.

Montague Summers, em *History of Witchcraft and Demonology* (Londres: Kegan Paul, 1926, reimpresso em 1969), concorda com as descobertas de Margaret Murray a esse respeito, embora, é claro, esse autor insinue que havia mistérios ainda mais sombrios, de materialização demoníaca. No entanto, ele nos diz que o uso de falos artificiais era bem conhecido dos "demonologistas" e considerado pela Igreja Católica um pecado grave, sendo com frequência mencionado nos antigos Penitenciais.

Representações de falo podem ser vistas nas curiosas torres redondas anexadas a certas igrejas de Sussex, marcadamente a de Piddinghoe. Essas construções são reminiscências das torres redondas da Irlanda, que os antiquários há muito consideram monumentos fálicos. Existem cerca de setenta ou oitenta dessas torres na Irlanda, e ninguém sabe quem as construiu ou qual era o seu propósito, embora a sua forma fálica seja evidente. Algumas delas têm mais de trinta metros de altura. Todas são muito antigas, tão antigas, na verdade, que, supõe-se, algumas se encontram imersas no lago Neagh, tornando-se visíveis sob as águas quando o tempo está calmo. Alguns locais famosos de torres redondas estão em Glendalough, Ardmore e no Rock of Cashel.

A beleza e o mistério desses estranhos monumentos antigos são outro elo com aquele culto básico da vida que está na raiz de todas as crenças ancestrais.

Outros exemplos de simbolismo fálico são as pedras altas e solitárias chamadas menires. Várias dessas antigas pedras sagradas ainda podem ser vistas na Grã-Bretanha. Por exemplo, em Borobridge, Yorkshire, há um enorme monólito fálico chamado The Devil's Arrow [A flecha do Diabo]. No mesmo condado de Rudston, um dos mais notáveis menires fálicos que ainda sobrevivem pode ser visto ao lado de uma igreja cristã. O nome do lugar, Rudston, vem do antigo nórdico *hrodr-steinn*, "a pedra famosa". Como a pedra é muito mais antiga do que a igreja, é provável que a segunda tenha sido construída ali de forma deliberada, num confronto entre a velha e a nova fé.

(*Ver também* FERTILIDADE, CULTO À.)

AIRTS, OS QUATRO

Esse é um termo do gaélico antigo para os quatro pontos cardeais: norte, sul, leste e oeste. Eles são importantes na magia, uma vez que, para efeito de orientação, o círculo mágico deve sempre levá-los em conta. As antigas igrejas cristãs também eram cuidadosamente orientadas a partir desses pontos, com o altar a leste, embora esse costume não seja mais seguido com tanto rigor nos dias de hoje — o que pode ser explicado pela falta de terrenos para construir igrejas, obrigando os arquitetos a fazer o melhor que podem com o terreno de que dispõem. A grande pirâmide de Gizé é orientada com extraordinária precisão.

O círculo mágico costuma ter uma vela ou lamparina em cada um dos quatro quadrantes. O poder dos quatro elementos, como é de se esperar, conecta-se com os quatro Airts. Diferentes expoentes da magia dão atribuições distintas para eles, mas o mais comum dentro da tradição ocidental da magia é ar ao leste, fogo ao sul, água ao oeste e terra ao norte.

Essa disposição é baseada na qualidade dos ventos predominantes. Na Grã-Bretanha, ventos do sul trazem calor e secura, enquanto os ventos do oeste costumam trazer chuvas e clima quente. Portanto, esses quadrantes são considerados os lugares do fogo e da água, respectivamente. Os ventos do leste são frios, secos e revigorantes, então esse é o lugar dos poderes do ar. Os ventos do norte são frios e congelantes, provenientes das regiões de neve eterna, e representam a escuridão da terra.

Em outras partes do mundo, claro, essas condições não irão se aplicar, então o mago de fato talentoso, ao contrário de alguém que só leu a respeito, vai reparar nos ventos de seu próprio país e invocar os quatro elementos de maneira apropriada.

Tradicionalmente, os Airts gaélicos eram associados a cores. O leste ficou com o avermelhado do amanhecer, o sul com a luz branca da lua alta, o oeste com o cinza-amarronzado do crepúsculo e o norte com o preto da meia-noite.

O fato notável nessa conexão é que a música "Black Spirits", mencionada em *Macbeth*, de Shakespeare, não foi escrita por ele, e aparece em outra peça antiga, *A bruxa*, de Middleton, e talvez tenha sido uma antiga rima popular. Os versos são assim:

"Espíritos pretos e brancos,
Espíritos cinza e vermelhos,
Misturem-se, misturem-se, misturem-se
Como der no bedelho!
Firedrake, Pucky
    tragam sorte.
Liard, Robin,
    vocês devem entrar.
Rodem, deem voltas e voltas
    de cá para lá, de lá para cá!
Todo mal entre correndo,
    todo bem fique de fora!"

Na verdade, a música invoca os espíritos dos quatro pontos cardeais recorrendo às cores do antigo Airts gaélico, e por isso era apropriada para as bruxas escocesas retratadas por Shakespeare. Firedrake, Puckey, Liard e Robin eram os nomes dos familiares das bruxas.

Uma versão atual das bruxas seria esta:

> "Espíritos pretos e brancos,
> Espíritos cinza e vermelhos,
> Vinde e vinde,
> Vinde que podeis vir!
> Deem voltas e voltas
> Por todo lado,
> O bem entre
> E o mal nem tente."

As ideias mágicas de dançar ou rodear *deasil* ou *tuathal* estão conectadas com os quatro Airts. *Deasil*, ou sentido horário, é um movimento benfazejo e de bênção, mas *tuathal*, ou sentido anti-horário, é geralmente um movimento de magia adversa ou maldição. Esses nomes são provenientes das palavras em língua gaélica escocesa para os pontos cardeais: *tuath*, norte; *airt*, leste; *deas*, sul; e *iar*, oeste. Airt era o ponto de início para as invocações. Assim, uma guinada para a direita apontava para *deas*, ou uma guinada para a esquerda — literalmente o lado sinistro — apontava para *tuath*.

ALFABETOS MÁGICOS

É provável que, originalmente, todos os alfabetos fossem mágicos, tendo sido reduzidos às transações mais prosaicas de mero registro e comércio somente tempos depois.

Os nomes que foram dados às letras muitas vezes escondiam algum segredo religioso, salvaguardados em forma de abreviação. Além disso, a quantidade de letras e a divisão delas em consoantes e vogais tinha um sentido obscuro e enigmático. Uma formação encontrada com frequência em alfabetos antigos é a de 22 letras, das quais sete são vogais. Isso esconde, em uma aproximação grosseira, a relação do diâmetro de um círculo com sua circunferência, que atualmente é representada matematicamente pela letra grega pi (Π).

Alfabetos mágicos. Exemplos de alfabetos tirados de O mago, de Francis Barrett.

Além do mais, antes de representações gráficas para os números serem inventadas, as letras do alfabeto também serviam para representar algarismos, como A = 1, B = 2 e assim por diante. Desse modo, uma palavra ou um nome também era um número. É por isso que o estudo chamado atualmente de numerologia é considerado uma prática de longa data.

O alfabeto hebraico em particular contém significados místicos nesse sentido, e seu estudo e o uso de números para expressar ideias transcendentais, algo como uma álgebra espiritual, é chamado de Cabala, que significa "conhecimento tradicional". Por vezes grafada como Qabalah ou Kabbala, essa doutrina se tornou uma parte importante da tradição mágica e mística do Ocidente.

O alfabeto árabe também é usado dessa maneira pelos sufis e outras irmandades misteriosas no Oriente Próximo. O alfabeto grego foi igualmente utilizado e interpretado de tal forma em tempos antigos.

Na Grã-Bretanha, os druidas celtas fizeram uso do alfabeto ogam, que conheceu diversas formas, as quais foram estudadas de maneira extensiva pelo escritor contemporâneo Robert Graves em seu agora famoso livro *A deusa branca* (Rio de Janeiro: Bertrand Brasil, 2004). Ele descobriu que essas formas traziam uma nova visão da religião em voga na Antiga Britânia e mostravam, entre outras coisas, que a Britânia não era de modo algum uma região imersa na ignorância e na selvageria, como era ensinado com frequência, mas um país em contato com a filosofia e a religião de grande parte do mundo antigo.

Quando os anglos, os saxões e o restante dos invasores do norte se instalaram nessas ilhas e a Britânia Celta se tornou a Inglaterra Anglo-Saxã, outro alfabeto mágico aportou nesse país. Tratava-se do alfabeto rúnico, ou Futhork (assim chamado por causa de suas seis primeiras letras).

Esse alfabeto nos deu a palavra "runa", que significa rima mágica. Em sua origem, as runas eram as letras usadas para escrever essa rima, e cada uma delas possuía um significado mágico. Inscrições rúnicas eram talhadas no punho da espada de um guerreiro para torná-la poderosa e vitoriosa em batalha. Talvez seja essa a origem das "armas mágicas", facas e espadas que continham selos místicos e inscrições, os quais desempenhavam um papel muito importante na magia do período medieval. O mago usa tais armas para desenhar o círculo mágico e para controlar espíritos. (Apesar de as bruxas da antiga Tessália também usarem pequenas espadas como armas mágicas. *Ver* ATHAME.)

Foi por causa de suas conexões com a magia pagã que os antigos alfabetos ogam e rúnico foram desaprovados pela Igreja Cristã. Com a expansão do cristianismo, eles caíram em desuso e foram substituídos pelo alfabeto latino, que é a base do alfabeto que usamos hoje em dia.

O uso do ogam, entretanto, continuou por meio dos bardos de Gales, a fim de escrever o conhecimento tradicional que alegavam ter recebido dos druidas. Eles também desenvolveram seu próprio alfabeto, o bárdico, com o mesmo objetivo.

A Idade Média viu uma série de alfabetos secretos serem inventados e usados por magos e bruxas exclusivamente para fins de magia. Eram em grande parte baseados no alfabeto hebraico de 22 letras, mas um deles, o chamado alfabeto tebano de Honório, é baseado no alfabeto latino (isto é, aquele de uso geral). Em consequência, esse é o alfabeto mágico favorito das bruxas, cuja magia não é, de maneira geral, cabalística. Usado com frequência por elas hoje em dia, o alfabeto tebano foi nomeado em homenagem a um lendário grande mago do passado, Honório de Tebas.

São dois os objetivos de quem escreve usando um alfabeto mágico: o primeiro é esconder o segredo daquilo que foi escrito, sobretudo escondê-lo dos não iniciados. O segundo é obrigar o mago ou a bruxa a se concentrar mais no que está escrevendo, porque precisam usar caracteres com os quais não têm familiaridade para se expressar. Por isso, uma inscrição feita dessa forma concentra mais poder de pensamento, tornando-a mais potente do ponto de vista da magia.

Os alfabetos mágicos representados em ilustração neste livro foram retirados de *O mago*, de Francis Barrett (*The Magus*. Londres: Lackington and Allen, 1801; New Hyde Park, NY: University Books, 1967). Ele, por sua vez, os copiou de antigos livros de magia.

AMULETOS

Um amuleto é um objeto mágico que tem o propósito de afastar perigos e más influências de quem o possui. É um dispositivo de proteção. Diferente de um talismã, que tem como objetivo atrair algum benefício para seu dono, o amuleto funciona como um escudo oculto para repelir.

Plínio nos conta que *amuletum* era o nome que os camponeses davam para a cíclame, uma planta cultivada no entorno das casas porque as pessoas acreditavam que seus poderes mágicos impediam qualquer droga venenosa de prejudicá-las. O âmbar também era chamado de *amuletum* no passado, porque se acreditava ser uma prevenção contra más influências e infecção.

A palavra "amuleto", provavelmente, vem do latim *amolior*, que significa "eu afugento ou expulso".

Todo tipo de coisa já foi e ainda é usado como amuleto ao redor do mundo. A maior razão para seu uso é repelir más influências de natureza oculta, má sorte em geral ou o muito temido mau-olhado. (Ver MAU-OLHADO.)

Os *horse brasses* de cavalo bem polidos são usados para essa finalidade. Assim como o olho grego, popular no Oriente Próximo. Na verdade, a cor azul pura e clara é muito apreciada no Oriente como afastadora de coisas ruins, talvez por sua ligação com o paraíso.

A pulseira de berloques (*charm bracelet*, em inglês), tão popular nos dias atuais, já era conhecida na Grécia Antiga. Um lindo exemplar desse tipo de adorno, delicadamente trabalhado em ouro sólido e com mais de dois mil anos, foi exibido no Museu de Brighton em 1960 como parte da coleção do falecido sr. Moyshe Oved. Era igual às pulseiras usadas atualmente, com uma série de pingentes pendurados em uma corrente de ouro presa em torno do pulso.

No sentido original, o termo *charm* costuma ser usado para descrever esses pequenos amuletos de prata ou ouro, mas essa palavra, na realidade, vem do latim *carmen*, uma música, e originalmente significava o encantamento entoado sobre um amuleto ou talismã para consagrá-lo e dotá-lo de poderes mágicos. A palavra acabou se transferindo para o objeto em si, que tinha sido "encantado".

A ideia de que um amuleto precisa ser consagrado para que possa de fato funcionar se baseia na crença de que um "amuleto da sorte" que lhe é oferecido é mais potente do que aquele que você compra para si mesmo. O gesto de boa vontade por trás do presente, de certo modo, o consagrou.

Muitos dos símbolos mágicos antigos são considerados tanto amuletos quanto talismãs, capazes de atrair boa sorte e afastar o azar. Alguns exemplos são a suástica, a cruz ankh, a estrela de cinco pontas ou pentagrama e a estrela de seis pontas ou Selo de Salomão. Esses símbolos são tão antigos que sua verdadeira origem está escondida na pré-história, e as mudanças de sorte das nações os levaram por todo o mundo.

A prática tradicional das bruxas, ao presentearem alguém com um amuleto, é de escolher um objeto pequeno que seja estranho ou incomum, o que causa uma forte impressão na mente da pessoa que o recebe. Elas então vão lançar um encantamento no objeto por meio de uma cerimônia ou fórmula de palavras, entregando-o em seguida à pessoa e, no geral, orientando-a a manter o objeto em segredo e não o mostrar a ninguém. Isso está ligado à psicologia prática. As pessoas podem se enxergar como sortudas ou azaradas, e se aceitarem a ideia de que nada do que fizerem jamais dará certo, de que estão fadadas ao fracasso, então, na verdade, elas já fracassaram antes mesmo de começar seja lá o que for. A vida é como é e, cedo ou tarde, todos encontrarão adversidades, podendo se tornar presas fáceis para a depressão ou pensamentos negativos. Adquirir um amuleto pode mudar a direção dos seus pensamentos, restaurar sua autoconfiança e de fato modificar sua sorte.

ANEL DE CHANCTONBURY

Na Inglaterra, o Anel de Chanctonbury é um dos tradicionais pontos de encontro das bruxas de Sussex. É um lindo e conhecido marco, com seu topo verde e arredondado coroado por um belo conjunto de árvores.

Os recém-chegados muitas vezes acreditam que essas árvores são o "anel" de Chanctonbury. No entanto, elas foram plantadas no século 18. O verdadeiro "anel" é um banco de terra e um fosso pré-históricos, dos quais ainda podem ser encontrados vestígios.

Existem muitas lendas no entorno de Chanctonbury. A população local chama o lugar de "Mãe Goring", e houve uma época em que havia a tradição de subir até o Anel para ver o sol nascer na manhã do Primeiro de Maio. Diz-se que o Anel é assombrado por um homem montado a cavalo. Batidas de cascos fantasmagóricas são ouvidas e então o cavaleiro passa galopando — e desaparece.

A principal lenda local, porém, é aquela que liga Chanctonbury à bruxaria. Segundo a história, se você for ao Anel à meia-noite e contorná-lo sete vezes, o Diabo aparecerá para lhe oferecer algo para comer ou beber. "Uma tigela de sopa", afirma uma versão — o que soa muito trivial, a não ser que o conteúdo venha do caldeirão das bruxas. Mas ao aceitar o que o Diabo oferece, você será dele para sempre.

Vejamos como essa lenda e o costume de ver o sol nascer do Anel na primeira manhã de maio se relacionam com o uso desse lugar nos sabás das bruxas.

Assistir à alvorada na primeira manhã de maio significa que você passou toda a noite fora na Véspera de Maio, a antiga Noite de Santa Valburga e um dos quatro sabás maiores.

Em tempos recentes, arqueólogos examinaram o Anel de Chanctonbury e descobriram que ali havia um templo romano-britânico. Assim, o antigo local sagrado dos deuses pagãos tornou-se um ponto de encontro das bruxas.

ANTIGUIDADE DA BRUXARIA

A bruxaria é tão antiga quanto a raça humana; remonta aos dias em que, iluminado pela luz tremeluzente de um candeeiro de argila, um artista da Idade da Pedra trabalhava nas profundezas silenciosas de uma caverna-santuário, desenhando nas paredes os grandes animais que caçava para comer.

Por vezes ele retratava os animais cravados de flechas e lanças para obter poder sobre eles por meio da magia simpática; por vezes os mostrava durante o acasalamento porque, a menos que procriassem e tivessem muitos filhos, os rebanhos diminuiriam e ele passaria fome.

A fertilidade dos animais e dos humanos era tudo o que ele conhecia, visto que a agricultura ainda não tinha sido desenvolvida. O misterioso princípio da vida funcionava na natureza e conduzia o mundo. Um mundo de florestas e planícies, de perseguição a animais mais poderosos do que ele próprio, da segurança da caverna escura e do calor da fogueira crepitante. Um mundo onde o fogo, a água, a terra que mudava com as estações do ano e a vastidão do ar, cheio de estrelas à noite, eram, de fato, os elementos da vida.

Para ele, a Lua crescia e minguava, povoando a noite de fantasmas e sombras e dominando, de forma evidente, o ciclo criador da vida das mulheres ao trazer, a cada mês, ou a mágica lua de sangue ou o crescimento de seu ventre, até o nascimento de um novo bebê.

A mulher era o receptáculo da fertilidade, o receptáculo da vida. Os primeiros trabalhos artísticos da humanidade de que se tem notícia são pequenas estatuetas que representam uma mulher nua e grávida. Algumas delas foram entalhadas em marfim de mamute, outras em pedra. Elas são lindas, honradas, reservadas. Perto delas, as pirâmides são coisas recentes. Elas não são retratos; representam o princípio abstrato da fertilidade, da vida em si. Uma deusa da fertilidade, o objeto mais primitivo de adoração do homem.

Uma vez que a mulher continha a vida, ela também continha a magia. Da Argélia nos chega um desenho paleolítico bem interessante feito em pedra. É possível dizer que se trata do mais antigo desenho de uma bruxa de que se tem notícia. A imagem retrata uma mulher de pé com os braços erguidos, em posição de invocação. De sua região genital corre uma linha em direção às genitais de um homem. Ele está meio agachado e na posição de disparar a flecha de um arco. Há animais em sua volta e a flecha está apontada na direção de um grande pássaro que parece ser um avestruz.

Essa é, obviamente, uma cena de magia de caça: a mulher em casa, uma caverna ou cabana, praticando bruxaria para permitir que seu homem mate a presa que lhes servirá de alimento. O desenho, apesar de primitivo, foi feito pelas mãos de um verdadeiro artista. A tensão na expressão do homem, o caçador cauteloso se aproximando para matar, e a seriedade da mulher em sua invocação são bem demonstradas. Ela é retratada como sendo muito maior do que o homem, para demonstrar sua importância, e parece estar usando algo como uma joia mágica, uma cinta e alguns amuletos pendurados em cada braço. Na arte antiga, é comum se retratarem pessoas de braços erguidos, em posição de oração e invocação.

Outro notável desenho daqueles séculos crepusculares da Idade da Pedra que chegou até nós é o famoso "Feiticeiro", proveniente da caverna Trois Frères, departamento de Ariège, França. Ele representa uma imagem que dança, metade humana, metade animal, com os chifres espalhados de um veado. Margaret Murray descreve esse desenho como "a representação da divindade mais antiga de que se tem conhecimento". Eu, porém, acredito que as mencionadas estatuetas da deusa da fertilidade sejam hoje consideradas mais antigas.

A deusa nua da vida e da fertilidade e o Deus Cornífero são as divindades ainda adoradas e invocadas nos covens atualmente. Claro, isso não é prova de uma herança direta da Idade da Pedra, exceto aquela que nós todas levamos nos níveis mais profundos de nossa mente. De qualquer modo, a bruxaria decerto não foi inventada por homens supersticiosos da Igreja da Idade

Média, como alguns escritores querem nos fazer acreditar. (*Ver* ARTE DAS CAVERNAS, RELIGIOSA E MÁGICA.)

Bruxas bastante parecidas com as da Idade Média eram conhecidas pelos gregos e romanos antigos. Lúcio Apuleio escreveu a respeito delas. (*Ver* APULEIO, LÚCIO.) Assim como Virgílio, Plínio, Teócrito, Petrônio, Horácio, Lucano e Tibulo. Medeia e Circe foram consideradas bruxas. Ovídio descreve Medeia como alguém que usava figuras de cera para causar dor às pessoas que essas imagens representavam, e Diodoro a chama de a própria filha de Hécate. (*Ver* HÉCATE.)

Hécate era a deusa da bruxaria na Grécia Antiga. (Como os gregos antigos poderiam ter uma deusa para algo que só foi inventado na Idade Média?)

Contudo, no tempo dos escritores clássicos, a bruxaria começou a ser temida como algo obscuro, nada digno com que se envolver. Pertencia a um estrato mais antigo da sociedade, anterior à elegante civilização urbana de Roma, ainda que esta tenha preservado traços distintos de tempos mais primitivos em rituais orgiásticos como a Florália e a Lupercália.

A bruxaria pertencia aos velhos tempos meio esquecidos do matriarcado primitivo, quando a mulher que cuidava do fogo na lareira e mexia a panela era a primeira "sábia", quem buscava ervas e fazia curativos, quem via imagens no fogo, quem ouvia vozes no vento, quem interpretava sonhos e jogava pedras pintadas para adivinhação, quem realizava a magia para a caça e a maior magia de todas, a magia da vida.

Bruxas eram as descendentes das mulheres selvagens que sacrificavam o rei divino, quando seu período de reinado chegava ao fim, para que o sangue dele fertilizasse a terra. Sua magia era tanto de trevas quanto de luz, assim como a Deusa da Lua a quem serviam. Mas então chegou a era em que as ideias masculinas e os deuses homens começaram a se erguer e a desafiar a supremacia da Deusa Mãe Natureza.

Reis passaram a insistir em governar por direito próprio em vez de se submeter à deusa, e não mais aceitariam a morte sacrificial. A descendência, que antes era traçada pela mãe, passou a ser determinada pelo pai. Homens se armaram cada vez mais, glorificando as guerras e as conquistas. Foram criados leis e costumes que visavam reprimir os perigosos poderes do lado feminino das coisas. Homens assumiram os cargos de chefia do clero e organizaram religiões que exaltavam o lado masculino da divindade.

Os mais antigos e profundos aspectos da religião encontraram seu caminho nos cultos dos Mistérios, os quais resistiram porque recorriam à parte que, no interior da alma humana, sentia certa afinidade com a magia e o mistério. Pelo mesmo motivo, a bruxaria e o fascínio pelo oculto ainda resistem hoje em dia.

De acordo com São Paulo, a chegada do cristianismo completou essa movimentação. Mulheres receberam a ordem de ficar em silêncio nas igrejas, de se envergonhar por serem mulheres, gênero considerado impuro. Os Mistérios pagãos foram proibidos no século 4, e seus sacerdotes e sacerdotisas foram denunciados como feiticeiros. A partir desse ponto, a organização clandestina da bruxaria começou a tomar forma, assim como as tantas abominações das quais as bruxas foram acusadas.

O lado obscuro da bruxaria sempre existiu. A Ericto, de Lucano, bem como Canídia e Sagana, de Horácio, são bruxas terríveis que participam de rituais horrendos que envolvem sacrifícios cheios de sangue e sepulturas profanadas. Mas então veio a completa recusa em reconhecer o outro lado da moeda. Toda a bruxaria foi declarada maléfica, uma vez que os deuses antigos eram demônios e, desse modo, seus adoradores deviam ser adoradores do Diabo. (A mesma perspectiva pode ser encontrada em alguns escritores atuais).

As pessoas comuns, no entanto, tendiam a se agarrar obstinadamente às velhas tradições, e houve um longo período de transição na Europa antes de a Igreja Cristã enfim conseguir se impor — o que foi feito mais pela força do que pela vontade popular.

O primeiro escritor inglês a reconhecer que os sabás das bruxas eram, em tempos cristãos, de forma mais ou menos clandestina, uma simples continuação da popular e antiga adoração da natureza foi o ilustre antiquário Thomas Wright. Em 1865, uma nova edição privada foi publicada no *Discourse on the Worship of Priapus*, de Richard Payne Knight, ao qual hoje se juntou outro ensaio, "On the Worship of the Generative Powers during the Middle Ages of Western Europe".

Em razão do pudor vitoriano, o livro teve de ser impresso em segredo e Wright, lembrando-se do grande número de denúncias que recaíram sobre Payne Knight quando seu livro surgiu pela primeira vez em 1786, foi prudente ao evitar colocar seu nome no trabalho. O livro foi por muitos anos classificado como algo a ser vendido às escondidas, e apenas recentemente começou a receber o devido reconhecimento como um autêntico exemplar de pesquisa. Nesse meio-tempo, todas as antigas fábulas que associavam o fogo do inferno e a adoração ao Diabo à bruxaria continuaram a ser contadas. As pessoas não se importavam em ouvir falar de Satã, mas de sexo, *nossa*, que terrível!

De maneira resumida, a tese contida nesses dois ensaios é a de que a adoração aos poderes e aos processos de fertilidade pelos povos antigos do mundo não era, na verdade, obscena nem depravada. Era a adoração do próprio poder fundamental da vida, estimulando o universo e colocando em lugar de destaque todas as coisas da natureza em sua incrível beleza e diversidade. Quando a Igreja Cristã primitiva ficou sob a influência de ferozes puritanos que odiavam sexo e eram ascéticos, essa velha adoração e seus rituais, caros aos cidadãos comuns, foram renegados à clandestinidade, dando início ao culto da bruxaria como o conhecemos hoje.

Essa teoria faz sentido do ponto de vista da história e da psicologia. Precisamos lembrar que pessoas morreram porque se recusaram a renunciar à "heresia" da bruxaria. Quando a morte acontece por uma fé, essa fé existe. Sabemos que durante toda a histeria de caça às bruxas que dominou a mente dos homens na Idade das Trevas, muitos indivíduos que não tinham ligação com a bruxaria pereceram, mas nem sempre foi esse o caso.

As pessoas tampouco arriscariam a perseguição ou mesmo a morte para ir aos sabás se esses encontros fossem a impraticável balbúrdia de horrores que a propaganda oficial dizia que eram. As pessoas frequentavam os sabás por uma razão bastante aceitável: elas gostavam. Elas levaram adiante o culto da bruxaria por uma razão bastante aceitável: era uma religião diferente do cristianismo ortodoxo, com uma perspectiva bem diferente, e elas a preferiam.

Thomas Wright considerava que o sabá das bruxas tinha origem sobretudo nas tradições romanas da Priapeia e Liberália, festivais de adoração orgiástica da natureza. Hoje, no entanto, dispomos de um conhecimento mais amplo das antigas religiões, e sabemos que, na verdade, as ideias por trás da adoração do princípio da vida são fundamentais para esses cultos, tanto no Oriente quanto no Ocidente.

Os chineses formularam sua filosofia da interação do yang e do yin, os princípios masculino e feminino da natureza. O Shiva original dos hindus era um deus cornífero itifálico, cujas representações encontradas na cidade pré-histórica de Mohenjo-daro contêm uma curiosa semelhança com o deus cornífero celta, Cernuno. Em algumas dessas representações, ele até possui algo parecido com uma vela ou tocha entre os chifres, o atributo exato do Diabo do sabá.

Margaret Murray, em seu famoso livro *O culto das bruxas na Europa Ocidental* (São Paulo: Madras, 2003), traça uma importante distinção entre bruxaria operativa e bruxaria ritual. Dentro da bruxaria operativa ela classifica encantamentos e feitiços de todos os tipos, enquanto a bruxaria ritual seria um sistema de crenças e cerimônias religiosas. O próprio fato de a bruxaria precisar ser tão dividida é outro indicador de sua grande antiguidade. No início, religião e magia eram dois aspectos da mesma coisa, a crença em poderes sobrenaturais e invisíveis, ambos inerentes à natureza e transcendentes a ela. Só depois, e aos poucos, ocorreu a divisão entre religião e magia. O sacerdote, em sua concepção original, também era um mago, e antes do sacerdote havia uma sacerdotisa, que também era uma bruxa.

APULEIO, LÚCIO

Lúcio Apuleio é mais conhecido por ser o autor de *O asno de ouro*, um dos romances mais famosos do mundo e que narra a história de Cupido e Psiquê. Sua importância para o estudo da bruxaria se dá pelo fato de que *O asno de ouro* é um romance de bruxaria e ilustra as crenças que existiam a respeito de bruxos e bruxas no mundo pré-cristão.

Essa obra de Apuleio prova que a bruxaria não era, como alguns escritores modernos alegaram, uma invenção da Idade Média. Pelo contrário, a bruxaria era conhecida, temida e respeitada na Grécia e na Roma Antiga.

Lúcio Apuleio foi um sacerdote de Isis que nasceu em Madaura, uma colônia romana no norte da África, no início do século 2. De família rica, ele viajou bastante para os padrões da época, buscando se educar e se informar mais a respeito dos mistérios das religiões. Certa vez, foi acusado de praticar magia das trevas. Ele se casou com uma viúva mais velha do que ele, e a família dela, com inveja, o acusou de tê-la enfeitiçado para convencê-la a se casar. Porém, Apuleio se defendeu no tribunal de maneira triunfante com um discurso brilhante e sagaz, que mais tarde foi publicado com o título A *Discourse on Magic* (*Apulei Apologia sive pro se de Magia Liber*, com introdução e comentários feitos por H. E. Butler e A. S. Owen; Oxford: Clarendon Press, 1914).

Seu livro *O asno de ouro* foi traduzido para o inglês por William Adlington em 1566 (Simpkin Marshall, Londres, 1930 e AMS Press, Nova York, 1893), e mais recentemente por Robert Graves, em 1950. O livro é uma pretensa autobiografia e retrata Lúcio como um jovem aventureiro que se encontra na Tessália, uma região da Grécia famosa pela bruxaria. Após ouvir de seus companheiros de viagem várias histórias arrepiantes sobre os poderes sombrios das bruxas da Tessália, ele decidiu se embrenhar pelos segredos da bruxaria. Sua prima, Birrena, alertou-o de que a esposa de seu anfitrião, Panfília, era a bruxa mais perigosa, mas as palavras de advertência só serviram para aguçar ainda mais a sua curiosidade.

Ele decidiu seduzir a criada de Panfília, Fótis, para assim conseguir acessar os segredos da bruxaria de sua patroa. Fótis estava disposta a se deixar seduzir, então o plano de Lúcio pareceu dar certo num primeiro momento. Ele convenceu a jovem a deixá-lo observar escondido enquanto sua ama se ungia com um unguento mágico que a transformava em coruja e permitia que ela voasse noite afora.

Entretanto, quando Fótis roubou um pote do unguento da bruxa para Lúcio, ele se transformou não em coruja, o pássaro da sabedoria, mas em asno. A jovem lhe disse que o contrafeitiço que o reconverteria à forma humana seria comer rosas. Porém, antes de conseguir fazer isso, Lúcio passou por diversas aventuras até que a deusa Ísis se apiedou dele e o ajudou a recuperar a humanidade.

Em *O asno de ouro*, as bruxas têm muitas das características atribuídas àquelas da Idade Média. Elas conseguem mudar de forma por meio de unguentos mágicos; roubam partes de cadáveres para usar em seus sortilégios; enfeitiçam homens obtendo mechas de cabelo deles; podem lançar um encanto que afete os sentidos e enfeitiçar pessoas adormecidas; conseguem passar por um buraco na porta e se transformar em pequenos animais ou insetos; podem transfigurar outras pessoas em animais.

Contudo, Apuleio, enquanto sacerdote de Ísis, mostra os dois lados do culto à Deusa da Lua, os caminhos direito e esquerdo. Ele reconhece Ísis como Rainha dos Céus, e ainda assim idêntica, em seu aspecto sombrio, a Hécate e Perséfone, a Rainha do Submundo. As rosas que libertam Lúcio da forma de asno são o símbolo dos Mistérios, uma ideia que, anos mais tarde, foi reproduzida no emblema oculto da Rosa-Cruz.

William Adlington, o tradutor de Apuleio no século 16, reconheceu que esse romance mágico tinha um significado secreto, e que "esse livro de Lúcio é uma alegoria da vida do homem", transmitido na forma de um romance picaresco.

ARADIA

Aradia: o evangelho das bruxas (São Paulo: Madras, 2016) é o título dado por Charles Godfrey Leland à importante coleção sobre o estudo das bruxas que publicou em 1899. Ele nos conta que soube por conhecidos que existia, desde 1886, na Itália, um manuscrito que apresentava as doutrinas da chamada *La Vecchia Religione*, a Antiga Religião da bruxaria. Ele insistiu que sua amiga, Maddalena, conseguisse tal manuscrito para ele. (Ver LELAND, CHARLES GODFREY.)

Leland recebeu o manuscrito mais tarde, no início de 1897, e o documento serviu de base para seu livro *Aradia*, publicado em Londres pela David Nutt. É uma das mais importantes evidências da sobrevivência da Antiga Religião nos tempos modernos, e também dá mostra de que as crenças das bruxas constituem uma religião, ainda que fragmentada com o passar dos séculos.

O fato de ser confuso e incompleto apenas torna esse documento ainda mais convincente. Aliás, na minha opinião, o texto de *Aradia* foi "embaralhado" de propósito, porque as bruxas, por mais que considerassem Leland um igual, um autêntico *stregone*, ou poderoso feiticeiro, não queriam seus segredos publicados abertamente. Para que uma pessoa possa compreender o texto de *Aradia*, ela precisa não apenas ser uma bruxa ou bruxo, mas também ser capaz de comparar a versão em inglês de Leland com o original em italiano. Felizmente, possuo ambas as qualificações.

Parece que *Aradia* foi, curiosamente, ignorado pela maior parte daqueles que escreviam sobre bruxaria. Quando Leland o publicou, a maior parte do seu conteúdo seria considerada "não muito boa". A franqueza sexual — que Leland atenuou na tradução —, os ataques à Igreja Cristã, o comportamento anarquista em relação à ordem social, tudo contribuiu para que o livro fosse posto de lado. Além do mais, os escritos não se encaixavam em nenhuma das categorias reconhecidas. As pessoas não sabiam o que pensar a respeito daquele texto.

Naquele tempo, os estudos sobre folclore ainda estavam engatinhando. Ideias conhecidas hoje, como o antigo sistema matriarcal que precedeu a sociedade patriarcal como a conhecemos, a adoração da Grande Deusa Mãe na Europa e no Oriente Próximo de outrora, e até a bruxaria como vestígio de uma religião mais antiga, eram então novidade e pouco levadas em consideração. O famoso livro de sir James Frazer, *O ramo de ouro* (Rio de Janeiro: Guanabara Koogan, 1982 — primeira publicação, Londres: Macmillan & Co., 1890), fez as pessoas começarem a pensar nas implicações do rei divino sagrado, ainda que tais pensamentos não tivessem sido aprofundados.

E mesmo assim, a cosmogonia de *Aradia*, essa fragmentada coleção de feitiços e histórias recebida de camponesas italianas iletradas, tem essa antiga natureza matriarcal. A respeito disso, Leland afirma:

> Para todos que estiverem interessados nesse assunto da influência e da capacidade da mulher, este Evangelho das Bruxas será valioso, mostrando que existiram estranhos pensadores que consideraram a criação como um desenvolvimento feminino, ou partenogênese, do qual o princípio masculino se originou. Lúcifer, ou a Luz, se esconde na escuridão de Diana, assim como o calor se esconde no gelo. Mas o regenerador ou Messias dessa estranha doutrina é uma mulher, ARADIA, embora as duas, mãe e filha, se confundam e se reflitam em diferentes contos, assim como *Javé* se confunde com *Elohim*.

Por causa dessa característica do *Vangelo delle Streghe*, ou Evangelho das Bruxas, Leland pensou que o documento poderia ter se originado nas escrituras de "algum herege ou místico da Idade das Trevas há muito esquecido". Hoje, contudo, sabemos que o antigo matriarcado é a base de todas as religiões e estruturas sociais que se seguiram, assim como a própria terra, profunda e escura, é a base de tudo, seja floresta, seja cidade.

O texto do *Vangelo* em si era muito curto e fragmentado para ser transformado em livro. Leland o complementou com algumas histórias similares envolvendo bruxaria e adoração a Diana, histórias essas que coletara durante suas viagens à Itália e que também servem de evidência adicional para sua tese principal: a de que a bruxaria ainda sobrevivia naquele tempo como uma religião viva, porém clandestina. E que não era, como a Igreja Católica alegava, a invocação de Satã, mas algo muito mais antigo, nomeadamente o culto a Diana, Deusa da Lua, e as práticas semirreligiosas e semimágicas associadas a ela.

Esta é, então, a doutrina do *Vangelo delle Streghe*: "Diana foi a primeira a ser criada antes de toda a criação. Nela estavam todas as coisas, e a partir dela mesma, a escuridão original, ela se dividiu; em trevas e luz ela foi dividida. Lúcifer, seu irmão e filho, ela própria e sua outra metade, era a luz". (Esse é um conceito comparável a alguns pensamentos religiosos do Oriente, em particular àqueles da religião de Shiva e Shatki, da qual surgiram as crenças e práticas tântricas.)

O *Vangelo* prossegue e diz como Diana, ao ver a beleza da luz, estremeceu de prazer e desejou recebê-la de volta em sua escuridão. Mas Lúcifer, a luz, fugiu dela, como o rato foge do gato. (Esse é mais um eco de coisas muito antigas. Um dos títulos do deus grego do Sol era *Apollo Smintheus*, "Apollo, o Rato", e ratos brancos sagrados eram mantidos em alguns de seus templos.)

Então, Diana foi em busca de conselhos com os "pais do Princípio, com as mães, os espíritos que existiam antes do primeiro espírito". Pois bem, quem eram esses misteriosos e primitivos poderes, ao mesmo tempo masculinos e femininos? Parece, pelo exposto, que eram os aspectos não manifestados da própria Diana — o que Carl Jung chamou de Ouroboros, a fundação masculina-feminina da natureza.

O conselho recebido por Diana foi de que "para se erguer ela precisava cair; para se tornar a líder das deusas ela precisava se tornar uma mortal". Então, ao longo dos tempos, quando o mundo foi criado, Diana desceu até a Terra, "assim como fez Lúcifer, que caiu".

Agora, como deus do Sol, Lúcifer "cai" todos os anos à medida que o Sol declina no inverno. Então ele se torna o Senhor do Submundo, assim como fazia o deus do Sol egípcio, Osíris. Isso também tem um sentido mais esotérico, de quando a luz "cai" ao ficar enredada no mundo da manifestação.

Então, avança o *Vangelo*, Diana prevaleceu sobre Lúcifer por meio do primeiro ato de bruxaria. Seu irmão tinha um lindo gato que dormia com ele em sua cama todas as noites. Diana falou com o animal porque ela pôde sentir que ele era, na verdade, o espírito de uma fada na forma de gato. A deusa o persuadiu a trocar de forma com ela. Diana se deitou na cama do irmão que dormia e, na escuridão, voltou à sua antiga forma e fez amor com ele durante seu sono. Desse modo ela engravidou do irmão e, por fim, deu à luz a filha, Aradia.

Quando acordou de manhã, Lúcifer ficou zangado ao descobrir como a "luz tinha sido conquistada pela escuridão". Mas Diana cantou uma canção de encantamento para ele, um feitiço poderoso, e Lúcifer ficou em silêncio e se rendeu a ela. "Esse foi o primeiro encantamento; ela cantarolou a canção, foi como o zumbir de abelhas (ou como um pião girando), uma roda de fiar tecendo a vida. Ela teceu a vida de todos os homens, todas as coisas foram tecidas pela roda de Diana. Lúcifer girou a roda." (Mais uma vez, voltamos ao domínio dos mitos muito antigos — o mito do Destino, a fiandeira, a grande deusa que tece a vida humana. A função do homem é meramente "girar a roda de Diana", após uma caçada amorosa em que a mulher é a caçadora e ele, a presa.)

Em seguida vem a história de como Diana, por meio de um ato de bruxaria, criou o céu lá no alto, povoou-o de estrelas e fez a chuva cair sobre a terra. "E tendo feito o céu, as estrelas e a chuva, Diana se tornou rainha das bruxas; ela era a gata que regia a estrela-rato, o céu e a chuva."

A imagem da Lua como "a gata que rege a estrela-rato" é admirável e poética. Lembra-nos da transformação de Diana para poder seduzir Lúcifer e de como os gatos foram por muito tempo considerados animais mágicos, sagrados e companheiros das bruxas. Enquanto Lua, Diana é a regente natural da água e da chuva.

O *Vangelo* conta a história da filha de Diana, Aradia, nascida dela e de seu irmão, Lúcifer. Diana teve compaixão pelos pobres que sofriam, a quem via oprimidos por seus ricos senhores feudais. Ela notava como eles passavam fome e trabalhavam arduamente enquanto os mais ricos, apoiados pela Igreja Cristã, viviam bem e em segurança em seus castelos.

Ela também viu como muitos dos oprimidos eram impelidos por seus erros a se tornarem fora da lei e cometer crimes porque não tinham outra opção.

Ela viu os judeus e os ciganos tornados criminosos em razão dos próprios sofrimentos. Ela decidiu enviar a filha Aradia para a Terra, a fim de torná-la a primeira bruxa e dar aos pobres e desvalidos alguma proteção e meios para sobreviver à opressão que sofriam da Igreja e do Estado.

Então Diana iniciou Aradia na bruxaria e disse a ela que encontrasse a sociedade secreta dos bruxos na Terra. Ela mostraria aos homens e mulheres que a seguissem como atacar de maneira secreta os "grandes senhores" usando o veneno como arma, além de "fazer com que morressem em seus palácios"; como invocar tempestades para arruinar as colheitas dos camponeses que eram ricos e maldosos e que não ajudavam seus irmãos mais pobres. Ademais, quando os sacerdotes da Igreja Cristã a ameaçavam ou tentavam convertê-la, ela lhes respondia: "O Seu Deus, o Pai, Filho e Maria são três demônios. O verdadeiro Deus, o Pai, não é o de vocês".

Diana ensinou à filha tudo o que sabia sobre bruxaria, e Aradia, por sua vez, foi para a Terra e ensinou tudo aos seus seguidores, bruxas e bruxos. Então Aradia disse a eles que se retiraria do mundo mais uma vez, mas que, durante sua ausência, deveriam se reunir todos os meses nos dias de lua cheia, encontrando-se em algum lugar deserto ou em uma floresta. Ali deveriam venerar o espírito de Diana e reconhecê-la como sua rainha. Em recompensa, Diana lhes ensinaria todas as coisas ainda desconhecidas.

Eles teriam de comer e beber, cantar e dançar, e como sinal de que eram livres de verdade, todos, homens e mulheres, deveriam fazer os rituais nus. "Todos se sentarão para cear nus, homens e mulheres, e, terminado o banquete, deverão dançar, cantar, tocar música e depois fazer amor na escuridão, com todas as luzes apagadas porque é o Espírito de Diana que as apaga, e então deverão dançar e tocar música em sua homenagem."

Aradia disse a seus seguidores que, durante a ceia, deveriam comer bolos feitos de farinha, vinho, sal e mel, cuja massa seria cortada no formato de lua crescente e então assada. Depois, quando os bolos estivessem prontos, deveriam dizer um encantamento para consagrá-los a Diana. (No *Vangelo*, existem três encantamentos desordenados, supostamente transmitidos para esse fim, os quais, na minha opinião, estão entre os itens que foram acrescentados como forma de confundir. O encantamento verdadeiro aparece depois, se o texto for lido com cuidado: "Eu não asso o bolo, nem coloco sal, nem cozinho o mel com o vinho; eu asso o corpo, o sangue e a alma, a alma da grande Diana...".)

Então Diana chamou Aradia de volta assim que a última missão da filha na Terra estava completa, mas deu a ela o poder de conceder às bruxas e bruxos que a invocavam certos poderes, que estão enumerados no *Vangelo*:

Conceder a ela ou ele sucesso no amor.
Abençoar ou amaldiçoar com poderes amigos ou inimigos.
Conversar com espíritos.
Encontrar tesouros escondidos em velhas ruínas.
Invocar o espírito de sacerdotes que morreram e deixaram tesouros.
Compreender as vozes do vento.
Transformar água em vinho.
Adivinhar por meio de cartas.
Conhecer os segredos da mão.
Curar doenças.
Tornar bonitos aqueles que são feios.
Domesticar feras selvagens.

Mais uma vez há uma sutileza no texto: o segundo item dessa lista, na verdade, corresponde a dois poderes: abençoar e amaldiçoar. Se alguém tiver isso em mente ao contar os poderes, o total será de treze, o número das bruxas. Além do mais, esses poderes podem ser interpretados de maneira literal ou simbólica.

O *Vangelo* segue adiante com encantamentos para Diana e Aradia (que é, de fato, uma versão mais nova da própria Diana); feitiços para os mais variados fins, como obter um espírito familiar — *il folletino rosso*, o Goblin Vermelho que vive em uma pedra redonda; a conjuração do limão espetado com alfinetes, que pode ser tanto um amuleto de boa sorte quanto uma maldição; um feitiço para desfrutar o amor de uma jovem durante um sonho; encantamentos para boa sorte, para afortunar o vinhedo de alguém e por aí em diante. Também traz diversas histórias de encantamento estranhas, não todas do manuscrito que Leland recebeu, mas, como mencionado, incluídas por ele porque obviamente pertenciam ao mesmo corpo de mitos e lendas.

Sem dúvida, as histórias não são todas da mesma época. O início do *Vangelo*, que descrevi em detalhes anteriormente, parece ser a parte mais antiga. Mas todas são dignas de ser estudadas. Leland percebeu a importância do que havia descoberto, mas tinha ciência de sua idade avançada e da falta de interesse por aquelas ideias em seu tempo. Ele faz um apelo no final do seu livro, pedindo às pessoas que tiverem informações que confirmem o que foi apontado ali, que as divulguem ou publiquem de alguma forma, para que não caiam no esquecimento. Contudo, muitos anos se passariam antes que a Antiga Religião pudesse sair da escuridão.

ARTE DAS CAVERNAS, RELIGIOSA E MÁGICA

As profundezas de uma caverna foram o primeiro santuário do homem. Em locais profundos, silenciosos e inacessíveis, longe do ambiente da sua vida cotidiana, os caçadores da Idade da Pedra cultuavam e praticavam magia.

Hoje sabemos disso porque esculturas e pinturas daqueles homens da aurora do tempo, homens separados de nós por um verdadeiro abismo temporal, foram encontradas em cavernas decerto escolhidas para sua reclusão. A arte rupestre da França e da Espanha, pela qual conseguimos compreender um pouco melhor a mente do homem da Idade da Pedra, é uma expressão religiosa e mágica.

Cavernas pintadas foram encontradas em lugares distantes daqueles em que o homem primitivo de fato habitava, lugares claramente designados como santuários. A variedade artística em algumas dessas cavidades é tão grande que elas parecem ter sido usadas para esse fim por milhares de anos.

Entre os grandes animais retratados em suas paredes, alguns são mostrados feridos ou atingidos por armas. A figura de um mamute tem um coração sinalizado por uma gota de ocre vermelho dentro de sua silhueta. Ao desenhar o "coração", talvez o homem pudesse, dentro de sua crença, ganhar poder sobre a poderosa besta e matá-la. Ao representar, com detalhes, um bisão atingido por lanças, a intenção do artista não era apenas criar uma imagem, mas também um ritual mágico para garantir boa sorte na caça e que suas lanças atingissem o alvo. Esse foi o início da magia simpática.

A magia das cavernas se ocupava das coisas primordiais: a vida e a morte. Para que pudesse viver, o homem primitivo precisava dominar os grandes animais, caçá-los e matá-los. No entanto, a menos que os animais tivessem muitos filhotes, os rebanhos desapareceriam e o homem passaria fome. A menos que as mulheres de sua tribo fossem férteis, naqueles tempos de precariedade e baixa expectativa de vida, a espécie humana também perderia seu domínio sobre o mundo.

Então o homem criou a magia para a vida e para a caça. Por exemplo, ele moldou figuras de animais acasalando. Duas figuras de bisão feitas em barro, um macho e uma fêmea, foram encontradas em uma recôndita caverna, Tuc d'Audoubert, nas proximidades de Saint-Girons, França. Perto dali foram descobertas pegadas entrelaçadas no chão da caverna que, acredita-se, eram vestígios de danças rituais. Essa caverna foi bloqueada por um deslizamento de terra não documentado por séculos, e os indícios da magia primordial permaneceram ali escondidos, no silêncio e na escuridão, até que em 1912 três jovens subiram um rio subterrâneo de barco e exploraram cavernas de estalactites até encontrar outra maneira de entrar, e ficaram ao lado das pegadas de pés descalços que estavam cobertas de pó desde o início dos tempos.

Algumas das mais extraordinárias e belas obras de arte do homem primitivo são as figuras femininas. Não se trata de retratos, mas de caracterizações impessoais da fertilidade feminina, da mulher como recipiente da vida, com o útero grávido e seios inchados. Algumas dessas chamadas "imagens de Vênus" são bem pequenas e belamente esculpidas em pedra-sabão ou marfim de mamute. Outras imagens maiores e do mesmo tipo foram desenhadas ou esculpidas nas paredes das cavernas. Uma descoberta bastante interessante é aquela feita em Angles-sur-l'Anglin, de uma representação tripla — três deusas em tamanho natural —, em um lugar emblematicamente chamado Roc aux Sorciers, "Rocha das Bruxas".

Uma maravilhosa escultura paleolítica, com certeza apropriada para representar uma deusa, é a chamada "Vênus de Laussel". Ela foi esculpida em baixo-relevo na parede de um abrigo rochoso na Dordonha, e também apresentava traços de pigmento vermelho, símbolo do sangue que provê a vida. Trata-se da figura de uma mulher nua, com longos cabelos caídos sobre os ombros, segurando em uma das mãos um chifre oco. Este último talvez seja uma versão muito antiga do chifre da abundância, ou cornucópia.

Por vezes, figuras masculinas também foram retratadas. As mais importantes representam homens com disfarce ritualístico: pele e chifres de touro ou veado. Na Grã-Bretanha, um pequeno exemplo de tal figura foi encontrado na caverna Pin Hole, em Creswell Crags, na divisa entre Nottinghamshire e Derbyshire. Um osso foi localizado sob um depósito de oito centímetros de estalagmite, e nele estava esculpida a pequena imagem de um homem itifálico usando uma máscara de animal. A coincidência é que a caverna Pin Hole recebeu esse nome porque continha um poço de água no qual as pessoas jogavam alfinetes para que seus desejos fossem realizados — uma história contínua de uso mágico que parece inacreditável, mas é verdade.

A mais sagrada entre essas figuras masculinas mascaradas é o famoso "Feiticeiro", ou Deus Cornífero, da caverna Trois Frères, em Ariège. O lugar foi descoberto pelos mesmos três irmãos corajosos, filhos do conde Bégouen, que encontraram Tuc d'Audoubert, e leva o seu nome. A imagem reflete um dançarino vestindo pele e cauda de animal e uma máscara coroada com chifres de veado. A impressão de movimento e de membros humanos sob a pele do animal é transmitida com muita habilidade.

É muita sorte que essa obra-prima da arte da Idade da Pedra só tenha sido descoberta no início do século 20. Se tivesse aparecido no tempo das grandes perseguições às bruxas, a Igreja teria ordenado a sua destruição — por ser uma figura do Diabo — e depois teria espalhado água benta no local.

Sem dúvida, nestes temas de arte da Idade da Pedra, a Deusa Nua e o Deus Cornífero, temos as próprias divindades das bruxas. A afirmação de que o culto das bruxas é a religião mais antiga do mundo se justifica.

Não só as divindades, mas também o ritual das bruxas é retratado na dança circular de mulheres representada em uma pintura rupestre em El Cogul, na Espanha. Além disso, é evidente pelo exposto que os processos de magia simpática, ou imitativa, "de aumentar o poder e de mostrar o que fazer", são muito antigos. Ainda assim, a magia baseada nesses dois procedimentos é praticada hoje em dia. A pessoa desconhecida que pregou duas efígies humanas transpassadas por espinhos e um coração de ovelha também perfurado por espinhos na porta do antigo castelo de Castle Rising, Norfolk, em setembro de 1963, tentava realizar o mesmo tipo de magia usada pelos xamãs da Idade da Pedra. Essa é apenas uma das muitas evidências de rituais mágicos que foram descobertas na Grã-Bretanha nos últimos anos.

A caverna em si transmite à mente do homem a ideia de ventre da Grande Mãe Terra, o local de nascimento e também, como sepulcro, o local de morte. Representa o ciclo da vida: nascimento, morte e possibilidade de renascimento. Assim, os mortos eram enterrados cerimonialmente de um modo que auxiliasse a grande magia do renascimento. Ossos encontrados nas cavernas onde o homem da Idade da Pedra enterrava seus mortos foram manchados de ocre vermelho, mostrando que o líquido era espalhado de forma abundante sobre os mortos para simular sangue, o fluido da vida. Muitas vezes, conchas foram encontradas enterradas com a pessoa morta, como símbolo feminino, o emblema do portal do nascimento. É provável que as conchas de búzios, que têm um formato bastante semelhante, tenham sido o talismã mais antigo do homem, e ainda hoje possuem grande valor na África. Embora os túmulos se encontrassem a muitos quilômetros do litoral, o corpo ainda estaria acompanhado de conchas.

Outros itens valiosos, como ferramentas feitas de pedra, também eram enterrados com os mortos. O termo arqueológico para esses itens depositados é "bens funerários". Até o homem de Neandertal, a misteriosa espécie primitiva já extinta da Terra, enterrava seus mortos em uma cerimônia com bens funerários. É estranho que essa criatura, com a testa recuada e o corpo repleto de pelos, tivesse mais fé em sua alma imortal do que muitos homens civilizados de hoje. Ele enviava seus mortos para o Além com ferramentas, armas e carne para a sua jornada. Ossos de animais de caça foram encontrados em sepulturas de neandertais, assim como nas de outros hominídeos primitivos.

Uma prática muito antiga que com certeza se conecta com a magia do renascimento é a do chamado "enterro agachado". Isso significa que o corpo era enterrado em posição semelhante à de uma criança no útero, deitada de lado com os joelhos dobrados. Ao morrer, o homem regressava ao ventre da Grande Mãe, sua primeira ideia de divindade. No tempo certo, ele nasceria de novo. A caverna foi seu abrigo, seu local de nascimento, sua morada, seu templo e o seu sepulcro.

A tradição de cavernas sagradas ainda sobrevive por todo o mundo — às vezes associada à bruxaria. A localidade de Wookey Hole, em West Country, é famosa como lendária morada da "Bruxa de Wookey", e os restos ali encontrados, incluindo um cristal primitivo, confirmam que em tempos remotos foi habitada por uma mulher reclusa que praticava magia. Uma parte das profundas cavernas de Eastry, em Kent, possui uma espécie de capela, decorada com pares de chifres de veado, obviamente bastante antiga; e algumas histórias um pouco incertas afirmam que esse lugar já foi palco de rituais secretos.

Em algumas ocasiões, os covens atuais usam cavernas para realizar seus rituais. A revista ocultista *New Dimensions* publicou em novembro de 1964 um famoso artigo chamado "Witches' Esbat", escrito por um líder de coven que usava o pseudônimo de Robert Cochrane. Ele forneceu uma descrição detalhada de um rito realizado numa caverna em West Country, com cantos e danças ao redor de uma fogueira, até que a presença espiritual de um mestre feiticeiro muito antigo se manifestasse. Eu conheço a identidade do autor desse artigo.

Também em tempos modernos, aborígenes da Austrália usam cavernas como cenário para arte mágica e religiosa. Eles pintam imagens de divindades e as invocam para enviar chuva e também retratam animais que esperam ver se multiplicar. Se uma pintura fica esmaecida com o passar do tempo, eles a retocam com cores vivas para manter sua magia potencializada. Ao observar como tribos pertencentes a povos primitivos fazem coisas desse tipo, podemos obter mais informações sobre o que pensava e sentia o artista do período paleolítico.

Até onde temos conhecimento, o período coberto pela arte paleolítica na Europa Ocidental se estende por cerca de dezoito mil anos, de 30.000 a.C. a 12.000 a.C., aproximadamente. Depois desse período, a cultura humana se fundiu com as condições da Idade da Pedra Média, quando o clima se tornou mais quente e o homem se tornou mais coletor de alimentos e pescador e menos dependente da caça — e foi quando o brilho da arte rupestre parece ter desaparecido. Na Idade da Pedra Polida, o homem descobriu a agricultura e desenvolveu novos tipos de magia ligados ao crescimento das colheitas e à fertilidade da terra. Mas o Deus Cornífero e a Deusa Nua, as imagens mágicas das cavernas primitivas, continuaram a aparecer e reaparecer nas concepções religiosas do homem e a ser invocados em sua magia.

ÁRTEMIS

É a versão grega da clássica Deusa da Lua, a quem os romanos chamavam de Diana. Assim como a Lua, ela muda de forma. Às vezes, nós a vemos como a "caçadora pura e justa", a jovem, para sempre virgem, que carrega o arco e a flecha prateados da lua nova. Mas em Éfeso, que era um dos principais centros de adoração a ela em tempos antigos, a deusa apareceu como uma grande mãe, com muitos seios e cercada por imagens de criaturas vivas.

A Ártemis efésia usa um colar de bolotas, talvez para transmitir sua associação com as florestas. Sua coroa tem o formato de uma torre, como aquela da grande deusa mãe Cibele. No geral, ela é bastante diferente da forma usual da Diana virgem caçadora, tão amada pelos poetas elisabetanos. Ademais, enquanto Ártemis Ilítia, ela era a patrona dos partos, uma estranha característica para uma deusa eternamente virgem.

Em Esparta, uma antiga imagem de madeira chamada Ártemis Ortia (Ártemis Ereta) era adorada com rituais que envolviam flagelação. De acordo com a lenda, essa imagem foi encontrada escondida em um bosque de salgueiros, uma árvore sagrada para a Lua. Certo dia, dois jovens príncipes entraram na mata e encontraram a imagem aprumada pelos galhos dos salgueiros que tinham crescido em seu entorno — daí o nome "Ártemis Ereta". Os jovens ficaram tão aterrorizados ao ver essa imagem que enlouqueceram.

Uma vez por ano, meninos de Esparta competiam diante da imagem de Ártemis Ortia para ver quem suportava mais golpes durante o ritual de flagelação. Isso deve estar relacionado com a antiga ideia mágica de que a flagelação era um meio de purificação e eliminava os espíritos malignos, o que se acreditou por muito tempo ser a causa da loucura. Mais recentemente, em termos de períodos históricos, o açoitamento era um método comum de tratar os "lunáticos", assim chamados porque, supunha-se, seu sofrimento estava ligado à influência da Lua.

Porém, a lenda também afirma que essa imagem correspondia ao lado sombrio da deusa, que exigia sacrifício humano, e que ela os recebia sob a terrível forma de Ártemis Tauriana. No início, um sacrifício humano era feito todos os anos para Ártemis Ortia, até que o rei Licurgo, mais clemente, aboliu a prática e a substituiu pelo ritual de flagelação. Esse é um exemplo interessante de como a flagelação se tornou uma substituta para formas mais bárbaras de sacrifício. (*Ver* FLAGELAÇÃO.)

Ártemis Tauriana foi identificada com Hécate, que era a deusa da bruxaria. Não é difícil perceber a antiga triplicidade da Lua nas mais diferentes formas da deusa: a jovem garota da lua crescente, a noiva fértil e mãe da lua cheia, a estranha e terrível velha da lua minguante.

A origem do nome Ártemis é incerta, mas pode significar "Grande Fonte de Água", já que antigamente se pensava que a Lua era a fonte e regente das águas. Ela controlava as marés não apenas do mar, mas também os misteriosos ir e vir dos poderes psíquicos e os períodos mensais de fertilidade das mulheres. Por isso a Deusa da Lua, seja lá por qual nome fosse conhecida, era a senhora da magia, do encantamento e da feitiçaria.

Na estátua original de Ártemis, em Éfeso, há entalhes de escritos ou caracteres misteriosos, os quais aparecem em três lugares: nos pés da estátua, no cinto e na coroa. Não se sabe o que significam, mas pessoas carregavam cópias desses escritos para atrair boa sorte. Acreditava-se que continham magia muito poderosa e eram conhecidos como *Ephesiae Literae*, ou Letras de Éfeso.

O grande Templo de Ártemis em Éfeso, que já fez parte das sete maravilhas do mundo antigo, caiu em ruínas há muito tempo, e apenas o local onde estava situado permanece. Mas Hesíquio preservou uma versão da misteriosa inscrição na estátua da deusa. Ali está escrito:

ASKI. KATASKI. HAIX. TETRAX. DAMNAMENEUS. AISION.

A inscrição foi traduzida como "Escuridão – Luz – Ele mesmo – o Sol – Verdade". Essa interpretação, porém, é incerta. Em tempos antigos, magos usavam tais palavras para expulsar espíritos malignos.

ÁRVORES E BRUXARIA

O falecido Elliott O'Donnell, autor de tantos volumes de histórias de fantasmas, também escreveu um livro fascinante chamado *Strange Cults and Secret Societies of Modern London* (Londres: Philip Allan, 1934). Nele, O'Donnell dá alguns detalhes muito curiosos do que chama de culto à árvore. Ele relata como certas pessoas, geralmente com ascendência celta, encontram um parentesco peculiar com as árvores e têm algumas crenças notáveis a respeito delas.

Esse culto à árvore ainda existe e tem muito em comum com a Arte dos Sábios. (Não é chamado de "culto à árvore" por aqueles que o seguem, mas convém seguir o exemplo de O'Donnell ao nomeá-lo assim.)

As crenças relativas às árvores, às suas propriedades mágicas e aos espíritos que se pensa que nelas habitam são tão antigas e tão difundidas que é impossível fazer mais aqui do que oferecer um vislumbre da tradição das árvores e de suas ligações com a bruxaria.

Árvores e bruxaria. A Árvore do Mundo, Yggdrasill.

As árvores não apenas têm personalidades distintas, para aqueles que são sensíveis a essas coisas, mas muitas delas são moradas de espíritos que podem ser amigáveis com os humanos ou, às vezes, algo muito diferente disso. Elliott O'Donnell tinha uma palavra curiosa, "stichimonious", para descrever essas árvores assombradas por espíritos, que não vi em nenhum outro lugar além de suas obras. Ele encontrou tantas histórias de natureza misteriosa ou fantasmagórica relacionadas com árvores que mais tarde escreveu um volume de tais contos, intitulado *Trees of Ghostly Dread* (Londres: Riders, 1958).

Uma floresta assombrada em Sussex, particularmente ligada ao fantasma de uma bruxa, é Tuck's Wood, perto de Buxted. A história por trás dessa assombração é a seguinte: há muitos anos, uma linda jovem chamada Nan Tuck adquiriu, de alguma forma, a reputação de ser bruxa. Certo dia, uma multidão enfurecida a cercou e ameaçou fazê-la "flutuar" no lago de Tickerage Mill. Ela fugiu, com a multidão em seu encalço, e dirigiu-se à igreja de Buxted para pedir asilo. Ela conseguiu chegar à igreja e tentou agarrar o "anel do refúgio" (o grande anel de ferro fixado em muitas portas de igrejas antigas). Mas o pároco a empurrou, citando o texto sobre "não tolerar uma bruxa"; e provavelmente ela foi entregue à multidão.

Ela acabou por se enforcar em uma árvore em Tuck's Wood e, desde então, seu fantasma tem assombrado a floresta e suas imediações. Seu local de sepultamento é marcado por uma antiga lápide fora dos muros do cemitério, próximo ao portal de entrada.

Não surpreende que existam muitas histórias de fenômenos fantasmagóricos ligados às florestas e às árvores em geral quando se presume que um organismo tão antigo e poderoso como uma árvore deve ter uma forte aura, ou campo de força, ao seu redor. Algumas pessoas sensíveis podem ver a aura das árvores como uma leve luz prateada contra o céu. Ao apoiarem as costas numa árvore, conseguem sintonizar com a vitalidade dela, extraída das profundezas da terra e nutrida pelo sol e pela chuva. Muitas árvores têm uma influência curativa sobre os seres humanos quando a sua força vital é contatada dessa forma.

Os seres vivos mais antigos do mundo são as árvores — estima-se que as antigas sequoias da Califórnia tenham cerca de quatro mil anos de idade, e ainda produzem botões e folhas. Uma das maiores peças musicais do mundo,

"Largo de Handel", é um elogio à beleza de uma árvore. Há muito mais nas árvores do que apenas madeira e folhas.

Uma árvore chamativa tem sido frequentemente usada como local de encontro para muitos propósitos, incluindo os da Antiga Religião. Árvores espinhosas solitárias, com suas estranhas formas retorcidas, de algum modo sugerem bruxaria e o reino das fadas, e poucas são mais representativas do que a fantástica árvore conhecida como a Bruxa de Hethel.

Esse espinheiro ancestral fica no povoado de Hethel, a sudoeste de Norwich, em Norfolk. Quantos anos tem, ninguém sabe. Dizia-se que um antigo proprietário do terreno, o primeiro sir Thomas Beavor, possuía uma escritura datada do início do século 13 que se referia à árvore como "o velho espinheiro". Outro fragmento da tradição afirma que a árvore foi ponto de encontro de camponeses descontentes, na época em que organizaram uma revolta no conturbado reinado do rei João (1199-1216).

Hoje, o tronco do espinheiro está fendido e seus galhos retorcidos se espalharam para se tornar eles próprios uma floresta em miniatura; em vários locais, são sustentados por escoras. No entanto, apesar de sua incrível idade, a Bruxa de Hethel ainda consegue produzir alguns cachos de flores perfumadas todo mês de maio. Felizmente, essa árvore histórica é hoje cuidada pela Norfolk Naturalists' Trust.

Mas por que é chamada de Bruxa de Hethel? Ninguém parece saber ao certo. Existe um indicador significativo: a árvore fica perto da igreja do povoado e, embora se trate de uma construção antiga, pensa-se que o espinheiro seja ainda mais velho que ela. Sabemos que as primeiras igrejas eram frequentemente erigidas em locais sagrados pagãos; portanto, essa igreja pode ter sido construída de forma deliberada perto de uma árvore sagrada. A Bruxa de Hethel pode ter sido outrora a Deusa de Hethel, sob a forma de sua árvore sagrada.

A tese de que o espinheiro já foi uma árvore sagrada é demonstrada pela crença de que dá azar trazer suas flores para dentro de casa. A única ocasião em que era lícito quebrar os galhos da árvore da Deusa Branca se dava na Véspera de Maio, quando os ramos eram usados nas celebrações do Primeiro de Maio. Existem muitos contos populares sobre pessoas que sofreram ferimentos ou infortúnios por cortar ou desenraizar algum velho e venerável espinheiro.

O carvalho, o freixo e o espinheiro são a tríade das fadas; onde essas árvores crescem juntas, você pode esperar que ali elas vão assombrar. Há uma rima popular em New Forest:

Virem suas capas,
Pois o povo de fadas
Em velhos carvalhos se instala.

Virar a capa do avesso e usá-la assim era um meio de ser "conduzido pelos pixies" ou se perder pelo encantamento das fadas.

O carvalho é a antiga árvore mágica britânica, reverenciada pelos druidas; uma das árvores mais poderosas e longevas, e ainda assim potencialmente conservada na pequenez da bolota. Essa é a provável origem de uma antiga crença de Sussex, de que carregar uma bolota de carvalho na bolsa ou no bolso preservará a saúde e a vitalidade e manterá a juventude.

Além disso, a bolota tem formato fálico e, portanto, é um emblema de vida e sorte. Por esse motivo, antigamente, o topo das colunas que ladeavam o portão de entrada de uma propriedade era esculpido na forma de uma bolota.

Essa é também a razão pela qual as persianas de rolo para janelas costumam ter uma bolota de madeira entalhada na extremidade das cordas. A bolota pendurada na janela traz boa sorte e afasta as energias negativas. Seu verdadeiro significado foi esquecido com o tempo, mas o costume de decorar as persianas com uma bolota permaneceu.

Foi sugerido que as antigas palavras sem sentido, "hob a derry down-O", que por vezes encontramos em canções folclóricas, são na verdade fragmentos de uma frase celta que resistiu ao tempo, e significa "dançar em volta do carvalho". *Derw* é a antiga palavra britânica para carvalho; e parece bastante certo que *derwydd*, que significa "vidente do carvalho", é a origem de "druida". Às vezes, bruxas e bruxos atuais dançam ao redor de um carvalho ou de um espinheiro e derramam uma libação de vinho tinto em sua raiz. A árvore é um emblema do poder da vida e da fertilidade, que eles adoram por meio desse ato.

Reminiscências da sabedoria tradicional sobre as árvores muitas vezes testemunham a sua importância ancestral na religião pagã. Por exemplo, há uma passagem curiosa no livro de John Evelyn, *Sylva, or a Discourse of Forest Trees* (Londres, 1664). Escrevendo sobre certo carvalho muito antigo e venerável em Staffordshire, ele nos diz: "Mediante juramento de que um bastardo foi gerado ao alcance da sombra de seus galhos (o que posso lhes garantir que no nascer e no pôr do sol é muito ampla), o ultraje não era repulsivo à censura do magistrado eclesiástico ou civil".

Isso parece remontar aos ritos de fertilidade do passado, sob o carvalho sagrado. O mesmo velho costume está oculto em certo topônimo de Sussex, Wappingthorn Wood, ao norte de Steyning. "Wap" ou "wape" é uma palavra antiga que significa ter relações sexuais, e "thorn" significa espinho — nesse caso, ter relações sexuais sob o espinheiro sagrado.

O sabugueiro tem reputação bastante sinistra e muito associada à bruxaria. Nenhum camponês cuidadoso de antigamente queimaria lenho de sabugueiro em sua lareira porque isso traria o Diabo para dentro de casa. As bagas do sabugueiro dão origem a um vinho potente, e as suas flores brancas de aroma acentuado são valorizadas pelos fitoterapeutas, pois da mistura de flor de sabugueiro e hortelã-pimenta faz-se um remédio para constipações e calafrios. No entanto, há algo perturbador no intenso perfume das flores de sabugueiro no ar quente do verão. Numa frase reveladora, Arthur Machen descreveu-o como "um vapor de incenso e corrupção". Alguns consideram-no nocivo, enquanto outros acreditam que seja um afrodisíaco.

O sabugueiro é uma notória morada de espíritos; tanto é verdade que uma antiga crença diz que nunca se deve cortar ou quebrar um pedaço dessa pequena árvore sem pedir licença a qualquer presença invisível. Um sabugueiro que cresça em um antigo cemitério de igreja tem uma potência particular para propósitos mágicos. Por exemplo, a planta pode ser usada para encantar verrugas, basta cortar dela um pequeno galho de madeira verde na lua minguante, esfregar as verrugas com esse galho e depois enterrá-lo em algum lugar onde ninguém possa mexer e ele apodreça. À medida que o galho se deteriora, as verrugas desaparecem.

Algumas pessoas acreditavam que o sabugueiro era uma proteção contra a bruxaria, talvez porque se pensasse que era a árvore da qual a Cruz tinha sido feita, e também a árvore na qual Judas se enforcou. Outros encaravam com suspeita os arbustos de sabugueiro solitários, especialmente se encontrassem algum no crepúsculo, em um lugar onde não se lembravam de ter visto um arbusto antes. Poderia ser uma bruxa disfarçada, cuja aparência fora transformada em sabugueiro por meio de um feitiço mágico. Algumas histórias antigas diziam que as bruxas podiam fazer isso. Existem tantas lendas sobre o sabugueiro que a sua associação com magia e bruxaria é quase certamente pré-cristã.

Um culto contínuo de crenças mágicas relacionadas com árvores é demonstrado por um curioso incidente que aconteceu em Sussex, Inglaterra, em 1966. Em março daquele ano, o *Brighton Evening Argus* relatou que uma maldição havia sido lançada publicamente sobre quem cortasse um antigo olmo perto de Steyning, nesse condado. A árvore foi ameaçada de destruição para dar lugar a um conjunto residencial. E um aviso foi encontrado preso ao olmo, com os seguintes dizeres:

Ouçam, ouçam, qualquer tolo que passar
Quem nesta árvore, uma ferramenta colocar,
Verá lançada sobre si uma maldição
Até que pague por essa transgressão.

O aviso foi adornado com símbolos mágicos. A polícia investigou o assunto, mas, tanto quanto sei, o autor da misteriosa ameaça nunca foi descoberto.

A expressão "bater na madeira" é um vestígio do antigo culto às árvores. (Certa vez, um homem me disse, com toda a seriedade: "Não acredito em superstição; e nunca baterei na madeira!".) Os conceitos de Árvore do Mundo ou de Árvore da Vida ocorrem repetidas vezes na mitologia e no simbolismo pagãos. Nossa árvore de natal, com seus enfeites brilhantes e a estrela no topo, é uma versão em miniatura da Árvore do Mundo de nossos ancestrais pagãos, com suas raízes profundas na terra, o sol, a lua e as estrelas penduradas em seus galhos extensos, além da Estrela Polar em seu ponto mais alto. Às vezes, a estrela é substituída por uma boneca fada, que representa a deusa da natureza que governa o mundo.

Um sinal de que uma árvore é morada de influências misteriosas é a presença de um crescimento peculiar em seus ramos, que as pessoas do campo chamam de vassouras de bruxa. Esse aparecimento é, na verdade, causado por um tipo de fungo que tem o efeito de estimular certos galhos da árvore a crescerem com um volume anormal, tão densos e espessos quanto uma vassoura. O aglomerado de galhos em forma de vassoura também tende a dar folhas antes do restante da árvore. Uma árvore com sinal de vassoura de bruxa certamente tinha algo estranho e mágico, na antiga tradição rural.

ASSASSINATO RITUAL

No fim da década de 1960, o mundo ocidental ficou consternado com o homicídio da bela estrela de cinema, Sharon Tate, e de outras vítimas de assassinatos rituais na Califórnia. (Ver MANSON, CHARLES.) Assassinato ritual tem sido noticiado com frequência. Foi demonstrado, da maneira mais sombria, que um dos ritos mais primitivos e verdadeiramente selvagens do homem sobreviveu até os dias de hoje.

Por mais hediondas que sejam essas histórias, elas não são, de forma alguma, a única evidência de assassinato ritual relacionado à magia das trevas encontrada nos tempos modernos. Ainda existem feiticeiros que acreditam que "sangue é vida" e que a força vital de uma vítima sacrificada pode trazer sucesso aos seus rituais sombrios.

É inútil fingir que a magia das trevas não existe. Há muitas pessoas sedentas de poder nas regiões obscuras do ocultismo, que buscam apenas os meios mais diretos para conseguir o que desejam. Às vezes apresentam o velho argumento de que o fim justifica os meios, esquecendo que os meios também condicionam o fim.

Em dias mais primitivos, o sacrifício de seres vivos era uma parte regular de rituais religiosos de todos os tipos. Sacrifícios de sangue em escala considerável são prescritos no Antigo Testamento aos adoradores de Jeová. Certa ocasião, no caso da filha de Jefté, fica bastante claro que foi exigido e oferecido um sacrifício humano.

O sacrifício do rei divino distinguiu-se pelo fato de, nesse caso, a vítima ser voluntária. Ele sabia o que significava aceitar o cargo de rei. Também aos olhos de seus súditos, sua morte não teria sido de forma alguma um assassinato, apenas o cumprimento do costume antigo e sagrado.

Alguns egiptólogos acreditam agora que os primeiros faraós do Egito morreram em sacrifícios, provavelmente pela picada da serpente sagrada. Isso traz uma nova visão sobre a morte de Cleópatra, a última herdeira dos faraós. Ao aceitar a picada fatal da áspide, ela encontrou a morte da mesma maneira tradicional que seus orgulhosos ancestrais.

O culto dos tugues na Índia, que adoravam a deusa Kali, considerava o assassinato ritual um dever religioso sagrado. Esse culto sobreviveu até o início do século 19 e foi responsável, na sua época, pela morte de milhares de pessoas, literalmente. A organização era complexa e minuciosa, e o assassinato era realizado de acordo com um ritual rigorosamente prescrito: a vítima era estrangulada de maneira rápida e hábil com um lenço em que se amarrava uma moeda de prata, dedicada a Kali.

Em muitas sociedades primitivas, o assassinato ritual estava associado ao canibalismo ritual. Garry Hogg, em seu livro *Cannibalism and Human Sacrifice* (Londres: Robert Hale, 1958), salienta que a motivação para o canibalismo, ainda que por vezes fosse a genuína vontade de comer carne humana apetitosa, era mais frequentemente de natureza sobrenatural. A prática se baseava na crença de que, comendo o corpo, ou alguma parte dele, ou bebendo o sangue de uma vítima sacrificial, alguém poderia adquirir a "substância da alma" ou a força vital dessa vítima.

Um exemplo disso foi encontrado na Inglaterra, quando arqueólogos investigaram um longo túmulo perto da grande fortificação chamada Castelo Maiden, em Dorset. O lugar fora, evidentemente, um cemitério de certa importância, estendendo-se por quase 480 metros. Ali foi encontrado o esqueleto de um homem enterrado e, pelas condições dos ossos, os arqueólogos puderam concluir que havia indícios de canibalismo ritual. O homem fora assassinado e devorado. Era, provavelmente, uma vítima de sacrifício, talvez um rei sagrado.

Tais cerimônias pertencem ao nosso passado primitivo. Quando o assassinato ritual ocorre em nossos dias, tem um aspecto sombrio e terrível, ligado à esfera da magia das trevas. Mas essa prática continua a ocorrer, como muitas das forças policiais do mundo poderiam atestar.

Em 1963, na Espanha, surgiu uma história comprovada de sacrifício humano por magia das trevas. No dia 21 de maio daquele ano, uma menina de 10 anos chamada María Díaz, de Figueras, desapareceu. Ela nunca mais foi vista, mas um pedaço de seu vestido foi encontrado em circunstâncias estranhas e suspeitas na montanha sagrada de San Salvador. Essa montanha é coroada por um antigo santuário coberto ou altar, construído por monges há muito tempo. Nas primeiras horas da manhã após o desaparecimento de María, um pastor ouviu sons estranhos na escuridão, vindo do cume da San Salvador acima dele. Ele ouviu com medo os lamentos estridentes, uma espécie de cântico, e gritos selvagens. No dia seguinte, subiu ao antigo altar para ver o que tinha acontecido. Ali encontrou vários símbolos desenhados na terra seca do chão. As brasas de uma fogueira ainda ardiam. Um cheiro de incenso pairava no ar. Restos queimados de velas pretas. E havia um pedaço de pano carbonizado, com um padrão xadrez rosa desbotado. Posteriormente, a mãe de María identificou aquele tecido como sendo do vestido da filha. Os inquéritos policiais revelaram o fato de a menina ter sido vista pela última vez entrando num carro grande, conduzido por dois homens com camisas de verão de cores vivas. As autoridades acreditaram que se tratava de um caso de magia das trevas, e provavelmente de assassinato ritual.

Um dos cultos satanistas da Califórnia encontrou uma forma desagradável e engenhosa de realizar um "sacrifício humano" e ainda assim manter-se dentro da lei. Sua capela satânica é o porão de um prédio antigo, onde um crucifixo de 1,80 metro de altura está pendurado de cabeça para baixo sobre um altar feito de carvalho e adornado com esculturas estranhas. Crânios são usados como cálices e a cena é mal iluminada por velas bruxuleantes. Mas a vítima, uma menina nua deitada no altar, é, na verdade, uma boneca de plástico realista e em tamanho natural.

A boneca é oca e dentro dela há um saco plástico cheio de "sangue" e "entranhas" falsos. No decorrer do ritual, o autoproclamado sacerdote de Satanás abre a figura com uma faca e o "sangue" flui livremente, acompanhado de gritos selvagens de sua congregação — que é formada por muitas jovens. Sinais mágicos são desenhados no corpo das meninas com "sangue" e o ritual termina com uma orgia sexual.

Pode-se descartar esse tipo de coisa como mera bobagem infantil, mas que ideias isso poderia sugerir a uma pessoa de mente pouco equilibrada e que tenha participado de um ritual como esse?

Quando os corpos do dr. Victor Ohta e de sua família foram encontrados em Santa Cruz, Califórnia, em outubro de 1970, as autoridades da cidade não tiveram dúvida de que se tratava de mais um assassinato ritual. Cinco pessoas morreram nesse massacre, e no local do crime a polícia encontrou uma nota que dizia o seguinte:

> Hoje a Terceira Guerra Mundial começará, levada a vocês pelas pessoas do Universo Livre. A partir deste dia, qualquer pessoa e/ou grupo de pessoas que fizer mau uso do ambiente natural ou o destrua sofrerá a pena de morte pelas pessoas do Universo Livre.
> Eu e os meus camaradas, a partir de hoje, lutaremos até a morte ou a liberdade contra qualquer coisa ou pessoa que não apoie a vida natural neste planeta. O materialismo deve morrer ou a humanidade morrerá.

A nota foi assinada por "Cavaleiro de Paus", "Cavaleiro de Copas", "Cavaleiro de Espadas" e "Cavaleiro de Ouros". Houve muita especulação sobre o significado dessas estranhas assinaturas. Eles são, claro, os quatro cavaleiros do baralho do tarô. (*Ver* CARTAS DE TARÔ.) Minha teoria é que, nesse contexto, eles deveriam simbolizar os quatro cavaleiros do Apocalipse, as personificações da peste, da guerra, da fome e da morte.

Outra ideia aterradora de um passado distante apareceu na horrível série de assassinatos em São Francisco, perpetrados por um serial killer que se autodenominava Zodíaco. Obviamente influenciado pelo ocultismo, esse homem mandou mensagens à polícia alegando que renasceria no paraíso quando morresse, e que todos aqueles que ele havia matado seriam seus escravos. Isso faz lembrar as crenças por trás dos antigos sacrifícios realizados nos túmulos dos reis, quando seus escravos e concubinas eram enviados para acompanhá-los no outro mundo.

A combinação de conhecimento superficial de ocultismo e uso de drogas alucinógenas, sem qualquer entendimento profundo de ambos, certamente pode produzir uma espécie de fuga do abismo do inconsciente coletivo, com resultados bastante perigosos. Essa me parece uma explicação possível para os acontecimentos na Califórnia que chocaram o mundo.

Outra forma de assassinato ritual era o sacrifício de fundação, isto é, a imolação de uma vítima quando as fundações de um edifício estavam sendo executadas. O sangue da vítima era oferecido aos deuses, e acreditava-se que sua alma se tornaria um fantasma guardião e vigiaria o prédio.

Em 1966, arqueólogos escavaram as ruínas de um forte romano em Reculver, na costa de Kent. Sob as fundações do edifício foram descobertos nada menos do que onze esqueletos de crianças, bebês entre duas e oito semanas de idade.

O arqueólogo que fez essa descoberta, sr. B. J. Phelp, era da opinião de que três dessas crianças foram vítimas de sacrifícios de fundação, feitos em algum momento durante o século 3.

Um estranho fato que pode ser acrescentado a essa descoberta sombria está relacionado com uma história de fantasma local. Segundo a tradição, era possível ouvir o choro fantasmagórico de uma criança durante a noite, na costa onde ficava o forte. As pessoas evitavam o local após o anoitecer. Esse é um dos muitos casos em que arqueólogos depararam com uma antiga história de fantasma que continha algum fundo de verdade.

Hoje ainda se realiza a cerimônia de lançamento de uma pedra fundamental, e para além do discurso do prefeito ou de algum visitante ilustre, permanece um eco dos rituais mais antigos. Muitas vezes, moedas ou alguns objetos de interesse ou valor são colocados sob pedras. Essa é a forma moderna do sacrifício de fundação.

É de se observar que o costume do sacrifício de fundação, e mesmo de uma vítima humana, não cessou de forma alguma com o advento do cristianismo. Um grande número de igrejas antigas deu prova disso, quando, por algum motivo, suas fundações foram escavadas. Muitos detalhes estranhos acerca desse assunto podem ser lidos em *Builders' Rites and Ceremonies: the Folk Lore of Masonry*, de G. W. Speth (impresso de modo privado para a Loja Quatuor Coronati, Londres, 1931).

Um exemplo notável foi a igreja de Holsworthy, em Devonshire. Quando alguns trabalhos de restauração estavam sendo feitos em 1885, encontrou-se um esqueleto sob uma das paredes. As evidências indicavam que se tratava de alguém que havia sido enterrado vivo às pressas, sem dúvida um sacrifício de fundação.

Por vezes descobriam-se ossos de animais escondidos em igrejas antigas e outros edifícios. O que se pode deduzir disso é que, com o passar do tempo, os animais substituíram as vítimas humanas, e mais tarde ainda os ossos de animais seriam considerados suficientes, talvez com o propósito original já meio esquecido.

Quando o telhado da capela de São Jorge, em Windsor, foi reparado no século 19, alguns ossos de animais foram encontrados ali escondidos. Uma descoberta semelhante veio à tona quando a ponte Old Blackfriars, sobre o rio Tâmisa, em Londres, foi demolida em 1867. Descobriu-se que as fundações de um dos arcos foram assentadas sobre um amontoado de ossos, alguns dos quais eram humanos.

O costume do sacrifício de fundação prevaleceu em toda a Europa e também nos países orientais. E não ficou totalmente esquecido em tempos mais recentes. Em 1969, relatou-se que um boato bizarro estava assustando as pessoas na Cidade do México. Naquela ocasião, uma nova ferrovia subterrânea estava sendo construída e circulavam histórias fantásticas de crianças e adultos sequestrados e enterrados sob as fundações do metrô para torná-lo seguro contra terremotos e subsidências. A história do "sacrifício humano" foi negada de forma oficial, mas alguns mexicanos supersticiosos não se deixaram convencer.

ASSOMBRAÇÕES RELACIONADAS COM A BRUXARIA

O falecido Elliott O'Donnell, responsável por muitos volumes de contos de fantasmas, registrou uma série de assombrações atribuídas de alguma forma à bruxaria. Acreditava-se que a causa mais frequente de tais acontecimentos estranhos era a presença persistente dos espíritos familiares da bruxa.

Ao que parece, era particularmente provável que esse tipo de evento ocorresse se a bruxa tivesse sofrido uma morte violenta. O próprio O'Donnell foi testemunha de uma dessas aparições, a de um grande pássaro preto que assombrava uma encruzilhada em algum lugar no norte da Inglaterra.

Pelo que dizem, o pássaro era animal de estimação de uma mulher idosa que morava em uma cabana e tinha fama de praticar bruxaria. Certa noite, uma multidão a arrastou da cama e submeteu-a ao famoso teste da água em um lago. No decorrer do processo ela morreu, e seu cadáver solitário foi enterrado na encruzilhada. O pássaro, primeiro em forma física e depois em forma fantasmagórica, passou a assombrar o local desde então. Suas aparições espectrais mais frequentes ocorriam em março e setembro, meses dos equinócios — períodos bem conhecidos pelos ocultistas como tempos de estresse psíquico.

O'Donnell também registrou vários gatos fantasmas, considerados familiares de bruxas. As pessoas podem zombar da possibilidade de o espírito de um animal sobreviver à morte, mas por que isso não deveria acontecer? Um animal intimamente associado aos humanos se desenvolve como indivíduo. Tem personalidade, como qualquer amante de animais de estimação pode testemunhar. Não é mais apenas parte de uma alma-grupo.

Animais que não se desenvolvem como indivíduos podem simplesmente retornar à própria alma-grupo após a morte, mas e aqueles que *são* personalidades distintas? É provável que o familiar de determinada bruxa sobrevivesse porque seria uma criatura selecionada por sua inteligência e intimamente ligada à sua dona.

No entanto, outra assombração registada por O'Donnell parece não se enquadrar nessa categoria. É uma daquelas coisas inexplicáveis e bastante horríveis que se encontram nas fronteiras da tradição oculta. A história foi contada a ele por um homem na Irlanda, cujos pais certa vez alugaram uma casa antiga onde aconteciam coisas estranhas. Em diversas ocasiões, a família viu a aparição de uma horda de ratos, aparentemente arrastando pelo chão algum objeto grande e disforme. O barulho que faziam podia ser ouvido, mas era evidente que se tratava de ratos fantasmas porque, quando perseguidos, eles e seu misterioso fardo desapareciam de repente. Nenhum cachorro ou gato ficava na casa, e a família acabou partindo antes de o contrato de aluguel terminar.

Após investigação, descobriu-se que uma das antigas moradoras da casa era uma mulher com fama de bruxa, cujo ofício era sombrio e sinistro.

Outra assombração, que fora descrita à mãe de Elliott O'Donnell por um fazendeiro de Worcestershire, dizia respeito a uma estranha figura espectral que parecia um animal, mas não era. Talvez fosse um espírito elemental. Sua morada era um velho olmo à beira de uma estrada, e acreditava-se que fosse o familiar de uma anciã chamada Nancy Bell, uma bruxa que morava nas proximidades há muitos anos.

O fazendeiro declarou que viu a criatura em uma noite de luar, quando ela atravessou a estrada e desapareceu na árvore. Ele disse que era algo parecido com um coelho, mas muito maior e com uma cabeça de formato estranho. Há descrições de alguns tipos de elementais assustadores que com frequência se revelam sob uma aparência disforme e semianimal como essa.

É provável que coisas curiosas venham a acontecer em lugares onde foram realizados rituais mágicos, caso o poder que se acumulou ali não tenha se dispersado. A magia também não precisa ser necessariamente das trevas. A realização de rituais mágicos cria uma atmosfera que atrai espíritos e elementais. É por isso que ocultistas experientes nunca abandonam um local de trabalho sem antes limpá-lo de modo cerimonial. Às vezes, porém, as circunstâncias impedem que isso seja feito, possibilitando a ocorrência de fenômenos estranhos.

Uma assombração diretamente ligada a um famoso caso de bruxaria na Escócia foi aquela que afligiu uma casa velha e sombria em Bow Head, Edimburgo. Essa casa já havia sido residência do major Thomas Weir e de sua irmã Jean, ambos executados por bruxaria em 1670. Robert Chambers, em seu *Traditions of Edinburgh* (Londres; Edimburgo: Chambers, 1896), conta como se acreditava que a casa e sua vizinhança fossem assombradas pelos espíritos inquietos de Weir e de sua irmã:

> Ela era vista com frequência durante a noite, esvoaçante, como uma sombra escura e silenciosa na rua. Sua casa, embora conhecida por estar abandonada por tudo o que é humano, às vezes era observada à meia-noite cheia de luzes, e ouvia-se sair dali sons estranhos, como danças, uivos e, o que é mais inusitado ainda, rocas em movimento.

Uma das acusações contra Jean Weir em seu julgamento foi que sua habilidade em usar uma roda de fiar havia sido facilitada por bruxaria. Presumidamente, pensou-se que esse som fosse emitido pela mulher bruxa ainda operando em sua roda fantasmagórica. Às vezes, também havia sons e aparições de cavalos a galope, que os temerosos habitantes de Edimburgo acreditavam ser causados pelos espíritos que viajavam pela vastidão à noite.

Ninguém se aventurava a morar na casa, até que um ousado cético, um ex-soldado chamado William Patullo, conseguiu alugá-la por um valor muito baixo. Mas na primeira — e única — noite que passou na velha casa, o ceticismo de Patullo transformou-se em terror. Robert Chambers continua a história:

> Logo na primeira noite depois que Patullo e sua esposa passaram a morar na casa, enquanto o digno casal estava deitado em sua cama, ambos acordados e não inconscientes de certo grau de medo — uma luz fraca e incerta emanava das brasas reunidas de sua lareira, e tudo estava em silêncio ao redor deles —, de repente eles viram uma forma como a de um bezerro que se aproximou e, colocando as patas dianteiras sobre o pé da cama, olhou firmemente para o infeliz casal. Depois de contemplá-los assim por alguns minutos, para grande alívio deles, enfim se afastou, retirando-se devagar e desaparecendo pouco a pouco de vista. Como era de se esperar, eles abandonaram a casa na manhã seguinte, e durante mais meio século não foi feita nenhuma outra tentativa para proteger essa parte do mundo das luzes das agressões do mundo das trevas.

(*Ver também* BRUXA DE SCRAPFAGGOT GREEN; ÁRVORES E BRUXARIA.)

ASTROLOGIA

Estudo da influência das estrelas e planetas sobre a vida nesta Terra, a astrologia é outro dos elementos fundamentais da magia, sendo estudada tanto por bruxas quanto por magos. No passado, era tão importante para a bruxa da aldeia em sua cabana isolada quanto para o homem rico e culto que praticava magia a portas fechadas em seu gabinete.

A premissa básica da astrologia está presente na famosa frase de *A tábua de esmeralda*, de Hermes Trismegisto: *Quod est inferius est sicut quod est superius, et quod est superius est sicut quod est inferius, ad perpetranda miracula rei unius.* (O que está embaixo é igual ao que está em cima, e o que está em cima é igual ao que está embaixo, para realizar os milagres de uma única coisa.)

Em outras palavras, o Universo é uma unidade. Vibrações reverberam por ele e se manifestam em planos diferentes com efeitos diferentes, de forma material ou não material. Essas vibrações basicamente correspondem ao número sagrado: sete. Por isso são, às vezes, chamadas de Sete Raios.

Em nosso Sistema Solar, os planetas e astros foram nomeados em homenagem aos deuses que governam esses Sete Raios e são conhecidos por nós como Saturno, Júpiter, Marte, Sol, Vênus, Mercúrio e Lua. Os planetas e astros de fato visíveis para nós no céu são as manifestações físicas dessas influências e os meios pelos quais elas são transmitidas para a Terra.

Para além de Saturno, o planeta mais distante visível a olho nu, existem Urano, Netuno e Plutão. De maneira geral, os astrólogos consideram esses planetas uma versão mais elevada e mais espiritual das influências planetárias de Mercúrio, Vênus e Marte, como se fossem uma nota musical repetida uma oitava acima. Paracelso, o grande ocultista da Idade Média, previu a descoberta de outros planetas, dizendo a seus contemporâneos que "há algumas estrelas que ainda não emanaram seus raios".

Algumas das contestações feitas à astrologia se referem ao fato de estar baseada em antigos conceitos da astronomia, os quais presumiam que a Terra estava no centro do Universo e que o Sol e todos os planetas e estrelas giravam em torno dela. Como hoje essas noções foram desmentidas, a astrologia deveria sucumbir com elas, na opinião dos críticos.

Porém, a astrologia sempre se baseou nos movimentos *aparentes* dos céus, como vistos da Terra. Para nós, enquanto seres humanos, e para as nossas necessidades práticas, a terra sob nossos pés *é* o centro do Universo, e o Sol nasce no leste e se põe no oeste, *sim*. A astrologia, a bruxaria e a magia são com frequência mal compreendidas justamente quando são mais realistas e práticas.

O horóscopo é um gráfico do céu *tal como ele se apresenta para uma pessoa na Terra em dado lugar e em dado instante*. O chamado "horóscopo" que com frequência aparece nos jornais não tem nada de horóscopo. É uma interpretação breve e superficial da posição de momento dos planetas e de como ela afeta os doze signos do zodíaco.

Existem, de verdade, dois zodíacos: o das constelações, que podem ser vistas no céu noturno, e o que corresponde ao plano da eclíptica. O primeiro é chamado zodíaco sideral e o último, zodíaco tropical. No geral, os astrólogos na Índia e no Oriente ainda usam o zodíaco sideral, mas, no Ocidente, o zodíaco tropical é o mais utilizado.

O zodíaco tropical segue o movimento aparente do Sol ao longo de um ano em volta da Terra. Como em qualquer outro círculo, tem 360 graus que, por sua vez, estão divididos em doze signos de trinta graus cada, e cujos nomes foram dados em homenagem às brilhantes constelações do zodíaco sideral.

O zodíaco tropical começa no equinócio de primavera, quando o Sol parece entrar no signo de Áries, o Carneiro, e o dia e a noite têm a mesma duração. Mas por causa do fenômeno conhecido como precessão dos equinócios, esse ponto não coincide mais com a constelação de Áries; está na constelação de Peixes e voltando pouco a pouco na direção de Aquário. Na verdade, ele se move lentamente para trás por todas as constelações, em um movimento cíclico chamado de Grande Ano das Doze Eras, um período que dura mais de 25 mil anos terrestres.

Essas doze eras, na verdade, refletem as características de cada signo zodiacal e podem ser mapeadas ao longo da história do mundo, como mostrou Vera W. Reid em seu livro *Towards Aquarius* (Londres: Riders, 1944). Agora vivemos a transição entre as eras de Peixes e Aquário, por isso há tanta inquietação ao redor do mundo e antigos modelos de sociedade, bem como velhas ideias, costumes e códigos morais, estão entrando em colapso, causando apreensão nas gerações mais antigas. Mas, em paralelo a esse processo de declínio, algo novo também está se formando: o desenvolvimento de ideias e ideais característicos da Era de Aquário que está chegando. Uma era que, acreditam os ocultistas, será mais feliz e tolerante do que a de Peixes, que agora está em declínio.

Em 5 de fevereiro de 1962 ocorreu um evento astrológico raro. Todos os antigos sete planetas conhecidos, Marte, Saturno, Sol, Lua, Mercúrio, Vênus e Júpiter, nessa ordem, estavam reunidos no signo de Aquário. Astrólogos consideraram esse evento bastante relevante. Alguns disseram que poderia indicar o nascimento de uma grande alma que iria promover os ideais da Era de Aquário, que é o signo da fraternidade entre os seres humanos. Nós só podemos torcer para que eles estejam certos.

Os doze signos do zodíaco são regidos pelos planetas e astros, chamados por conveniência de sete planetas. (Os antigos tinham plena consciência de que o Sol e a Lua não eram planetas, mas era desnecessariamente inconveniente fazer essa distinção o tempo todo.) Esses sete sagrados expandem seu domínio sobre tudo o que está presente na Terra: dias da semana, cores do arco-íris, minerais, metais, joias, plantas, árvores, animais, peixes, pássaros; tudo na natureza tem a sua correspondência e regência astrológicas.

A grande importância dessas regências na magia prática pode ser percebida com facilidade. Se porventura uma bruxa quiser escolher uma erva para fins mágicos, terá que usar aquela cuja regência astrológica seja correta para o trabalho em questão. Encantos para o amor, por exemplo, requerem ervas regidas por Vênus. A Lua rege coisas psíquicas, e uma erva da Lua, a Artemísia (ou *Artemisia vulgaris*), é usada para preparar uma infusão ou chá que muitos acreditam ajudar na clarividência. (*Ver* ERVAS USADAS POR BRUXAS.) Uma das tarefas do aspirante a mago é aprender correspondências astrológicas e os signos e símbolos associados a elas por meio de livros como *777*, de Aleister Crowley (*777 Revised: A Reprint with Much Additional Matter*. Londres: The Neptune Press, 1956), ou *O mago*, de Francis Barrett (Londres, 1801; São Paulo: Madras, 2022). Este último era o livro favorito de Murrell "Astuto", o famoso feiticeiro de Hadleigh, em Essex.

Todos os antigos herbários, como o original do século 17 de Culpeper, *Herbal* (*Culpeper's English Physician and Complete Herbal*, Nicholas Culpeper, publicado pela primeira vez em Londres, 1862, e Wehmann, 1960), contêm as regências astrológicas das ervas que recomendam. O próprio Nicholas Culpeper disserta bastante sobre a importância da astrologia ao tratar de doenças, dizendo que um remédio sem astrologia é como um candeeiro sem óleo. Sua obra *Herbal*, em conjunto com *Introduction to Astrology* (Londres, 1647), de William Lilly, faria parte do dia a dia de muitas bruxas aldeãs.

Lilly fornece muitos exemplos de astrologia horária, isto é, responder a perguntas, encontrar coisas perdidas etc. por meio de um mapa astrológico configurado para a hora da questão ou do evento indagados. Esse era, e ainda é, um ramo importante da prática da magia, apesar de muitas vezes ser desabonado por charlatões.

Há uma bruxa conhecida minha que, hoje, é líder de um coven e faz uso prático de astrologia para selecionar membros adequados. Se alguém quiser participar de seu coven, ela pergunta hora, local e data de nascimento da pessoa, e então faz o horóscopo dela. A partir daí, deduz se os interessados serão bons bruxos e bruxas ou não, e se serão capazes de trabalhar em harmonia com os outros membros do coven.

ATHAME

O punhal de cabo preto é a arma tradicional das bruxas e bruxos. É usado para desenhar o círculo mágico e para controlar e expulsar espíritos.

O uso de uma arma mágica desse tipo por praticantes de bruxaria é muito antigo. A imagem em um vaso grego de cerca de 200 a.C. mostra duas bruxas nuas empenhadas em "puxar a Lua para baixo", ou seja, invocando os poderes da Lua para ajudar em sua magia. Uma delas segura uma varinha e a outra, uma pequena espada. O punhal mágico pode ter evoluído dessa espada.

Uma joia entalhada proveniente da Roma Antiga mostra Hécate, a deusa da bruxaria, em sua forma tríplice. Seus três pares de braços trazem os símbolos de uma tocha acesa, um chicote e uma adaga mágica. Mais uma vez, isso parece ser um protótipo da Athame.

Uma das primeiras edições do grimório chamado *Clavícula de Salomão*, de 1572 e agora no Museu Britânico, menciona a faca mágica chamada *Arthana*. Uma xilogravura que ilustra o *Historia de Gentibus Septentrionalibus* (História dos Povos Nórdicos), de Olaus Magnus, publicado em Roma em 1555, mostra uma bruxa controlando uma fantasmagoria de demônios que ela invocou ao brandir um Athame em uma das mãos e diversas ervas mágicas na outra. Uma das fantásticas imagens de bruxaria do artista holandês Teniers retrata uma cena parecida, com uma bruxa controlando espíritos por meio de seu Athame.

O uso de uma adaga consagrada para controlar espíritos é algo também conhecido no Tibete. Essas armas, conhecidas pelos ocidentais como "adagas do diabo", têm uma lâmina triangular e um cabo em forma de dorje. É curioso notar como tal crença mágica pode ser encontrada em lugares tão distantes.

ATHO, UM NOME DO DEUS CORNÍFERO

Atho é o nome dado a uma cabeça esculpida do deus cornífero da bruxaria, de propriedade do sr. Raymond Howard, de Norfolk. Em 1930, quando o sr. Howard era menino, morava com parentes em uma fazenda nesse condado. Ali ele conheceu uma senhora chamada Alicia Franch, que vivia com ciganos ou romanis. Ela se interessou pelo garoto, que conheceu enquanto ele brincava à beira de uma lagoa no dia do solstício de verão.

Ao que parece, a velha Alicia interpretou esse encontro como um sinal e ensinou a Raymond algumas das tradições da bruxaria que ela conhecia. A mulher disse que deixaria um legado a ele quando morresse, e manteve sua palavra. No tempo oportuno, o sr. Howard herdou de Alicia Franch uma série de objetos mágicos, entre os quais estava a cabeça de Atho.

Eu conheci o sr. Howard e vi com meus próprios olhos essa cabeça esculpida. É uma escultura muito impressionante e que possui uma força e um poder brutos que a tornam uma notável obra de arte primitiva. É feita de um tronco sólido de carvalho escuro, evidentemente muito antigo. A cabeça é decorada com dois chifres de touro, com pratas e joias incrustadas por todos os lados. Está coberta de símbolos místicos que representam as crenças dos seguidores de Atho.

O sr. Howard permitiu que a cabeça fosse fotografada pela imprensa e exibida na televisão. Hoje, julga que essa iniciativa não foi sensata, pois o objeto foi roubado de sua loja de antiguidades em Norfolk em abril de 1967. Apesar das investigações policiais, o mistério do roubo permanece sem solução. O objetivo do ladrão era de fato levar a escultura, visto que outros itens de valor e uma caixa contendo dinheiro foram ignorados. Só podemos torcer para que essa extraordinária relíquia da religião das bruxas um dia reapareça e seja devolvida a seu legítimo proprietário.

Atho, o deus cornífero da bruxaria, como mostrado em uma pintura da autora.

Esculpir cabeças sagradas de divindades era uma característica da Grã-Bretanha celta pagã. O mais comum era que fossem feitas em pedra, enquanto a cabeça de Atho é de carvalho. No entanto, a ideia pode ter sobrevivido e sido passada adiante. Com o aumento de descobertas arqueológicas, hoje sabemos que a adoração do deus cornífero celta Cernuno era difundida por toda a antiga Grã-Bretanha; muitas representações dele foram encontradas. O nome Cernuno, na verdade, é um título e significa "O Cornífero". Ele era uma das muitas versões do deus cornífero das bruxas.

Uma pintura de minha autoria da cabeça de Atho está reproduzida como ilustração neste livro. É uma cópia do original tão rica em detalhes quanto os limites do meu talento permitiram.

Os chifres são decorados com os signos do zodíaco. Na testa, estão os cinco anéis da bruxaria, os cinco círculos diferentes que são traçados pelas bruxas. O nariz é uma taça que contém o vinho do sabá e é decorado com um pentagrama, o sinal da magia. A boca tem a forma de um pássaro, o mensageiro do ar. O queixo é um triângulo com os vários significados mágicos da tríade.

Abaixo estão as serpentes gêmeas, que representam as forças positiva e negativa. Os outros símbolos reproduzidos na cabeça são, na verdade, entalhes do original. A folhagem brotando e toda entrelaçada ao fundo representa as forças da vida e da fertilidade, que Atho personifica.

É evidente que o nome Atho é a versão inglesa do antigo galês *Arddhu*, "O Sombrio".

ATLÂNTIDA, TRADIÇÕES COM ORIGEM EM

O falecido Lewis Spence, que era uma autoridade em se tratando de México Antigo e de Atlântida, fez uma descoberta extraordinária, relevante para a história do culto às bruxas, em um manuscrito pré-colombiano. Essa pintura nativa do México, conhecida como códice Fejervary-Mayer, mostra a imagem inconfundível de uma bruxa nua usando um chapéu pontudo e montada em uma vassoura.

Em sua *Encyclopaedia of Occultism* (Londres: George Routledge, 1920; New Hyde Park, NY: University Books, 1959), Spence afirmou que havia encontrado boas evidências da existência de um culto às bruxas, semelhante àquele da Europa, na era pré-colombiana no México. Ele observa que isso parece indicar uma origem muito antiga para o que chama de "a religião das bruxas".

Como o artista desconhecido de um pergaminho pintado no México poderia, antes de Colombo descobrir as Américas, ter retratado essa imagem tão distinta? Existem bruxas no México de hoje, mas a sua existência pode ser explicada pelas crenças trazidas ao Novo Mundo pelos conquistadores espanhóis. No entanto, antes da conquista do México pelos europeus, os seguidores de um culto que adorava uma deusa lunar e o deus do submundo, da morte e do mundo dos espíritos, costumavam se encontrar em encruzilhadas, tal como faziam as bruxas europeias.

O chapéu pontudo usado pela bruxa pré-colombiana na imagem mencionada é, obviamente, o antigo "chapéu de bruxa" pontudo original usado pelas feiticeiras dos contos de fadas populares. É provável que ele represente o "cone de poder" que as bruxas procuram criar por meio de seu ritual. Essa peça também aparece numa pintura ainda mais antiga e que data da Idade da Pedra, em El Cogul, no nordeste da Espanha.

Em *A deusa branca*, Robert Graves descreve essa última imagem como "o registro remanescente mais antigo da prática religiosa europeia". A pintura parece representar uma dança de bruxas, um grupo de mulheres dançando em círculo ao redor de um homem nu. As mulheres estão usando chapéus pontudos e o homem, algo que se parece muito com as ligas rituais, que são tradicionalmente um sinal de status no culto das bruxas. (Ver ARTE DAS CAVERNAS, RELIGIOSA E MÁGICA.)

Podemos, então, ao menos especular, com base em evidências, que o culto das bruxas possui uma origem muito antiga, e que em algum período remoto do passado houve um contato entre os seus devotos na Europa e na América. Esse contato pode ter ocorrido por meio do continente perdido de Atlântida.

Ao menos um dos ramos sobreviventes do culto das bruxas na Grã-Bretanha afirma que suas tradições com certeza derivam de Atlântida ou, como a chamam, "A Cidade das Águas". Historiadores mais ortodoxos podem zombar da ideia do continente submerso e considerá-la uma lenda. Por muitos anos, a cidade de Troia recebeu o mesmo tratamento, até que Heinrich Schliemann a desenterrou.

AUSTRÁLIA, BRUXARIA NOS DIAS ATUAIS NA

Quando a Austrália moderna surgiu e foi povoada por imigrantes europeus, era natural que as antigas crenças sobre bruxaria tivessem viajado com eles.

No entanto, houve grande agitação quando uma conhecida artista australiana, Rosaleen Norton, admitiu publicamente ser "a bruxa de King's Cross", o bairro boêmio de Sydney. Alegações chocantes e sensacionalistas foram feitas contra ela e os que lhe eram próximos, o que resultou em sua prisão em 1956. Ela, entretanto, foi absolvida no julgamento.

Em entrevistas anteriores e posteriores à imprensa, Rosaleen Norton falou abertamente sobre sua vida como bruxa. Ela nasceu em Dunedin, Nova Zelândia. Seu pai, capitão da marinha mercante, era primo do compositor Vaughan Williams. Desde muito jovem ela se sentia, de alguma forma, diferente da maioria das pessoas. Ser uma bruxa aconteceu de forma natural para ela. Aos 13 anos, a menina fez um "juramento de fidelidade ao Deus Cornífero", particular e pessoal, em uma cerimônia que envolveu a queima de incenso, um pouco de vinho, um pouco do seu próprio sangue e algumas folhas verdes. Nunca lhe foi ensinado esse ritual, ela o fez de maneira instintiva.

A descrição que a srta. Norton faz de si mesma contém pequenas, mas significativas, particularidades sobre suas características físicas que, antigamente, teriam sido consideradas evidências da marca do Diabo. Entre essas peculiaridades estão dois pequenos pontos azuis no joelho esquerdo, que apareceram quando ela tinha 7 anos; um par de músculos incomuns nos flancos e que não costumam ser encontrados no corpo humano; uma rara proeminência na parte de cima das orelhas conhecida como "tubérculo de Darwin"; e a capacidade de enxergar com clareza na penumbra, como um gato.

Acrescente a isso um extraordinário talento para desenhar e pintar as concepções fantásticas e estranhas que habitavam o interior de sua mente, do belo ao horrível, e fica fácil perceber como ela causou consternação entre os membros da respeitável burguesia australiana. Uma exposição de suas fotos foi considerada "obscena", mas ela comprou a briga mais uma vez e foi absolvida.

Em 1955, ela declarou que seu coven em Sydney consistia em sete pessoas, mas que esse era apenas um entre meia dúzia de covens na cidade, e ela conhecia pessoalmente cerca de trinta pessoas, homens e mulheres, que praticavam bruxaria. Elas se encontravam em vários lugares, às vezes ao ar livre.

A bruxaria era conhecida como "O Rebanho de Bodes". O coven da srta. Norton invocava os deuses pagãos, às vezes chamados de Pã e Hécate. Um esplêndido mural de Pã se encontrava sobre um pequeno altar em seu apartamento em Sydney, com um lema escrito na parte inferior: "Eu 'Psi' com meu pequeno 'Eu'". ("Psi" é o termo usado por pesquisadores dos fenômenos psíquicos para designar faculdades paranormais.)

Como as bruxas modernas na Grã-Bretanha, Rosaleen Norton negou ser satanista ou adoradora do diabo. Segundo ela, o deus Pã era o espírito deste planeta Terra e de todos os aspectos da natureza que a ele pertencem. Seu nome em grego significa "Todos". Seus chifres e cascos são emblemas de "energias naturais e liberdade veloz"; sua flauta, "um símbolo de magia e mistério". Somente as pessoas que projetavam nele a própria maldade e frustração o consideravam o Diabo.

Em algumas ocasiões, os membros de seu coven celebravam nus e em outras, usavam mantos e capuzes. Também faziam uso de máscaras que representavam diversos animais, uma prática encontrada em alguns dos antigos covens da Europa. Cada iniciado fazia um juramento de lealdade às divindades do coven em uma antiga postura cerimonial, de joelhos com uma mão no topo da cabeça e a outra sob a sola de um pé. Um novo nome era dado ao iniciado, juntamente com um talismã e um cordão conhecido como "a liga das bruxas".

O incenso era usado com frequência nas cerimônias e, às vezes, infusões de ervas eram preparadas e bebidas. A invocação dos quatro elementos — terra, água, ar e fogo — também acontecia durante o ritual.

Fotos do altar de Pã no apartamento de Rosaleen Norton o mostravam decorado com chifres de veado e pinhas, velas, incenso, receptáculos para rituais e um ramo de folhas verdes num vaso. A srta. Norton, magra, morena e atraente, posava ao lado dele.

A bruxaria voltou a ser notícia na Austrália em 1961 quando outro coven, liderado por Anton Miles, foi descrito e divulgado na imprensa. Miles foi apresentado como um inglês que tinha ido para a Austrália depois de viajar pela Ásia e pelo Oriente Médio, onde estudou magia e ocultismo. Em 1959, segundo Miles, ele fora iniciado como bruxo durante uma visita à Grã-Bretanha em um coven que se reunia na área de Watford, ao norte de Londres. Ele voltou para a Austrália e iniciou seu próprio culto em Sydney.

Os membros de seu coven dançavam nus em torno de um altar à luz de velas. Vinho e bolos, como símbolos dos dons da natureza, eram colocados no altar e queimava-se incenso. Música emanava de um toca-discos como acompanhamento para a dança. O objetivo dos rituais era colocar os participantes em harmonia com a natureza, cujo aspecto masculino chamava-se Pã e o feminino, Diana.

O coven de Miles praticava uma espécie de cerimônia de casamento pagã chamada "rito de união", na qual um homem e uma garota, ambos nus e dentro do círculo mágico, saltavam de mãos dadas sobre um cabo de vassoura que era segurado por outros dois membros do grupo.

Anton Miles admitiu que seus rituais tinham sido trazidos recentemente para a Austrália, mas Rosaleen Norton e seus companheiros alegaram que seus ritos básicos haviam chegado ao país no século 19, com os primeiros imigrantes vindos de áreas rurais da Inglaterra.

AVALON

Avalon, onde o moribundo rei Artur encontrou descanso ao final de sua jornada épica, foi identificada como a atual Glastonbury. Muitas lendas estão ligadas a esse lugar ancestral, situado entre as colinas verdes de Somerset. Ainda hoje é uma terra de encantamento.

Rumores de reuniões de bruxaria à meia-noite em Glastonbury Tor existem há muitos anos. Isso foi mencionado em *Focus on the Unknown*, de Alfred Gordon Bennett (Londres: Riders, 1953). Hoje, diversas sociedades ocultistas, pouco ligadas ao culto das bruxas, consideram o Tor um antigo local sagrado e se reúnem lá de vez em quando.

Glastonbury é sagrada tanto para pagãos quanto para cristãos. Um antigo poema chamado "Profecia de Melkin, ou Maelgwyn" conta que Avalon foi um grande cemitério dos pagãos antes de José de Arimateia chegar e fundar a primeira igreja britânica do cristianismo celta. Glastonbury Tor era o refúgio de Gwyn ap Nudd, rei das fadas e um antigo deus celta dos mortos. Gwyn ap Nudd sobrevive até os dias de hoje como o Caçador Selvagem, que cavalga nas noites escuras e ventosas pelas colinas do País de Gales e West Country. (Os saxões o chamavam de Woden.)

A presença de poderes pagãos foi o que levou à construção da igreja no cume do Tor, dedicada a São Miguel. Foi uma tentativa de neutralizar a influência persistente e insidiosa desses poderes. Há alguns anos, a maior parte dessa igreja foi destruída por um deslizamento de terra; hoje apenas a torre permanece de pé, um marco notável e impactante na paisagem de Glastonbury.

Arqueólogos demonstram interesse na curiosa aparência escalonada do Tor. Sugeriu-se que ali seria o que restou de uma trilha usada em procissões, um caminho espiralado ou em forma de labirinto pelo qual os peregrinos subiam o Tor, como um ritual de limpeza e purificação espiritual.

O interior do Poço do Cálice, no sopé do Tor, foi construído com pedras maciças que o falecido sir Flinders Petrie acreditava serem do período neolítico, além de ter sido encaixadas de forma a lembrar as pedras das pirâmides. Há anos suas águas têm a reputação de possuir propriedades curativas sobrenaturais.

Outra tradição local conta que existe uma caverna secreta dentro do Tor que, muito tempo atrás, foi algum tipo de templo ou santuário.

Os nomes de Poço do Cálice e da vizinha Colina do Cálice remontam à associação de Glastonbury com as histórias místicas do Santo Graal, que dizem estar enterrado em algum lugar naquelas paragens. Contudo, algumas das lendas mais antigas deixam claro que o Graal nem sempre foi um cálice; essa foi apenas uma de suas formas. Contam também que o Graal tem muito em comum com o caldeirão sagrado de Cerridwen, a deusa da natureza, da Lua e da poesia, e que era invocada pelos druidas.

O caldeirão, com bastante frequência associado às bruxas como um de seus objetos ritualísticos, é na verdade outra versão do milagroso Caldeirão de Cerridwen, como Lewis Spence indicou em seu livro *The Mysteries of Britain* (Londres: Riders, 1928). Para alguns, pode ser surpreendente e até chocante pensar que o Santo Graal e o caldeirão das bruxas tenham uma origem comum na antiga adoração à natureza, mas existem fortes evidências de que foi assim que ocorreu. (*Ver* CALDEIRÃO.)

O nome Avalon significa "ilha das maçãs". Somerset continua sendo o condado "onde crescem as maçãs para sidra, e a verdadeira sidra de Somerset, feita à moda antiga, é de fato uma bebida muito forte. A sidra pode muito bem ter sido associada no passado a rituais orgíacos em homenagem aos deuses pagãos. Macieiras crescem na Grã-Bretanha desde tempos muito remotos. De acordo com *Ancient Europe*, de Stuart Piggott, as maçãs já eram cultivadas na Grã-Bretanha por volta de 3000 a.C.

Uma árvore ou planta que dá um produto inebriante e, portanto, mágico, sempre foi considerada sagrada e mágica. Até hoje, em West Country, algumas pessoas consideram a sidra forte como uma cerveja de bruxas.

Há outra razão para o fruto da macieira ser considerado sagrado: ele tem o símbolo mágico do pentagrama impresso em seu interior de forma natural. Se alguém cortar uma maçã, o contorno formado por seu núcleo será o de uma estrela de cinco pontas.

Nos rituais de bruxaria de hoje, a sacerdotisa junta os pés e cruza os braços sobre o peito, representando a caveira sobre os ossos cruzados, o sinal do deus da morte e do além. Depois ela abre os braços, estende-os e afasta os pés, representando o pentagrama, o sinal da deusa da vida e do renascimento.

Os pagãos acreditavam na reencarnação, e por isso Avalon, a ilha das maçãs, era o lugar da morte e do renascimento. Isso é corroborado pela inscrição que, diz-se, fora colocada no túmulo do rei Artur: *Hic jacet Arthurus, rex quondam, rexque futurus* (Aqui jaz Artur, rei que foi, rei que será). (*Ver* REENCARNAÇÃO.)

B

BAPHOMET

Esse foi o nome dado à estátua de uma misteriosa divindade supostamente adorada pelos cavaleiros templários. Embora constituíssem uma poderosa e rica ordem de cavalaria, os templários perderam a confiança da Igreja e do Estado no início do século 14 e foram dissolvidos. Eles foram acusados de heresia, adoração ao Diabo disfarçado de Baphomet e práticas homossexuais. A ordem foi suprimida com muita dureza e seu grão-mestre, Jacques de Molay, foi queimado na fogueira.

Sugeriu-se que a palavra Baphomet era, na verdade, uma versão de "Mahomet", e que os templários, devido às suas ligações com o Oriente, tinham se tornado muçulmanos em segredo. Essa explicação, bastante aceita, é, no entanto, absurda. Nada poderia ser mais repugnante e estritamente proibido para alguém que de fato tivesse abraçado o islã do que esculpir uma imagem de Alá ou do profeta Maomé.

Baphomet, o deus dos cavaleiros templários, tirado de *Transcendental Magic*, de Éliphas Lévi.

Quando levados a julgamento, os templários deram depoimentos confusos a respeito dessa estátua misteriosa. Algumas das evidências foram obtidas sob tortura por pessoas que estavam determinadas a conseguir provas de que os templários adoravam o diabo em segredo. Em certos momentos foi dito que a imagem não passava de uma cabeça, mas de aspecto aterrorizante; em outros, que era apenas uma caveira. Porém, outro relato conta que a figura era adorada com beijos em seus pés. Em algumas oportunidades, foi descrita como uma criatura barbuda e "como um demônio", mas também foi associada com algo semelhante a uma mulher. No entanto, de maneira geral, aceitava-se que a imagem, ou o que ela representava, era adorada e considerada provedora de abundância e fertilidade.

Em 1816, um ilustre antiquário, o barão Joseph von Hammer-Purgstall, publicou um livro intitulado *Mysterium Baphometis Revelatum*, no qual afirmou que, no fundo, os cavaleiros templários eram hereges — ou "gnósticos", como ele os chamava. Sua opinião foi baseada em algumas relíquias muito curiosas da arte do século 13, que consistiam sobretudo em estatuetas, cofres e taças ou cálices. Esses objetos continham imagens misteriosas, claramente pagãs, e correspondem às descrições do "Baphomet" adorado em segredo pelos templários. Ou seja, são imagens andróginas, com barba mas também com seios, ou alguma outra forma de representar características de ambos os sexos, e que muitas vezes tinham uma caveira a seus pés e exibiam o selo mágico do pentagrama. Certas vezes as imagens estavam acompanhadas de inscrições em árabe, mas o sentido delas é intencionalmente obscuro.

Essas imagens possuem algumas similaridades com as divindades das bruxas. São fontes de vida e fertilidade e estão associadas com os símbolos da caveira e da estrela de cinco pontas. Suas características sexuais são destacadas, assim como as de Pã e das deusas da natureza. Sua aparência, quase sempre pagã, certamente teria levado a Igreja medieval a considerá-las demônios.

Thomas Wright, em "Essays on the Worship of the Generative Powers during the Middle Ages of Western Europe" (em *Discourse on the Worship of Priapus*, de Payne Knight, edição privada, Londres, 1865), dá a sua opinião:

> Os fatos declarados nas confissões de muitos dos templários, tais como preservados nos relatórios oficiais, quando comparados com as imagens e taças e cofres esculpidos apresentados por Von Hammer-Purgstall, levam à conclusão de que há verdade na explicação que ele dá do último, e que os templários, ou pelo menos alguns deles, haviam adotado em segredo uma forma dos ritos do gnosticismo que, por sua vez, fora baseada no culto fálico dos antigos. Um templário inglês, Stephen de Staplebridge, reconheceu que "havia duas profissões na Ordem do Templo: a primeira lícita e boa, e uma segunda que era contrária à fé". Ele foi admitido na primeira delas quando ingressou na ordem, onze anos antes de ser investigado, mas só foi iniciado na segunda ou nos mistérios secretos cerca de um ano depois.

A existência de um círculo interno dentro de uma ordem ou sociedade é algo frequente em se tratando de organizações secretas. Muitas dessas "ordens dentro de ordens" existem ainda hoje.

Na Idade Média, o Diabo era, com frequência, considerado um ser andrógino. A carta chamada "O Diabo", no antigo Tarô de Marselha, o representa desse modo; e a palavra do inglês antigo *scrat* significava tanto diabo quanto hermafrodita. "The Old Scrat" ainda é um termo corrente para designar o Diabo.

O renomado ocultista francês do século 19, Éliphas Lévi, declarou que o Baphomet dos templários era idêntico ao deus do sabá das bruxas. Porém, nesse caso, não era a figura de um diabo, mas sim a do deus Pã, ou melhor, um símbolo panteístico que representava toda a natureza.

A palavra Baphomet, quando escrita ao contrário "cabalisticamente", revela três abreviaturas, TEM, OHP, AB, que significam *Templi omnium hominum pacis abbas* — "O pai do templo da paz universal entre os homens". Essa explicação pode parecer um tanto absurda, mas Éliphas Lévi mantinha contato com fraternidades ocultistas secretas que haviam preservado a sabedoria tradicional, embora muitas vezes ele escrevesse num estilo obscuro e errático, talvez por receio de ofender a Igreja Católica.

Há uma escultura muito curiosa e interessante em um dos portais da igreja de Saint-Merri, na França, que, de acordo com a tradição, é uma representação de Baphomet. Trata-se de uma figura com chifres e asas, com barba, seios e pernas cruzadas, muito parecida com as antigas imagens gaulesas do deus cornífero celta, Cernuno.

A ideia de que Deus, que contém todas as coisas, era, portanto, andrógino, é muito antiga e difundida. Ela aparece na coleção de lendas mágicas das bruxas da Itália, que Charles Godfrey Leland publicou como *Aradia: o evangelho das bruxas*. (Ver ARADIA.) Nela, a lenda de Diana afirma:

> "Diana foi a primeira a ser criada antes de toda a criação. Nela estavam todas as coisas, e a partir dela mesma, a escuridão original, ela se dividiu; em trevas e luz ela foi dividida. Lúcifer, seu irmão e filho, ela própria e sua outra metade, era a luz".

A mesma ideia ocorre no simbolismo místico da Cabala. As Sefirot, ou emanações divinas do não manifestado, que formam a Árvore da Vida, representam os atributos de Deus, e desses atributos alguns são masculinos e outros femininos. S. L. MacGregor Mathers, em *The Kabbalah Unveiled* (Londres: Routledge & Kegan Paul, 1957), mostrou como os tradutores da Bíblia "suprimiram" e encobriram todas as referências ao fato de que Deus é tanto masculino quanto feminino. Isso foi feito, claro, para estabelecer a concepção patriarcal de Deus Pai, com a feminilidade sendo considerada, à moda paulina, algo inferior ou de fato ruim.

No entanto, no Antigo Oriente as divindades mais elevadas eram por vezes representadas de forma andrógina. Tais figuras foram chamadas de Brahma Ardhanarisa, ou Shiva Ardhanarisa. Em algumas ocasiões, o deus sírio Baal era representado como tendo os dois sexos, e relatos antigos contam que seus adoradores o invocavam assim: "Ouça-nos, Baal! Seja você deus ou deusa!". Às vezes, Mitra era referido como um ser andrógino, e o grego Dionísio também o era, com ainda mais frequência. Um de seus títulos era *Diphues*, que significa "duplo sexo". Os hinos órficos cantam sobre Zeus, o deus supremo da natureza, da mesma maneira: como homem e como virgem eternos.

No mundo antigo, também as deusas eram ocasionalmente vistas como possuidoras de ambos os sexos — em particular, a supostamente mais feminina de todas, Vênus ou Afrodite. No Chipre, adorava-se uma estranha imagem de Vênus com barba e traços masculinos, mas vestida com trajes femininos. Nos festivais desse culto praticava-se o travestismo, com as mulheres vestindo roupas de homem e os homens vestindo roupas de mulher. Festivais semelhantes homenageavam a deusa Astarte, e é interessante notar que o travestismo era condenado pela Igreja Cristã, que o associava à bruxaria.

Não parece haver nenhuma razão específica para que o travestismo deva ser considerado bruxaria quando pensamos a respeito. É provável que a verdadeira causa das acusações cristãs e do Antigo Testamento à prática resida no fato de ser um costume criado para homenagear divindades pagãs.

A figura de Baphomet, portanto, está ligada a um culto bastante antigo, de cuja profundidade e difusão sabe-se muito pouco em razão do véu que foi colocado sobre esses assuntos. Somente nos dias atuais esse véu de *pudeur* passou a ser levantado, e as pessoas começaram a perceber que a "obscenidade" do antigo culto à natureza estava principalmente nos olhos de quem via.

BÍBLIA, REFERÊNCIAS À BRUXARIA NA

A mais conhecida passagem bíblica que faz referência à bruxaria é o versículo 18 do capítulo 22 do Êxodo, que afirma: "Não deixarás viver uma feiticeira". Essas palavras estão impressas na página de rosto de *The Discovery of Witches*, de Matthew Hopkins, notório caçador geral de bruxas. Seu livro foi publicado em 1647, "para benefício de todo o reino".

Esse suposto trecho da palavra de Deus representou uma impiedosa sentença de morte para milhares de pessoas. No entanto, o texto não passa de uma tradução falsa.

A versão autorizada da Bíblia foi produzida na época do rei Jaime I, um monarca que se considerava uma autoridade em bruxaria, embora, ao mesmo tempo, tivesse muito medo dela. Para agradar ao rei, inúmeras referências à bruxaria — que não possuem correspondência no original — foram incluídas na tradução.

Na verdade, esse trecho em específico — o mais útil de todos para os caçadores de bruxas — não se refere à bruxaria, absolutamente. A palavra traduzida como "feiticeira" é o termo hebraico *chasaph*, que significa "envenenador". Na versão latina da Bíblia chamada Septuaginta, essa palavra aparece como *veneficus*, que também significa envenenador.

Outra suposta referência bem conhecida à bruxaria na Bíblia é a história da chamada "feiticeira de En-dor" (1Samuel 28). Contudo, o texto de fato se refere a ela apenas como "uma mulher que tem um espírito familiar". Parece que ela foi uma clarividente ou médium — de verdade —, embora não nos seja dito como a aparição do falecido profeta Samuel ocorreu exatamente.

Ao que tudo indica, a mulher o viu primeiro, e então sua mensagem foi transmitida a Saul. Contudo, não está claro se Saul também conseguia vê-lo ou se "percebeu que era Samuel" pela descrição da mulher. Todo o episódio lembra as práticas espiritualistas atuais.

É de se notar que a mulher tenha sido forçada a se esconder e temesse ser perseguida quando Saul a consultou. Talvez ela fosse sacerdotisa de uma fé pagã mais antiga, proscrita pela fé monoteísta e patriarcal dos seguidores de Javé.

Por esse motivo, as duas referências mais famosas à bruxaria na Bíblia, embora muito citadas, não têm, de fato, o significado que costuma ser atribuído a elas.

BOLAS DE BRUXA

O termo "bola de bruxa" é usado com mais frequência para designar aquelas bolas de vidro refletivas e brilhantes que muitas vezes se veem penduradas em lojas de antiguidades. Parecem versões maiores e mais duráveis das bolas reluzentes que são vendidas para decorar árvores de natal.

Em casas e chalés antigos, eram penduradas em uma janela ou em algum canto escuro, ou às vezes era feita uma versão de piso, para ser colocada onde refletisse a luz. Costumam ser muito grandes e pesadas e precisam de uma corrente para ser penduradas. Uma enorme bola de bruxa prateada costumava ficar pendurada em uma antiga loja nas Brighton Lanes, quase enchendo a pequena janela escura, e era cercada por antiguidades e objetos vitorianos pequenos e variados.

Entretanto, poucos antiquários sabem explicar o que de fato é uma bola de bruxa. Na verdade, há muitas histórias curiosas sobre esses globos cheios de mistério. Seu principal objetivo como peça de decoração era evitar a temida influência do mau-olhado. (*Ver* MAU-OLHADO.)

O globo brilhante e refletivo devolvia a energia do olhar maligno para a pessoa que o enviava. Daí a popularidade das bolas de bruxa nas janelas. No entanto, a atratividade como ornamento e a capacidade de iluminar um canto escuro, refletindo um alegre raio de sol, fizeram com que as bolas de bruxa se tornassem tão populares que seu uso original foi esquecido.

Existem outros tipos de bolas de bruxa além dos que refletem o brilho do espelho. Há uma variedade bem bonita feita de vidro Nailsea. São bolas com muitas cores, semitransparentes quando a luz brilha através delas, e com um turbilhão de diferentes tonalidades, um pouco como os padrões que passaram a ser chamados de "psicodélicos". As bolas de vidro Nailsea costumam ser menores que as refletivas.

Essas últimas, por sua vez, são provavelmente uma imitação em vidro de um tipo ainda mais antigo de bola de bruxa. Tenho uma peça dessas em minha coleção. Veio de uma casa antiga em um povoado de Sussex e consiste numa esfera oca de vidro grosso, de cor ligeiramente esverdeada. Possui um pequeno orifício, tapado com rolha, e dentro há uma massa de fios destramados de cores diferentes. Alguém precisou ter muita paciência, tempos atrás, para introduzir fio após fio no buraquinho até que a bola ficasse cheia.

Hoje desbotados pela ação do tempo, esses muitos fios, cujas cores originais deviam ser mais vivas, criavam um padrão entrelaçado e um efeito visual confuso. Na minha opinião, quando os fabricantes de vidro Nailsea iniciaram a sua famosa produção em 1788, copiaram esse padrão para fazer bolas de bruxa de vidro colorido.

O objetivo do turbilhão brilhante e do labirinto de cores diferentes, como muitas outras formas de decoração que envolvem um padrão de linhas emaranhadas, era novamente neutralizar o mau-olhado. A ideia era a de que, em vez de cair sobre alguém, o olhar perigoso seria desviado para seguir o padrão tortuoso e, assim, seu poder seria dissipado.

Desde o final do século 17, os fabricantes de vidro vinham produzindo globos ocos, ou garrafas globulares, para as pessoas pendurarem em suas casas como proteção contra influências malignas. Cristãos devotos enchiam as garrafas com água benta, mas outros preferiam usar o recipiente da forma tradicional, com fios confusos e cores entrelaçadas.

Acreditava-se que a bola de vidro atrairia para si toda má sorte e má intenção que, de outra forma, recairiam sobre a família. Por isso, era necessário limpar a bola de bruxa de vez em quando. A mesma crença e tratamento eram concedidos em West Country às "bengalas" de vidro feitas com um turbilhão de cores brilhantes, ou deixadas ocas e cheias de minúsculas contas coloridas. Em sua origem, essas bengalas também eram penduradas nas casas como um amuleto contra mau-olhado, e as donas de casa cuidadosas as limpavam para afastar o azar. Eram chamadas de "paus de bruxa", e muitas também eram produzidas com vidro Nailsea.

Os fabricantes de vidro Nailsea produziam todo tipo de artigo decorativo, que eram vendidos nos mercados e feiras do país. As pessoas compravam bolas de bruxa multicoloridas para dar de presente a amigos e parentes. Considerava-se que traziam sorte e eram também amuletos de proteção; algumas pessoas as chamam de "bolas dos desejos", porque eram presenteadas com votos de boa sorte e prosperidade.

Voltando aos brilhantes globos espelhados, estes também eram, por vezes, chamados de "bolas de observação" (*watch balls*). A ideia é que, se você os observasse por tempo suficiente, a cena espelhada desapareceria e se transformaria em uma imagem visionária. Para algumas autoridades, nomes como esse foram corrompidos para "bolas de bruxa" (*witch balls*), mas, na minha opinião, são apenas variantes desse termo, uma vez que as concepções por trás deles estão, basicamente, ligadas à bruxaria.

Os globos espelhados mais brilhantes eram, em sua origem, importados do continente. São retratados com frequência em antigas pinturas holandesas. No entanto, por volta de 1690, os vidreiros ingleses começaram a produzi-los, sendo suas criações menos frágeis do que as continentais. As primeiras bolas de bruxa prateadas eram revestidas internamente com um amálgama de bismuto, chumbo, estanho e mercúrio. Não eram muito duradouras, pois a qualidade da luz refletida estava sujeita a danos pela umidade, nem seu reflexo era muito claro. (Aliás, a umidade ainda é inimiga do brilho de qualquer bola de bruxa refletiva, caso penetre o vidro; e toda pessoa que possua uma antiguidade desse tipo não deve lavá-la, e sim *limpá-la*.)

Mais tarde, no início do século 19, os métodos de fabricação foram aprimorados, incluindo uma técnica em que se revestia o interior do vidro com prata genuína. Durante esse período foram feitos globos refletores muito finos, que espelhavam com perfeição, e bolas de bruxa coloridas também começaram a ser fabricadas com essa qualidade. Em minha coleção, tenho bolas de bruxa verde-escuras e verde-claras, além de douradas e prateadas; também é possível encontrar algumas azuis bem bonitas.

No início do século 19, as bolas de bruxa se tornaram mais um item de decoração, tendo sido o seu antigo significado mágico relegado a segundo plano. Passaram a ser feitas com imagens diversas, desde reproduções de textos bíblicos até cenas de caça.

Mas seu significado original não foi esquecido de todo. Em 1930, o *Times* recebeu algumas correspondências interessantes relacionadas à sobrevivência da crença em bruxaria, tanto que em 20 de setembro desse mesmo ano um importante artigo foi publicado, afirmando que essa crença não tinha de forma alguma desaparecido. Ao longo dessas cartas, um dos autores mencionou ter visto bolas de bruxa à venda em uma loja perto do Museu Britânico, e que, segundo lhe disseram, tinham ótima saída. Acreditava-se que esses objetos afastavam os efeitos da bruxaria maléfica.

Hoje, com a popularidade renovada de todo tipo de bugigangas e artigos vitorianos entre os colecionadores, observamos tentativas eventuais de fazer reproduções modernas das antigas bolas de bruxa — muito embora estejam longe de ser tão agradáveis quanto aquelas com a pátina do tempo, ao menos por enquanto. O que não se sabe é se os compradores adquirem as bolas de bruxa apenas como objetos de decoração ou se entendem seu significado mágico consagrado pelo tempo.

BROCKEN, O

O Brocken, também chamado Blocksberg, era o ponto de encontro de bruxas mais famoso da Europa. Um antigo poeta, Matthison, escreveu a respeito disso com terrível espanto:

> As trombetas de Satanás soam tenebrosas,
> Dos flancos do Blocksberg estranhos ruídos ressoam,
> E espectros se aglomeram no alto de seu cume.

Uma história absurda chegou a afirmar que ali, na Noite de Santa Valburga (30 de abril ou Véspera de Maio), aconteceu o Grande Coven de todas as bruxas-líderes da Europa.

Visto que o movimento dos caçadores de bruxas na Alemanha, tanto católicos quanto protestantes, atingiu um grau de terror maior do que em qualquer outro lugar na Europa, o nome "Brocken" ficou famoso como suposto local onde se realizava o sabá das bruxas. Anos depois, Goethe levou a tradição do Brocken para sua famosa obra *Fausto*, na qual descreveu um incrível sabá em suas alturas assombradas.

No século 18, os cartógrafos alemães costumavam acrescentar a qualquer mapa das montanhas Harz, das quais o Brocken é o pico mais alto, algumas bruxas voando em vassouras na direção de seu cume. Um desses mapas antigos, desenhado por L. S. Bestehorn e publicado em Nuremberg em 1751, é particularmente interessante: contém uma breve descrição do Brocken, dizendo que no topo da montanha fica o famoso "Campo das Bruxas", onde acontecem os sabás, e que próximo a esse local se encontra um altar que no passado foi consagrado a um deus pagão. Ali também havia uma nascente de água, e tanto a nascente quanto o altar eram usados nas cerimônias das bruxas.

Isso explica por que o Brocken era tão famoso como ponto de encontro de bruxas. É claramente uma antiga montanha sagrada em cujo cume ritos pré-cristãos aconteciam. A paisagem nas montanhas Harz é uma das mais selvagens e bonitas da Alemanha. Consequentemente, o fato de o Brocken estar tão distante só aumentou sua aura de mistério e terror.

O conhecido "espectro do Brocken", embora seja um fenômeno natural, era assustador o suficiente para intimidar um viajante solitário. Quando as condições atmosféricas forem ideais, o "espectro" assomará diante de alguém como um gigante nebuloso. Na verdade, essa impressão é causada pela sombra do próprio alpinista projetada pelos raios do sol sobre a camada de névoa. No papel, tal explicação parece muito trivial e tranquilizadora, mas confrontar essa aparição gigantesca no silêncio de uma montanha solitária ainda pode dar um arrepio na espinha.

Brocken, O. Uma antiga gravura. "O espectro do Brocken."

Um episódio curioso sucedeu no Brocken em junho de 1932, quando o falecido Harry Price encenou ali a reconstituição de um suposto ritual de magia das trevas. Os relatos do que aconteceu, se é que aconteceu, são obscuros e contraditórios. Aparentemente, a encenação envolvia uma cabra que deveria se transformar em pessoa à meia-noite, mas isso não ocorreu. Essa foi decerto uma das fases mais estranhas da controversa carreira desse famoso pesquisador de fenômenos psíquicos.

O Brocken das montanhas Harz não era o único local de encontro de bruxas conhecido como Blocksberg. Outras colinas e montanhas, com reputação parecida, também adquiriram esse nome. Na Pomerânia havia vários lugares altos conhecidos como Blocksberg, e as bruxas suecas chamavam seu local de encontro de Blocula.

BRUXA DE SCRAPFAGGOT GREEN

Uma das histórias de bruxa mais estranhas dos tempos modernos ocorreu em Essex, no final da Segunda Guerra Mundial.

Havia muitos anos que a aldeia de Great Leighs sabia que uma bruxa estava enterrada em uma encruzilhada chamada Scrapfaggot Green. Não havia mais verde ali; apenas uma grande pedra que marcava o túmulo da bruxa. A história dizia que ela havia sido queimada na fogueira em Scrapfaggot Green cerca de duzentos anos atrás. Seus restos mortais foram enterrados no local, com as cinzas do fogo que a consumiu, e a grande pedra foi colocada ali para mantê-la sob o chão.

De fato, como sabemos, depois da Reforma na Inglaterra, as sentenças capitais para as bruxas foram cumpridas por enforcamento, e não por morte na fogueira. (*Ver* MORTE NA FOGUEIRA COMO PUNIÇÃO PARA AS BRUXAS.) Entretanto, era dessa última forma que as execuções por traição eram realizadas, bem como as de mulheres tidas como culpadas de matar o marido, o que era considerada uma "pequena traição". Se uma bruxa fosse julgada culpada de qualquer uma dessas acusações, ela poderia ser morta na fogueira, mas os casos registrados são poucos. O último registro de uma execução de bruxa na Inglaterra foi o de Alice Molland, enforcada em Exeter em 1685.

Parece mais provável, portanto, que o detalhe de "ter sido queimada na fogueira" seja um acréscimo romântico posterior, e que o momento em que essa infeliz anônima foi executada tenha sido anterior a "duzentos anos atrás". Mas, embora infeliz, ela não era de forma alguma impotente, como será visto à medida que a história se desenrola.

Great Leighs não fica longe de Chelmsford, que na verdade foi o local de execução de muitas bruxas. Em tempos passados, a prática de enterrar em uma encruzilhada era comum para pessoas que tinham tido uma morte amaldiçoada.

No entanto, a bruxa de Scrapfaggot Green passou despercebida em seu túmulo até a turbulência da Segunda Guerra Mundial, quando a paz rural de Great Leighs foi interrompida pela chegada do exército. O movimento das tropas rugia ao longo de suas ruas arborizadas e sacudia as janelas de suas fazendas e casas de campo. A estrada sinuosa e estreita chamada Drachett Lane, que passava pelos cruzamentos, dificilmente admitia a passagem de veículos militares. Então, um estranho que nada conhecia da tradição local deu a ordem de enviar uma escavadeira do exército e alargar a estrada.

A ordem foi cumprida e, durante o alargamento da via, a pesada escavadeira empurrou para o lado a "pedra da bruxa".

A partir desse dia, ocorreu uma série de eventos que poderiam ser considerados fantásticos, não fosse o fato de quase todas as pessoas da aldeia terem testemunhado alguns deles. Os acontecimentos estranhos também não eram triviais. Poderiam ser considerados absurdos, mas a força necessária para levar a cabo alguns deles foi verdadeiramente extraordinária.

Por exemplo, certa manhã, um construtor local encontrou os pesados suportes de um andaime espalhados pelo seu quintal, como se fossem palitos de fósforo. Tal como a maioria desses acontecimentos estranhos, o fato se deu da noite para o dia e não foi possível encontrar nenhuma explicação humana para o ocorrido.

Na época, o mesmo construtor empregava alguns pintores para trabalhar em uma casa de campo. Durante a noite, uma dúzia de pesados potes de tinta, junto com o restante das ferramentas de pintura, desapareceram. Os trabalhadores revistaram a casa e acabaram encontrando os potes e outros artigos desaparecidos escondidos debaixo de uma cama no sótão.

Outras estranhas perseguições noturnas ocorreram com um fazendeiro local. Depois de uma noite perfeitamente calma e sem vento, ele encontrou seus montes de palha caídos e esparramados pelo chão. Além disso, suas carroças tinham sido viradas nos galpões, de modo que seus homens demoraram meia hora para retirá-las.

As travessuras pareciam aumentar a cada dia. Ovelhas foram encontradas fora dos espaços onde aparentemente haviam sido confinadas em segurança; contudo, não se viam obstáculos deslocados nem brechas nas sebes que mostrassem como tinham escapado. Três gansos desapareceram do jardim de um homem sem deixar nenhuma pena reveladora que indicasse o trabalho de uma raposa ou outro predador. E uma galinha que não pertencia a ninguém do local apareceu morta num tanque de água.

Ouvia-se o toque dos sinos da igreja da aldeia à meia-noite, quando nenhuma mão humana puxava as cordas, e algo interferiu no funcionamento do relógio do edifício, atrasando-o em duas horas.

O encantamento de Great Leighs causou tanto falatório e especulação local à medida que os acontecimentos malucos se sucediam — todos sem qualquer explicação lógica — que a história acabou chegando à imprensa nacional. Em 8 de outubro de 1944, o *Sunday Pictorial* publicou um artigo de página inteira, "The Witch Walks at Scrapfaggot Green", escrito pelo repórter St. John Cooper.

O próprio sr. Cooper foi testemunha do assombro do proprietário do pub da aldeia, o Dog and Gun, quando uma enorme pedra foi descoberta à sua porta. O homem declarou que a pedra não existia antes, nem ninguém sabia de onde tinha vindo. O repórter ajudou a retirá-la do caminho e deu sua opinião de que seriam necessários três homens fortes para carregá-la a qualquer distância. Como sempre, não houve explicação; ao menos, nenhuma explicação concreta ou racional.

A essa altura, porém, já corria na aldeia a ideia de que a causa de todos esses acontecimentos sobrenaturais era a perturbação do túmulo da bruxa. O falecido Harry Price, então chefe do Conselho de Investigação Psíquica da Universidade de Londres, foi consultado sobre o caso e opinou que os eventos eram causados por um *poltergeist*.

Isso em nada ajudava nem oferecia uma solução. Mas, ao que parece, o sr. Price sugeriu que a pedra que marcava o túmulo da bruxa deveria ser recolocada em sua antiga posição. Não se sabia exatamente por que tal ação faria com que as atividades de um *poltergeist* cessassem, mas com certeza estava de acordo com a percepção pública da aldeia.

Durante a semana seguinte, os aldeões se reuniram, liderados pelo presidente do Conselho local, e colocaram a pedra da bruxa de volta no lugar. Como a lápide pesava cerca de duas toneladas, foi um trabalho árduo, mas eles tinham visto o suficiente para se convencerem de que seria uma boa ideia. Além disso, não faltava muito para o Halloween... O que aquela noite de bruxaria poderia trazer?

Em sua edição de 15 de outubro de 1944, o *Sunday Pictorial* publicou uma fotografia da cena em que a pedra era recolocada no lugar de origem. Ao que parece, na véspera da reposição da pedra, o fantasma inquieto da bruxa tinha pregado uma última peça. Um aldeão que criava coelhos descobriu que os animais tinham sido colocados no galinheiro, junto com as galinhas! Há certo toque de humor nisso, quando comparado com a maldade de alguns dos acontecimentos anteriores. Alguém — ou algo — tinha se *acalmado*?

De qualquer forma, assim como os estranhos acontecimentos começaram com a movimentação da pedra, também cessaram com a sua reposição. Great Leighs foi devolvida à sua paz rural — uma tranquilidade intensificada pela obliteração dos tempos de guerra. Uma história louca e fantástica, mas verdadeira.

BRUXARIA

Para título deste verbete caberia muito bem — talvez até melhor — "Arte dos Sábios". No entanto, "bruxaria" é um termo mais familiar e consagrado. A despeito disso, essa palavra não é tão antiga quanto os tempos anglo-saxônicos, e já existiam bruxas muito antes de anglos e saxões chegarem à Grã-Bretanha.

Em inglês antigo, as formas da palavra "bruxa" eram *wicca* (masculino) e *wicce* (feminino). Isso mostra que uma bruxa pode ser homem ou mulher. A antiga forma plural era *wiccan*. Mais tarde, a palavra no inglês médio se tornou *wicche*, tanto para masculino quanto para feminino.

O termo *wiccan* para "bruxas" aparece nas leis do rei Alfredo, por volta de 890. É encontrado também no *Glossário* de Adelmo. O verbo "to bewitch" [enfeitiçar] era *wiccian*; e uma palavra em inglês antigo para "bruxaria" era *wiccedom*, que evoluiu para "witchdom".

O dr. Henry More (1614-1687), em sua carta impressa no *Sadducismus Triumphatus*, de Joseph Glanvill (Londres, 1726), disse o seguinte sobre a derivação de "witch" [bruxa]:

> Quanto às palavras *witch* [bruxa/bruxo] e *wizzard* [feiticeira/feiticeiro], pela notação delas, não significam nada além de um homem ou mulher sábios. Esse significado é perceptível na palavra *wizzard*. E, penso eu, a dedução mais clara e menos operosa do nome *witch* é a de que vem de *wit*, que deriva do adjetivo *wittigh* ou *wittich*, sendo contraída a seguir. *Witch*, como o substantivo *wit*, vem do verbo *to weet*, que significa "saber". De modo que uma bruxa não é nada além de uma mulher sábia — o que corresponde à palavra em latim *saga*, de acordo com Festus, *Sagae dictae anus quae multa sciunt*. E assim no geral. Mas o uso, sem dúvida, apropriou-se da palavra para lhe conferir um tipo de habilidade e conhecimento que estava além do caminho comum ou extraordinário. Essa peculiaridade tampouco implicava qualquer ilegalidade. Mas houve depois uma restrição adicional, a mais apropriada de todas, a partir da qual são atualmente usadas as palavras *witch* e *wizzard*. Ou seja, designam alguém que tem o conhecimento ou a habilidade de fazer ou contar coisas de uma maneira extraordinária, e isso em virtude de uma associação ou aliança expressa ou implícita com algum espírito maligno. Essa é uma definição verdadeira e adequada de *bruxa(o)* ou *feiticeira(o)*, que, a quem quer que se refira, é tal, e vice-versa.

Na época em que Henry More escreveu isso, a bruxaria ainda era um crime capital na Grã-Bretanha punido com enforcamento. Essa citação ilustra o fato de que, até anos relativamente recentes, qualquer pessoa que demonstrasse alguma habilidade psíquica ou mediúnica provavelmente seria acusada de estar ligada a Satanás, ou pelo menos a espíritos malignos — embora o dr. More observe que isso não estava originalmente implícito na palavra "bruxa".

Essa ideia está tão arraigada em alguns seguidores de denominações cristãs que, às vezes, ainda observamos condenações do espiritismo com base nesses motivos, isto é, "lidar com o Diabo". Quando o famoso médium Daniel Dunglas Home viajava por países europeus onde a Igreja Católica era predominante, era seriamente acusado de ter um pacto com Satanás! A Lei da Bruxaria foi usada de forma persistente para hostilizar os médiuns espíritas. Na verdade, o último grande julgamento ao abrigo dessa norma foi o da médium Helen Duncan, em 1944, e foi somente em 1951 que a lei foi enfim retirada do livro de estatutos. (*Ver* LEIS CONTRA A BRUXARIA.)

Às vezes, a palavra "warlock" é usada para designar um bruxo, mas, como foi visto, essa é uma inovação moderna. "Warlock" é, na verdade, um termo escocês. "Wizard", como observou Henry More, é simplesmente um homem sábio [wise].

Charles Godfrey Leland considerava o alegado lado "satânico" da bruxaria uma criação das igrejas cristãs, tendo sido enxertado por elas no antigo paganismo. Os tons mais sombrios da bruxaria, existentes na Idade Média, eram, de acordo com ele, acompanhados pela miséria e pela opressão predominantes na sociedade daquela época. Em seu livro *Legends of Florence* (Londres: David Nutt, 1896), ele diz o seguinte sobre a história da bruxaria:

> As bruxas e feiticeiros dos primeiros tempos eram uma classe amplamente difundida que mantinha as crenças e tradições do paganismo com toda a licenciosidade, o romantismo e o encanto do proibido. À sua frente estavam os templários prometeicos; atrás deles toda a ignorância e superstição da época; e em suas fileiras todos os que foram oprimidos ou injuriados pela nobreza ou pela Igreja. Eles foram tratados com crueldade indescritível, na maioria dos casos pior do que animais de carga, pois eram ultrajados em todos os seus sentimentos; não eram punidos de modo esporádico, mas habitualmente, e vingavam-se por meio de orgias secretas e fantasias de adoração ao diabo, laços ocultos e pecados estupendos, ou do que eles mais imaginassem. Posso conceber seriamente — o que nenhum escritor parece ter considerado — que deve ter havido uma imensa satisfação, da parte de bruxas e feiticeiros, em vender-se ou entregar-se ao diabo, ou a qualquer poder que estivesse em guerra contra seus opressores. Então eles se reuniam à noite, na lua cheia, e faziam sacrifícios a Diana — ou "mais tarde" a Satanás — e dançavam e se rebelavam. É muito importante notar que *todos* os relatos de feiticeiros e hereges de que dispomos vieram de padres católicos, que tinham todos os motivos possíveis para deturpá-los, e o fizeram. Na significativa presença de bruxaria antiga que ainda sobrevive na Itália, não há muito anticristianismo, mas em grande parte do paganismo primitivo, Diana, e não Satanás, continua sendo a verdadeira líder das bruxas. A bruxa italiana, como disse o padre Grillandus,

roubou óleo para fazer um feitiço de amor. Mas, ao fazer isso, ela não disse e não diz, como ele declarou: "Eu renuncio a Cristo". Aquilo foi uma mentira do padre. Toda a história da bruxaria é uma falsidade eclesiástica, na qual tais mentiras foram sutilmente inseridas na verdade. Mas no devido tempo a Igreja e os protestantes criaram uma feitiçaria satânica própria, e essa abstração é agora considerada a verdadeira bruxaria.

Concordo com a opinião de Leland, porque faz sentido e pode ser sustentada pelas evidências da história e do folclore. Se alguma bruxa alguma vez "renunciou a Cristo", foi em profundo ressentimento contra uma Igreja que apoiava os opressores e sufocava a liberdade humana. Se ele ou ela alguma vez se entregou à "adoração do diabo", foi porque a Igreja declarou que os deuses antigos eram demônios e investiu o Diabo com os atributos de Pã.

No segundo volume da mesma obra, Leland declara: "Eu poderia, de fato, preencher muitas páginas com citações de autores clássicos e medievais que comprovam a antiga crença de que Diana era a rainha das bruxas".

Mais adiante, ele diz:

> É importante notar que vários escritores antigos rastreiam a origem dos sabás de bruxas, ou das orgias selvagens, da adoração a Satanás e das brincadeiras da lua cheia, até os festivais de Diana. Assim, Despina declara:
>
> "Antigamente, era costume celebrar os ritos noturnos de Diana com louca alegria e as danças e sons mais selvagens ou delirantes (*ordine contrario sen praepostero*), além de todo tipo de licenciosidade, e as dríades das florestas, as napeias das fontes, as oréades das montanhas, as ninfas e todos os falsos deuses foram popularmente identificados como participantes desses ritos".
>
> Se acrescentarmos a isso que todo tipo de bandidos e filhos da noite, como ladrões e prostitutas, adoravam Diana-Hécate como sua padroeira e protetora, podemos muito bem acreditar que foi essa a verdadeira causa e origem da crença ainda existente, ou pelo menos conhecida até entre o povo de Florença, de que Diana era a rainha das bruxas.
>
> Em um afresco do século 14 no Palazzo Publico em Siena, Diana é representada com um morcego, que voa abaixo dela, indicando noite e feitiçaria.

Não há razão para acreditar que a bruxaria na Itália seja *essencialmente* diferente daquela do resto da Europa Ocidental, embora as regiões mais celtas mostrem, como é de se esperar, uma mistura de suas próprias tradições, tal como aquelas onde a ascendência nórdica é predominante, e assim por diante.

Contudo, a bruxaria não era apenas a religião secreta dos excluídos da sociedade. Era também o culto das *pessoas que não se conformavam*, independentemente da situação de vida em que se encontrassem.

Em razão de sua ligação com a magia lunar, o número três é muito associado à bruxaria. Existem tradicionalmente três tipos de bruxaria: das luzes, das trevas e cinzenta. A bruxaria das luzes é praticada apenas para fins construtivos. A das trevas é usada para fins antissociais ou destrutivos. A bruxaria cinzenta pode ser adaptada tanto para o bem quanto para o mal.

E existem três graus de bruxaria, que se assemelham um pouco aos de aprendiz iniciado, companheiro artesão e mestre maçom, usados pela fraternidade maçônica. A existência desses três graus quase não é mencionada na literatura antiga que trata de bruxaria, pois informações verídicas eram raramente divulgadas. Há, no entanto, algumas referências.

Uma delas pode ser encontrada em um antigo livro francês sobre bruxaria, *Receuil de Lettres au Sujet des Malefices et du Sortilege... par le Sieur Boissier* (Paris, 1731). Boissier nos conta que três "marcas" eram concedidas às bruxas, em três momentos diferentes, mas apenas as pessoas mais velhas tinham todas as três, e isso as tornava mágicas.

Outra referência remota a esse ponto vem de Portugal, na época da Inquisição. Em *Confissão de duas bruxas que foram queimadas na cidade de Lisboa em 1559*, preservada nas sentenças da Inquisição, está registrado que "ninguém pode ser bruxa sem passar pelos graus de *feiticeyra* e *alcoviteyra*".

O fato de existirem esses graus secretos mostra que a sociedade das bruxas tinha conhecimentos para transmitir. O mesmo acontece com a crença bastante difundida (encontrada no interior da Inglaterra e entre os camponeses da Itália) de que as bruxas não podem morrer até que tenham passado adiante a sua bruxaria. O conhecimento e a tradição originais é que são transmitidos a outra pessoa.

O número três surge mais uma vez de forma significativa no registro do julgamento de uma bruxa inglesa em 1672. A mulher chamada Anne Tilling, de Malmesbury, Wiltshire, foi acusada e confessou que três bruxas agiram juntas, e "cada três com outras três". Isso soa como a divisão da antiga estrutura do coven em células menores sob a pressão da perseguição, que foi severa no século 17. Se para cada grupo de quatro três ou de doze fosse nomeado um líder, isso resultaria nos treze tradicionais.

Não há dúvida de que a antiga organização do culto das bruxas tornou-se fragmentada pelos anos de perseguição. Existem bolsões de bruxaria sobrevivendo por toda a Grã-Bretanha; por toda a Europa Ocidental, na verdade. Alguns mantêm uma parte da antiga tradição, enquanto outros conservam outras partes. Minha tarefa tem sido entrar em contato com o maior número de fontes possível, e então reunir o que consegui aprender com elas.

Existem diferenças regionais de ritual e de ideias. No entanto, são precisamente essas diferenças, essa articulação de um fato com outro que, na minha opinião, tornam essa investigação interessante e autêntica. Se tudo fosse suave e uniforme, provavelmente seria moderno; mas há tradições e rituais fragmentários, alusões, pontas soltas que confundem e intrigam.

Ainda que, antigamente, pessoas de todas as classes pertencessem ao culto das bruxas, é provável que a maior parte de seus seguidores não soubesse ler ou escrever. Além disso, documentos escritos eram provas perigosas. Assim, as tradições do culto foram transmitidas oralmente de geração em geração.

Conforme mais pessoas comuns adquiriam um pouco de aprendizado por meio da leitura, algumas passavam a escrever coisas em seus próprios livros particulares. Elas permitiam que seus amigos de confiança copiassem o que quisessem de tais escritos, mas a regra era a de que, quando um membro do culto morresse, seu livro escrito deveria ser protegido e queimado.

Havia uma razão prática para isso, como acontece com a maioria das tradições das bruxas. Procedia-se assim para resguardar a família do falecido da perseguição. Os caçadores de bruxas sabiam que a prática tendia a ser transmitida nas famílias. Desse modo, todos os parentes de uma pessoa cuja ligação com a bruxaria era comprovada se tornavam suspeitos. E que prova poderia ser mais contundente do que um livro escrito à mão?

Mesmo depois que a bruxaria deixou de ser um crime capital, as pessoas suspeitas muitas vezes recebiam tratamento rude. Podiam ser cortadas ou esfaqueadas para que seu sangue fosse drenado, como forma de quebrar seus feitiços. Podiam ser submetidas ao teste da água no lago da aldeia, para ver se flutuariam. Ainda que fossem apenas evitadas ou vítimas de boatos, isso era mais que um incômodo em uma comunidade pequena; a qualquer momento, essas atitudes poderiam explodir em violência popular. Portanto, a destruição tradicional de todos os registros escritos é frustrante, mas compreensível.

Quando a organização da Antiga Religião se fragmentou, muitas bruxas e bruxos deixaram de se agrupar em covens. Trabalhavam sozinhos, embora geralmente conhecessem outros praticantes e às vezes unissem forças com eles para algum propósito especial.

Tais bruxas e bruxos solitários ainda existem e evitam qualquer contato com covens modernos que buscam publicidade. Costumam ter um pequeno santuário secreto em sua casa, no qual invocam os antigos poderes e agradecem o trabalho realizado com sucesso.

O conteúdo de tal santuário varia consideravelmente de acordo com o gosto de cada um. Pode incluir utensílios transmitidos pela família ou por bruxas e bruxos mais velhos já falecidos. É quase certo que haverá alguns castiçais curiosos, um queimador de incenso e um cristal ou um espelho mágico para clarividência. Alguns símbolos mágicos, como o pentagrama, estarão em destaque, e o mesmo acontecerá com o velho punhal de cabo preto, ou Athame. É provável que também haja um baralho de tarô.

Junto com essas coisas estarão quaisquer objetos, estranhos ou exóticos, que despertem a imaginação do indivíduo. Bruxas e bruxos sempre gostaram de usar coisas singulares e marcantes que excitassem a imaginação de quem as via. Eles sabem muito bem que gerar a atmosfera, a aura de estranhamento, é um dos segredos mais importantes da magia. Isso contribui para "a suspensão voluntária da descrença", a sensação de que, dentro do círculo mágico, ou diante do santuário mágico, tudo pode acontecer.

A bruxaria não é apenas uma religião e um sistema de magia. É uma filosofia, um modo de vida, uma maneira de ver as coisas. Não é um assunto intelectual. Uma bruxa ou um bruxo procura desenvolver inteligência e percepção em vez de intelectualismo; não despreza emoções e sentimentos, como fazem muitos intelectuais. Pelo contrário, ela ou ele reconhece que as emoções e os sentimentos podem vir de um nível mental mais profundo do que o do raciocínio intelectual e, portanto, procura desenvolvê-los e aplicá-los.

Uma bruxa ou um bruxo tampouco despreza os sentidos físicos, pois estes também são portais que podem levar à realização interior. Então, ela ou ele procura fazer uso das percepções físicas para atingir as percepções psíquica e espiritual. Existem muitos conceitos errados sobre em que de fato consistem as experiências psíquicas e espirituais. Não são estados de credulidade sonhadora. Ao contrário, são estados de consciência intensificada nos quais, durante algum tempo, despertamos da condição que passamos a aceitar como "normal". Alguns ocultistas dirão que, na verdade, existem cinco estados de consciência humana, correspondentes à estrela de cinco pontas, o pentagrama das bruxas:

1. sono profundo e sem sonhos;
2. sono em que ocorrem sonhos;
3. o que consideramos consciência normal de vigília;
4. autoconsciência genuína;
5. iluminação.

Um ponto importante: a bruxaria *é* um ofício, no antigo sentido da palavra *craft*, que vem do anglo-saxão *craeft*, que implica arte, habilidade, conhecimento. O termo "bruxa" significa "sábia"; e uma pessoa não pode ser *feita* sábia, ela precisa *se tornar* sábia. Existem artes, habilidades e conhecimentos tradicionais que, usados da maneira correta, ajudarão você a se tornar uma pessoa "sábia". Esse é o verdadeiro significado da bruxaria.

Já deveria ser desnecessário dizer que as bruxas modernas não fazem pactos com o demônio nem celebram a missa negra. Mas tampouco são seguidoras das filosofias um tanto superficiais e açucaradas que tantas vezes passam por "ensinamentos superiores" nas formas mais populares de ocultismo. As bruxas não são "benfeitoras" ou facilitadoras de "elevação". São pessoas práticas interessadas no estudo sério dos poderes ocultos e na exploração do Desconhecido — lembrando que "oculto" significa apenas "escondido".

Embora aceitem presentes, as bruxas não trabalham por recompensa. Raras vezes se comprometem a realizar as muitas coisas que as pessoas escrevem e lhes pedem para fazer, como possibilitar que alguém ganhe em apostas esportivas, ou obtenha o amor de determinada pessoa, ou force um marido ou esposa errante a regressar.

Às vezes, recebem solicitações ainda mais sombrias. Eu mesma já fui perguntada, em mais de uma ocasião, se poderia prejudicar ou "me livrar" de alguém. Uma mulher me escreveu dizendo que não queria que certo parente *morresse*, só que ficasse bastante doente!

A verdade indigesta que as pessoas não querem ouvir é a de que elas só podem mudar a própria vida mudando a si mesmas. O estudo e a prática da bruxaria podem fazer isso, sem dúvida, mas o conceito que muitas pessoas têm de bruxa moderna, como uma espécie de combinação de cuidadora e matadora, é falso.

No entanto, tenho visto alguns resultados notáveis alcançados pela magia das bruxas. Os céticos, é claro, podem descartar certas coisas como coincidência, quando um ritual é feito para se atingir determinado resultado e esse objetivo se realiza. De qualquer forma, nada pode ser provado, pois o evento acontece aparentemente graças a uma combinação fortuita de circunstâncias — mas a questão é que acontece.

Os rituais nem sempre são bem-sucedidos, é claro. A técnica empregada pode estar errada. Os realizadores podem ter avaliado mal a situação. As condições prevalecentes no momento do ritual podem ser adversas. No entanto, tenho visto resultados efetivos em número suficiente para acreditar no poder da bruxaria.

Também tenho visto acontecimentos suficientes para fundamentar a crença de que é melhor "não se meter" com as bruxas. As pessoas que cometem atos de agressão contra a Antiga Religião ou seus seguidores, ou que tentam prejudicá-los de forma deliberada, sempre acabam por atrair má sorte para si.

A situação da bruxaria hoje é, em muitos aspectos, muito diferente daquela de séculos passados. Agora que os serviços médicos cuidam das pessoas menos ricas e privilegiadas, elas não procuram mais a bruxa da aldeia em busca de seus serviços como parteira ou para obter remédios à base de ervas. Muitas das artes que ela praticava tornaram-se agora bastante respeitáveis e são conhecidas, como hipnotismo, psicologia e assim por diante. Ao mesmo tempo, os perseguidores das bruxas viram seus poderes severamente restringidos. Sem contar as campanhas difamatórias na imprensa sensacionalista, a profissão de caçador de bruxas também desapareceu.

Quando Gerald Gardner escreveu *A bruxaria hoje* (São Paulo: Madras, 2021), considerava que o culto estava morrendo. No entanto, os acontecimentos subsequentes provaram que ele estava errado. Nos últimos vinte anos, temos acompanhado um surpreendente renascimento do interesse público não apenas pela bruxaria, mas pelo ocultismo em geral. Assuntos anteriormente vedados são agora discutidos com liberdade — muitas vezes com o uso de palavras proibidas! Os tempos estão mudando a um ritmo que alarma e confunde a geração mais velha. E a bruxaria está mudando com eles, tornando-se uma forma popular de religião pagã baseada na empatia com a natureza, enquanto seu credo "faça o que quiser desde que não prejudique ninguém", no que diz respeito à moral, tornou-se ampla e seriamente aceito como mais verdadeiro do que uma infinidade de "não faça".

Ainda assim, as bruxas não procuram converter os outros. Elas pedem apenas aceitação e liberdade para ser e fazer o que quiserem. Sabem que o pêndulo que oscila para um lado oscilará para o outro. Já sofreram o vaivém desse pêndulo e viram os horrores dos anos de perseguição. Atualmente, a oscilação está na direção oposta — por enquanto.

Mas mesmo assim, a Arte dos Sábios mantém-se um pouco distante. Também não conta todos os seus segredos. Ela guarda a chama da lanterna, como o Eremita nas cartas de tarô, para que aqueles que estão aptos a se entregar e conhecer, e estão dispostos a ousar e calar, possam seguir o caminho iluminado por sua luz.

C

CALDEIRÃO

O caldeirão, assim como a vassoura e o gato preto, é uma peculiaridade de qualquer cena de bruxaria retratada no imaginário popular. Em parte, a crença tem origem na peça *Macbeth*, de Shakespeare, na qual um caldeirão das bruxas é colocado no palco acompanhado de danças e encantamentos. Atores consideram *Macbeth* uma peça agourenta e perturbadora, por causa de suas cenas que envolvem bruxas.

No entanto, a ligação entre caldeirão e bruxaria vem de muito antes de *Macbeth*. Provém, na verdade, da Grécia Antiga. Uma lenda grega conta a história de Medeia, a bruxa da Cólquida, com quem Jasão se casou durante sua busca pelo velocino de ouro. Medeia era uma sacerdotisa de Hécate, a deusa da Lua e da bruxaria, e ela não só tinha um caldeirão, mas um coven também. De acordo com Robert Graves no livro *Os mitos gregos* (Rio de Janeiro: Nova Fronteira, 2018), Medeia foi acompanhada por doze escravizadas feácias que a ajudaram em uma horrível conspiração para matar o rei Pélias com a ajuda de seu caldeirão mágico.

Na antiga Grã-Bretanha e na Irlanda, caldeirões mágicos apareciam com frequência em mistérios religiosos. Heróis iam a estranhos reinos encantados do Outro Mundo a fim de ganhar lindos caldeirões como prêmio por suas aventuras. Acredito que uma distante lembrança disso sobrevive na memória popular por meio do costume de premiar com taças decoradas, geralmente de ouro ou prata, os participantes de competições esportivas. A emocionante tradição de finais de Copa do Mundo, quando o time vitorioso ergue a grande taça brilhante conquistada a duras penas para a torcida em festa, tem origem em um mito antigo.

A transformação do caldeirão em taça fica evidente nas lendas do Santo Graal, que têm suas raízes em mitos celtas do período pré-cristão. Com o advento do cristianismo, o caldeirão da inspiração e do renascimento que Artur e seus seguidores procuravam nos perigosos e misteriosos reinos das sombras, tal como cantado nos poemas bárdicos, tornou-se o Santo Graal, o cálice à procura do qual cavalgaram os cavaleiros da Távola Redonda.

As bruxas, no entanto, mantiveram a antiga versão pagã, e o caldeirão, de início pertencente à deusa druídica da Lua, Cerridwen, tornou-se seu símbolo. O caldeirão é um símbolo universal da natureza, a Grande Mãe. Como receptáculo, representa o princípio feminino. Sobre três apoios, lembra a deusa tríplice da Lua. Os quatro elementos da vida entram nele, pois necessita do fogo para ferver, da água para encher, das ervas verdes da terra para cozinhar e pelo ar sobe seu vapor perfumado.

O caldeirão representou, de fato, um grande avanço para a civilização. Antes de conseguir fazer panelas de metal resistentes ao fogo, os homens tiveram de se contentar com as grossas panelas de barro, que eram aquecidas pelo trabalhoso processo de colocar pedras muito quentes em seu interior. O caldeirão de metal, comandado pela mulher chefe de família, permitiu cozinhar melhor os alimentos e proporcionou mais água quente para a higiene pessoal e para a obtenção de essências de ervas medicinais por meio da fervura ou infusão. Como consequência, o caldeirão tornou-se um instrumento de magia, sobretudo da magia feminina.

O caldeirão também assumiu conotação sexual, como cantado na velha balada atrevida sobre a senhora e o latoeiro errante, que se oferece para "dar um tapa no caldeirão dela" caso precise de seus serviços.

Muitas têm sido as transformações daquilo que é, em si, o recipiente da transformação, uma vez que o caldeirão torna coisas cruas e não comestíveis em algo bom de se comer; transforma ervas e raízes em medicamentos e poderosas drogas, e é emblema da mulher como o maior recipiente de transformação de todos: quem apanha a semente do homem e a transforma em uma criança. De certo modo, para os pagãos, toda a natureza é um caldeirão de transmutações no qual todas as coisas, homens, animais, plantas, as estrelas do céu, a própria terra e a água, fervilham e são transformadas.

"Reivindicamos o caldeirão das bruxas como, primordialmente, o vaso ou a urna da transmigração ardente, no qual todas as coisas do mundo mudam" (Hargrave Jennings, *The Rosicrucians, Their Rites and Misteries*. Londres, 1870).

A antiga deusa britânica Cerridwen, a quem os druidas atribuíam a presidência dos Mistérios, preparou um caldeirão da inspiração com ervas mágicas, as quais teve que ferver e deixar borbulhar durante um ano e um dia. Ao final desse período, saltaram do recipiente as três gotas da sabedoria, o místico Awen — pronunciada AH-OO-EN, a palavra lembra o "om" oriental. As três gotas são idênticas aos três raios, ou Tribann, que é um dos símbolos mais importantes da tradição druídica e significa inspiração divina. (*Ver* DRUIDAS.)

CANON EPISCOPI

Importante documento da história da bruxaria que remonta ao início do século 10, talvez ainda antes. Foi publicado por Regino (por volta do ano 906) em seu *De Ecclesiastica Disciplinis* (citado em *The Geography of Witchcraft*, de Montague Summers, Londres: Kegan Paul, 1927), como parte do direito canônico da Igreja. Regino o atribuiu ao Concílio da Igreja de Ancira, que se reuniu no ano 314, mas as autoridades modernas questionam essa informação. De qualquer modo, o *Canon Episcopi*, como era conhecido, foi por séculos a doutrina oficial da Igreja Cristã sobre bruxaria.

Esse cânone é importante por descrever as bruxas como hereges iludidas que cultuam "Diana, a deusa dos pagãos", *não* o Diabo ou Satã, como a Igreja alegou mais tarde. Contudo, diz o *Canon Episcopi*, é o Diabo que as seduz e as leva a fazer isso. Além do mais, os encontros de bruxas e os supostos voos noturnos que realizam para comparecer a tais reuniões não passam de alucinações.

Isso vai na contramão do que a Igreja ensinou mais tarde em obras como o famoso *Malleus Maleficarum*, o manual dos caçadores de bruxas publicado em 1486. É evidente que o dogma anterior não fora suficiente para erradicar a heresia de bruxaria, por isso a Igreja teve de mudar o enfoque, introduzindo todas as horríveis alegações de adoração ao diabo e existência dos sabás em que todo tipo de horror e abominação aconteciam. Desse modo, foi possível acender as fogueiras que, de fato, como pensavam os caçadores de bruxas, extinguiriam a bruxaria para sempre.

Desde o início, a Igreja perseguiu as bruxas não porque eram perversas, mas porque eram hereges. O *Canon Episcopi* mostra claramente que elas foram acusadas de ser pagãs. Também é uma prova de sua devoção a Diana, deusa da Lua, assim como da devoção de bruxas anteriores ao período cristão descritas na literatura clássica, e daquelas da *Vecchia Religione* que Charles Godfrey Leland encontrou na Itália moderna. (Ver ARADIA.)

A seguir, tem-se um trecho do *Canon Episcopi* que demonstra certo lirismo na descrição das bruxas, como se o bom clérigo que o escreveu tivesse sentido o perigoso encanto do luar e do vento noturno:

> Também não pode ser omitido que algumas mulheres perversas, corrompidas pelo diabo, seduzidas por ilusões e fantasmas de demônios, acreditam e declaram que, nas horas noturnas, montam certas feras na companhia de Diana, a deusa dos pagãos, e de uma multidão incalculável de mulheres, e que na calada da noite percorrem grandes espaços da Terra e obedecem aos comandos da deusa como sua senhora, e que em certas noites são convocadas para ficar à sua disposição. Mas quisera eu que fossem apenas elas que perecessem em sua falta de fé, e que não atraíssem tantas para seu lado de modo a se destruírem na infidelidade. Pois uma multidão incontável, enganada por essa falsa opinião, acredita que isso seja verdade e, assim acreditando, se afastam da fé genuína e se envolvem com os pecados dos pagãos quando pensam que há algo de divino ou poderoso além do Deus uno. Portanto, os sacerdotes em todas as suas igrejas devem pregar com toda insistência ao povo para que saibam que isso é falso e que tais fantasias são impostas às mentes dos infiéis, não pelo espírito divino, mas pelo espírito maligno.

Em algumas versões posteriores do *Canon Episcopi* aparece o nome de Herodias, assim como o de Diana. Esse fato conecta mais uma vez esse documento muito antigo (seja lá qual for a sua data real) com as descobertas de Charles Godfrey Leland, porque é evidente que Aradia e Herodias são a mesma figura. Herodias pode ser apenas uma versão monástica de Aradia, confundindo-a com a Herodias da Bíblia. Talvez Herodias seja também, na verdade, o nome de uma antiga deusa, semelhante a Lilith, que acabou nominando a senhora que encantou o rei Herodes.

CARTAS DE TARÔ

Essas cartas misteriosas são populares entre os ocultistas de muitas escolas para fins de adivinhação. Também se acredita que elas contêm segredos místicos e mágicos, para aqueles que conseguem discerni-los. No entanto, antes de atingir o atual nível de interesse geral, o tarô foi preservado entre os ciganos e também entre suas frequentes companheiras de dificuldades e infortúnios, as bruxas.

Grillot de Givry, em seu *Pictorial Anthology of Witchcraft, Magic and Alchemy* (Nova York: University Books, 1958), testemunha o fato de que, pelo menos na França, e talvez em outros lugares do continente europeu, as cartas de tarô faziam parte do arsenal mágico da bruxa da aldeia. Antes dos clarividentes da sociedade moderna, as senhoras de posição e riqueza que desejavam saber o que o destino lhes reservava consultavam em segredo a mulher sábia em sua cabana arruinada. Mais tarde, esse lugar foi ocupado por videntes elegantes, como *mademoiselle* Lenormand e Julia Orsini. A antiga dama se tornou famosa pelas consultas que deu a Napoleão e Josefina por meio de cartas de adivinhação.

Não se sabe quando o tarô chegou à Inglaterra, mas há registros de que as cartas foram importadas da Europa antes de 1463.

Os ciganos, por sua vez, carregaram esse baralho em suas andanças durante tanto tempo que muitas pessoas acreditavam que o tarô tinha procedência cigana. Por isso, às vezes, era chamado de "o tarô dos boêmios". Outros tinham dúvidas sobre essa origem, alegando que as cartas eram conhecidas na Europa antes da chegada dos ciganos vindos do Oriente. Diz-se que a primeira aparição dos ciganos na Europa ocorreu no ano de 1417, mas que as cartas de tarô já eram conhecidas antes disso. No entanto, alguns especialistas em tradição cigana também contestam essa data, dizendo que esse povo já vivia no continente antes dessa época; então o enigma permanece. Ninguém sabe ao certo a origem do tarô.

Os próprios ciganos afirmam ver em algumas das imagens das cartas a triste história de suas andanças e perseguições. Eles são originários da Índia e sua língua, o romani, tem ligações com o idioma hindu. Ora, é certamente verdade que as cartas de baralho, muito elaboradas e bonitas, são conhecidas na Índia e no Oriente em geral, assim como no Tibete. Neste último país, antes do domínio comunista chinês, foram produzidas cartas que não se destinavam apenas ao jogo, mas traziam imagens associadas à religião tibetana. Mesmo assim, embora as cartas do tarô possam ser usadas para jogar, e às vezes o fossem em tempos antigos, seu significado é obviamente mais profundo do que isso.

Existem registros de artistas pagos para executar belos baralhos de tarô pintados à mão para diversão de reis e da nobreza; e alguns exemplos desses conjuntos de cartas estão em museus. Além disso, encontramos baralhos antigos bem rústicos e de aparência singular, produzidos nos primórdios da impressão, para venda entre as classes mais pobres. Impressas em blocos de madeira, suas cartas costumam ser muito bonitas. Para mantê-las planas, esses baralhos arcaicos eram guardados em uma pequena prensa em miniatura, quando não estavam em uso.

As cartas de tarô são as predecessoras das nossas cartas de jogar. Tal como os baralhos convencionais, os tarôs têm os quatro naipes, mas contam também com um quinto naipe, os trunfos, ou arcanos maiores — que são as cartas que carregam as imagens místicas. Existem 22 arcanos maiores; e cada um dos quatro naipes tem quatorze cartas, do ás ao dez, e uma figura montada, o cavaleiro, além das habituais cartas da corte: rei, rainha e valete. Assim, o baralho de tarô consiste em 78 cartas ao todo. Esse é o número habitual, mas podem ser encontrados tarôs maiores, como o *Minchiate* de Florença, que possui 97 cartas; e tarôs menores, como o tarô de Bolonha, que possui apenas 62 cartas.

Nosso baralho descartou todos os trunfos, exceto um, O Louco, que sobreviveu como curinga. Além disso, perdeu os quatro cavaleiros entre as cartas da corte e tornou todas as cartas espelhadas — iguais na parte de cima e na parte de baixo — para maior comodidade dos jogadores. As cartas do tarô, e muitas das cartas de baralho antigas, não são assim; elas parecem, na verdade, pequenas fotos.

Os símbolos dos naipes das cartas de baralho também foram simplificados com base nos emblemas maiores do tarô. Os quatro naipes do tarô são bastões/paus, taças/copas, espadas e moedas/ouros ou pentáculos (o último, nesse sentido, significa um disco redondo com um selo mágico sobre ele).

Os ciganos têm seus próprios nomes para os quatro naipes. Eles os chamam de *pal* (o bastão), *pohara* (a taça), *spathi* (a espada) e *rup* (a moeda). *Pal* pode ter a mesma origem sânscrita de "falo". *Pohara* lembra o *pair* celta e o *pirry* cigano inglês, ambos traduzidos como caldeirão. *Spathi* é possivelmente da mesma raiz de *espada* (espanhol) e *epée* (francês). *Rup* é como o *ruppeny* cigano inglês, que significa prata e, claro, a *rupia* hindu.

Particularmente interessante sobre os símbolos dos naipes é que eles são as quatro armas elementais ou ferramentas de magia. O bastão, a taça, a espada e o pentáculo, ou seus equivalentes, estão no altar de todo mago praticante. Suas atribuições elementais usuais são fogo para o bastão, água para a taça, ar para a espada e terra para o pentáculo.

Além disso, podemos encontrar uma correspondência entre esses quatro emblemas do tarô e os quatro tesouros dos Tuatha Dé Danann, a raça divina dos gaélicos, que chegou à antiga Eire séculos atrás, como nos conta a lenda celta. Essa raça de deuses habitou quatro cidades místicas, Findias, Gorias, Murias e Falias, e de cada cidade trouxeram um tesouro. Lá estavam a lança ardente de Lugh, o caldeirão do Dagda, a espada de Nuada e a pedra de Fal, que ficou conhecida como Pedra do Destino, porque sobre ela foram coroados os antigos reis irlandeses. A história diz que essa é a mesma Pedra do Destino que ainda hoje é trazida à abadia de Westminster para compor o trono de coroação. O paradeiro dos outros três tesouros é desconhecido.

Nos romances posteriores do Graal, os quatro talismãs aparecem de novo sob outra forma de mito. Os objetos se tornam a lança sangrenta, o próprio cálice sagrado e a espada e o escudo concedidos ao cavaleiro que partiu em busca do Graal.

Para o estudante da Cabala, são as quatro letras do nome divino, o tetragrama. Todo o tarô pode, de fato, ser organizado para formar a figura a

Árvore da Vida. As verdadeiras atribuições cabalísticas das cartas de tarô foram mantidas em profundo segredo por muito tempo na fraternidade oculta conhecida como Ordem da Aurora Dourada, e foi apenas em anos comparativamente recentes que o dr. Francis Israel Regardie publicou essa informação de forma completa e precisa (*Golden Dawn*: a Aurora Dourada. 2. ed. São Paulo: Madras, 2023).

Aleister Crowley publicou, em 1944, um volume muito elaborado sobre o tarô, intitulado *O livro de Thoth* (São Paulo: Madras, 2000). Sua versão, entretanto, é bem particular — muitos dos antigos desenhos das cartas foram adaptados para atender às próprias ideias mágicas dele.

Uma versão popular do baralho de tarô foi desenhada por Pamela Colman Smith com base nos desenhos de A. E. Waite. As figuras desse tarô têm algo de art nouveau. Waite foi membro da Ordem Hermética da Aurora Dourada e, embora tenha jurado segredo, introduziu muitas sutilezas no design que estão de acordo com as atribuições dadas às cartas por aquela famosa ordem mágica.

Muitos, porém, preferem a versão mais antiga das cartas, cujo melhor exemplo provavelmente é o Tarô de Marselha. O baralho, inclusive, ainda pode ser adquirido.

A série numerada dos arcanos maiores ou trunfos do tarô é a seguinte: O Mago, A Sacerdotisa (ou Papisa), A Imperatriz, O Imperador, O Papa (ou Hierofante), Os Amantes, O Carro, A Justiça, O Eremita, A Roda da Fortuna, A Força, O Enforcado (ou Pendurado), A Morte, A Temperança, O Diabo, A Torre, A Estrela, A Lua, O Sol, O Julgamento, O Mundo e a carta não numerada, O Louco.

As imagens e personagens estampadas nas cartas são estranhas e enigmáticas. Ocultistas de diversas escolas escreveram milhares de palavras para interpretá-las — algumas sensatas e outras não. O tarô é um livro sem palavras; fala na linguagem universal do simbolismo. Sente-se igualmente à vontade na caravana cigana, na cabana da bruxa ou no templo particular esplendidamente decorado do mago cerimonial. Pode ser usado para ler a sorte ou para tocar os Altos Mistérios. Alguns inferem sua origem no Antigo Egito; e ainda é uma das verdadeiras maravilhas e segredos do mundo.

Em todo caso, as bruxas veem uma relação entre o tarô e suas tradições. Seu deus cornífero é mostrado (especialmente nas versões mais antigas) na carta chamada O Diabo. A deusa da Lua aparece como A Sacerdotisa. O Eremita pode ser interpretado como o mestre bruxo, que passa em seu caminho desconhecido carregando a lanterna do conhecimento. A Roda da Fortuna é também a roda do ano, dividida igualmente pelos sabás maiores e menores. O Enforcado pode ser entendido, tanto pela bruxa quanto pelo cigano, como símbolo do sofrimento e da perseguição. A natureza em perfeição, nua e alegre, é retratada na carta chamada O Mundo; e assim por diante.

Como meio de adivinhação, o tarô pode, muitas vezes, ser surpreendentemente preciso; em outras ocasiões, pode recusar-se a falar. Como em todos os assuntos psíquicos, muito depende dos dons individuais do adivinho e das condições do momento.

CAVALOS E BRUXARIA

Antes de o carro ser inventado, quando o transporte dependia sobretudo de cavalos, a importância desse animal para o homem era tanta que decerto eles se enquadrariam na esfera da magia.

É notório o fato de o cavalo ser um animal sensível e aparentemente reagir a presenças invisíveis aos humanos. Por isso, as bruxas eram com frequência acusadas de enfeitiçar cavalos para fazer com que ficassem parados e se recusassem a se mover ou passar por determinado lugar.

Acreditava-se também que as bruxas pegavam cavalos emprestados à noite e os levavam em passeios selvagens pela escuridão, devolvendo-os ao amanhecer com as crinas emaranhadas e o pelo coberto de suor. A expressão inglesa *hag-ridden* (montado por bruxa), usada para designar alguém atormentado, deriva dessa crença.

É claro que fazendeiros e carroceiros usavam amuletos para evitar que seus cavalos fossem incomodados por bruxas. Uma das crenças mais populares era pendurar uma pedra furada nos estábulos. Essas pedras passaram a ser chamadas de pedras de bruxa, por esse motivo. Às vezes, uma pedra desse tipo também era amarrada à chave dos estábulos. (*Ver* PEDRAS FURADAS.)

Os belos ornamentos chamados *horse brasses* não eram, em sua origem, usados só para decoração. Também serviam para proteger o animal de feitiços e de mau-olhado. Seu brilho refletia o olhar sinistro para longe, e o próprio padrão do enfeite muitas vezes continha alguma figura afortunada e mágica: o sol, a lua crescente, um raminho de folhas de carvalho com bolotas, ou uma única bolota, uma estrela, um trevo, um coração, e assim por diante. Os *horse brasses* exibem uma incrível e fascinante variedade de temas e desenhos, que os tornam hoje muito procurados por colecionadores, mas seu propósito original era afastar a magia maligna. Os desenhos feitos exclusivamente para decoração, comemoração ou heráldica surgiram mais tarde.

Intimamente aliadas à bruxaria, pelo menos na mente popular, estavam as fraternidades secretas entre cavaleiros, como a Sociedade da Palavra do Cavaleiro. Essas fraternidades guardavam com cuidado segredos para domar e comandar cavalos por meios que pareciam mágicos, e tinham cerimônias regulares de iniciação mediante as quais novos membros eram admitidos.

Se a descrição que recebi de como os homens costumavam ser iniciados na Sociedade da Palavra do Cavaleiro estiver correta, há uma relação evidente entre essa confraria e as crenças das bruxas. A irmandade floresceu sobretudo na Escócia; e soube que, quando um cavaleiro conquistava o privilégio de ser admitido, o que não era fácil de conseguir, era levado uma noite, com os olhos vendados, para algum lugar solitário. Talvez para uma choupana velha meio arruinada, ou um celeiro ou estábulo remoto, onde outros membros se reuniriam.

Não obtive uma descrição completa do que acontecia depois, exceto que tudo era feito com a maior seriedade para incutir no noviço a admiração e o terror adequados. O clímax da cerimônia consistia em exigir que ele fizesse um juramento solene de sigilo e, para selá-lo, ainda com os olhos vendados, "apertasse a mão do Velho Menino".

O noviço estendia a mão e contra ela era forçada a ponta de uma espécie de bastão cerimonial, que consistia no casco fendido de algum animal, seco e preservado. O efeito dessa experiência, num lugar estranho e mal iluminado à noite, devia ficar retido na memória, mesmo depois de o homem ter alcançado status suficiente na confraria para saber como ela funcionava.

A cerimônia terminava, de acordo com o relato, com o membro recém-admitido pagando bebidas para toda a companhia e sendo informado de alguns dos segredos que a sociedade preservava.

Esses segredos estavam longe de ser meras bobagens. Pelo contrário, consistiam num conhecimento muito amplo e prático de ervas e outras substâncias que permitiriam ao membro exercer influência sobre os cavalos. Por vezes, os homens anotavam essas questões no papel, mas, se o fizessem, algo essencial — fosse um ingrediente, fosse algum truque na receita — tinha de ser excluído e comunicado apenas oralmente; assim, mesmo que as anotações caíssem em mãos estranhas, não seria possível lucrar com elas.

Essas receitas eram sobretudo de dois tipos: substâncias que "atraíam" e substâncias que "fatigavam". As primeiras serviam para conquistar e agradar o cavalo; as segundas serviam para os repelir e alarmar. Tendo em vista esse conhecimento, é possível compreender as muitas histórias de bruxas que pareciam capazes de enfeitiçar cavalos pertencentes a alguém que as ofendera, de os paralisar até serem libertados do feitiço, ou então de os tornar selvagens e incontroláveis. Como a maioria das outras crenças sobre bruxas, essa história tem base em fatos, se procurarmos por explicações mais profundas.

George Ewart Evans fez muitas pesquisas valiosas a respeito das fraternidades secretas entre os cavaleiros de antigamente, sobretudo em East Anglia, e pode-se encontrar muitas informações interessantes em seu livro *The Pattern Under the Plough* (Londres: Faber and Faber, 1966).

A Sociedade da Palavra do Cavaleiro recebeu esse nome devido à história de que seus membros tinham uma palavra secreta que, sussurrada no ouvido de um cavalo, dava a eles o comando imediato sobre o animal. A lenda popular enfeita essa narrativa dizendo que, em troca desse misterioso poder, o cavaleiro vendia a alma ao Diabo.

Esses sussurradores de cavalos, como eram chamados, existiram de fato. É provável que o mais famoso deles tenha sido um irlandês chamado Sullivan, que, estima-se, viveu no início do século 19. Ele se tornou conhecido por domesticar um excelente, mas muito intratável, cavalo de corrida do coronel Westenra, mais tarde lorde Rosmore. Sullivan pediu que o deixassem sozinho com o animal no estábulo. Depois de cerca de quinze minutos, ele chamou aqueles que estavam do lado de fora para entrar. Quando entraram, os expectadores encontraram o cavalo, que antes era selvagem, deitado bastante feliz e Sullivan sentado ao lado dele. Tanto o cavalo quanto o homem, entretanto, pareciam muito cansados, e Sullivan teve de ser reanimado com conhaque; mas a transformação do cavalo foi duradoura. Sullivan nunca revelou como conseguia domesticar esses animais, declarando que os melhores sussurradores de cavalos não sabiam explicar a fonte de seu poder; era um dom inato. Crenças e práticas misteriosas semelhantes com cavalos são creditadas a ciganos da Europa e das Américas do Norte e do Sul.

Um dos amuletos da sorte mais populares continua a ser a ferradura. Em muitos lugares da Grã-Bretanha, ainda são encontradas ferraduras penduradas em algumas portas. Dizem que uma ferradura encontrada por acidente na estrada é a que dá mais sorte, e que a ferradura deve ser sempre pendurada com as pontas para cima, ou "a sorte acaba". Nessa posição, torna-se um crescente apontando para cima e, portanto, um símbolo da Lua, de onde deriva a magia desse objeto. Há algumas representações antigas das deusas Diana e Hécate em que elas aparecem com cabeça de égua.

Segundo o velho John Aubrey em suas *Miscellanies*, "é muito comum pregar ferraduras acima das portas para obstruir o poder das bruxas que entram na casa". Não se sabe se lorde Nelson acreditava ou não em bruxas, mas o grande almirante mandou pregar uma ferradura no mastro de seu navio *Victory*.

Pode parecer estranho que um símbolo associado à deusa bruxa da Lua seja considerado uma proteção contra a bruxaria. Talvez, porém, exibir a ferradura seja uma espécie de expiação da deusa da Lua e, portanto, uma proteção contra os poderes de sua face mais sombria.

A única exceção à regra de pendurar a ferradura com as pontas voltadas para cima diz respeito aos ferreiros. Esses artífices sempre foram considerados magos naturais, e penduram a ferradura da sorte com as pontas voltadas para baixo "a fim de derramar a sorte na forja". As três ferraduras que aparecem no brasão da Venerável Companhia de Ferradores (fundada em 1356) estão nessa posição.

CIGANOS E BRUXARIA

Ki shan i Romani,
Adoi san' i chov'hani,

Assim diz o velho provérbio cigano, que significa "Aonde quer que os ciganos vão, lá podem ser encontradas bruxas". O primeiro presidente da The Gypsy Lore Society, Charles Godfrey Leland, considerava os ciganos os grandes portadores e disseminadores de magia e bruxaria, aonde quer que viajassem.

Decerto, uma das razões para a perseguição aos ciganos no passado foi que eles se tornaram uma referência para todas as pessoas descontentes e desgarradas, entre as quais se encontravam as bruxas. Há certa verdade nisso, pois os ciganos atraíram para o seu modo de vida muitas pessoas que estavam em desacordo com a sociedade. De fato, ainda o fazem; e é provável que haja mais andarilhos na Grã-Bretanha hoje do que romanis autênticos.

Os romanis são originários do Oriente, provavelmente da Índia; mas, quando viajaram pelo Egito, ou alegaram tê-lo feito, foram chamados de egípcios, nome do qual "cigano" (*gypsy*) é uma versão bem conhecida — designação que lhes foi dada pelos górgios, ou não ciganos. No entanto, mantinham-se orgulhosos em seus andrajos e se autodenominavam "Senhores do Pequeno Egito", forma como eram chamados pelo povo cigano em geral.

A principal ocupação dessas pessoas sempre foi a leitura da sorte, quer pelas linhas da mão, *dukkerin' drey the vast*, como a denominavam, quer por meio das cartas. No continente, as cartas de tarô passaram a ser tão associadas aos videntes ciganos que são, às vezes, chamadas de "o tarô dos boêmios", um designativo para ciganos. No entanto, a verdadeira origem dessas misteriosas cartas da fortuna permanece um mistério. (*Ver* CARTAS DE TARÔ.)

É notável que a palavra romani para Deus seja Devel ou Duvel, que deriva do sânscrito Deva, que significa "alguém brilhante". Não é de admirar, então, que os ciganos sentissem algum parentesco com as bruxas europeias, que eram perseguidas por serem diferentes, por não se conformarem e por serem alegadamente adoradoras do diabo.

Os romanis também acreditam na Grande Mãe, Amari De, ou De Develeski, a personificação da natureza — hoje mal disfarçada de Sara Kali, a Madona Negra, ou a suposta santa cigana Sara, cuja pequena estátua de pele escura e ricamente enfeitada ainda pode ser encontrada nas vistosas caravanas motorizadas de famílias ciganas modernas e abastadas.

Os verdadeiros ciganos da Inglaterra de outrora nunca permitiriam que seus mortos fossem enterrados em solo sagrado cristão, ou que tivessem algo a ver com a religião dos górgios. Tampouco o fariam os ciganos do continente europeu, embora reverenciassem a Virgem Maria, a quem oravam como a uma deusa. A famosa madona espanhola, La Macarena de Sevilha, em toda a sua beleza e magnificência de deusa, é considerada a invocação especial dos ciganos.

Pessoas assim, pagãs de coração, com fortes traços de adoração à deusa e com uma aptidão inata para a magia, a feitiçaria e o ocultismo, eram simpatizantes naturais das bruxas pagãs, suas companheiras de infortúnio e ilegalidade. Também compartilham outra característica: a crença na reencarnação, que Charles Godfrey Leland notou entre as bruxas da Itália e George Borrow testemunhou entre os ciganos que conheceu. (*Ver* REENCARNAÇÃO.)

Em sua introdução a *The Zincali: an Account of the Gypsies of Spain* (Londres: John Murray, 1841), Borrow nos diz:

> Ao longo da minha vida, a raça cigana sempre me causou um interesse peculiar. Na verdade, não me lembro de nenhum período em que a simples menção do nome "cigano" não despertasse em mim sentimentos difíceis de descrever. Não consigo explicar isso — apenas afirmo um fato.
>
> Alguns dos ciganos com quem comentei essa circunstância supõem que a alma que anima meu corpo deve ter, em algum período anterior, arrendado a alma de um de seu povo; pois muitos deles acreditam na metempsicose e, como os seguidores de Buda, imaginam que sua alma, ao passar por um número infinito de corpos, alcança pureza suficiente para ser admitida em um estado de perfeito descanso e quietude, que é a única ideia de Céu que eles podem conceber.

Entre os próprios ciganos, a *chovihani* e a *drabarni*, a bruxa e a mulher das ervas, são tratadas com honra. O ofício de *chovihani* tribal é transmitido de mãe para filha, assim como entre as bruxas não ciganas, que preservam um forte respeito pela hereditariedade. Toda a verdade sobre a religião e a bruxaria ciganas ainda não foi totalmente investigada, embora algumas cerimônias e costumes tenham sido registrados, ilustrando suas crenças. Muitos deles são, por sinal, semelhantes aos do culto das bruxas entre os não ciganos.

Há, por exemplo, o costume de rezar para a lua nova, um ritual que, entre algumas das tribos ciganas mais selvagens e primitivas, deve ser realizado por participantes nus. Na noite em que a lua nova aparece pela primeira vez no céu, eles devem se despir para ela, inclinar a cabeça e rezar para que ela traga boa sorte, saúde e dinheiro durante o mês seguinte.

Há também uma semelhança considerável entre os sabás e esbás realizados ao ar livre pelas bruxas numa encruzilhada ou bosque e as reuniões noturnas dos ciganos, como observou Jean-Paul Clébert em seu livro *The Gypsies* (Londres: Vista Books, 1963). A fogueira a céu aberto com o caldeirão borbulhante, a música e a dança devem lembrar bastante as reuniões de bruxas para um transeunte desavisado. Na verdade, os pequenos caldeirões, chamados panelas ciganas, são muito procurados hoje pelas bruxas, por serem mais convenientes do que as panelas grandes. Mas ambos, infelizmente, estão se tornando peças de colecionador, caras e difíceis de encontrar.

Existe uma crença definitiva entre algumas bruxas contemporâneas de que, quando a perseguição se tornou mais feroz na Inglaterra, nos séculos 16 e 17, muitas bruxas fugiram de casa e foram para as estradas, tornando-se *mumpers*, ou andarilhas com um estilo de vida cigano, embora elas mesmas não tivessem sangue cigano. Por causa das crenças em comum, ocorreu certo intercâmbio de ideias entre bruxas e ciganos, e ambos os lados tendiam a proteger-se contra o inimigo mútuo: a sociedade cristã estabelecida que os atormentava, despossuía e enforcava em nome do Deus do amor.

Ao longo da história, a bruxaria parece ter sido a religião dos despossuídos e dos proscritos: os servos oprimidos da Europa medieval, cuja miséria e ressentimento são descritos em *Aradia*; as pessoas que fugiram diante da espada conquistadora do islã; os ciganos que oravam à lua e aos espíritos dos riachos e das florestas, os Nivashi e os Puvushi; e, antes, os aborígenes destas ilhas, que aqui estiveram antes dos celtas, e os sacerdotes e sacerdotisas dos mistérios pagãos, cujos templos foram fechados e os ritos foram proibidos pela Igreja Cristã primitiva.

Sendo a bruxaria uma prática antiga, as suas origens são complexas; no entanto, a sua verdadeira essência é a simples devoção à natureza, a Grande Mãe, e olhar para a natureza em busca da magia. Os intelectuais e os sofisticados zombam disso, mas ainda assim temem, porque reconhecem, de forma consciente ou não, que a bruxaria está ligada ao primitivo, às profundezas dentro de si que não desejam investigar, ou mesmo reconhecer a existência.

CIMARUTA

O cimaruta, ou *cima di ruta*, é um belo e raro amuleto que pertence à tradição das bruxas italianas, e cujo nome quer dizer "um ramo de arruda".

A arruda (*Ruta graveolens*), às vezes chamada de erva da graça, é considerada, junto com a verbena, a planta que mais agrada à deusa Diana, rainha das bruxas italianas.

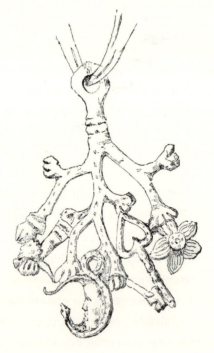

Cimaruta. Ilustração de um cimaruta. (Fonte: Neville-Rolfe, E. *Naples in 1888*. Londres: Trübner, 1888.)

O cimaruta deve ser de prata, pois esse é o metal de Diana. Além de representar um ramo de arruda, também contém a flor de verbena de cinco pétalas, a lua minguante para espantar o mal, a chave, que é um atributo de Hécate, e um peixe, que é um símbolo fálico.

Bastante comum no século 19, o cimaruta não é tão conhecido na Itália da atualidade. Ao menos, quando mostrei um exemplar a alguns italianos, notei que não sabiam do que se tratava — ainda que, talvez, não tenham se importado em identificá-lo em razão do vínculo desse objeto com a bruxaria, *La Vecchia Religione*, ou a "Antiga Religião".

O propósito do cimaruta é mostrar que seu portador é um devoto da deusa bruxa, pois carrega consigo suas ervas favoritas, e, de maneira mais geral, trazer boa sorte e afastar o mal. O amuleto também protege contra o temido *malocchio*, ou o poder do mau-olhado, um assunto que não costuma ser discutido, mas no qual ainda se acredita bastante.

CÍRCULO MÁGICO

Há muito o círculo é considerado por filósofos ocultistas como sendo a forma perfeita. É o símbolo do infinito e da eternidade, porque não tem começo nem fim. Os primeiros astrônomos foram muito iludidos pela ideia de que os corpos celestes se moviam em círculos, uma vez que esse formato representa a figura da perfeição.

O círculo mágico faz parte do patrimônio comum da prática da magia, que é mundial e de idade inestimável. Os círculos mágicos variam desde a elaborada fortaleza espiritual dos nomes divinos, que pode ser usada pelo mago cerimonial, até a simples circunferência desenhada pela bruxa.

Às vezes, vemos imagens impactantes feitas por artistas que retratam cerimônias mágicas e mostram um mago com vestes extraordinárias elevando um espírito dentro de um círculo, enquanto ele próprio está fora dele. Isso, contudo, é o oposto de como um círculo mágico é usado na realidade.

O círculo é desenhado para proteger o operador de forças externas que possam ser perigosas ou hostis e para concentrar o poder que é gerado do lado interno. Essa força, que surge do círculo mágico, é chamada de cone de poder. É esse cone de poder que o tradicional chapéu pontudo da bruxa, ou o capuz alto e pontudo do mago, simboliza. Pessoas clarividentes afirmam ser capazes de ver o cone de poder surgir no círculo mágico na forma de uma luz azul prateada.

O círculo mágico é cuidadosamente disposto de acordo com os pontos cardeais, com uma fonte de luz, ou algum objeto simbólico, colocada a leste, oeste, sul e norte. Para magia das luzes em geral, os movimentos dentro do círculo devem ser sempre *deasil*, ou seja, feitos no sentido horário. A ação no sentido anti-horário, ou *tuathal*, é um movimento de magia hostil e maldição.

O círculo pode ser desenhado no chão de diversas maneiras, por exemplo, com giz. Mas, para conferir poder a ele, deve ser traçado com o Athame, ou punhal ritualístico consagrado. Os magos cerimoniais às vezes usam uma espada com esse propósito. Detalhes bastante precisos sobre como fazer um círculo mágico podem ser encontrados no romance ocultista de Gerald Gardner, *Com o auxílio da alta magia* (São Paulo: Madras, 2009), e em *Magick in Theory and Practice*, de Aleister Crowley (edição privada, Paris, 1929, e Nova York: Castle Books, 1992).

Para manter um círculo mágico permanente de forma adequada, alguns praticantes de magia usam um grande tapete ou feltro lisos em forma de quadrado, sobre o qual o círculo é pintado. Essa base pode ser enrolada e guardada quando não estiver sendo utilizada. Sociedades ocultas adotam esse método com certa frequência — embora, é claro, o círculo deva ser reconsagrado em uma cerimônia com a arma mágica, conforme descrito antes, a cada uso.

Uma pequena mesa ou pedestal ocupa o centro do círculo para servir de altar. Nela são colocados os diversos objetos necessários para o ritual, como uma vela acesa, um incensário etc.

Segundo a tradição, o tamanho mais adequado para um círculo mágico é cerca de três metros de diâmetro. Algumas vezes, é desenhado outro círculo fora do primeiro, trinta centímetros mais largo, e entre eles, nos quatro pontos cardeais, pentagramas são traçados. As fontes de luz ou outros artigos que marcam os quatro quadrantes são colocados dentro desses pentagramas. No entanto, alguns magos usavam círculos bem mais elaborados, dos quais se podem encontrar muitas ilustrações nos antigos livros de magia chamados grimórios.

A ancianidade do conceito de círculo mágico é demonstrada pelo fato de constar dos escritos dos antigos assírios, que foram traduzidos de suas tábuas de argila cozida. Os magos da Assíria chamavam o círculo mágico de *usurtu*. Os praticantes de magia na Índia antiga também usavam círculos consagrados, que eram feitos com chumbo vermelho ou pedras pretas.

Veremos que a figura do círculo mágico, orientada para os quatro pontos cardeais e com o altar no meio, é muito similar à da mandala que, segundo Carl Gustav Jung, tem um profundo significado para o inconsciente coletivo da humanidade. Jung possui um vasto trabalho sobre o simbolismo da mandala como figura arquetípica que transmite a ideia de equilíbrio espiritual e de uma relação ideal entre Deus, ser humano e universo. De acordo com a teoria da alta magia, somente quando tal equilíbrio e relacionamento existem é que o homem pode se tornar um verdadeiro mago.

COLINAS ASSOCIADAS À BRUXARIA

Talvez a colina britânica mais famosa que aparece nas histórias de bruxas seja Pendle Hill, em Lancashire. Hoje, lojas de vilarejo lucram com suas associações à bruxaria, vendendo suvenires de bruxas em vassouras para turistas nas proximidades. Mas, em tempos passados, a sombra de Pendle Hill e os acontecimentos selvagens que diziam ter acontecido ali e nas imediações permaneciam na obscuridade por toda a região, e as pessoas só falavam sobre isso aos sussurros. Os ciganos da época de George Borrow chamavam Lancashire de Chohawniskytem, "terra das bruxas".

Pendle Hill em si é quase uma montanha; uma massa escura e praticamente sem árvores, plana no topo, proporcionando uma ampla vista do campo até as ondas distantes do mar da Irlanda. Seu nome tornou-se conhecido por toda a Inglaterra em 1613, quando foi lançado um livro de Thomas Potts intitulado *The Wonderful Discovery of Witches in the County of Lancaster*. Nele há um relato detalhado dos eventos do ano anterior, 1612, quando vinte pessoas da região de Pendle foram julgadas como bruxas. Dez delas foram executadas na forca, e uma outra, uma mulher idosa chamada Demdike, considerada uma bruxa influente, morreu na prisão antes do início do julgamento.

As bruxas de Lancashire foram acusadas de se reunir na floresta de Pendle, perto da sombra da grande colina, mas é evidente que Pendle Hill é um lugar com uma história sagrada antiga e não escrita, que data de tempos pré-históricos. Assim como Chanctonbury Ring, outra colina ponto de encontro de bruxas, Pendle tem uma tradição de receber visitantes no início de maio, para ver o sol nascer do alto. Um antigo festival chamado Nick o' Thung's Charity, que costumava ser realizado para esse propósito, foi restaurado em 1854; centenas de trabalhadores do campo tinham por hábito se reunir nas encostas de Pendle Hill no primeiro domingo de maio. Eles levavam comida e cozinhavam ao ar livre em fogueiras, assim como as pessoas comuns faziam nos sabás maiores em tempos passados. Era evidente que essa celebração popular estava ligada aos antigos festivais da Véspera de Maio e do Primeiro de Maio.

Um fato não muito conhecido de Pendle Hill é que, no cume da colina, o fundador do movimento quaker, George Fox, teve uma visão e uma experiência mística que o inspiraram em sua missão religiosa. Isso aconteceu em 1652, numa época em que a perseguição às bruxas ainda era muito ativa na Grã-Bretanha. Fox teve a sorte de não ter sido acusado de bruxo, tendo em vista o local onde a visão ocorreu. Ele nos conta que escalou Pendle Hill porque foi "movido pelo Senhor" a fazê-lo. Pode-se perguntar se algo numinoso, alguma atmosfera psíquica, persiste na colina de Pendle desde tempos passados, quando era uma altura sagrada.

As conexões entre Chanctonbury Ring, em Sussex, e a prática de bruxaria já foram observadas. (*Ver* ANEL DE CHANCTONBURY.) O notório Brocken na Alemanha e Glastonbury Tor com suas associações místicas também foram descritos em outros verbetes. (*Ver* BROCKEN, O; AVALON.)

Outra colina ligada à bruxaria é Bredon Hill, perto de Tewkesbury, em Gloucestershire. No seu cume estão as ruínas de um acampamento pré-histórico e uma pedra antiga chamada Bambury Stone. Harold T. Wilkins, que escreveu sobre Bredon Hill em seu livro *Mysteries Solved and Unsolved* (Londres: Odhams, 1960), sugere que o nome dessa pedra deriva de *ambroisie petrie*, "pedra ungida". Parece-me possível que outra origem do nome seja derivada do latim *ambire*, "dar voltas", significando "a pedra ao redor da qual se dança". Ambas as derivações estão relacionadas ao fato de essa pedra, como observa Wilkins, ter sido um ponto de atração para cerimônias de bruxaria nos séculos passados.

Bredon Hill teve lugar no livro de Harold Wilkins porque em maio de 1939 foi palco da morte misteriosa de um homem chamado Harry Dean, um evento ainda cercado de incertezas e questionamentos sombrios. Dean foi encontrado morto em uma pedreira deserta, aparentemente estrangulado, em um local que parece ter sido adaptado em algum momento para uso ritual, porque foi descrito como tendo piso plano e quatro pedras marcando de forma aproximada os pontos cardeais. O corpo de Dean foi encontrado ao lado da pedra no lado sul. O parecer do legista foi "morte acidental", o que parece questionável, para dizer o mínimo.

Bredon Hill marca uma das pontas de um triângulo que se forma na área de Cotswold e que pode ser desenhado no mapa; nas outras duas pontas estão Meon Hill, cenário de outra morte misteriosa associada à bruxaria, e Seven Wells, o ponto de encontro das bruxas mencionado no romance histórico de Hugh Ross Williamson sobre a bruxaria de Cotswold, *The Silver Bowl*. A morte de Charles Walton em Meon Hill, em fevereiro de 1945, foi com certeza um assassinato, sem solução até hoje. (*Ver* COTSWOLDS, BRUXARIA EM.) Outro triângulo pode ser traçado entre Seven Wells, Meon Hill e Rollright Stones, outro reduto tradicional de bruxas.

Nas alturas das colinas de Shropshire está a estranha formação rochosa natural chamada Stiperstones. Entre essas rochas há uma elevação semelhante a um trono conhecida como Cadeira do Diabo. Era nesse trono natural que o Diabo deveria se sentar para presidir as reuniões das bruxas de Shropshire. De acordo com a história, se alguém se aventurar a se sentar na Cadeira do Diabo, uma tempestade se erguerá imediatamente depois.

Ditchling Beacon, o ponto mais alto de Sussex Downs, parece muito inofensivo na temporada de verão, ocupado apenas por turistas que fazem piqueniques e admiram a paisagem. A história é diferente no inverno, quando essas colinas se encontram solitárias e desertas. Então, a Caçada Selvagem, conhecida localmente como *Witch Hounds*, uiva e vocifera através do Ditchling

Beacon nas noites de ventania — uma investida de cães e cavaleiros fantasmas cujos gritos e batidas de cascos circulam com o vento, embora nada seja visto.

Sussurros dispersos de bruxas reunidas em alturas solitárias perduram no morro The Wrekin, em Shropshire, perto de onde passa a antiga estrada romana de Watling Street a caminho das ruínas de Uriconium, uma importante cidade do passado. Dali, talvez, nos tempos da ocupação romana, os seguidores dos cultos dos mistérios pagãos subissem o Wrekin para celebrar seus ritos.

A Grã-Bretanha tem alguns lugares chamados Herne Hill ou alguma variante desse nome, cuja origem é geralmente explicada pela palavra *hern*, antigo designativo inglês para garça. Mas será que as garças de fato aninhavam em todas essas colinas? Ou será esse nome — como o de Herne, o Caçador, o fantasma cornudo da floresta de Windsor — derivado de um nome do antigo Deus Cornífero?

Em tempos passados, algumas reuniões também foram realizadas em Snaefell, na Ilha de Man, mas os historiadores locais, para além de chamá-las de "cenas vergonhosas" e assim por diante, são muito vagos quanto ao que significavam.

Desde a época em que o Antigo Testamento foi escrito, os moralistas denunciavam "cenas vergonhosas" em locais altos pagãos. As mênades e bacantes da Grécia Antiga realizavam suas festas licenciosas nas colinas. No entanto, também em lugares elevados, os homens tiveram visões religiosas que mudaram sua vida. Acreditava-se que os deuses de muitos panteões habitavam o topo das montanhas. Talvez seja a própria inacessibilidade da altura, o esforço necessário para escalá-la, que lhe confira a sensação de outros mundos para além do ordinário.

Há também um senso de eternidade em alturas que pés humanos raramente pisam, como evidencia o dito popular "tão velho quanto as colinas". Lá, de fato, "os deuses antigos guardam sua ronda", e o véu entre o visível e o invisível pode ficar mais tênue. Os templos pagãos eram construídos com frequência no alto de morros, e as lembranças dessas antigas reuniões e rituais estão por trás da associação de certo topo de colina com bruxaria. Decerto é esse o caso do Anel de Chanctonbury e do Broken, como já foi observado. Outro exemplo é Puy-de-Dome, na França, que já foi local de um santuário pagão e, em anos posteriores, tornou-se cenário tradicional de rituais de bruxaria.

CONEXÕES DO ORIENTE COM A BRUXARIA EUROPEIA

De maneira geral, aqueles que escreveram sobre bruxaria não se deram conta de que existem ligações muito interessantes entre a bruxaria europeia e os países árabes e do Oriente Próximo. Contudo, informações a respeito disso foram, sim, publicadas. Idries Shah, em seu notável livro *The Sufis* (Londres: W. H. Allen, 1964), é um exemplo. *A History of Secret Societies*, de Arkon Daraul (Londres: Tandem Books, 1965; Nova York: Citadel Press, 1962), apresenta mais detalhes.

Talvez nunca saibamos a história completa das ligações que existiram entre os segredos místicos do Oriente e do Ocidente. No entanto, decerto havia dois pontos de contato na época medieval. Um deles foi o reino mouro na Espanha, que durou de 711 até 1492. O conhecimento dos médicos sarracenos era muito superior ao da maior parte da Europa. Ou mouros nos deram os numerais arábicos que ainda usamos hoje — um grande avanço em relação aos desajeitados algarismos romanos —, e muitos termos da astronomia e da química, como "azimute" e "álcool", derivam do árabe. O mesmo ocorre com os termos astrológicos "zênite" e "nadir".

Era natural que homens com conhecimentos científicos tão avançados fossem acusados de feitiçaria. No entanto, os mouros também possuíam um grande interesse pela filosofia oculta, alquimia, astrologia e magia em geral. A cidade de Toledo, na Espanha, tornou-se famosa em toda a Europa como local de estudo das artes mágicas, tanto que a palavra "Toledo" era usada como senha encriptada entre os ocultistas. Sua menção aparentemente casual em uma conversa indicava que o orador se interessava por assuntos ocultos e procurava por colegas que estudassem esse tópico.

Saragoça e Salamanca também tinham reputação de estudos e práticas mágicas. O nome do mago Michael Scot era ligado a Salamanca, e, embora muitas das histórias contadas relacionadas a seu nome sejam lendárias, parece que ele existiu de verdade. Ter estudado entre os mouros era um requisito necessário para alcançar o domínio das artes ocultas, segundo muitos contos antigos. Diz-se que Christian Rosenkreutz, o suposto fundador dos rosa-cruzes, viajou para Fez, no Marrocos, e lá adquiriu parte de seus conhecimentos.

Outro ponto de contato entre o Oriente e o Ocidente foi a Ordem dos Cavaleiros Templários. Uma das razões pelas quais essa ordem de cavalaria muito importante e poderosa caiu em desgraça ante a Igreja — e foi suprimida — foi a boa relação que passaram a manter com os sarracenos, em vez de massacrá-los, como convinha aos bons homens cristãos.

O contraste de caráter entre o nobre e galante Saladino, líder sarraceno, e os venais e briguentos chefes cruzados, não deixou de impressionar as pessoas esclarecidas, ainda mais porque as cruzadas, apesar dos combates ferozes e do derramamento de sangue, fracassaram de maneira inegável.

Os cavaleiros templários foram acusados de heresia e adoração a uma divindade chamada Baphomet, que era muito semelhante ao deus das bruxas. (*Ver* BAPHOMET.) Idries Shah sugeriu que esse nome deriva do árabe *Abufihamat*, que significa "Pai da Compreensão".

As palavras árabes para "sabedoria" e para "preto" são muito parecidas; portanto, para os místicos árabes, "preto" tornou-se um sinônimo de "sabedoria". Essa ideia está baseada na Cabala árabe, que, como a Cabala hebraica, deriva significados ocultos dos valores numéricos das letras das palavras.

A mais famosa ordem de místicos árabes é a dos sufis, que ainda existe hoje e alega ser anterior à época de Maomé e à fundação do islã, embora seus membros respeitem as práticas do islamismo. O falecido Gerald Gardner, que tanto contribuiu para o atual renascimento da bruxaria, também era membro de uma ordem sufi e viajava com frequência pelo Oriente.

Foi sugerido que o triunfo do islã e a rápida propagação do credo maometano fizeram com que várias pessoas em países do Oriente Próximo, que tinham aderido às antigas religiões, se tornassem mais inseguras, deixassem suas terras nativas e viajassem em direção ao oeste. Também levaram parte dos devotos das antigas religiões à clandestinidade — tal como aconteceu com a difusão do cristianismo —, dando origem a sociedades e cultos secretos. Assim surgiu uma versão oriental da bruxaria e, em algum momento, houve uma infiltração e uma troca de ideias entre sábios do Oriente e do Ocidente.

Hugh Ross Williamson baseou seu fascinante romance histórico, *The Silver Bowl*, publicado pela primeira vez por Michael Joseph (Londres) em 1948, na ideia de que havia tanto uma versão oriental quanto uma europeia da Arte dos Sábios, e que existiu alguma comunicação entre as duas.

Alguns escritores chegaram a ponto de sugerir que a versão *medieval* da bruxaria na Europa, com a organização de sabás, covens de treze e assim por diante, era na verdade uma ideia importada dos sarracenos, introduzida no antigo culto da magia lunar de Diana e Herodias. É difícil dizer quanto de verdade há nisso, porque se trata da velha questão de encontrar semelhanças entre duas coisas e depois perguntar: "Isso prova que uma deriva da outra ou que ambas tiveram uma origem comum num passado distante?". Inclino-me para a última visão, baseada no conhecimento atual que possuímos.

Contudo, parece bastante possível que o culto europeu das bruxas, definhando sob o crescente poder e influência do cristianismo, tenha recebido uma transfusão de nova vida e novas ideias vindas do Oriente. A possibilidade de tal comunicação, como vimos, existia. Além disso, como Gerald Gardner mencionou em *A bruxaria hoje* (São Paulo: Madras, 1954), as bruxas têm um princípio entre si de que seu culto veio do Oriente.

Idries Shah nos conta sobre os beduínos aniza, cujo grande professor sufi foi Abu el-Atahiyya (748-c. 828). Seu círculo de discípulos era chamado de Os Sábios, e eles homenageavam seu mestre com o símbolo de uma tocha entre os chifres de um bode. O nome tribal aniza significa "bode".

Após a morte de Abu el-Atahiyya, um grupo de seus seguidores migrou para a Espanha, que na época estava sob domínio dos mouros. Os dervixes maskhara, chamados de "Os Foliões", estão ligados a esse professor e à tribo aniza.

Contudo, o símbolo da cabeça com chifres e uma tocha entre eles é muito, muito anterior à época de Abu el-Atahiyya. Na verdade, remonta ao período da Índia antiga. (*Ver* ANTIGUIDADE DA BRUXARIA.) Tal emblema também se assemelha um pouco com os adereços para cabeça com chifres dos antigos deuses e deusas egípcios. Esses adereços com frequência têm a forma de dois chifres com um disco brilhante entre eles, que é substituído pela tocha ou pela vela. Amon, o deus do mistério e do infinito, era representado como um carneiro, com um elaborado adorno de cabeça com chifres. Na cidade de Mendes, um carneiro sagrado de verdade era cultuado por meio de estranhos rituais, segundo descrito por Heródoto. Amon era o deus primordial dos egípcios. Acreditava-se que ele era capaz de assumir qualquer forma que desejasse e todas as outras divindades eram as várias formas dele. Por isso, teve muitos nomes, mas o verdadeiro era um segredo. Amon estava particularmente ligado a todos os deuses da fertilidade, porque ele era a vida, a própria força vital.

As representações de Amon como Harsafés, o deus com cabeça de carneiro da região de Faium, são muito bonitas e interessantes nesse aspecto. Mostram um homem com cabeça de carneiro (ou máscara) e um disco entre os chifres, que talvez representasse o Sol, e também a coroa atef de Osíris. Trata-se de uma das versões mais esplêndidas e impressionantes do Deus Cornífero, e um exemplar pode ser visto no Museu Britânico.

É provável que os beduínos aniza tenham recebido o nome de uma das antigas representações norte-africanas do Deus Cornífero, e que os seguidores de Abu el-Atahiyya, os Sábios, adotaram esse símbolo — de uma cabeça cornuda com uma tocha entre os chifres — não só porque homenageava seu mestre e professor, mas também porque tinha um significado mais antigo e mais profundo para eles.

Os dervixes maskhara, que, como vimos, estão ligados a esse grande professor sufi, deram à língua inglesa duas palavras: *masquerade* e *mascara* (mascarado e rímel, em português). Eles faziam danças frenéticas vestidos com máscaras de animais e também usavam um cosmético para escurecer o rosto durante alguns de seus rituais. Daí vem a máscara para cílios, ou rímel, usada hoje para pintar os olhos. O propósito disso pode significar a conexão ritualística entre "preto" e "sabedoria", já mencionada.

Na Grã-Bretanha, existem os dançarinos de Morris, hoje tão britânicos quanto o rosbife, mas cujo nome significa "dançarinos mouros", porque eles costumavam pintar o rosto de preto quando dançavam para não ser reconhecidos. Acredita-se que a apresentação feita durante a dança traga boa sorte. É algo com certeza esplêndido e emocionante de ver e uma tradição ainda muito viva nos dias atuais. Alguns historiadores acham que a dança de Morris tenha sido levada da Espanha para a Grã-Bretanha por João de Gante e seus discípulos na época de Eduardo III. João de Gante, irmão do Príncipe Negro, passou muito tempo na Espanha e tinha esperança de se tornar rei de Castela.

Arkon Daraul, em seu livro *A History of Secret Societies*, já citado, fala de um culto secreto muito curioso, de natureza mística e mágica, chamado "Os de Dois Chifres", ou *Dhulqarneni*, que surgiu no Marrocos e atravessou para a Espanha — assim como o ritual dos aniza. As autoridades muçulmanas desaprovavam esse culto e tentaram reprimi-lo, mas mesmo assim ele se tornou bastante difundido.

Seus devotos acreditavam invocar poder mágico ao dançar em círculos. Eles possuíam alguma ligação com o culto à Lua e recitavam as orações muçulmanas de trás para a frente a fim de invocar El Aswad, o "Homem Negro", para ajudá-los. Tanto homens como mulheres eram bem-vindos nesse culto e, durante sua iniciação, um pequeno ferimento — uma marca — era feito com uma faca ritualística chamada *Adh-dhane*, a "letra de sangue". Essa palavra se assemelha a Athame, o punhal das bruxas.

Eles se encontravam à noite em encruzilhadas e suas reuniões eram chamadas de *Zabbat*, que significa "o Vigoroso ou o Poderoso". O círculo de iniciados era chamado de *Kafan*, que significa "mortalha" em árabe, porque cada membro não usava nada além de um manto branco sobre o corpo nu. Vestidos desse modo, eles pareceriam um grupo de fantasmas e provavelmente assustariam qualquer intruso. As bruxas também adotavam disfarces assustadores para esse fim.

Os Dhulqarneni empunhavam um cajado bifurcado, símbolo dos chifres e sinal de poder. Antigas representações de bruxas as mostram montadas em cajados bifurcados. O nome sabá para importantes reuniões de bruxas nunca foi explicado de forma satisfatória, mas *coven* é uma palavra que está ligada ao latim *conventus* e significa um grupo de culto de treze pessoas. (Ver COVEN.)

Contudo, o círculo dos Dhulqarneni era formado por doze pessoas com um líder, assim como os círculos dos sufis hoje.

O líder do círculo dos "de Dois Chifres" se chamava *Rabbana*, que significa "Senhor". Ele também era chamado de "Homem Negro" ou "ferreiro". Sempre se acreditou que os ferreiros tivessem poderes mágicos, e a antiga balada "The Coal-Black Smith" é considerada uma canção das bruxas. Essa composição também é chamada de "Os dois magos" e conta como um ferreiro e uma bruxa travaram uma competição de magia, que terminou com eles se tornando amantes. Robin ou Robinet é o nome por vezes dado ao "Diabo" de um coven, e se assemelha a *Rabbana*. É também uma antiga palavra para falo. Os termos "Homem Negro" ou "Homem de Preto" também foram usados para designar um líder masculino do coven.

O culto dos "de Dois Chifres" continuou entre o povo berbere do norte da África até tempos relativamente recentes, e talvez ainda exista. Há histórias de seguidores desse culto dançando em volta de fogueiras e carregando um cajado que chamam de "o bode". Eles têm um grão-mestre secreto chamado *Dhulqarnen*, o "Senhor de Dois Chifres", que reencarna na Terra a cada duzentos anos.

A nosso ver, é notável que esse culto tenha florescido entre os berberes. Eles se assemelham, do ponto de vista étnico, ao Povo Pequeno, de pele escura e cabeça alongada que habitava a Grã-Bretanha no período neolítico e que migrou da África setentrional. O povo do Egito pré-dinástico também está etnicamente ligado a eles.

No norte da África, os berberes são tidos como feiticeiros, cuja aparente submissão ao islã encobre a prática oculta de credos excêntricos e heréticos. Eles têm as mulheres em grande estima e as consideram repositórios de sabedoria e magia ancestrais. Isso contrasta de forma marcante com a atitude de desprezo pelas mulheres muitas vezes perpetrada pelos muçulmanos quando as veem como o sexo inferior. Várias histórias de viajantes estranhas sobre a magia berbere surgiram do norte da África. Conta-se que esse povo possui uma língua secreta, na qual — e somente na qual — assuntos mágicos podem ser apropriadamente discutidos.

Sabemos pouco da relação entre aqueles orientais que buscavam sabedoria, como os sufis, e as bruxas europeias, ou devotas da arte sábia. O esperado é que estudos futuros possam revelar mais.

Uma crença que os sufis e as bruxas têm em comum é a *baraka*, que significa "bênção" ou "poder". Não se trata de mera abstração metafísica, mas algo que pode ser de fato invocado e transmitido. A expressão sufi *Baraka bashad*, que significa "Que a bênção esteja", é muito semelhante à saudação das bruxas, "Abençoado seja". Também se assemelha à consagrada palavra de poder "Abracadabra", que significa *Ha Brachab Dabarah*, "Fale a bênção".

O significado fundamental desses conceitos na prática é o mesmo e pode ser comparado ao *mana* dos Kahuna, do Havaí.

O *Jewel in the Lotus*, de Allen Edwardes (Londres: Tandem Books, 1965), oferece uma visão extraordinária da sexualidade no Oriente, que está ligada de maneira inextricável à religião oriental. O livro descreve alguns dos homens santos orientais e a forma como as relações sexuais praticadas com eles eram consideradas um privilégio que conferia santidade. Essa é uma reminiscência do modo como as bruxas medievais consideravam o seu Diabo, o "Homem de Preto", quando ele presidia o coven vestindo sua imponente vestimenta ritualística, a máscara com chifres, peles de animais etc.

Está implícito em muitos dos relatos sobre bruxaria do passado que o Diabo do coven tinha uma espécie de *droit de seigneur* sobre as jovens e mulheres que entravam no culto, e é provável que elas mais gostassem do que desgostassem disso. Nos relatos muito detalhados das confissões de bruxas, preservados por Pierre de Lancre (*Tableau de l'Inconstance des Mauvais Anges*, Paris, 1613), encontramos a alegação de que o Diabo *oste la virginité des filles* no momento em que ele unia um bruxo e uma bruxa em casamento.

Alguns homens santos do Oriente consideravam um dever sagrado fazer a mesma coisa, ou seja, deflorar virgens. Por esse motivo, alguns críticos ocidentais zombavam das religiões orientais, consideradas mero disfarce hipócrita para libertinos despudorados realizarem suas atividades. Ao fazer essa crítica, deixaram de compreender as ideias e emoções dos povos orientais, que viam o sexo como a manifestação mais sagrada da força vital e, portanto, da divindade criativa por trás dele. Não havia nada de hipócrita ou, para eles, de imoral nos rituais fálicos e sexuais dos povos orientais — rituais esses que, de fato, eram praticados em todo o mundo em tempos passados.

Esse apreço pelo contato sexual com homens santos, como um ato que confere santidade e bênção, traz nova perspectiva às muitas histórias do *osculum infame*, ou o chamado "beijo obsceno", que se supõe era dado ao Diabo do coven por seus seguidores em ocasiões ritualísticas.

The Jewel in the Lotus nos conta que em muitas regiões o homem santo errante, o dervixe ou o sufi, era saudado pelos devotos com um extraordinário sinal de respeito, que consistia em um beijo na boca, depois em levantar seu manto e beijá-lo muitas vezes no umbigo, no pênis, nos testículos e nas nádegas.

Foi assim que Jeanette d'Abadie, uma jovem bruxa dos Baixos Pireneus, confessou ter saudado o Diabo em 1609: *Que le Diable luy faiscoit baiser son visage, puis le nombril, puis le membre viril, puis son derrière*,[1] diz Pierre de Lancre (*op. cit.*). Essa acusação de "homenagem obscena" era feita com frequência contra bruxas.

Em 1597, Marion Grant, das bruxas de Aberdeen, foi acusada de prestar homenagem ao Diabo, quem, disse ela, "faz que você o beije em diversas partes e o adore de joelhos como seu senhor". E antes, em 1303, nada menos que um bispo de Coventry foi mandado a Roma para enfrentar uma acusação semelhante — o Diabo, nesse caso, tinha a forma de uma "ovelha" (era provável que quisessem dizer carneiro, ou um homem vestindo uma máscara de carneiro). O bispo conseguiu se livrar da acusação.

Esse último caso, de acordo com Margaret Murray, é o mais antigo registrado na Grã-Bretanha no que toca a esse tipo de adoração ao Deus Cornífero ou ao seu representante. Portanto, se a teoria da influência oriental estiver correta, tal evento pode dar alguma indicação sobre em que período essa influência começou a se manifestar sobre a Antiga Religião na Grã-Bretanha.

Os cavaleiros templários também foram acusados de realizar um beijo ritualístico semelhante, exigido pelo mestre iniciador dos homens recém-admitidos na ordem. Essa pode ser outra indicação da absorção de ideias e costumes religiosos orientais, talvez dos sufis. "De acordo com os artigos de acusação, uma das cerimônias de iniciação exigia que o novato beijasse o receptor na boca, no *ânus*, ou no final da espinha, no umbigo e na *virga virilis*" (*Two Essays on the Worship of Priapus*, Richard Payne Knight e Thomas Wright, Londres, 1865).

Tamanha similaridade desse ritual extraordinário, no caso dos cavaleiros templários, das bruxas e dos devotos de certos homens santos sufis, parece ser mais do que coincidência. É uma pista para o real significado do notório *osculum infame*, bem como para as estranhas e secretas ligações entre os círculos ocultos do Oriente e da Europa nos séculos passados.

---

[1] "O Diabo a fez beijar seu rosto, depois o umbigo, depois o membro viril, depois seu traseiro."

COTSWOLDS, BRUXARIA EM

A área de Cotswold Hills é famosa há muito tempo por ser um dos centros de tradição da bruxaria. Em épocas mais recentes, dois eventos trouxeram esse fato à tona: o chamado "Assassinato por Bruxaria", em Meon Hill, em 1945, e a inauguração do museu da bruxaria do sr. Cecil H. Williamson em Bourton-on-the-Water, na Páscoa de 1956, que causou bastante controvérsia na região. O museu fechou cerca de dez anos depois, mas o sr. Williamson inaugurou outro espaço similar em Boscastle, na Cornualha.

Durante os anos em que permaneceu aberto à visitação em Bourton-on-the-Water, instalado numa pitoresca casa de pedra quatrocentista de Cotswold, o museu ofereceu um panorama fascinante dos objetos ligados a magia e bruxaria. Quando o visitei em 1961, continha, entre os inúmeros artigos expostos, um santuário doméstico usado por uma bruxa para agradecer aos antigos deuses pelos feitiços realizados com sucesso, além da representação de uma cena — em tamanho real — na cabana de uma bruxa do passado, mostrando a atuação de um "familiar adivinho".

A figura de cera da bruxa encontrava-se sentada diante de uma grande mesa antiga, sobre a qual havia uma caveira envolta em um xale preto. Em cima da mesa tinha também um punhal de cabo preto e quatro velas em castiçais de osso rudimentares e caseiros. Exibiam-se diferentes tipos de ervas ao familiar, um pequeno animal (uma doninha, acho). Foi explicado que o animal fora possuído por um deus ou espírito e indicava a erva correta para ser usada em determinado caso.

Essa era, de fato, uma representação correta de um "familiar adivinho". Conheço um gato que é usado da mesma maneira, para fazer adivinhações indicando as cartas de um baralho aberto com a pata.

O item que despertou mais controvérsia, entretanto, foi a figura de cera, em tamanho real, de uma bruxa sacerdotisa seminua deitada num altar. Ela foi descrita como uma sacerdotisa de Tanat, a deusa fenícia da lua, cujo culto, afirmava-se, ainda era realizado na Cornualha e no oeste da Inglaterra, sendo celebrado por meio de fogueiras ritualísticas nos dias dos antigos festivais pagãos.

Em junho de 1956, um gato foi encontrado pendurado em uma viga do lado de fora do museu. Williamson interpretou isso como um "aviso de morte" vindo de alguém que era contra o funcionamento da instituição.

O museu do sr. Williamson teria sido controverso em qualquer lugar, mas duas vezes pior em Cotswolds, onde ainda hoje a bruxaria é temida e tida como uma influência sinistra.

Os eventos que envolvem o assassinato em Meon Hill não foram esquecidos, tampouco o fato de a famosa antropóloga dra. Margaret Murray, já falecida, ter passado uma semana no local em que ocorreu o crime fingindo ser uma artista com um caderno de desenho quando, na verdade, realizava uma investigação por conta própria. Mais tarde, ela declarou de forma pública que, em sua opinião, a vítima, um homem idoso chamado Charles Walton, do povoado de Lower Quinton, tinha sido assassinado em razão da crença local em bruxaria.

Walton foi encontrado morto debaixo de uma árvore em Meon Hill a 14 de fevereiro de 1945. Seu corpo estava preso no chão com um forcado de feno e havia cortes no formato de cruz em sua garganta e em seu peito. A polícia que investigava o assassinato se deparou com um muro de silêncio, e ninguém foi detido. O dia 14 de fevereiro é a Candelária pelo antigo calendário — que está doze dias atrasado em relação ao calendário convencional —, e a Candelária é um dos sabás maiores das bruxas.

Recentemente, Donald McCormick realizou outra investigação sobre o misterioso homicídio e publicou suas descobertas no livro *Murder by Witchcraft* (John Long, Londres, 1968). O sr. McCormick descobriu novas evidências sobre o homem assassinado, as quais me convenceram de que o crime se deu por causa da bruxaria, ou, melhor dizendo, por causa do medo da bruxaria: Charles Walton foi morto porque alguém temia seus poderes de bruxo.

Ele teve uma morte sangrenta, porque derramar o sangue de um bruxo destrói sua influência. Em 1875, uma idosa chamada Anne Turner foi morta de maneira semelhante em outro povoado de Cotswold, Long Compton, por um homem que acreditava que ela era uma bruxa. Ele foi influenciado por um antigo ditado local: "Há bruxas suficientes em Long Compton para puxar uma carroça carregada de feno colina acima".

O ponto de encontro tradicional das bruxas em Cotswold é Rollright Stones, um círculo de pedras pré-histórico entre Long Compton e Chipping Norton. Fora do círculo e do outro lado da estrada há uma grande pedra chamada King Stone — estranhamente desgastada com o passar dos séculos —, e perto dali, em um campo, há um *cromlech* de grandes pedras chamado Whispering Knights.

Em 12 de maio de 1949, um sabá de bruxas foi realizado em Rollright Stones. O encontro foi observado por duas testemunhas independentes, cujas histórias foram parar na imprensa local e na nacional. Era noite de lua cheia e Véspera de Maio pelo antigo calendário — que, como já foi dito, está doze dias atrasado em relação ao novo calendário, ou calendário gregoriano, adotado na Grã-Bretanha em 1752 —, mas vestígios da antiga datação ainda podem ser encontrados nas tradições e no folclore.

O homem que testemunhou os rituais fora até lá atraído pela curiosidade, porque já tinha ouvido rumores sobre reuniões de bruxas. Ele não conseguiu chegar muito perto, mas viu várias pessoas, homens e mulheres, realizando um ritual que envolvia cantos e danças ao redor da King Stone. O rosto do líder estava coberto pelo que o observador julgou ser a máscara de uma cabeça de bode. A outra testemunha ocular, uma mulher, teve medo de permanecer no local e fugiu.

A partir de então, em várias ocasiões foram encontrados vestígios de fogueiras em Rollright Stones, mas desde a divulgação das histórias nos jornais, as bruxas tendem a evitar as pedras em seus encontros. Contudo, a revista *Life International*, em sua edição de 18 de maio de 1964, publicou um artigo detalhado sobre bruxaria na Grã-Bretanha, o qual incluía fotografias de um encontro especial em Rollright Stones, organizado por um coven londrino sob a liderança da sra. Ray Bone, cujo nome de bruxa é Ártemis.

Ela invocou os antigos deuses das bruxas e o coven deu as mãos para dançar ao redor de uma fogueira acesa dentro do círculo de pedras. Então bruxas e bruxos saltaram sobre as chamas da fogueira que, segundo seu ritual, simbolizava as propriedades vitais do Sol. O rito foi realizado para celebrar a Véspera de Maio, data que tradicionalmente marca o início do verão.

Um romance histórico fascinante, baseado em fatos reais e que aborda o tema da bruxaria em Cotswolds no século 17, é *The Silver Bowl*, de Hugh Ross Williamson, publicado pela primeira vez em 1948 (Londres: Michael Joseph).

Trata particularmente de Chipping Campden e dos estranhos eventos conhecidos como o Milagre de Campden, quando três bruxos, Joan Perry e seus dois filhos, foram enforcados pelo suposto assassinato de um homem que havia desaparecido, mas que voltou vivo para a aldeia mais tarde. O livro menciona Seven Wells, no interior de um círculo de árvores numa colina ao sul de Chipping Campden, como o local de encontro do coven do século 17, e contém muitos detalhes pouco usuais sobre bruxaria, a qual chama de "a Arte dos Sábios".

Posso acrescentar uma história pessoal às evidências de bruxaria em Cotswolds. Há cerca de quinze anos, um tio e uma tia vieram me visitar e contaram de uma viagem de carro que haviam feito e da qual tinham gostado muito. Eles passaram por Cotswolds e foram conhecer Rollright Stones. Eram pessoas muito convencionais e que não sabiam nada de bruxaria nem do meu interesse por tal assunto.

Minha tia contou que viram uma mulher dançando lentamente em volta da King Stone, "agitando as mãos e fazendo gestos estranhos"; então se ajoelhou diante da pedra e pareceu orar. Meu tio queria zombar daquilo, mas minha tia o conteve porque, de acordo com ela, "podia-se ver que a mulher estava muito séria e acreditava no que estava fazendo". Eles não entenderam muito bem o que se passou e eu não expliquei.

No antigo Fleece Inn, em Bretforton, perto de Evesham, nos limites de Cotswolds, mantém-se a tradição de desenhar três círculos brancos na lareira "para impedir que as bruxas desçam pela chaminé". Esse costume tem origem na velha crença de que a influência da bruxaria poderia entrar em uma casa pelas janelas, portas ou chaminé, e amuletos de proteção eram pendurados ou colocados nesses locais para que isso não acontecesse. O número três sempre foi tido como sagrado e mágico; no passado, o círculo era considerado o símbolo da perfeição e da eternidade; e o branco era visto como a cor da pureza. Daí o mágico poder de proteção desse rito tradicional.

COVEN

O número ideal de pessoas para formar um coven é treze. Em teoria, devem ser seis homens, seis mulheres e um líder.

Isso não significa, contudo, que um grupo de culto formado por bruxas e bruxos não possa operar a menos que seja composto de treze pessoas. Um coven pode ser formado por menos pessoas, mas não deve exceder treze integrantes. Quando o número de membros for maior do que treze, o coven deverá se dividir e formar um novo grupo. Assim a Arte se espalha e permanece.

Existe uma antiga lei das bruxas que determina que o local de encontro de um coven deve estar a pelo menos cinco quilômetros do local de reunião de outro coven para, desse modo, evitar quaisquer conflitos de interesses. É também uma regra costumeira que os covens não conheçam a fundo os assuntos particulares dos outros covens ou de seus membros. Somente os líderes devem manter contato uns com os outros. A razão para isso era que, em tempos de perseguição, as pessoas não se vissem obrigadas a contar o que não sabiam.

A prática de usar cognomes para membros do coven teve como origem o mesmo motivo, embora também seja uma tradição antiga e disseminada em todo o mundo — que as pessoas que passam por uma cerimônia religiosa de determinada importância adotem um novo nome, que simboliza uma mudança permanente de personalidade. Podemos até ter um vislumbre disso na Igreja Cristã, em que as pessoas estão autorizadas a mudar seu nome cristão no ato da crisma, ou confirmação, se assim o desejarem.

O coven de treze é o mais conhecido dos grupos de culto das bruxas, mas há também um coven menos divulgado de oito integrantes, que é formado por iniciados mais experientes do que os do coven de treze. Enquanto o coven de treze poderia ser chamado de coven da fertilidade, pois invoca e adora os poderes da vida e da boa sorte de forma geral, o grupo de oito é considerado o coven mágico, porque se concentra em assuntos mais profundos e está particularmente interessado em alcançar os estados mais elevados da consciência. As pessoas que compõem um coven de oito membros costumam ser mais velhas e bem mais reservadas e discretas do que aquelas que pertencem a um coven de treze.

Além desses dois tipos de coven, há também bruxas que não estão organizadas em nenhum grupo e preferem trabalhar por conta própria. São, geralmente, bruxas mais idosas e que, muitas vezes, têm experiência e poderes ocultos mais potentes do que aquelas que precisam se reunir.

Contudo, é comum que tenham feito parte de um coven durante os primeiros anos de sua prática, tendo sido treinadas ali; em regra, conhecem o paradeiro de outras bruxas e de vez em quando unem forças com elas para algum propósito especial.

Nos últimos anos, foram feitas diversas estimativas do número de covens ativos nas Ilhas Britânicas. Porém, a maior parte delas não passou de suposições fantasiosas, já que nem todas as bruxas pertencem, de forma alguma, à mesma ordem de bruxaria. Por conta dos anos de perseguição, a arte se fragmentou e cada diferente subdivisão seguiu a própria ramificação, "cada uma no seu galho".

As atividades bem-intencionadas do falecido Gerald Gardner ao divulgar a bruxaria despertaram forte indignação entre muitos dos antigos praticantes. Eles de fato concordariam com a pessoa que disse existirem três tipos de bruxa hoje em dia: bruxas do bem, bruxas do mal e bruxas de propaganda! Consideram puro exibicionismo as atividades de pessoas que se autodenominam "reis" e "rainhas" das bruxas. Esses decanos também não veem com bons olhos a versão de bruxaria praticada nos covens fundados por Gerald Gardner, considerando-a mais "gardneriana" do que tradicional.

Os "gardnerianos" rebatem dizendo que os motivos de seu mestre para divulgar a bruxaria eram benévolos e sinceros, e que graças a ele a antiga Arte dos Sábios experimentou um verdadeiro renascimento na atualidade. Afirmam que suas práticas são tão tradicionais como as de qualquer outro grupo, e que suas crenças e filosofia trouxeram felicidade a muitas pessoas que, não fosse por Gerald Gardner, nunca teriam ouvido falar de bruxaria como religião e estilo de vida.

Eles concordam que a publicidade representou uma ruptura com os antigos costumes, mas argumentam que os tempos são outros, e que a discussão pública sobre bruxaria permitiu reunir e preservar antigas tradições que, de outra forma, poderiam ter se perdido.

Os "gardnerianos" admitem, ainda, que a renovação do interesse público na bruxaria e no ocultismo em geral trouxe consigo uma grande quantidade de atividades altamente duvidosas. No entanto, salientam que esse é um problema perene para todos os ocultistas sérios, e que o tempo acaba por separar o bom do mau e o genuíno do espúrio.

Há muito se considera que o número treze tem propriedades mágicas peculiares, que se refletem no grupo de adoração de doze pessoas mais um líder. Na astrologia, que remonta à era pré-cristã, temos o Sol e os doze signos do zodíaco. Além do mais, e isso é o que talvez mais se aplique à bruxaria, há treze meses *lunares* no ano — uma medida de tempo mais antiga do que os doze meses que temos agora. Assim, havia treze esbás de lua cheia no ano celebrados pelas bruxas.

Ao longo da história, encontramos covens de treze pessoas, isto é, doze e um líder. Rômulo, o herói que fundou Roma, tinha doze companheiros em sua guarda, chamados lictores. O antigo colégio dos irmãos arvais era composto de doze membros, e eles dançavam em volta da estátua da deusa Dea Dia, que representava o décimo terceiro. O herói dinamarquês Hrolf foi seguido por seus doze guerreiros berserkers. Algumas versões das lendas arturianas dizem que a távola-redonda do rei Artur consistia no rei e doze de seus principais cavaleiros. Na lenda medieval, o rei Carlos Magno tinha doze paladinos. O bando de Robin Hood, na floresta de Sherwood, segundo algumas histórias, consistia em doze homens e uma mulher, Lady Marian.

As antigas histórias celtas nos contam dos treze tesouros da Grã-Bretanha, que Merlin, o mago, levou consigo quando desapareceu do mundo dos homens. O mesmo conceito do treze sagrado aparece nas lendas dos nórdicos, que retratavam Odin governando Asgard na companhia de doze de seus principais deuses e deusas.

No sistema de justiça inglês ainda há resquícios da santidade e da potência do treze no julgamento por júri, que exige que doze pessoas, presididas por um juiz, deem seu veredicto. Há também a velha crença, encontrada com frequência na tradição de fantasmas inglesa, de que doze clérigos, ao agir em conjunto, poderiam banir um espírito problemático ou, de alguma forma, obrigá-lo a não mais incomodar os vivos. Nesse caso, o fantasma é o décimo terceiro elemento.

Por causa de suas associações com a bruxaria, o número treze passou a ser chamado de "dúzia do Diabo". Fotos antigas de reuniões de bruxas costumam retratar doze pessoas e uma décima terceira. Há, por exemplo, uma encantadora miniatura francesa do século 15, contida no manuscrito Rawlinson, na Biblioteca Bodleiana, que retrata um encontro de bruxas nos arredores de uma aldeia. Em primeiro plano, três mulheres e um homem veneram um bode, com velas acesas nas mãos. Atrás deles, dois casais se abraçam. Três bruxas montadas em vassouras voam alegremente e outra está saindo da chaminé de uma casa próxima. Assim, há doze bruxas na imagem, e o deus bode é o décimo terceiro personagem.

Margaret Murray, em seu livro O *deus das feiticeiras* (São Paulo: Gaia, 2002), reproduz a imagem de uma dança de bruxas tirada de uma antiga balada gótica de "Robin Goodfellow". Nela são mostrados onze bruxos dançando em roda, homens e mulheres alternados. Fora do círculo de dançarinos, uma décima segunda bruxa toca algum instrumento musical — talvez uma flauta doce. A décima terceira figura é Robin Goodfellow, que dança em círculo, com chifres e cascos, enquanto carrega uma vela acesa e uma vassoura. Ou ele é o próprio Deus antigo ou seu representante terreno, disfarçado no ritual. Há outra versão dessa imagem que mostra seis homens e seis mulheres no círculo, além da figura de Robin Goodfellow e da musicista fora do círculo. É curioso que essas duas versões existam e possam ter alguma significância.

Um dos primeiros julgamentos por bruxaria nas Ilhas Britânicas, do qual todos os detalhes resistiram ao tempo, é o de Dame Alice Kyteler, de Kilkenny, em 1324. Os nomes dos acusados estão registrados e totalizam doze. O décimo terceiro foi Robin Artisson, o "Diabo" do coven, que escapou — como acabou fazendo a própria Dame Alice. (*Ver* **KYTELER, DAME ALICE**.)

Mais dois covens de treze são descritos por Joseph Glanvill em seu *Sadducismus Triumphatus*, publicado em 1681. Glanvill era capelão do rei Carlos II e desaprovou a crescente descrença da época, ou "saduceísmo", como ele a chamava, e escreveu seu livro para refutá-la. Ele conta uma série de histórias interessantes para provar que a bruxaria e o sobrenatural são uma realidade. Dentre essas histórias está a das bruxas de Somerset, que foram julgadas em 1664. Havia dois covens de treze pessoas cada, um em Wincanton e outro em Brewham. Ambos eram conduzidos por um misterioso "homem de preto", cuja identidade nunca foi revelada. Mais uma vez, esse é um caso em que os nomes reais dos dois covens de treze foram preservados em registros legais.

Uma bruxa escocesa, Isobel Gowdie de Auldearne, por algum motivo entregou-se às autoridades em 1662 e fez a confissão mais longa e detalhada de que temos notícia, proveniente de um julgamento de bruxas na Grã-Bretanha.

Durante seu depoimento, ela contou que as bruxas estavam organizadas em covens e que cada um deles era formado por treze pessoas.

O dr. Russell Hope Robbins, em sua *Encyclopaedia of Witchcraft and Demonology* (Nova York: Crown Publishers Inc, 1959), despreza a ideia de que existam covens e diz que essa palavra apareceu pela primeira vez em 1662, como resultado da confissão de Isobel Gowdie, que ele chama de "esses meandros de uma velha". Mas, de acordo com Christina Hole, em seu *Witchcraft in England* (Londres: Batsford, 1945; Nova York: Collier Macmillan, 1966), Isobel Gowdie era "uma linda garota ruiva esposa de um fazendeiro", e seu nome ainda é lembrado entre o povo de Morayshire. Ela foi enforcada no portão oeste de Elgin, e seu corpo foi posteriormente reduzido a cinzas, conforme a crença de que era a única maneira de o poder de uma bruxa ser eliminado de fato. Nunca descobriram por que ela se sacrificou.

Chaucer usa a palavra *covent* em seu *Contos da Cantuária*, que significa uma assembleia de treze pessoas. Na verdade, trata-se de uma variante da palavra "convento" e sobrevive até hoje em Londres no nome Covent Garden. A grafia latinizada "convento" foi introduzida por volta de 1550 e pouco a pouco substituiu a forma mais antiga. Um poema do início do século 14, chamado "Handlyng Synne", menciona um *coveyne* de treze pessoas que de forma desrespeitosa dançou no cemitério enquanto o padre celebrava a missa, e cujos membros foram devidamente punidos por seu comportamento pecaminoso.

É claro que *covent*, *coveyne* ou *coven* (há diferentes grafias da palavra em inglês) era um grupo de treze pessoas. Elas podiam, inclusive, ser cristãs, como em um livro do *Ecclesiastical Memorials* (citado no *Oxford English Dictionary*, Oxford: Clarendon Press, 1933), escrito em 1536, que fala de casas de religião "cujo número em qualquer uma das casas é — ou já foi recentemente — menor do que um convento, isto é, menos de treze integrantes". Mas as pessoas malcriadas do *coveyne* que dançaram no cemitério sem dúvida não eram religiosas.

Por fim, a palavra "coven" passou a ser usada apenas para designar o grupo de culto das bruxas, e assim chegou aos nossos dias.

As tradições da heráldica incorporam muitos conhecimentos e simbolismos curiosos, alguns dos quais contêm indícios de ocultismo. É digno de nota que a antiga formação do Colégio de Armas consistisse em treze pessoas: três reis de armas: Garter, Clarencieux e Norroy; seis arautos: Somerset, Richmond, Lancaster, Windsor, Chester e York; e quatro passavantes, chamados de Rouge Dragon, Blue Mantle, Portcullis e Rouge Croix.

CRENÇAS BÁSICAS DAS BRUXAS

Uma das crenças básicas mais importantes das bruxas é, claro, a existência real da magia e a possibilidade de realizá-la. (*Ver* MAGIA.) Isso envolve a ideia de que o mundo físico é apenas parte da realidade, a parte que somos capazes de apreender com nossos cinco sentidos. Para além desse mundo existem reinos mais vastos, e é neles que as bruxas procuram se aventurar. Isso, de novo, envolve mais uma crença, notadamente a de que os seres humanos possuem outros sentidos afora os cinco habituais. Por meio dessas capacidades psíquicas inatas, os reinos não físicos são contatados. Esses poderes, dizem as bruxas, são perfeitamente naturais, mas latentes e inativos na maioria das pessoas. São poderes que foram sobrepostos e ocultados pelas artificialidades da civilização, mas que podem ser despertados de novo.

Esse é um dos assuntos que por tantas vezes colocou as bruxas em conflito com sacerdotes de religiões ortodoxas. A religião tradicional de um país não aceita que as pessoas tenham contato com o Além sem a mediação dos sacerdotes ortodoxos e de suas regras e sacramentos. Essa pode muito bem ter sido a razão pela qual a chamada bruxa de Endor teve de viver escondida. (*Ver* BÍBLIA, REFERÊNCIAS À BRUXARIA NA.) O *establishment* não gosta de ter a sua autoridade enfraquecida.

As bruxas rejeitam o conceito masculino e patriarcal de Deus em favor de ideias mais antigas. Elas não entendem por que um monoteísmo rígido deveria necessariamente ser um sinal de avanço da humanidade, como costuma ser considerado. Para elas, parece mais razoável conceber uma divindade que é tanto masculina quanto feminina e que, além disso, se desdobra em uma hierarquia de grandes seres, personificados como deuses e deusas, que governam os diferentes domínios da natureza e auxiliam na evolução do cosmos.

Se o conceito que as bruxas têm de Deus tivesse de ser definido com mais precisão, talvez Ele ou Ela pudesse ser chamado de vida em si — a força vital do universo. Para as bruxas, Ele ou Ela deve ser benevolente, por mais destrutivas e terríveis que algumas de suas manifestações possam parecer. Porque, se não for assim, então a vida estará dividida contra si mesma, o que é um absurdo. Além disso, Deus precisa ser a sabedoria suprema em si, por conta da maravilha e da beleza manifestadas em suas incontáveis formas. Sua tendência é de desenvolver formas capazes de expressar graus cada vez mais elevados de inteligência; portanto, nós, seus filhos e filhas, devemos procurar viver em harmonia com a natureza, que é a expressão visível da vida cósmica, e, ao fazê-lo, encontrar as verdadeiras sabedoria e felicidade.

As bruxas não acreditam que a verdadeira moralidade consista em respeitar uma lista de coisas que não devem ser feitas. A moralidade das bruxas pode ser resumida em uma frase: "Faça o que quiser, desde que não prejudique ninguém". Isso não significa, entretanto, que as bruxas sejam indiferentes. Elas dizem que permitir que o mal floresça de maneira descontrolada *não* é "não prejudicar ninguém". Pelo contrário, é prejudicar a todos.

Isso tem alguma semelhança com a lei de Aleister Crowley para o Novo Éon: "Faze o que tu queres, há de ser tudo da lei. Amor é a lei, amor sob vontade". As pessoas citam com frequência a primeira parte do ditado de Crowley para afirmar que ele defendia a licenciosidade universal, deixando de lado a segunda parte do ditado. Séculos antes, Santo Agostinho disse algo muito parecido: "Ama e faze o que quiseres".

A ideia de reencarnação para as bruxas parece ser não só muito mais antiga, mas bem mais razoável e correta do que o conceito de apenas uma vida curta seguida do céu para os justos e do inferno para os maus, ou do que a ideia materialista de que tudo termina quando você morre. Elas citam a afirmação dos antigos filósofos ocultistas — a qual, acredito, a ciência moderna apoie — de que nada no universo pode ser destruído, só é possível mudar a sua manifestação. Descartes disse: "Penso, logo existo". A individualidade e a inteligência humanas existem. Elas se manifestam através do corpo físico. Quando o corpo se exaure ou é ferido sem possibilidade de reparo, diz-se que a pessoa está "morta". Mas é o corpo que está morto. Você não pode enterrar ou cremar pessoas — apenas corpos. Na medida em que uma pessoa é uma inteligência individual, *pode* essa individualidade ser destruída?

O testemunho de todas as épocas e países diz "não". Mas, ao mesmo tempo, nada pode ficar parado. Tudo está em constante mudança e evolução. Estar aprisionado na personalidade de John Smith ou Jane Brown por toda a eternidade não consona mais com a lei cósmica do que ser aniquilado. Aqui, podemos notar a origem da palavra "personalidade". Vem de *persona*, uma máscara. Existe aquela coisa em nós que de fato diz: "Eu sou". A personalidade é a máscara que usamos — uma máscara nova para cada encarnação. (*Ver* REENCARNAÇÃO.)

Entre as encarnações terrenas, as bruxas acreditam que a alma descansa no Mundo das Fadas, um paraíso pagão como o celta *Tir-Nan-Og*, a Terra dos Jovens. Muitas referências a esse outro mundo pagão podem ser encontradas em lendas britânicas e celtas. É um lugar muito diferente do paraíso cristão; não envolve harpas nem auréolas ou portões dourados, mas é, sim, um país como nos velhos sonhos de Arcádia. É concebido como um lugar de fato; não como algo que está "acima", mas sim em outra dimensão e que coexiste com o mundo que podemos ver com a nossa visão mortal. Às vezes, dizem as bruxas, visitamos essa outra dimensão em nossos sonhos e podemos trazer na volta lembranças fragmentadas de lá.

Outra crença implícita é o poder do pensamento, para o bem ou para o mal. Na realidade, os pensamentos são coisas, e a compreensão disso é um dos fundamentos da magia. Nós nos acostumamos a essa ideia tal como é apresentada no mundo moderno pelos expoentes de vários movimentos, como o chamado "Novo Pensamento", a psicologia prática e assim por diante. Mas já no início do longínquo século 14, Robert Mannying de Bourne escreveu sobre o poder do pensamento em seu conto "The Wicche, the Bagge and the Bisshop", um episódio de seu longo poema *Handlyng Synne*.

Os versos narram a história de uma bruxa travessa que fez uma bolsa mágica de couro e andava sozinha pelas redondezas, roubando o leite das vacas. Ela acabou por ser presa e levada perante o bispo, junto com a bolsa mágica. O bispo ordenou que a bruxa demonstrasse sua feitiçaria e ela obedeceu, fazendo a bolsa subir e depois descer.

Em seguida, o bispo tentou realizar o feitiço sozinho, repetindo o que a bruxa havia feito, mas a bolsa não se mexeu. Surpreso, ele perguntou por que a magia não funcionava com ele. Ela respondeu: "Por que deveria funcionar? Você não acredita como eu", e explicou: "Foi minha crença que executou todo o trabalho". O bispo prontamente a censurou e "ordenou que ela não acreditasse nem praticasse o que havia demonstrado".

Essa história é notável porque atribui os poderes da bruxaria não a Satã, como decerto teria sido feito em séculos posteriores, mas às habilidades ocultas da mente humana. E o bispo, em vez de ordenar que a bruxa fosse queimada na fogueira, disse apenas que ela não voltasse a fazer aquilo. Em 1303, quando esse poema surgiu, a grande ilusão do "satanismo" ainda não atormentava a mente dos homens a ponto de alijar a razão.

Os praticantes de magia sempre enfatizaram que, embora ainda seja preciso adquirir técnicas e aprender a usar acessórios mágicos, em última instância é a mente que detém o poder da magia. Paracelso e Cornélio Agrippa, dois famosos adeptos da prática, disseram isso no século 16, e, no final do século 19, a senhorita Mary A. Owen, contando sobre suas investigações nos Estados Unidos em *Among the Voodoos* (Londres: International Folk Lore Congress, 1891), disse: "'Ser forte no trabalho' — isto é, ter grande força de vontade — é a característica mais importante de um 'conjurador' ou 'praticante do vodu'. Não importa o que você misture — sangue, ossos, penas, pó de sepultura, ervas, saliva ou cabelo —, o resultado será poderoso ou tênue na exata proporção do espírito destemido infundido por você, sacerdote ou sacerdotisa, no momento em que estiver representando o deus ou 'velho mestre'".

É como a crença da bruxa, embora venha do outro lado do mundo.

Existem hoje dois museus na Grã-Bretanha dedicados a mostrar as crenças e as práticas das bruxas. Um deles fica em Boscastle, na Cornualha, e é dirigido pelo sr. Cecil H. Williamson. O outro fica em Castletown, na Ilha de Man, e é administrado pelo sr. Campbell Wilson e a esposa.

CRISTALOMANCIA

Cristalomancia é uma palavra antiga para designar a prática de olhar através de cristais ou usar algum meio semelhante para a clarividência. A palavra em inglês, *scrying*, é semelhante a *descry* que, em sua origem, significava revelar, bem como descobrir pela visão. Cristalomancia é um termo mais amplo do que apenas olhar através de cristais, porque abrange todas as formas de desenvolvimento da clarividência que envolvam olhar para ou através de algum objeto.

O objeto usado na cristalomancia é chamado de *speculum*, e, ao longo dos tempos, muitos outros artigos foram utilizados para esse fim. O globo de cristal transparente, com o qual a maioria das pessoas está familiarizada, é apenas uma das muitas variedades de *speculum*.

A prática da cristalomancia é comum a magos e magas de todas as idades e países. Como a magia em geral, esse conhecimento é tão antigo quanto o próprio ser humano, e ainda é tão popular entre as bruxas contemporâneas como era tempos atrás.

No entanto, era raro que as bruxas tivessem uma bola de cristal, por dois motivos. Em primeiro lugar, uma bola de cristal genuína é um objeto valioso e caro. A maioria dos chamados "cristais" são, na verdade, simplesmente vidro. O mais recente avanço nesse campo são os globos transparentes de plástico acrílico. Essas peças, porém, são descritas como "bolas de cristal" nos anúncios em revistas americanas. O cristal de rocha verdadeiro é uma pedra semipreciosa; uma bola feita desse material é pesada e gelada. É preciso um especialista para distinguir o que é autêntico e o que é imitação. Assim, cristais valiosos — que costumam ser redondos, mas também podem ter o formato de ovo ou pera — tornaram-se preciosas relíquias de família que passavam de geração em geração e não caberiam no bolso de uma bruxa humilde.

Em segundo lugar, possuir um objeto desse tipo não era apenas caro e valioso, mas também perigoso. Se uma bola de cristal fosse encontrada na casa de alguém, a pessoa seria condenada no mesmo instante por práticas mágicas. Quando a bruxaria ainda era um assunto proibido, as bruxas julgavam mais sensato improvisar o próprio *speculum* com coisas que poderiam ser encontradas em qualquer cabana, e essa era uma regra que seguiam também com muitas de suas outras ferramentas.

Dessa forma, usar uma tigela preta cheia de água era uma substituição bastante popular. Isso também ocorria com os antiquados globos de vidro usados pelos pescadores como boias para as redes de pesca. De forma geral, eles eram feitos de um lindo vidro verde-escuro ou azul e se tornavam ótimos *specula*. As bruxas de cidades costeiras o preferiam porque poderiam ser considerados uma inocente boia de pesca, algo comum de ser encontrado em qualquer cabana perto do mar. Hoje os antiquários, por vezes, vendem esses objetos como "bolas de bruxa", mas não o são. A verdadeira "bola de bruxa" reflete um brilho intenso, ou é uma mistura caleidoscópica de cores, como nos exemplares feitos de vidro Nailsea. (Ver BOLAS DE BRUXA.)

A famosa bruxa irlandesa Biddy Early usava uma garrafa de vidro azul como *speculum*. Outras bruxas faziam o mesmo, visto que essas garrafas eram comumente enchidas com água. As bolas feitas de vidro preto tinham particular estima, e algumas as achavam superiores às bolas de cristal. Outras bruxas, ainda, acreditavam que o melhor *speculum* era uma bola de berilo de cor esverdeada pálida. O cristal de berilo natural costuma ter tons azulados e esverdeados, mas também pode ser transparente.

Dr. Dee, o famoso ocultista da época da primeira rainha Elizabeth, tinha dois *specula*. (Ver DEE, DR. JOHN.) Um dos objetos era um globo de cristal, que ele chamava de "shew-stone". O outro era seu famoso espelho mágico, descrito em *Notes and Queries* (1863) da seguinte forma: "Esse *speculum* mágico do dr. Dee é feito de uma pedra preta plana de textura densa, a superfície bem polida, doze milímetros de espessura e dezoito centímetros de diâmetro; tem forma circular, exceto na parte superior, onde há um orifício para suspensão". Quando não estava em uso, era guardado em um estojo de couro.

Não se sabe ao certo de que tipo de pedra era feito esse espelho. Costuma ser descrito como "carvão polido", que é um tipo de carvão muito fino; mas há outras descrições afirmando ser de azeviche ou de obsidiana (uma espécie de vidro vulcânico). Um espelho mágico semelhante (isto é, com uma superfície preta brilhante, em vez de uma intensamente reflexiva) pode ser feito por uma bruxa utilizando um pedaço de vidro redondo e côncavo e pintando a parte de trás com um bom esmalte preto ou substância similar. Muitas bruxas preferem fazer o próprio espelho mágico e consagrá-lo elas mesmas.

Às vezes, é possível conseguir um pedaço de vidro redondo de formato adequado em um porta-retratos antigo. Esses vidros são colocados de modo convexo na moldura e só precisam ser retirados e virados para que se tornem côncavos (ou seja, ligeiramente em forma de tigela ou ocos). Como alternativa, o vidro de um mostrador de relógio antigo também pode ser usado na feitura de um pequeno espelho, desde que tenha o formato adequado — ainda que, é claro, seja melhor utilizar um pedaço de vidro novo com o formato certo, e que nunca tenha sido usado antes.

O espelho deve ser feito na lua crescente e receber três camadas de preto na parte de trás, isto é, no lado convexo ou curvado para cima. É preciso deixar cada camada secar antes de aplicar a seguinte. Depois, o espelho deve ser emoldurado, de acordo com a engenhosidade do próprio artesão. O meu espelho mágico fica em uma caixa com tampa, uma vez que o *speculum* não deve ser exposto à luz forte, sobretudo à luz solar direta, pois isso pode interferir em sua sensibilidade. O luar, entretanto, é bom para ele e tem o efeito de energizá-lo.

Assim, as bruxas escolhem a lua cheia para consagrar um espelho mágico ou qualquer outro *speculum* que possam utilizar. Quando não estiver em uso, o *speculum* deve ser guardado em um estojo ou caixa especial, ou pelo menos embrulhado em um pano preto de seda ou veludo.

Para usar um *speculum*, uma bola de cristal ou um espelho mágico, deve-se sentar-se sob luz fraca, de preferência à luz de velas. A claridade deve estar atrás do vidente. Alguns gostam que um ou mais pontos de luz reflitam no *speculum*, outros não. A clarividência por esse ou qualquer outro meio é um assunto individual, sujeito a certas regras amplas e gerais.

Não é preciso manter o olhar fixo no *speculum*. Basta relaxar e olhar com atenção, mas de forma natural. Acender um incenso costuma ajudar. A arte da cristalomancia necessita de concentração e prática; porém, em algum momento, se a pessoa tiver aptidão para tal, o *speculum* parecerá enevoar. Então ela conseguirá ver algo, a princípio obscuro e sombrio, mas com perseverança as imagens ficarão cada vez mais claras.

Por vezes, veem-se coisas reais e, em outros casos, simbólicas. É preciso aprender a interpretar símbolos, como em qualquer outra forma de clarividência. Um ponto importante é que a clarividência pode ser ora objetiva, ora subjetiva. Isto é, às vezes, a cena realmente aparece diante de você no *speculum*; outras, apresenta-se como uma imagem vívida em sua mente. O que importa não é a imagem que surge, mas quão precisa e significativa ela é.

Em alguns casos, obtém-se uma mistura de ambas. Ou seja, você vê algo no *speculum* e, ao mesmo tempo, pressente o que significa.

Faz alguns anos que tenho particular interesse na cristalomancia como parte dos rituais de bruxas. Tive duas experiências que podem ser interessantes e servem para ilustrar o que foi dito anteriormente.

Na primeira delas, eu estava usando meu espelho mágico côncavo preto. Estava sentada dentro do círculo mágico e perguntando qual seria o desdobramento de uma carta que acabara de enviar para alguém, uma colega bruxa da qual tinha perdido contato havia algum tempo. Vi objetivamente no espelho o símbolo de uma cruz em forma de X. No mesmo instante, pensei que minha carta tinha cruzado com a carta de outra pessoa. Então, concluí que aquele pensamento era inverossímil demais e que o X deveria ter outro significado. Contudo, não me ocorreu nenhum outro símbolo ou impressão. Na manhã seguinte encontrei, no tapete, uma carta enviada pela pessoa para quem eu havia escrito; nossas cartas tinham se cruzado.

Em outra ocasião, também dentro do círculo mágico, usei como *speculum* uma boia de pesca, uma bola oca de vidro verde-escuro, montada em um pequeno suporte de madeira. Vi a imagem visionária de um vale bastante desolado, pontilhado com pedras de formatos estranhos. Tive a impressão mental de que era um lugar real e que no passado havia sido palco de algum tipo de ritual pagão.

Pouco tempo depois, fui visitar a Cornualha. Nunca tinha ido para essa região antes. Passando de trem por um vale arborizado, percebi que se tratava do lugar que havia visto em minha mente. Anotei o nome e, depois de investigar, confirmei que aquele se acreditava ter sido, no passado distante, um lugar onde eram realizadas cerimônias descritas como "ritos druídicos".

Outro método de cristalomancia é aquele usado pelas bruxas italianas, conforme descrito por Charles Godfrey Leland em suas *Legends of Florence* (Londres: David Nutt, 1896). Ele disse:

> Certa vez, perguntei a uma bruxa em Florença se existia um ser como o espírito da água ou um ser das pontes e riachos, e ela respondeu: "Sim, existe um espírito da água assim como existe um espírito do fogo e tudo mais. Eles raramente são vistos, mas você pode fazê-los aparecer. Como? Ah, com bastante facilidade, mas você deve lembrar que eles são caprichosos e aparecem

sob muitas formas ilusórias. E esta é a maneira de vê-los. Você deve ir ao crepúsculo e olhar para uma ponte, ou isso acontecerá se for durante o dia à floresta e se aproximar de um riacho calmo ou de um lago escuro — *che sia un poco oscuro*. Você deve pronunciar o encantamento e lançar um punhado ou algumas gotas de água desse lago ou riacho em sua própria água. Então deve olhar por bastante tempo, com paciência, pensando nisso por vários dias, quando, *poco a poco*, verá formas indistintas passando na água, primeiro uma ou duas, depois mais e mais, e se você continuar quieto elas virão em grande número e mostrarão o que deseja saber. Mas se você contar a alguém o que viu, elas nunca mais aparecerão e dê-se por satisfeito se nada de pior acontecer".

CROWLEY, ALEISTER

Aleister Crowley merece um lugar neste livro não porque era um bruxo, mas porque não era! Isso, claro, não impede que o nome de Crowley seja arrastado para a edição de domingo de todos os jornais na coluna "Revelando a Bruxaria e a Magia das Trevas" (é raro que eles saibam a diferença). Mas apresentar um breve esboço da vida de Crowley aqui talvez possa ajudar a compreender melhor o que esse homem extraordinário de fato defendia.

Crowley era pagão, poeta, montanhista, mago e profeta. Também viajava pelo mundo e era um arrojado explorador do perigoso e obscuro universo das drogas alucinógenas. Mas a magia que ele praticava — ou *Magick*, como preferia chamá-la — era a magia cabalística ensinada pela Ordem da Aurora Dourada, a famosa irmandade oculta que afirmava ser descendente dos rosa-cruzes originais. Aos olhos de Crowley, pelo menos, era com certeza uma magia das luzes, e não bruxaria de qualquer tipo.

Na verdade, Crowley tinha bastante medo de bruxaria, a julgar por algumas referências contidas em suas obras. Talvez porque reconhecesse a forte influência feminina nessa arte — e Crowley não apenas desconfiava das mulheres como declarava seu desprezo por elas. Havia uma forte inclinação homossexual em sua natureza, e seus relacionamentos mais verdadeiros e significativos tinham sido com homens.

Enquanto poeta, Crowley nunca teve o devido reconhecimento. Assim como Oscar Wilde, sua paixão em chocar a presunçosa burguesia reverteu sobre ele e fez com que seu trabalho não recebesse os elogios que merecia. Hoje, entretanto, em tempos de mente mais aberta, os livros de Crowley estão sendo cada vez mais reimpressos e disponibilizados para que as pessoas possam apreciar por si mesmas a sua peculiar genialidade, em vez de apenas ler relatos escandalizados (e quase sempre imprecisos) de quão "perverso" ele era.

Para um personagem tão extravagante, a origem de Crowley é um tanto surpreendente. Ele era filho de dois membros devotos da seita protestante Irmãos de Plymouth: um rico cervejeiro chamado Edward Crowley e a esposa, Emily. A família vivia em Leamington Spa, Warwickshire, no seio da respeitável sociedade vitoriana, e ali nasceu Aleister Crowley, em 12 de outubro de 1875.

Talvez eles fossem devotos e respeitáveis demais. Seu talentoso filhinho sofreu e foi sufocado por uma atmosfera de convicção religiosa intolerante. Quando o rapaz se rebelou, a mãe disse que ele era tão mau quanto a grande besta do livro do Apocalipse! Parece que isso ficou na cabeça de Crowley, porque, já adulto, adotou a alcunha de Grande Besta — a ponto de imprimi-la em seus cartões de visita.

Sua vida inteira foi de revolta contra os pais e tudo o que representavam. Eles devem ter feito um inferno na vida de Crowley — sem dúvida, com a melhor das intenções.

Crowley herdou uma fortuna substancial do pai. Foi para o Trinity College, na Universidade de Cambridge, e, tendo rejeitado categoricamente a religião de seus progenitores, logo se interessou pelo oculto. Por fim, ele se juntou à Ordem Hermética da Aurora Dourada, que contava com muitas pessoas ilustres entre seus iniciados. Também viajou muito pelo Oriente, onde aprendeu os conceitos de ioga e ocultismo.

O líder da Aurora Dourada era outra pessoa de personalidade marcante, S. L. MacGregor Mathers, com quem Crowley acabou brigando. Depois disso, Crowley seguiu o próprio caminho e fundou a própria ordem, a Astrum Argentum, ou Estrela Prateada, abreviada para AA.

Crowley se casou com Rose Kelly, irmã de sir Gerald Kelly, o artista. Durante férias no Egito com a jovem esposa, ambos participaram de rituais mágicos e, como resultado, ele recebeu o que considerou uma mensagem dos deuses que controlam o destino do planeta. A mensagem foi ditada por o que ele chamou de "uma inteligência sobre-humana". Crowley escreveu três capítulos de um manuscrito, que intitulou *Liber Legis*, o *Livro da Lei*.

Foi desse livro que ele tirou seu famoso ditado: "Faze o que tu queres, há de ser tudo da lei. Amor é a lei, amor sob vontade". Crowley baseou toda a sua vida e ensinamentos subsequentes nesse manuscrito.

Liber Legis é um documento extraordinário. Por mais que se possa argumentar que, na verdade, o texto proviesse do subconsciente de Crowley, é inegável que o livro continha profecias, tanto sobre a vida pessoal de Crowley quanto sobre eventos globais, que acabaram sendo cumpridas.

Crowley recebeu o "Livro da Lei" em abril de 1904. O Império Britânico estava em seu período áureo, as classes mais baixas não contestavam e tudo era paz, prosperidade e fruição. O Livro da Lei proclamou que tudo isso se esvairia em guerra e caos, dos quais um novo éon emergiria. As religiões ortodoxas do mundo ficariam desacreditadas, os códigos morais aceitos seriam desprezados. Uma nova ordem de coisas começaria. Era o equinócio dos deuses.

O novo éon seria chamado de Éon de Hórus, porque seria um éon da juventude. Hórus é o deus egípcio filho de Ísis e Osíris. A lei expressa no *Liber Legis* seria a luz-guia do novo éon — e Crowley deveria proclamá-la.

Crowley é com frequência chamado de charlatão, mas ele sem dúvida dedicou o restante da vida a desempenhar o papel de logos do Éon de Hórus. Acreditava no que estava fazendo, e nenhuma adversidade pessoal, perda ou afastamento de seus amigos e daqueles que lhe eram queridos o desviaria de seu caminho. Crowley era uma pessoa predestinada, que deixou sua marca no mundo, em particular no mundo do oculto.

A imprensa o denunciou como "o homem mais perverso do mundo", por causa do que alegaram ter acontecido na famosa abadia de Thelema, fundada por ele em Cefalú, na Sicília. Sabe-se agora que muitas das alegações eram falsas. No entanto, Mussolini, governante da Itália na época, expulsou-o da Sicília e ele regressou à Grã-Bretanha.

Ali ele se envolveu em um caso de difamação famoso e sensacionalista. Crowley processou Nina Hamnett, a escultora, alegando que em seu livro de memórias, *Laughing Torso* (Londres: Constable and Co., 1932), ela o havia difamado ao acusá-lo de praticar magia das trevas. O caso foi a julgamento em abril de 1934 perante o senhor juiz Swift. A defesa conseguiu produzir provas tão extraordinárias da vida bizarra de Crowley e de seus escritos escandalosos que o magistrado ficou horrorizado. Claro que Crowley perdeu a ação e, em meio a um novo furor mediático, foi forçado a declarar falência.

Vários discípulos, porém, permaneceram leais a ele e o ajudaram em seus anos de declínio. Ele terminou a vida agitada de forma tranquila, aposentado em Hastings, Sussex — impenitente e altivo. Faleceu em paz na própria cama, a 1º de dezembro de 1947.

Seu corpo foi cremado em Brighton e as cinzas enviadas aos seus discípulos nos Estados Unidos. Para horror e indignação dos vereadores de Brighton, o "Hino a Pã", de Crowley, foi lido no púlpito da capela do crematório, além de outros trechos de seus escritos, em vez do serviço religioso habitual.

A pior acusação que pode ser feita a Crowley diz respeito ao efeito que teve sobre alguns de seus seguidores mais próximos. Houve casos de colapso mental, alcoolismo, ruína e suicídio entre seus devotos. Sua *Magick* era forte e perigosa, mas o intuito era criar uma magia das luzes que, embora fosse paganismo, não era bruxaria.

Uma excelente biografia sobre Aleister Crowley é *The Great Beast*, de John Symonds (Londres: Riders, 1931; Nova York: St. Martin's Press, 1972). Um livro mais conciso, mas também muito esclarecedor é *Aleister Crowley*, de Charles Richard Cammell (Londres: New English Library, 1969; Nova York: Hill and Wang, 1970). Ainda mais recentemente, o dr. Francis Israel Regardie, ex-secretário pessoal de Crowley, escreveu *O olho no triângulo* (São Paulo: Penumbra, 2019).

D

DANÇA, SEU USO NA BRUXARIA

Assim como a poesia e a música, a dança é uma atividade mágica em sua essência. Todos os povos primitivos praticavam rituais de dança, não apenas por diversão, mas com algum propósito subjacente. Dançavam para a vida e dançavam também para a morte — como os irlandeses ainda fazem nos velórios, para dar ao falecido uma boa despedida em sua jornada para o Outro Mundo.

A dança é, muitas vezes, uma magia imitativa. As bruxas dançavam sobre varas e saltavam para fazer as colheitas crescerem. A vara entre as pernas era um símbolo fálico, portador de fertilidade e que fazia a vida seguir adiante. Em 1596, bruxas de Aberdeen foram acusadas de se reunir em St. Katherine's Hill e ali dançar "uma dança diabólica, cavalgando em árvores, por um longo período". Muito antes, em 1324, uma bruxa irlandesa, Dame Alice Kyteler, foi acusada de ter "um vidro de unguento, com o qual untava um bastão que usava para passear e galopar sem parar, quando e de todas as maneiras listadas por ela". Esse tipo de dança ajudou a dar origem à lenda de que as bruxas voavam em cajados ou vassouras.

Outro tipo de dança das bruxas é a dança de roda, realizada em torno de uma pessoa ou de algum elemento, como uma árvore ou uma fogueira. O objetivo dessa dança é invocar poder. Quando isso é feito em torno de uma pessoa, provavelmente o líder do coven, esse indivíduo fica no centro e controla o cone de poder que está sendo invocado. A dança das bruxas da Idade da Pedra, retratada na pintura rupestre em El Cogul, é desse tipo. Quando realizada ao redor de uma árvore, de uma fogueira ou talvez de uma antiga pedra sagrada, pode ser por simples prazer e alegria, ou então para invocar e adorar os antigos deuses. As bruxas acreditam que os deuses gostam de ver as pessoas felizes, portanto essa é uma forma aceitável de adoração.

Um terceiro tipo de dança das bruxas é uma espiral, dançada para dentro e para fora do centro. Isso simboliza o ato de ingressar nos mistérios do Outro Mundo. Às vezes, é chamada de "Cidade de Troia", devido ao antigo padrão labiríntico que supostamente se assemelhava às muralhas de Troia. A Grã-Bretanha tem vários labirintos de grama espalhados por todo o interior, a maioria de data desconhecida, mas decerto bem remotos. Eles estão ligados aos antigos mistérios britânicos. A morada dos heróis mortos e do caldeirão da inspiração era chamada de "castelo espiral" pelos antigos bardos.

A ideia de usar um labirinto para representar o ato de ingressar em outro mundo foi adotada pelo cristianismo, e por vezes são encontrados padrões labirínticos em igrejas antigas, com o "Céu" ou "Sião" no centro.

A dança do anel passou a ser tão associada à bruxaria que em Sussex os "anéis de fadas" encontrados nas colinas verdejantes são chamados de "rastros de bruxa", em virtude da crença de que foram formados pelos pés das bruxas que dançavam. São considerados círculos mágicos naturais e usados até hoje pelos camponeses para diversas magias particulares — embora isso seja feito de maneira muito discreta e secreta.

De acordo com a tradição, as bruxas devem dançar de costas umas para as outras. Tudo indica que isso era, sobretudo, um tipo de diversão. O autor de *A Pleasant Treatise of Witches* (Londres, 1673) diz: "A dança é estranha e maravilhosa, assim como diabólica, pois, virando-se de costas, se agarram pelos braços e erguem umas às outras do chão, depois balançam a cabeça para a frente e para trás como bufonas e giram como se tivessem enlouquecido". Essa parece ser uma descrição muito honesta de algumas de nossas danças atuais: o *jive*, o rock and roll, o twist e assim por diante!

Na verdade, é provável que a dança das bruxas de que ele fala seja muito parecida com a dança dos jovens de hoje, livre e desinibida. As pessoas que se davam ao respeito naquela época dançavam de modo muito mais formal e comedido, e consideravam qualquer outro estilo vulgar e imoral.

Pode muito bem ter sido as bruxas que criaram a dança moderna, porque Reginald Scot cita Bodin dizendo que "essas bruxas que andam noite afora, ou melhor, que dançam noite afora, trouxeram da Itália para a França aquela dança que se chama *La Volta*". Acredita-se que essa dança, *La Volta*, tenha dado origem à valsa, cujos passos contagiantes substituíram pouco a pouco os antigos e pomposos minuetos e pavanas, abrindo caminho para as danças mais animadas que conhecemos hoje.

A dança tem um efeito mágico muito importante sobre as pessoas, unindo-as na mesma cadência por meio do ritmo tocado. Um grupo de pessoas que dançam juntas em harmonia partilha o mesmo propósito, e isso é essencial para o trabalho mágico. A disposição dos dançarinos, mais calmos ou animados, pode variar o ritmo da dança. Na verdade, é possível induzir os participantes a um estado de leve hipnose por meio de tipos mágicos de dança, e eles também podem atingir um estado de êxtase, cuja origem significa *ex-stasis*, "estar fora de si".

Ou seja, o mundo cotidiano é deixado para trás, com todas as suas misérias e preocupações, e os reinos mágicos se abrem. As antigas danças das bruxas ajudavam as pessoas a viver essa experiência, e eram justamente essa empolgação e o prazer provocados por essa dança selvagem, noturna, ao ar livre, em ruínas desertas ou algum ponto de encontro secreto, um dos principais atrativos da Antiga Religião e que tornaram tão difícil para a Igreja eliminá-la.

Quando tudo o que as pessoas comuns tinham era um caminho de trabalho árduo e submissão pela frente, além de uma vida com poucas expectativas, a Antiga Religião trazia brilho e alegria à vida delas. Muitas de suas cerimônias e de seus costumes se disseminaram em tradições populares que ainda hoje estão vivas e cheias de vigor, como a famosa Dança dos Chifres em Abbots Bromley, Staffordshire. Na verdade, muitas de nossas tradições populares coloridas e ancestrais têm em sua essência algo do antigo culto à natureza e da antiga sabedoria.

A dança de roda é uma imitação do movimento das estrelas e dos corpos celestes. Por consequência, é uma espécie de imitação do universo. É o ciclo das estações, o ciclo da vida em si, do nascimento, da morte e do renascimento. Dançar é entrar nas harmonias sutis e secretas da natureza e tornar-se uno com os poderes da vida. Um pouco disso é o que as bruxas sentiam quando dançavam, e ainda sentem. Uma dança pode ser uma oração, uma invocação, um êxtase ou um feitiço. É uma magia de tempos antigos e do mundo inteiro.

DEE, DR. JOHN

Um dos nomes mais famosos do ocultismo inglês é o de John Dee. Ele nasceu em Londres em 1527, mas sua família é do País de Gales e afirmava ser descendente de Rhodri, o Grande, um dos príncipes nativos de Gales.

Dee foi educado em Cambridge, onde mais tarde tornou-se membro do Trinity College. Desde cedo ele se dedicou a pesquisar o ocultismo, interessando-se, sobretudo, pela alquimia. Foi um matemático de respeito e colecionador de livros e manuscritos. Um dos golpes mais cruéis que sofreu foi quando, durante uma viagem ao exterior, soube que uma turba de ignorantes e preconceituosos havia invadido sua casa em Mortlake e saqueado sua biblioteca, porque acreditavam que ele era um praticante de magia das trevas.

A maioria dos trabalhos de Dee ainda não foi publicada, mas um deles, *A mônada hieroglífica* (São Paulo: Madras, 2020), foi traduzido do latim para o inglês por J. W. Hamilton Jones e publicado em 1947 por John M. Watkins. Esse livro extraordinário nos dá uma noção da mente brilhante e peculiar de Dee — assim como o faz um livro menos acessível, *A True and Faithful Relation of what Passed for Many Years between Dr John Dee and some Spirits*, de Meric Casaubon, publicado em 1659.

Sob o governo da católica Maria Tudor, Dee esteve perigosamente perto de ser queimado como herege e "feiticeiro, invocador de demônios". De alguma forma, ele conseguiu se livrar dessa acusação, embora tenha passado algum tempo na prisão. Elizabeth I, que ascendera na época, recebera-o de forma amigável na corte. Ele foi o responsável por escolher — valendo-se da astrologia — o melhor dia para a coroação dela.

Sabemos agora que Dee foi muito mais do que o conselheiro oculto da rainha Elizabeth I. Em suas viagens frequentes ao exterior, ele atuava como agente secreto da monarca e, por uma curiosa coincidência, seu codinome era "007". Não se sabe se Ian Fleming, criador de James Bond, o atual "007" do Serviço Secreto de Vossa Majestade, estava ciente disso, mas algumas das aventuras de Dee ocorreram em reinos mais estranhos do que aqueles que Bond conheceu.

Escritores ocultistas muitas vezes afirmam que as bruxas têm uma linguagem secreta. É verdade que existe uma linguagem mágica — embora as bruxas não sejam as únicas praticantes de ocultismo que a estudam e, às vezes, a usam. Essa linguagem é chamada enoquiano, e a devemos às pesquisas do dr. John Dee e de seu colega Edward Kelley.

A língua enoquiana foi recebida por Edward Kelley mediante clarividência, usando um cristal — ou *shew-stone* (uma esfera de cristal) — como instrumento para cristalomancia. (*Ver* CRISTALOMANCIA.) Dessa forma, Kelley obteve uma série de grandes gráficos divididos em quadrados, com cada quadrado contendo uma letra do alfabeto. Esses gráficos — ou "tábuas" — foram copiados, e depois Kelley descreveu como um "anjo" ou espírito aparecia em sua visão e apontava as letras, uma após a outra, para então ele ditar uma mensagem. Dee, que trabalhava transcrevendo essas sessões espíritas, anotava a mensagem em sua cópia do gráfico. Às vezes, as mensagens eram transmitidas ao contrário, porque os espíritos diziam que os nomes sagrados e as invocações transmitidas eram tão potentes que declamá-los de forma direta poderia invocar poderes fortes demais para serem controlados, e a operação mágica de transmissão poderia ser perturbada.

Aleister Crowley, que se interessava muito pela língua enoquiana, endossa essa visão em seu livro *Magick in Theory and Practice*. Ele conta que o uso de palavras mágicas enoquianas requer prudência, porque, quando elas são usadas, coisas acontecem — para o bem ou para o mal. Ele também nota, assim como outros o fizeram, que essa língua misteriosa é de fato um idioma, e não apenas uma miscelânea de palavras estranhas. Com certeza, o enoquiano possui traços de gramática e sintaxe, assim como um alfabeto distinto — embora as palavras enoquianas se assemelhem ao hebraico, no sentido de que consistem principalmente em consoantes e as vogais precisem ser fornecidas pelo falante de acordo com certas regras.

A língua enoquiana é um completo mistério filológico. Já foi sugerido que corresponde a vestígios da antiga língua falada em Atlântida; talvez porque pareça vir do nome do misterioso patriarca Enoque, que viveu antes do Dilúvio e "caminhava com Deus, e ele não estava mais, pois Deus o tomou" (*Gênesis*, capítulo 5, versículo 24). Existe um volume antigo e estranho, *O livro de Enoque*, que se propõe a contar a história daqueles "Filhos de Deus" que desceram do céu e copularam com as filhas dos homens, e desse modo conferiram conhecimento proibido à humanidade, incluindo o conhecimento de magia. (Ver DEMONOLOGIA.)

A memória de John Dee perdura nas fronteiras galesas, onde, entre Knighton e Beguildy, existe uma colina chamada Conjurer's Pitch. Segundo a tradição local, esse é o lugar onde Dee costumava realizar ritos mágicos quando visitava o País de Gales.

O sucessor de Elizabeth, Jaime I, olhou para Dee com menos boa vontade do que a Rainha Virgem, e ele terminou seus dias em relativa pobreza e obscuridade, falecendo em Mortlake em 1608. Na sua época, porém, John Dee foi amigo de homens como sir Francis Bacon e sir Walter Raleigh. Foi membro de um círculo chamado "A Escola da Noite", que se reunia em segredo na casa de sir Walter Raleigh em Sherborne, Dorset, para discutir assuntos ocultos e científicos. Sherborne não fica distante da região onde está o Zodíaco de Glastonbury, então pode ter sido ali que Dee aprendeu sobre isso. (Ver ZODÍACO.)

DEMONOLOGIA

O conhecimento da demonologia, ou a suposta ciência que estuda e classifica os demônios, foi considerado, em tempos passados, essencial para a investigação da bruxaria. Seguia, como é óbvio, a doutrina da Igreja, que dizia que toda bruxaria — na verdade, todos os cultos rivais do cristianismo — era inspirada e dirigida por Satanás.

Um exemplo disso é que, no período medieval, *Mahound*, uma forma popular de Maomé, o fundador do islã, era um outro nome para diabo.

Toda a doutrina era baseada nas referências bíblicas aos anjos caídos, que se acreditava terem sido expulsos do Céu junto com seu líder, Satã ou Lúcifer, e depois disso se tornaram inimigos implacáveis de Deus e da humanidade. É questionável, porém, a ideia de que era essa a intenção original dos hebreus antigos com suas referências a Satã. No Livro de Jó, Satã aparece como uma espécie de *agente provocador* celestial, escolhido por Deus para testar a fé das pessoas. Ele entra de forma audaciosa no Céu entre os filhos de Deus, termo usado no Gênesis para se referir aos anjos. A palavra hebraica *satan* significa adversário.

Ecos dessa doutrina ressoam na oração do Pai-Nosso, nas palavras bastante enigmáticas "e não nos deixeis cair em tentação". O famoso ocultista francês Éliphas Lévi salientou que, se o Diabo existe, ele deve ser um Diabo de Deus. Lévi teve de escrever de forma obscura para não ofender a Igreja Católica, da qual era membro, mas ele protesta em sua obra principal, *Dogme et Rituel de la Haute Magie*, traduzida para o inglês como *Transcendental Magic* por Arthur Edward Waite (Londres: George Redway, 1896), contra as ideias dos demonólogos. Ele os acusa de estabelecer Satã como rival de Deus, e que suas crenças derivam das doutrinas orientais do zoroastrismo, em vez do verdadeiro cristianismo. Zaratustra postulou dois grandes poderes, um da luz e outro das trevas, entre os quais o domínio do universo foi dividido.

A identificação de Satã com Lúcifer nasce em um texto de Isaías, capítulo 14, versículo 12: "Como caíste do céu, Ó Lúcifer, filho da manhã! Tu, que foste derrubado ao chão, que enfraqueces as nações!". Os primeiros estudiosos da Bíblia relacionaram isso com a história contida no Apocalipse, sobre a grande estrela que caiu do céu, e com as palavras de Jesus no Evangelho de São Lucas, capítulo 10, versículo 18: "Eu vi Satã cair como um relâmpago do céu". No entanto, é óbvio, com base no contexto dessa passagem de Isaías, que o profeta não está se referindo de forma alguma a Satã, mas sim a um rei soberbo e opressor da Babilônia. A palavra em hebraico traduzida como "Lúcifer" significa "aquele que brilha", uma das estrelas do céu. Por meio desses indícios duvidosos, as doutrinas religiosas se expandiram, com a ajuda de demonólogos devotos e semianalfabetos.

Um dos principais textos que servem de fonte para a história dos anjos caídos é *O livro de Enoque*, uma coleção de fragmentos do período pré-cristão que amplia a estranha história sobre os filhos de Deus que "entraram às filhas dos homens, e elas lhes geraram filhos, estes se tornaram homens poderosos que eram na antiguidade, homens de renome" (Gênesis, capítulo 6, versículo 4). *O livro de Enoque* conta como, nos dias que antecederam o Dilúvio, cerca de duzentos "anjos" desceram ao monte Hermon e tomaram como esposas as mulheres terrenas. Os "anjos" não só procriaram como também ensinaram ao povo da Terra todo tipo de conhecimento que nunca haviam possuído. Por isso, foram punidos de maneira muito severa, e Deus enviou o Dilúvio para destruir a perigosa raça híbrida de "gigantes" que resultou desse acasalamento proibido. (*O livro de Enoque*, traduzido para o inglês por R. H. Charles, S.P.C.K., Londres, 1970.)

Na época em que esses relatos foram escritos, pensava-se que a Terra era o centro do Universo, o único lugar habitado pelos homens, e que quaisquer outros seres que descessem do céu só poderiam ser anjos ou demônios. Hoje, com o início das viagens espaciais e o nosso conhecimento sobre possíveis outros mundos habitados por seres inteligentes, talvez até mais avançados do que nós, podemos perceber uma explicação bastante diferente para essas tradições.

Embora fossem mais avançados em termos de conhecimento e civilização, alguns seres extraterrestres suficientemente parecidos conosco podem ter vindo à Terra, em um passado remoto, para acasalar com mulheres humanas e gerar filhos. Os homens comuns da Terra teriam ficado com ciúme e desconfiados desses intrusos, como era de esperar, e quando aconteceu o dilúvio que extinguiu Atlântida — um evento do qual existem muitos vestígios na lenda —, eles teriam culpado os recém-chegados com o velho argumento de *post hoc, ergo propter hoc*.

Contudo, o assunto dos anjos caídos era de grande importância para os demonólogos da Idade Média. Em *Ars Goetia*, primeiro livro do famoso grimório chamado *Lemegeton, ou A chave menor de Salomão*, são apresentados o nome e a descrição de 72 anjos caídos, cada um dos quais é líder de uma legião de espíritos. Conta-nos também que o rei Salomão, por meio de um comando de magia, confinou esses líderes demoníacos em um recipiente de latão, que ele então lacrou com um selo mágico e lançou em um lago profundo. Infelizmente, o povo da Babilônia, pensando que o recipiente continha um tesouro, tirou-o do lago e o abriu, libertando assim todos os demônios mais uma vez. No entanto, por meio de selos mágicos e de instruções oriundas de Salomão, o mago ou maga consegue controlar esses espíritos e fazer com que os obedeçam. O mesmo tema se repete em outros grimórios.

Outro ponto de vista sobre os demônios diz que eles não são anjos caídos, nem foram criados maus, mas são a personificação de forças cegas da natureza. Por outro lado, eles podem ser considerados espíritos não humanos de índole violenta e imprevisível, muitas vezes hostis ao homem, mas de mentalidade inferior à dele e, portanto, passíveis de ser controlados por magos poderosos. Esse último conceito de demônios é o que prevalece entre os praticantes de magia ao redor do mundo.

O romancista vitoriano Bulwer Lytton, que era líder de um círculo mágico secreto, conta-nos em seu romance ocultista *A Strange Story*:

> No credo do dervixe e de todos os que se aventuram naquele reino da natureza que está fechado à filosofia e aberto à magia, existem raças na magnitude do espaço inobserváveis como animálculos no mundo de uma gota. Para as tribos da gota, a ciência tem seu microscópio. Das hostes daquele céu azul, a magia Infinita ganha visibilidade e, através delas, ganha controle sobre fluidos condutores que conectam todas as partes da criação. Dessas raças, algumas são totalmente indiferentes ao homem, algumas inofensivas a ele e algumas muitíssimo hostis.

Essa é a visão que um iniciado tem dos demônios, ou seja, que alguns espíritos podem ser perigosos se o homem os provocar, não porque foram criados para tentar e afligir, mas do mesmo modo que um animal selvagem é perigoso quando se vê acuado.

Esse é um tema obscuro e difícil. No entanto, os demonólogos do passado elaboraram, de forma resoluta, a lista mais precisa, detalhada e fantástica de demônios e seus vários poderes e atribuições. Acreditava-se que as legiões do inferno estavam por toda parte e que as bruxas eram suas agentes. Essas crenças sem dúvida contribuíram muito para gerar pânico na opinião pública, até que as pessoas consentiram, irrefletidamente, com as mais cruéis perseguições dos tempos de caça às bruxas. (*Ver* DIABO.)

DEUS CORNÍFERO

O maior templo já construído pelo homem, o de Karnak, no Antigo Egito, foi erguido em homenagem a um deus cornudo, Amon-Rá, que exibia os chifres curvos de um carneiro.

O atributo dos chifres como símbolo de poder era bastante difundido em todo o mundo antigo. Muitos deuses e deusas egípcios eram representados com adornos de cabeça com chifres. Na Creta antiga, um par de chifres assinalava um lugar sagrado. O Antigo Testamento fala dos "chifres do altar", e havia uma lenda de que Moisés, depois de ter conversado com Deus no Monte Sinai, desceu da montanha com chifres. A famosa estátua de Moisés feita por Michelangelo demonstra essa crença, ao retratá-lo com pequenos chifres na testa.

Alexandre, o Grande, era conhecido como "O Dois Chifres". Os guerreiros gregos usavam chifres em seus capacetes, assim como os vikings, os celtas e as raças teutônicas em anos posteriores. O capacete com chifres, como insígnia de um guerreiro poderoso, perdurou até a Idade Média. Há muitas ilustrações de cavaleiros em armadura usando esses capacetes. Encontramos essa ideia até mesmo no Extremo Oriente. Os samurais, ou guerreiros com armadura do antigo Japão, usavam capacetes com chifres.

Os feiticeiros africanos também usavam com frequência um adorno de cabeça com chifres como parte de seu traje cerimonial; enquanto, no outro lado do mundo, o curandeiro nativo-americano usava um ornamento com chifres como emblema de seu poder.

As mais antigas representações de uma divindade masculina, as imagens das cavernas pintadas da Idade da Pedra, mostram-na como uma figura itifálica com chifres. (*Ver* ARTE DAS CAVERNAS, RELIGIOSA E MÁGICA.) A conexão entre esses deuses primitivos e as divindades sofisticadas e poderosas do Antigo Egito é muito remota, mas claramente rastreável. Estende-se ao Grande Deus Pã das montanhas e florestas da Grécia, o deus da fertilidade e da vitalidade; e a Cernuno, "O Cornífero" adorado na Europa celta e na Grã-Bretanha antiga. Muitas estátuas de Cernuno foram descobertas na Grã-Bretanha; e havia um templo para ele no local em que hoje é a catedral de Notre-Dame, em Paris.

Ainda mais tênue, a ligação se estende ao Deus Cornífero adorado nos sabás das bruxas, e denunciado pela Igreja Cristã como sendo o Diabo; *Auld*

Hornie, Satan, Nick ou Clootie, como Robert Burns o chamava. Contudo, não encontramos na Bíblia referências aos chifres como um símbolo do mal, mas de sacralidade e proteção. "Ele é meu escudo, e o chifre da minha salvação" (2Samuel, 22,3). "Meu broquel, e o chifre da minha salvação" (Salmo 18,2). "E levantou para nós o chifre de salvação" (Lucas, 1,69). Há muitos textos bíblicos contendo expressões como "Os chifres dos justos serão exaltados", "O meu chifre é exaltado no Senhor", e assim por diante. A ideia de chifres como um sinal de maldade é relativamente moderna.

No continente europeu, os chifres eram, e ainda são, um amuleto bastante popular contra o mau-olhado, tanto que na Itália a palavra *corno* passou a significar quase qualquer tipo de talismã da sorte. (*Ver* MAU-OLHADO.) A mesma crença, talvez menos acentuada, mas que persiste, pode ser encontrada na Grã-Bretanha. Alguns camponeses ainda acreditam que um par de chifres pendurados na casa como decoração é sinal de sorte.

A ideia de que há algo de mágico nos chifres deriva de um passado muito distante, da época anterior à descoberta da agricultura pelo homem. Quando os nossos ancestrais remotos, os caçadores primitivos, percorriam a terra em busca dos rebanhos de caça selvagem dos quais dependiam para se alimentar, devem ter admirado o poderoso veado, ou o esplêndido bisão, com seus chifres imponentes, sua beleza, seu poder, sua força e virilidade. Esse animal era a encarnação da masculinidade, o pai dos rebanhos. Eles pintavam sua imagem nas paredes das cavernas, e os sacerdotes-mágicos usavam os chifres e a pele em rituais mágicos.

Parte dessa magia de caça pode ter sido bastante prática. Conjecturou-se que uma das maneiras pelas quais os homens da Idade da Pedra Lascada caçavam era usando um membro inteligente e ousado da tribo como isca. Esse homem se vestia com os chifres e a pele do animal caçado e atraía vários deles para uma armadilha — para algum lugar íngreme, por exemplo, onde seria possível dispersá-los e depois abatê-los com arcos e flechas, se não morressem com a queda. Essa é, na verdade, uma possibilidade de caça para aqueles que podem contar apenas com armas primitivas e sua própria astúcia. Mas tudo depende da coragem e da sagacidade do homem que desempenha o papel da "besta", da isca. Ele decerto era o mágico da tribo.

Esse mágico que estava *em contato* com as grandes feras é uma das prováveis origens do conceito de Deus Cornífero, mas o Deus Cornífero em si é mais do que isso. Ele é o lado masculino e ativo da natureza, assim como a Deusa da Lua representa o lado feminino, na teologia das bruxas. O Deus Cornífero abre as portas da vida e da morte; porque aquilo que nasce pela porta da vida deve retornar pela porta da morte quando chegar a hora de deixar este mundo de novo.

Assim, o Deus Cornífero representa o poder de devolver a vitalidade na primavera; mas ele também é o velho Deus do Submundo, aquele de quem, segundo César, os gauleses afirmavam ser descendentes. Todos os anos vemos reencenada a Queda de Lúcifer, o portador da luz, quando o Sol, fonte de vitalidade deste planeta, atinge o auge de seu poder no meio do verão, e então cai dessa altura para se esconder nos reinos inferiores. Osíris, o deus egípcio do Sol, também governava os reinos dos mortos, e sua consorte, Ísis, a deusa da Lua, era mestra da magia. O cerne do paganismo é uma filosofia baseada na natureza e velada em símbolos e mitos.

É de se perguntar quanto os antigos bretões e gauleses sabiam de astrologia; porque a figura simbólica particular de Cernuno na arte celta é a serpente com cabeça de carneiro. Atualmente, a cabeça de carneiro é o emblema de Áries, o signo do equinócio da primavera; enquanto a serpente é um dos emblemas de Escorpião, que os astrólogos chamam de governante natural da Casa da Morte, e que é o signo solar na época do Halloween, o festival celta dos mortos. Tanto Áries quanto Escorpião são governados por Marte, o planeta insigne da virilidade masculina, cujo símbolo é usado pelos naturalistas para esse fim, para indicar o gênero masculino.

O Deus Cornífero, então, é o deus fálico, a personificação do lado masculino da natureza. Quando o homem descobriu a agricultura e começou a cultivar a terra, mantendo rebanhos e manadas, a potência do touro, do carneiro e do bode tornou-se importante para ele também, e esses animais desempenharam seu papel no culto do Deus Cornífero.

Reis e sacerdotes usavam capacete, coroa ou adorno de cabeça com chifres, em suas diversas formas, em todo o mundo antigo. No Egito, os touros e carneiros reais eram tidos como animais sagrados e moradas do espírito do deus, assim como o deus Shiva tem seu touro sagrado nos templos da Índia atual. Cenas extraordinárias eram representadas no templo do deus carneiro de Mendes, quando as mulheres consideravam um ritual religioso acasalar com o carneiro sagrado em uma cerimônia. O historiador Heródoto testemunhou esse ritual fantástico.

Histórias como essa, e as muitas representações de adoradores na arte egípcia — sobretudo mulheres — reverenciando um animal sagrado com chifres sobre um altar, nos fazem lembrar das descrições indignadas, anos depois, do que supostamente acontecia nos sabás das bruxas, quando uma besta com chifres, ou um homem disfarçado de besta, era adorado de maneira semelhante.

Os deuses do paganismo não estão distantes. Seus símbolos vivos podem ser encontrados bem próximos no mundo da natureza. Mas isso não impede que o deus que é imanente seja também transcendente, além do véu da natureza manifestada.

A humanidade pagã e primitiva, no entanto, gostava de estabelecer contato, literalmente, com a imagem de seu deus. Ele se fazia presente na besta sobre o altar, ou, de todo modo, o princípio dele estava ali. Assim como é provável que o princípio da deusa, o Grande Feminino, estivesse presente entre suas sacerdotisas, prostitutas do templo e dançarinas de antigamente.

Tudo indica que essa ideia de contato com o representante vivo do Deus Cornífero tenha originado o culto do salto com touros da antiga Creta, um esporte perigoso em que participavam homens e mulheres jovens, e do qual é possível encontrar graciosas representações na arte cretense. Posteriormente, temos a tourada como continuação da mesma ideia — não como é apresentada hoje, um espetáculo sangrento e sádico, mas, como o nome *corrida de toros* descreve, uma "corrida de touros" de fato. Em algumas das cidades e aldeias antigas do sul da França e da Espanha, a perigosa e emocionante "corrida de touros" original ainda pode ser assistida, quando os novilhos são liberados para correr pelas estreitas ruas da cidade enquanto os jovens competem entre si para ver quem consegue lhes pregar as peças mais arrepiantes, chegando a centímetros dos chifres, e muitas vezes tendo que se salvar saltando cercas ou subindo em postes de iluminação.

Mas como essa imagem mágica de um Deus Cornífero se converteu em deus das bruxas? Dentre todos os deuses antigos cujos cultos foram substituídos com o advento do cristianismo, por que esse, em particular, sobreviveu nos covens secretos?

O Deus Cornífero da bruxaria absorveu, é claro, muitas das características de outros deuses pagãos populares. Por exemplo, a figura de Herne, o Caçador, especificamente associada à bruxaria na floresta de Windsor, assumiu alguns dos atributos de Woden, e de Gwynn ap Nudd, ambos líderes da mítica Caçada Selvagem.

O "Diabo" com chifres e cascos do coven das bruxas tem forte semelhança com o deus grego Pã, adorado com ritos orgiásticos pelas bruxas da Tessália. Ele também tem ligações óbvias com o Cernuno celta, sobretudo como governante do Submundo ou do Outro Mundo, para além do véu da vida mortal. Cernuno, aliás, regulava os diferentes tipos de cerveja na Europa celta, assim como na Grécia o cornífero Dionísio presidia o vinho. Na época em que toda boa dona de casa se orgulhava de sua cerveja caseira, e o chá e o café eram desconhecidos, Cernuno representava o espírito da bebida do trabalhador, sorvida com avidez por ceifadores sedentos nos campos no verão ou saboreada com alegria junto à lareira no inverno.

Foi a ancestralidade popular do antigo Deus Cornífero que o fez sobreviver quando formas divinas mais sofisticadas foram esquecidas. Ele se fazia presente desde o princípio, no fundo da mente do homem, entre as coisas primitivas. O efeito que causou sobre as pessoas foi maior por ter sido mais profundo. É o deus mais antigo que o ser humano conhece, assim como a Dama Branca da Lua, a Grande Mãe, é a deusa mais antiga.

A Igreja Cristã poderia denunciá-lo como "O Diabo" quanto quisesse, e é claro que muitas das coisas que ele representava confrontavam a versão de cristianismo da igreja medieval: bebidas fortes, folia e vigor itifálico, por exemplo. O culto poderia ser levado à clandestinidade, mas não poderia ser extirpado, porque tanto o Deus Cornífero como sua contraparte feminina, a deusa da Lua das bruxas, representam forças vitalmente presentes na natureza e na essência humana.

A moralidade cristã, no entanto, conseguiu desvirtuar o significado dos chifres em símbolo de um homem traído. Tem havido muita especulação entre os antiquários a respeito desse significado. O motivo é a moralidade cristã, que via as mulheres pagãs como prostitutas por causa de seu modo livre e emancipado de viver; e via as divindades pagãs, com seus ritos orgíacos, como promotoras da fornicação. Portanto, os homens pagãos eram cornudos por causa da falta de pudor de suas esposas — ou assim a Igreja ensinou seus fiéis.

O Deus Cornífero foi degradado, equivalido ao Diabo, e os chifres de honra foram transformados em um emblema de vergonha. As campanhas de difamação eram conhecidas nos tempos antigos, tais como são hoje, mas, mesmo assim, esse aviltamento de símbolos antigos nunca foi inteiramente bem-sucedido.

DIABO

Essa palavra de medo para os supersticiosos e de lucro para repórteres sensacionalistas é geralmente considerada a personificação do mal. Contudo, a doutrina da existência de um Diabo em particular tem sido abandonada por muitos líderes religiosos nos últimos anos. A crença em um Satã rebelde como força do mal sempre foi contrária ao texto de Isaías, capítulo 45, versículo 7: "Eu formo a luz e crio escuridão. Eu faço paz e crio o mal. Eu, o Senhor, faço todas essas coisas".

Algumas pessoas religiosas precisam do conceito de Diabo — é de grande utilidade. Em primeiro lugar, a ideia de ser responsável por seus próprios males é desagradável para o homem. Ele gosta de ter algo — ou alguém — para culpar. O padrão foi estabelecido desde muito cedo, de acordo com a história do Jardim do Éden: Adão culpou a mulher e a mulher culpou a serpente. Aos olhos da Igreja antiga, que era nitidamente antifeminista, a mulher e o Diabo foram os responsáveis por todos os males desde então.

Diabo. Duas xilogravuras que ilustram concepções do Diabo. (Crédito da gravura 2: Master and Fellows of Magdalene College, Cambridge.)

Além disso, a história do Diabo, que sempre procura e conspira para a danação do homem, tem sido uma poderosa arma de medo, usada para manter as pessoas na linha. Quando *O bebê de Rosemary* — filme de grande sucesso que trata de supostas atividades diabólicas praticadas por algumas bruxas modernas — foi exibido pela primeira vez nos Estados Unidos, foi condenado pelo National Catholic Office for Motion Pictures, uma instituição católica independente para classificação cinematográfica. O enredo conta a história de uma menina que concebe um filho do Diabo, e Mia Farrow, que estrelou esse papel, manifestou-se em resposta à proibição do Catholic Office.

Ela foi citada como tendo dito que não via motivos para condenar o filme, porque havia sido a própria Igreja Católica que "inventou a figura de Satã" e eram eles que tentavam controlar as massas por meio do medo do inferno.

A atriz poderia ter acrescentado que foi a Igreja Católica que estabeleceu o dogma de que, sendo todos os deuses das religiões mais antigas de fato demônios, todos os pagãos eram adoradores do diabo e, portanto, alvos para qualquer tipo de tratamento, não importa quão desumano fosse. Parece que essa atitude ainda se mantém hoje em certos setores da imprensa.

No entanto, o sucesso de *O bebê de Rosemary* — como livro e filme — indica a atitude ambígua da sociedade em relação ao conceito de Diabo. A despeito de ser, supostamente, a personificação do mal, ele continua fascinando. Por quê?

A afirmação de que "o deus da velha religião se torna o diabo da nova" é algo que antropólogos e estudantes de religião comparada descobriram ser verdade, de forma literal. Por exemplo, Velho Nick como nome para o Diabo deriva de Nik, que era uma alcunha do deus pagão inglês Woden. Às vezes, o Diabo é chamado apenas de "O Velho", outro nome cheio de significado a esse respeito. (*Ver* VELHO, O.)

A representação convencional do Diabo é a de um ser com chifres na cabeça e um corpo que termina em membros inferiores peludos e cascos fendidos. Mais uma vez: por quê? Existe algum texto na Bíblia que descreva "Satã" ou "o Diabo" dessa maneira? De modo algum. No entanto, essa é a imagem que a menção ao "Diabo" evoca.

Na verdade, é só uma representação de Pã, o deus com pés de bode, patrono da natureza, da vida e da vitalidade. E o próprio grande deus Pã é só outra versão do mais antigo Deus Cornífero, a divindade que os homens das cavernas cultuavam.

"Amado Pã, e todos os outros deuses que habitam este lugar, dai-me a beleza na alma interior, e permita que o exterior e o interior sejam um só." Essa foi a oração de Sócrates. Ele era um adorador do diabo?

Sem dúvida, os pagãos tinham alguns deuses de aspecto aterrorizante. Mas esses deuses não eram anjos caídos que conspiraram de modo horrível para cercar o homem de miséria e desgraça. Eram a personificação das forças naturais destrutivas: o vento tempestuoso, a escuridão, a peste. As pessoas que realmente adoravam a natureza sabiam que ela não era feita apenas de belas flores e passarinhos e borboletas graciosos. As forças da criação eram contrabalanceadas pelas forças da destruição, mas a Grande Mãe destruía apenas para fazer renascer em uma forma superior.

A palavra "Diabo" tem procedência incerta. Na minha opinião, sua origem mais provável é a mesma de "Deus", isto é, do sânscrito *Deva*, que significa "um que brilha, um deus". Os ciganos, cuja língua, o romani, é de origem indo-europeia, chamam Deus de *Duvel*. De fato, *Demon est Deus Inversus*, "o Demônio é Deus invertido", como diz o antigo lema mágico.

A própria palavra "demônio" vem do grego *daimon*, que no início significava um espírito que ocupava um lugar intermediário entre os deuses e os homens. Só mais tarde, nos primórdios do período cristão, foi dado ao termo um significado de espírito maligno.

Os espíritos da natureza, que os pagãos sentiam assombrar lugares solitários, não eram bons nem maus. Eram apenas diferentes do homem. Não eram de carne e osso e, por isso, eram tratados com cautela e respeito. Nas partes mais isoladas das Ilhas Britânicas, pessoas de ascendência celta têm esse comportamento até hoje em relação às fadas, a quem chamam de "boas vizinhas" ou "povo da paz".

O Diabo é aquilo que é selvagem, indomado e não resolvido — na natureza e na essência humana. Ele é os impulsos *em si*, que as pessoas temem e cuja existência não gostam de admitir. Por consequência, esses impulsos se exteriorizam e se projetam na forma de diabos e demônios. Não é para menos que na Idade Média, quando a Igreja governava com mão de ferro, o Diabo aparecesse por todo lado! Ele era a imagem projetada dos desejos naturais, especialmente dos desejos sexuais, que não seriam negados, por mais que a Igreja os denunciasse como pecado.

O Diabo, como personificação das forças misteriosas e indomadas da natureza, aparece em todos os cantos das Ilhas Britânicas na forma de topônimos, aplicado a coisas que pareciam extraordinárias e inexplicáveis. Existe um grande vale em South Downs, perto de Brighton, chamado Devil's Dyke (Dique do Diabo). Em Hindhead, Surrey, temos o Devil's Punch Bowl (Poncheira do Diabo), e existem mais dois nas Ilhas Scilly e na Irlanda. Há duas Devil's Glen (Ravina do Diabo), uma em Wicklow e outra no vale do Neath. Um curioso pináculo de rocha em Cotswolds, que é assombrado por bruxas, é chamado de Devil's Chimney (Chaminé do Diabo). Na margem do rio Wye, em frente à abadia de Tintern, fica o Devil's Pulpit (Púlpito do Diabo), de onde ele teria pregado para desafiar a Igreja.

Há o Devil's Cheese-Wring, um estranho monte de pedras perto de Liskeard, na Cornualha, o Devil's Frying Pan (Frigideira do Diabo), no mesmo município, o Devil's Jumps (Pulos do Diabo), uma série de pequenas colinas perto de Frensham, em Surrey, e assim por diante, espalhados por todo o mapa.

Com alguma frequência, certos prédios antigos e interessantes levam o nome do Diabo. Há uma Torre do Diabo no Castelo de Windsor e uma Bateria do Diabo na Torre de Londres. Monumentos de pedra pré-históricos foram chamados de Devil's Arrows (Flecha do Diabo) ou Devil's Quoits (Discos do Diabo), e uma lenda atribui ao Diabo a construção de Stonehenge. Qualquer coisa que fosse considerada além da engenhosidade ou da compreensão humanas pertencia ao reino do Diabo. Ele era a personificação do Desconhecido.

O Diabo era o rebelde, ele era tudo o que não estava conforme. Ele era o espírito do selvagem, da escuridão, da tempestade; o Caçador Selvagem cavalgando o vento noturno. Ele era o proibido, mas perigosamente sedutor; o segredo que atraía ao mesmo tempo que desafiava o indivíduo a descobri-lo. Ele colocava tempero na vida, numa situação em que a bondade tinha se tornado sinônimo de monotonia e decoro. Ele era o inimigo das virtudes negativas.

Diabo, Caçada Selvagem. Uma antiga gravura da Caçada Selvagem cavalgando o vento noturno sob a lua cheia.

Como tal, o Diabo desempenhou um papel importante no desenvolvimento psicológico da humanidade. Nele foi projetada a corrupção no coração do homem. As pessoas acusavam as suas supostas servas — as bruxas — de fazerem coisas proibidas que elas mesmas, as acusadoras, queriam fazer, nas profundezas escuras do inferno de sua própria alma, e depois torturavam e queimavam as bruxas por serem tão "perversas". É significativo que a palavra *hell*, "inferno" em inglês, venha da mesma raiz anglo-saxã *helan*, que significa ocultar, encobrir. Os verdadeiros poderes do inferno vêm não de diabos externos, mas dos conteúdos não reconhecidos da própria mente do homem.

Em que medida, então, o Diabo é o deus das bruxas? A resposta é que a Igreja, e não as bruxas, associou o antigo Deus Cornífero com o Diabo, justamente porque ele defendia as coisas que a Igreja havia proibido — sobretudo o prazer sexual desinibido e o orgulho que não se curva nem se submete. Eles estavam tão determinados a fazer essa associação que, nos antigos relatos dos julgamentos de bruxas, quase todas as menções feitas por elas a uma divindade não cristã foram catalogadas como "o Diabo" por aqueles que registravam os processos. Os líderes masculinos dos covens também foram tantas vezes descritos como "Diabo" que algumas bruxas começaram a chamá-los assim — embora o termo seja raramente usado hoje por elas.

Na verdade, o Deus Cornífero das bruxas é muito, muito mais antigo que o cristianismo, e ele só começou a ser associado ao Diabo quando a Igreja rotulou a própria natureza humana como "caída" e os impulsos naturais como "pecado". Essa associação não foi apenas uma questão deliberada de dogma, tratou-se de um processo psicológico que em alguns lugares ainda está em curso.

Foi esse impulso emocional tão entranhado que conferiu à caça às bruxas seu ímpeto horripilante, sua crueldade impiedosa e obscena, seu caráter de pesadelo irracional. Naquele tempo, as forças das trevas foram de fato liberadas, mas o inferno de onde vieram foi obra do próprio homem, não de Deus ou do Diabo.

DIANA

Diana é o nome romano da deusa da Lua, a quem os gregos chamavam de Ártemis. (*Ver* ÁRTEMIS.) Seu templo em Éfeso era uma das sete maravilhas do mundo antigo.

O nome Diana vem da raiz indo-europeia *Di*, que significa "brilhante, resplandecente", como condiz à senhora da luz brilhante do céu. Sob esse nome, ela também teria sido aceita pelos povos das províncias celtas de Roma, já que as palavras celtas *dianna* e *diona* também significam "divina" ou "reluzente".

Talvez essa seja uma das razões pelas quais o culto a Diana foi tão difundido e duradouro. Vimos como o antigo direito canônico da Igreja Cristã denunciava as mulheres que continuavam a adorar Diana à noite. (*Ver* CANON EPISCOPI.) Charles Godfrey Leland nos conta que, na Itália do século 19, muitas pessoas não tinham instrução suficiente para saber o mínimo sobre a deusa clássica Diana, mas mesmo assim a conheciam bastante bem como rainha das bruxas. (*Ver* LELAND, CHARLES GODFREY.)

As lindas invocações a Diana, que Leland coletou de bruxas italianas e publicou em *Aradia: o evangelho das bruxas*, são a prova da permanência do culto a Diana e de sua importância para a compreensão do que a bruxaria é de fato. (*Ver* ARADIA.)

Girolamo Cardano, que escreveu sobre bruxas em seus livros *De Rerum Varietate*, publicados na Basileia em 1557, diz: "Elas [as bruxas] adoram a *ludi Dominam* [a Senhora dos Jogos] e sacrificam-se a ela como a um deus". Essa "Senhora" era Diana, e os "jogos" eram os esbás de lua cheia, cujo nome vem do francês antigo *s'esbattre*, que significa brincar. Na Itália, essas brincadeiras de bruxas eram, às vezes, chamadas de "jogo de Benevento", em homenagem a uma cidade famosa por ser ponto de encontro de bruxas.

Outros nomes que a deusa adquiriu durante a Idade Média foram Dame Habonde, Abundia, Satia, Bensozia, Zobiana e Herodiana. Na Escócia, ela se chamava Nicneven, que cavalgava pela noite com seus seguidores "ao final da árdua colheita, no velho Halloween", como descreve um antigo poeta escocês.

Alguns desses nomes são evidentemente descrições de seus atributos. Abundia, por exemplo, está ligado à "abundância", e Satia à "satisfação".

Herodiana é uma combinação dos nomes de Diana e de sua filha bruxa Herodias. Bensozia poderia significar "a boa vizinha", uma expressão que designava as fadas. Com o cristianismo, muitos dos antigos deuses foram associados às fadas no imaginário popular. O nome da rainha das fadas de Shakespeare, Titânia, é, na verdade, um antigo nome da deusa da Lua. Na Irlanda, o *Sluagh Sidhe*, ou hoste das fadas, era liderado pelas belas e brilhantes figuras dos antigos deuses e deusas celtas.

A terra das fadas, na verdade, era tão somente o Outro Mundo pagão, para onde as almas iam quando morriam, e Diana era sua rainha. Isso estava bastante de acordo com o mito clássico que conferia à deusa tríplice da Lua o domínio sobre três reinos: o do Céu, o da Terra e o do Outro Mundo, a morada dos mortos. Como divindade da Lua, ela era Selena; como deusa das florestas e das coisas selvagens, ela era Ártemis; e como rainha do misterioso Além, ela era Hécate.

O poeta John Skelton descreve a divindade tripla de Diana:

Diana nas verdes folhas,
Luna que tão brilhante resplandece
Perséfone no Inferno.

Como deusa universal, Diana tinha muitas formas e muitos nomes. Na verdade, seria mais correto dizer que havia uma deusa universal, de cuja miríade de nomes Diana fazia parte. Como é natural, o culto a uma deusa tão adorada foi praticado por todo o antigo Império Romano, onde se misturou com o de deusas nativas como Dana, Briginda e Cerridwen.

O culto a Diana foi de particular importância para a antiga Grã-Bretanha, porque, segundo a lenda, foi ela quem guiou o príncipe troiano Bruto, fundador da linhagem real da Grã-Bretanha, para se refugiar ali após a queda de Troia. Nos tempos antigos, a descendência da realeza britânica dos troianos era aceita sem nenhum questionamento e era motivo de orgulho. Os britânicos se autodenominavam Y Lin Troia, "a raça de Troia".

O local onde Bruto desembarcou, em Totnes, Devon, ainda está à mostra, e Londres foi chamada de *Troy Novaunt*, ou Nova Troia, porque foi esse príncipe que a fundou.

Presume-se que a Pedra de Londres, uma relíquia sagrada que ainda está preservada, era o altar que Bruto originalmente construiu para Diana em agradecimento pelo reino que ele havia conquistado. Diz-se que o destino de Londres depende da segurança dessa pedra.

Conta-se que o templo de Diana fundado por Bruto ficava no local em que se encontra hoje a catedral de São Paulo. Essa pode ser a verdadeira origem de uma estranha tradição medieval que, no passado, ocorria todo 25 de janeiro, dia de São Paulo. Em 1375, um certo sir William Baud foi autorizado a cercar oito hectares de terra que pertenciam à catedral, com a condição de apresentar ao clero do lugar, anualmente, um cervo gordo e uma corça. Esses animais eram levados para o interior da catedral durante a procissão e oferecidos no altar-mor.

> O cervo era levado aos degraus do altar, o deão e o cabido, usando vestimentas e paramentos próprios, com guirlandas de rosas na cabeça, enviavam o cervo abatido para ser assado e mandavam fixar a cabeça e os chifres em um mastro diante da cruz, em sua procissão ao redor da igreja, até chegarem à porta oeste, onde o guardião que havia trazido o animal soava a morte do cervo, e as cornetas pela cidade lhe respondiam da mesma maneira.

É o que diz Robert Chambers em seu *Book of Days* (Londres; Edimburgo: W. & R. Chambers, 1869. 2.v.; e Gale Detroit, 1886), citando um antigo autor. Na verdade, essa cerimônia está de acordo com um rito pagão associado a um local pagão onde a catedral original foi construída. Depois, o antigo rito continuou de forma cristianizada, e em 1375 um homem recebeu algumas terras com a condição de oferecer o sacrifício anual dos animais com chifres de Diana.

Por vezes, os alquimistas usavam figuras de Diana como símbolo da prata, o metal da lua. A antiga crença de oferecer dinheiro para ter sorte, quando se vê a lua nova pela primeira vez, é um resquício da adoração a Diana. Deveriam ser então, é claro, moedas de prata que se pedia a ela que multiplicasse.

A lua crescente de Diana e o manto azul estrelado foram tomados sem cerimônia e atribuídos por artistas a Nossa Senhora quando representada como rainha do céu. A beleza das madonas medievais é a graça de uma deusa que antigamente era representada por Diana, e antes dela por Ísis, e antes dela pela mulher divina dos santuários escuros e secretos dos homens das cavernas.

DIGITÁLIS

Essa droga, que é o princípio ativo da planta dedaleira, foi introduzida pela primeira vez na prática médica universal por um médico que comprou seu segredo de uma bruxa.

O dr. William Withering (1741-1799) nasceu em Wellington, Shropshire, e publicou *An Account of the Floxglove and Some of its Medical Uses* em 1785.

Durante sua prática médica em Shropshire, Withering descobriu que as pessoas recorriam às mulheres sábias da aldeia, ou bruxas das luzes, em busca de remédios, e ficou intrigado ao descobrir que esses remédios às vezes funcionavam. Uma anciã em particular tinha um medicamento fitoterápico que trazia benefícios ao tratamento de certas doenças cardíacas.

Tendo estabelecido isso como fato, Withering foi encontrar a velha bruxa e comprou sua receita. Ele descobriu que o ingrediente mais importante era a dedaleira, e assim iniciou seu próprio estudo das propriedades da planta.

Ele ficou famoso ainda em vida por sua contribuição à medicina, e seu memorial na antiga igreja de Edgbaston foi decorado com a escultura de uma dedaleira em homenagem à sua descoberta.

Há muito tempo a dedaleira é associada às bruxas e, às vezes, é chamada de luva de bruxa ou dedal de bruxa. Seu nome em inglês (*foxglove*) nada tem a ver com raposa (*fox*), mas remete, originalmente, à expressão "luva do povo" (*folk's glove*), "a luva do povo do bem, ou das fadas".

A digitális é usada com frequência na prática médica hoje, o que nos mostra que o saber tradicional das bruxas não era uma bobagem supersticiosa, sobretudo no que diz respeito ao conhecimento das propriedades das ervas.

DORSET OOSER

Esse é o nome dado a uma máscara com chifres muito curiosa, cuja história é mais curiosa ainda. Está com certeza ligada à Antiga Religião, e isso vem de muito tempo atrás.

A primeira vez que se escreveu sobre essa máscara — conhecida por esse nome por estudantes de folclore — foi em 1891, na *Somerset e Dorset Notes and*

Queries. Felizmente, não foi apenas descrita, mas também fotografada, visto que, assim como a cabeça de Atho, o objeto desapareceu sob circunstâncias misteriosas. Margaret Murray reproduziu essa fotografia em seu famoso livro *O deus das feiticeiras* (São Paulo: Gaia, 2002), como um exemplo de tradições de longa data ligadas à adoração do Deus Cornífero.

A máscara era oca e feita de madeira pintada. Tinha cabelo e barba, sendo guarnecida também de um belo par de chifres de touro. Sua expressão particularmente realista, viva e assustadora tornou-a um exemplo esplêndido de arte popular em si, à parte suas conexões estranhas e secretas.

A mandíbula inferior era móvel e se mexia ao puxar uma corda. Uma característica muito interessante dessa máscara era que no centro da testa havia uma saliência arredondada, no mesmo ponto que os iogues e lamas orientais chamam de "terceiro olho", considerado o centro dos poderes psíquicos.

Na época em que foi notada pela primeira vez por escritores de folclore, a Dorset Ooser estava em posse da família Cave, de Holt Farm, Melbury Osmond, em Dorset. Eles sabiam que a máscara era conhecida pelo nome de Ooser entre a população local, mas não pareciam ter muita certeza do seu real significado, exceto que estava associada às festas da aldeia.

Outras pesquisas mostraram que, no passado, a máscara era usada nas festividades de Natal por um homem vestido com peles de animais. Ele era conhecido em Dorset como "o touro de Natal", o "Ooser" ou "Wooser", e uma figura parecida costumava acompanhar os cantores natalinos em Kingscote, Gloucestershire.

Isso é interessante, porque um penitencial muito antigo da Igreja chamado *Liber Poenitentialis*, de Teodoro, que foi arcebispo de Canterbury de 668 a 690, castigava de forma rigorosa o povo pagão que mantinha esse mesmo costume:

> Quem nas calendas de janeiro andar como veado ou touro, isto é, transfigurar-se em animal selvagem e se vestir com a pele de um animal de rebanho, e se cobrir com cabeça de animais; aqueles que assim se transformarem e ficarem com a aparência de um animal selvagem, punidos serão por três anos, porque isso é diabólico.[2]

---

[2] "Calendas de janeiro" é o primeiro dia desse mês, e fazia parte dos antigos doze dias de Natal em que as festividades eram celebradas.

No *Dorset Up-Along and Down-Along*, uma coleção sobre o folclore de Dorset coletada por membros dos institutos de mulheres e publicada em 1951, afirmou-se que a visita do Wooser era uma tradição natalina "até quarenta anos atrás", ou seja, por volta da virada do século 20, pelo menos. Portanto, aquela máscara específica pertencente à família Cave deve ter sido apenas uma entre várias peças similares. É evidente que, ao longo dos séculos, o povo de Dorset pouco se importou com a ira ou as penitências do arcebispo e conservou seus costumes pagãos. Talvez se preocupassem mais com manter a sorte dos antigos deuses do que com as ameaças do arcebispo e seus sucessores.

Em 1911, um jornal de Dorsetshire publicou a reportagem de um homem acusado de assustar algumas meninas ao persegui-las enquanto "vestia pele de boi e uma *ooser*".

A palavra *ooser*, como termo dialetal para uma máscara com chifres, intrigou os filólogos. É pronunciada "uss-er", com um som de "s" dobrado, não "uze-er", como poderia parecer para aqueles que não são de Dorset. O termo pode derivar de uma palavra latina medieval, *osor*, que era sinônimo de Diabo, como F. T. Elworthy sugeriu em seu livro *Horns of Honor* (Londres: John Murray, 1900). No entanto, eu gostaria de apresentar outra hipótese: "Ooser" vem do inglês antigo *Os*, que significa Deus. Essa palavra sobrevive em nomes como "Oswald", que significa "poder de Deus"; "Osmund", que significa "proteção de Deus", e assim por diante. É de se notar que a aldeia onde vivia a família Cave se chame Melbury *Osmond*.

As circunstâncias em que a Dorset Ooser desapareceu são as seguintes. Seu proprietário, dr. Edward Cave, mudou-se de Holt Farm para Crewkerne, em Somerset, e levou a máscara consigo, junto com seus pertences. Em 1897, ele se mudou novamente, de Crewkerne para Bath. Dessa vez, deixou a máscara em Crewkerne, guardada com outros bens em um ático, aos cuidados do cocheiro da família. Tempos depois, quando o dr. Cave perguntou pela Ooser, ela não foi encontrada. Então, um cavalariço admitiu ter se desfeito dela. Ele disse que, certo dia, um homem "de Chinnock" procurou-o e pediu para comprá-la, e achando que a peça não tinha nenhum valor especial, o rapaz a vendeu.

Quando nos lembramos de que essa máscara com chifres esteve em posse da família Cave "desde tempos imemoriais", a história do cavalariço parece um tanto inconsistente, embora, claro, possa ser real. De qualquer forma, todas as investigações sobre o forasteiro misterioso vindo de "Chinnock" foram infrutíferas. Nem ele nem a máscara foram vistos novamente.

Talvez alguém não tenha gostado de a Dorset Ooser ter sido levada de Dorset. Pode ter havido a ideia de que, com a transferência da peça, a sorte ou a proteção também iriam embora. É possível, ainda, que um coven tenha visto uma oportunidade de obter algo que lhe seria de grande importância. Até o momento, o mistério permanece sem solução.

DRAKE, SIR FRANCIS

Sir Francis Drake é conhecido em todos os livros de história ingleses como o homem que libertou a Inglaterra da Armada espanhola. Não tão conhecido é o fato de que em sua terra natal, Devonshire, ele tem a reputação de ter pertencido ao culto das bruxas.

Durante a Segunda Guerra Mundial, em uma época em que a Inglaterra parecia estar sob perigo iminente de sofrer uma invasão, uma grande reunião de bruxas ocorreu em New Forest para realizar um rito de proteção ao país. Naquela oportunidade, foi lembrado que rituais semelhantes haviam sido realizados tempos atrás contra Napoleão, e antes disso contra a Armada espanhola. (A cerimônia contra Hitler aconteceu no Lammas de 1940, e eu conheci pessoalmente duas pessoas que participaram dela.)

Existem muitas lendas sobre Drake e sua vitória contra a Armada. O "tambor de Drake" é bem famoso, e diz-se que sua batida fantasmagórica foi ouvida durante a Primeira e a Segunda Guerras. Em West Country, nas histórias contadas ao pé da lareira nas noites de inverno, Drake é descrito como um fantasma bastante ativo, conhecido por liderar a Caçada Selvagem em noites escuras de vento e tempestade.

Essa identificação de Drake com o líder da Caçada Selvagem é interessante, pois essa crença está definitivamente ligada à Antiga Religião. Outras histórias dizem que, por Drake ter praticado bruxaria durante a vida, sua alma não consegue descansar. É por isso que seu fantasma dirige uma carruagem preta, puxada por quatro cavalos, pelas estradas de Devonshire em noites de tempestade.

Outra versão diz que Drake vendeu a alma ao Diabo em troca da derrota dos espanhóis, e por isso seu espírito está condenado a vagar. Ambas as histórias são basicamente interpretações do mesmo tema, atestando que Drake pertencia à Antiga Religião.

Existe um promontório em Plymouth, a oeste das docas e com vista para a entrada de Devonport, que é chamado de Devil's Point. Conta-se que foi nesse lugar que Drake se reuniu com as bruxas a fim de invocar as tempestades que assolaram os navios espanhóis e desempenharam um papel crucial na derrota da Armada. Acredita-se que esse promontório ainda seja assombrado por causa da bruxaria que ocorria ali em tempos antigos.

DRUIDAS, SUAS LIGAÇÕES COM A BRUXARIA

Identificar ligações — se houver alguma — entre druidismo e bruxaria é uma tarefa difícil, porque nosso conhecimento sobre essa doutrina é muito incompleto.

No entanto, sabemos que existiam druidesas e druidas, e que, quando o druidismo foi abolido, essas mulheres podem muito bem ter aderido ao culto da bruxaria. Lewis Spence, em seu livro *The Mysteries of Britain* (Londres: Riders), considera a bruxaria "uma sobrevivente parcial da religião ibérico-celta".

Ele ressalta uma semelhança entre o caldeirão tradicional das bruxas e o caldeirão sagrado da inspiração presidido pela deusa Cerridwen, que era venerada pelos bardos e pelos druidas.

Na verdade, diz Spence, os Mistérios de Cerridwen ainda eram celebrados no País de Gales no século 12. Hywel, o príncipe de Gales do norte, foi iniciado nos Mistérios Menores de Cerridwen em 1171. A deusa era chamada de "a lua, grandiosa e bela", assim como o era a deusa das bruxas. E, como a deusa-bruxa, ela tinha tanto um aspecto sombrio quanto um brilhante, como decerto qualquer deusa da natureza deve ter se quiser ser uma verdadeira divindade e não mera imagem sentimental.

O atual Chefe Escolhido de uma ordem druida me disse que o druidismo não é de fato uma religião, mas uma filosofia e um modo de vida. Se esse ponto de vista for aceito, então não há razão para que os druidas não tivessem respeitado a religião pagã de sua época, assim como os filósofos gregos o fizeram em seu país, enquanto refletiam entre si sobre a verdadeira natureza dos deuses e das deusas que as pessoas comuns adoravam.

A partir de relíquias que remanesceram da filosofia druídica, transmitidas a nós pelos bardos de Gales e por outras fontes da tradição celta, descobrimos que eles tinham uma importante crença em comum com as bruxas: a crença na reencarnação.

Os druidas ensinavam que a alma humana tinha de passar por uma série de existências em Abred, o círculo da necessidade, antes de poder atingir Gwynvyd, o círculo da bem-aventurança. Abred era a condição de vida terrena, mas, uma vez que fosse transcendido e suas lições aprendidas, a alma não mais retornaria a esse mundo. Três coisas impediam o progresso da alma e a faziam voltar às mudanças de Abred: o orgulho, a falsidade e a crueldade.

Enquanto pesquisava a tradição das bruxas na Itália no final do século 19, Charles Godfrey Leland descobriu que a ideia de reencarnação era prezada pelas bruxas da Romanha como uma doutrina secreta e esotérica — na qual se acreditava, mas sobre a qual pouco se falava. Ele dá testemunho disso em seu *Etruscan-Roman Remains in Popular Tradition* (Londres: Fisher Unwin, 1892).

A crença na reencarnação era difundida no mundo antigo, por isso não é de surpreender que bruxas e druidas a compartilhassem; tampouco é impossível, absolutamente, que essa ideia tenha sido transmitida por eles até os dias atuais. (*Ver* REENCARNAÇÃO.)

O que talvez represente uma ligação mais estreita é que os sabás maiores das bruxas são idênticos aos quatro grandes festivais anuais dos druidas nos países celtas: Beltane (30 de abril), Lughnasadh (1º de agosto), Samhain (31 de outubro) e Imbolc ou Oimelc (2 de fevereiro).

O dia 30 de abril é, claro, Véspera de Maio, a Noite de Santa Valburga das bruxas; Lughnasadh é o Lammas; Samhain é o Halloween; e Imbolc é a Candelária.

Os quatro sabás menores dos equinócios e solstícios também eram celebrados pelos druidas. Seus nomes druídicos são Alban Arthan para o solstício de inverno; Alban Eilir para o equinócio da primavera; Alban Hefin para o solstício de verão; e Alban Elfed para o equinócio de outono.

Essas oito ocasiões ritualísticas dividem o ano como os raios de uma grande roda, e são, na verdade, o progresso natural das estações. Os celtas consideravam, de maneira muito sábia, que as Ilhas Britânicas tinham apenas duas estações reais: o verão e o inverno. O verão começava no Primeiro de Maio e era recepcionado pelas fogueiras de Beltane, pela dança do mastro de maio e pelo canto das canções de maio. Seis meses depois, em 31 de outubro, chegavam o Samhain — que significa "fim do verão" — e toda a bruxaria do Halloween, quando as forças do inverno, sombrias e misteriosas, começavam a prevalecer.

Tanto a Véspera de Maio quanto o Halloween ainda são eventualmente chamados de Noite das Travessuras em várias partes da Grã-Bretanha, por causa das brincadeiras e festas realizadas nessas ocasiões. Esses eram os períodos intermediários, quando o ano cambiava livremente, as portas para o Outro Mundo estavam abertas e tudo poderia acontecer.

É possível traçar paralelos entre o antigo druidismo e a religião das bruxas, sem dúvida. Contudo, em minha opinião, essa relação indica que ambos possuem uma origem comum, que é o antigo culto à natureza, e não que um dos cultos deriva do outro.

Além da deusa da Lua Cerridwen, os druidas também reverenciavam uma versão do Deus Cornífero. Era Hu Gadarn, associado ao culto do touro. O nome Hu significava aquilo que tudo permeia. Os bardos o usavam como um título que remetia à onisciência e à onipresença divinas. Em outras palavras, Hu era a personificação de certos atributos da divindade, em vez de um deus personificado.

Hu Gadarn era um deus da fertilidade. De acordo com as tríades bárdicas, foi o primeiro a ensinar os homens a arar e cultivar a terra. A adoração a essa divindade sobreviveu até um período surpreendentemente tardio.

A evidência histórica desse fenômeno está em uma carta de Ellis Price para Cromwell, secretário de Henrique VIII, datada de 6 de abril de 1538, referindo-se a resquícios pagãos na diocese de St. Asaph, em Gales:

> Há uma imagem de Darvellgadarn na referida diocese, em quem o povo deposita tanta confiança, esperança e fé, que diariamente faz uma peregrinação até ela, alguns com vacas, outros com bois ou cavalos, e o restante com dinheiro, tanto que houve cinco ou seis centenas de peregrinos, à estimativa de um homem, que ofereceram à referida imagem os quinze dias deste presente mês de abril. O inocente povo ficou tão atraído e motivado a adorar a referida imagem, que ainda existe um ditado comum entre eles que diz que, seja quem for que ofereça qualquer coisa à imagem de Darvellgadarn, será

resgatado do Inferno, ele mesmo ou outrem que assim proceder, quando for condenado, graças ao seu poder.

As autoridades tomaram medidas com base nessa informação. No mesmo ano, a imagem foi levada para Smithfield e queimada. Com ela foi queimado também um homem, descrito como "frade", que tinha o mesmo nome da imagem. Ele era, evidentemente, um sacerdote do culto de Darvellgadarn, e o último nome era uma combinação do segundo designativo de Hu Gadarn e... O quê? Poderia ter sido "Darvell" a versão da língua galesa rural de *Devil*, ou mesmo do romani *Duvel*? Tudo indica que ele era visto como um senhor do Outro Mundo, assim como alguém que trazia boa sorte e a quem as pessoas faziam oferendas por esse motivo.

Por muitos anos, o druidismo foi negligenciado e rejeitado devido à sua origem pré-cristã. Hoje, porém, com mais tolerância religiosa e com o renascimento dos estudos do oculto em geral, as pessoas já começam a olhar de novo para as tradições celtas nativas. Atualmente, existem vários círculos que realizam reuniões druídicas regulares, além do famoso encontro anual em Stonehenge para o solstício de verão.

Embora saibamos que os druidas — que César, Plínio e outros escritores clássicos descreveram e, às vezes, caluniaram — não foram os verdadeiros construtores de Stonehenge, suas ideias e seu sistema filosófico da natureza estão em harmonia com as crenças que inspiraram a construção dos grandes círculos de pedra e menires que enriquecem a nossa paisagem. O espírito do antigo senso místico de beleza e a fé no invisível abrigam tanto a filosofia druídica quanto a Arte dos Sábios.

Wordsworth, um poeta da natureza, escreveu:

Embora nas profundezas dos bosques sombrios, não mais
Os sacerdotes druidas o carvalho sagrado adorem;
Para o Iniciado, pedras e árvores sussurrantes
Ainda realizam ofícios misteriosos.

O antigo paganismo surgiu de um sentido do divino, inerente a toda a natureza. Se voltarmos no tempo e analisarmos as religiões, encontraremos nisso a fonte comum de todas elas. (*Ver também* **PEDRAS E CÍRCULOS DE PEDRA**.)

ELEMENTOS, ESPÍRITOS DOS

Os ocultistas de outrora consideravam que os espíritos da natureza se dividiam em quatro grupos, de acordo com os quatro elementos da vida. Os espíritos da terra eram chamados de gnomos; os da água, de ondinas; aos habitantes invisíveis do ar denominaram silfos, e os espíritos do fogo eram conhecidos como salamandras.

Esses nomes são tradicionais. No entanto, "gnomo" parece derivar do grego *gnoma*, que significa "conhecimento". Portanto, os gnomos são "os conhecedores". "Ondina" vem do latim *unda*, uma onda — são "as criaturas das ondas", as ninfas das águas. "Silfo" vem do grego *silphe*, uma borboleta — são retratados como lindas e delicadas formas com asas de borboleta.

A palavra "salamandra" tem origem incerta, mas pode estar relacionada com a palavra grega *salambe*, que significa lareira. A salamandra era vista como um lagarto ou um pequeno dragão — e existe um tipo de lagarto chamado pelos naturalistas de salamandra, talvez por causa dessa velha crença. Contudo, a salamandra dos antigos ocultistas era um espírito que habitava o fogo. A antiga brincadeira de Natal chamada *Snapdragon*, que consiste em apanhar passas de uma tigela de conhaque flamejante, pode ter recebido esse nome da velha ideia do elemental do fogo como sendo uma criatura semelhante a um dragão, ou "dragão de fogo".

Benvenuto Cellini, em suas memórias (*The Life of Benvenuto Cellini, Written by Himself*), afirma ter visto uma salamandra quando era menino. (Ele viveu entre 1500 e 1571.) Era um dia muito frio, ele nos conta, e uma grande fogueira de troncos de carvalho ardia na sala. Seu pai estava sentado perto do fogo, divertindo-se tocando viola e cantando. "Ao olhar para o fogo, ele avistou no meio das chamas mais ardentes uma pequena criatura parecida com um lagarto, que se divertia no centro das brasas mais intensas." O pai logo chamou Benvenuto e sua irmã para ver a estranha aparição, e deu no jovem um belo tapa na orelha para que ele se lembrasse daquilo, por causa da raridade de tal visão. (Em que pese Cellini ter crescido tendo experiências ocultas ainda mais estranhas, se formos acreditar em todas as histórias que ele conta em suas vívidas memórias.)

Muitos ocultistas e bruxas acreditam que elementais amigáveis os auxiliam em seu trabalho mágico. O signo do pentagrama, ou estrela de cinco pontas, é potente para controlar os elementais. A figura deverá ter um ponto acima quando utilizada para esse fim, porque então representará o espírito que rege os reinos elementais.

Alguns praticantes de magia consideram os quatro elementos reinos de fato. E assim eles chamam os reis elementais: Paralda, o rei dos silfos; Niksa, o rei das ondinas; Djin, o rei das salamandras; e Ghob, o rei dos gnomos. (Este último pode ser a origem da palavra "goblins" para espíritos pequenos e astutos.) (Ver FAMILIARES.)

ENCANTAMENTOS DE AMOR

A ideia de encantamentos de amor parece que nunca morre, porque a raça humana deseja muito acreditar nela. Desde a trágica lenda de Tristão e Isolda, passando pelas preparações das bruxas medievais, até os anúncios astutos de hoje, o amuleto, a poção ou o filtro do amor ainda mantêm o seu lugar em nosso folclore. Os médicos nos asseguram repetidas vezes que os efeitos das chamadas poções do amor e afrodisíacos são, sobretudo — se não inteiramente —, psicológicos, mas isso parece não fazer diferença.

Nas Américas, os praticantes do que é chamado nos Estados Unidos de vodu, mas que reuniu muitas das práticas da bruxaria europeia, vendem "raízes da sorte" e diversas qualidades de óleos e pós perfumados, que são comprados como amuletos de amor. Talvez o mais famoso deles, e particularmente preferido pelos homens para ajudá-los em seus empreendimentos amorosos, seja a raiz de João, o Conquistador. Trata-se de uma raiz seca da qual cresce uma ponta, elemento de óbvio simbolismo fálico. É transportada em uma bolsinha, de camurça ou tecido vermelho, como objeto de sorte.

Aqueles que vendem essa raiz mantêm em segredo o que de fato ela é; mas me disseram que se trata da raiz *Hypericum elodes*. Se estiver correto, então a crença nela remonta a muitos séculos, porque a *Hypericum*, que possui diversas variedades, tem uma reputação consagrada pelo tempo como planta mágica. Recebe esse nome por ser uma das plantas tradicionalmente colhidas para fins mágicos na véspera do solstício de verão, ou véspera de São João Batista, na noite de 23 para 24 de junho.

Os rapazes cuja fantasia se volta para pensamentos de amor podem ficar felizes em saber que a *Hypericum elodes* também cresce na Grã-Bretanha e na Europa. No entanto, são as mulheres que costumam recorrer com mais frequência aos encantamentos de amor ao longo dos tempos. A verbena de perfume adocicado tem a reputação de atrair amor para quem a usa, assim como as fragrâncias de almíscar e patchuli. A aromática raiz de lírio, às vezes chamada de "raiz do amor", era usada pelas nossas avós para perfumar as melhores roupas íntimas.

A quantidade de alimentos, bebidas, perfumes, ervas etc. que em algum momento se acreditou serem amuletos de amor ou afrodisíacos é enorme. Quando os tomates foram introduzidos pela primeira vez na Grã-Bretanha, eram vistos com muita suspeita e conhecidos como maçãs do amor. Também se acreditava que as batatas, quando chegaram aqui, à época da primeira rainha Elizabeth, eram estimulantes em questões de amor. É por isso que Shakespeare, na peça *Troilo e Créssida*, fala do "luxo do diabo, com seu traseiro gordo e seu dedo de batata".

Encantamentos de amor. Uma jovem bruxa realiza um feitiço de amor em "O Encanto do Amor", do Mestre do Baixo Reno, um artista flamengo desconhecido do século 15.

O peixe, como gênero alimentar, tem uma reputação ainda mais antiga como afrodisíaco, provavelmente porque se dizia que a própria Vênus nasceu do mar. Por isso, talvez, o gosto britânico por peixe e batatas fritas não seja tão inocente quanto parece.

É claro que existe diferença entre um verdadeiro amuleto de amor, que é algo com influência mágica, e um afrodisíaco. Este último, em homenagem à deusa grega do amor, Afrodite, estimula o ardor sexual. Na prática, porém, os dois ficaram muito misturados; e a maioria das chamadas poções ou filtros do amor são, na verdade, apenas afrodisíacos.

Um vinho licoroso com um pedaço de raiz de ginseng importada do Extremo Oriente é hoje amplamente vendido em Londres para quem acredita que a bebida seja uma poção de amor. É comercializado a mais de 3 libras a garrafa, mas ainda encontra compradores ansiosos. Na verdade, a raiz de ginseng é uma contraparte chinesa da mandrágora, que tem a forma de uma pequena figura humana e dizem que emite "um grito musical" quando retirada da terra. Sua lenda é menos sinistra e mais benigna que a da mandrágora, mas a verdadeira base da crença nas virtudes do elixir do ginseng é mágica. A tradição da mandrágora merece um verbete próprio. (*Ver* MANDRÁGORA.)

Muitos encantamentos de amor dos tempos antigos consistiam nos ingredientes mais repugnantes e revoltantes, como genitais de animais ou pássaros, especialmente aqueles famosos por sua atividade sexual. Além disso, eram utilizados fluidos do corpo humano, como sêmen e sangue menstrual, e até excrementos. Na verdade, alguns devotos da feitiçaria parecem ter tido a ideia de que, quanto mais repulsiva fosse a sua magia, maior seria a probabilidade de ela funcionar.

Voltamo-nos com alívio, diante de tal torpeza, para o quadro bastante encantador do Museu de Leipzig, que mostra uma bela e jovem bruxa preparando um feitiço de amor. Essa pintura data de meados do século 15 e, embora o artista seja desconhecido, podemos ter certeza, pelos detalhes, de que seu conhecimento sobre a bruxaria era notável.

Por um lado, a mulher da pintura, em vez de ser uma velha bruxa horrível, é uma garota jovem e atraente. Em vez de ser retratada em algum cenário fantástico, como uma caverna escura e sombria com demônios e morcegos voando, ela está trabalhando no cômodo comum de uma casa, onde a maioria das bruxas de fato trabalhava (e trabalha). Ela está nua, com cabelos soltos e esvoaçantes, e seus pés estão calçados com sandálias — o antigo costume da nudez ritual para fazer magia. Convenientemente, o lugar dispõe de uma lareira, então ela não sente frio.

Ramos de ervas e flores estão espalhados pelo chão, e ao lado da bruxa há uma mesinha, servindo de altar. Sobre esse móvel está um caixão aberto, com algo em seu interior que parece um coração, provavelmente recortado em tecido vermelho ou modelado em cera. A bruxa está derramando, nesse símbolo de coração, algumas gotas de óleo ou essência mágica. A seus pés está seu familiar; não uma criatura estranha de fantasia, mas um animalzinho comum, um cachorro.

Fica óbvio que o feitiço dela está funcionando, pois abrindo a porta da sala, com uma expressão de transe no rosto, está o jovem que ela vem tentando atrair para si. Provavelmente, uma mecha de cabelo dele, ou algo semelhante, foi incorporada ao coração simbólico para criar uma ligação mágica entre o rapaz e a bruxa.

Dois outros detalhes notáveis na imagem podem ser mencionados. O artista pintou um típico espelho de bruxa pendurado na parede; um pequeno espelho redondo emoldurado, como o que as bruxas usam para feitiços e clarividência (tenho dois exemplares em minha própria coleção). Por último, ao que parece, há curiosas fitas de luz flutuando pela sala, que indicam uma tentativa de retratar o poder que a jovem bruxa está despertando. Essa cena poderia se dar no presente — e é provável que algo parecido tenha acontecido em algum lugar, porque o desejo de ter amor é uma das emoções humanas mais fortes, em qualquer época.

Existem muitas magias de antigas áreas rurais que poderiam ter sido recomendadas pela bruxa local às meninas da aldeia, quando estas foram à sua casa para uma conversa confidencial. Ela poderia lhes falar, por exemplo, de um feitiço um tanto indecoroso, ainda que consagrado pelo tempo, chamado "pão de vôngole". O encanto foi descrito no século 17 por John Aubrey, que o chamou de "uma relíquia da magia natural, um *philtrum* ilícito". Resumidamente, consistia em um pão pequeno, cuja massa tinha sido sovada de forma muito peculiar. A menina que o fez teve de levantar a saia e apertar a massa com as partes íntimas do corpo nu. (O nome vem do fato de que, em inglês, "vôngole" (*cockle*) corresponde a um termo antigo e vulgar para "pequenos lábios".) Em seguida, a massa assim misturada era assada até formar um pão e oferecida ao homem que a garota desejava. Se ela conseguisse convencê-lo a comer o pão sem, é claro, dizer de que se tratava, ele seria dela.

Um antigo livro sobre adivinhação dá esta versão de outro feitiço tradicional:

Deixe uma mulher solteira pegar a paleta de um cordeiro e, tomando emprestado um canivete (sem dizer com que propósito), ela deve, ao ir para a cama, enfiar a lâmina uma vez no osso, todas as noites, durante nove noites consecutivas — em diferentes lugares — e, enquanto faz isso, repetir estas palavras:

Este não é o osso que pretendo furar,
Mas pretendo picar o coração do meu amante;
Desejando que ele não descanse nem durma,
Até que venha a mim para falar.

Assim, ao final de nove dias, ou pouco depois, ele a procurará e pedirá para cuidar de uma ferida, infligida durante o tempo em que foi enfeitiçado.

Esse relato, porém, omitiu o que era considerado um detalhe essencial: a jovem deveria sussurrar o nome do homem ao enfiar a faca no osso, em vez de apenas dizer "meu amante". Além disso, ela deveria fazer isso repetidas vezes durante nove noites consecutivas; se deixasse de fazê-lo uma noite sequer, o feitiço seria quebrado. Em outras palavras, eram necessárias força de vontade e concentração, e quando feitiços como esse funcionavam, era pelo poder do pensamento.

Alguns antigos encantamentos de amor eram formas de adivinhação, para ver o futuro amante em sonho. Um deles funcionava com o auxílio da flor de uma planta silvestre chamada mil-folhas (*Achillea millefolium*). A moça tinha de colher um punhado de flores de mil-folhas, costurá-las em um saquinho de flanela e colocá-lo debaixo do travesseiro à noite, repetindo estas palavras:

Tu, linda planta da árvore de Vênus,
Mil-folhas é teu nome verdadeiro;
Agora, quem pode ser meu amigo do peito
Por favor, diga-me amanhã primeiro.

Uma versão desse encanto aconselhava que se colhesse a mil-folhas quando a lua nova estivesse no céu, e outra dizia que as flores apanhadas tinham de estar crescendo no túmulo de um jovem. Se fosse um homem a executar o feitiço, ele deveria tirar a mil-folhas do túmulo de uma jovem.

O folclore preserva tantos desses feitiços para ver o amante em sonho que nos perguntamos se, pelo poder da sugestão, alguém que realizou tal cerimônia com *fé plena* poderia de fato ter tido um sonho significativo. Essa é uma questão que deve ser resolvida por um estudante da psicologia dos sonhos.

Esses são apenas alguns exemplos típicos dos inúmeros feitiços, encantamentos e filtros ligados ao amor e ao desejo. Os papiros egípcios contêm receitas de poções do amor, e a natureza humana não mudou muito, se é que mudou, desde a época das pirâmides.

ENCRUZILHADAS COMO PONTOS DE ENCONTRO DE BRUXAS

Desde os tempos de Diana Trívia, ou Diana dos Três Caminhos, as encruzilhadas são locais tradicionais de encontro de bruxas. Essa pode ser a origem do costume — seguido até anos relativamente recentes — de enterrar o corpo de suicidas e criminosos que receberam a pena capital em encruzilhadas, com uma estaca enfiada no coração. Este último ato impediria que o fantasma perambulasse. Tendo sido negado o sepultamento cristão, o corpo era simbolicamente abandonado às forças pagãs.

Estátuas de Diana Trívia ou de Hécate, a deusa tríplice da Lua, ambas divindades da bruxaria, foram erguidas pelos gregos e romanos em locais onde três ou mais estradas se encontravam. É por isso que, anos depois, as bruxas escolhiam encruzilhadas para suas reuniões. Era um lugar sagrado para a Deusa da Lua da bruxaria.

Na floresta de Ashdown, no condado de Sussex, há um lugar onde três estradas se encontram, chamado Wych Cross. Nos últimos anos, esse topônimo passou a ser escrito "Witch Cross", ou "Cruzamento da Bruxa", porque era o ponto de encontro das bruxas locais.

Outra encruzilhada localizada em uma floresta onde as bruxas costumavam se reunir é Wilverley Post, New Forest, em Hampshire, perto do velho carvalho conhecido como Homem Nu.

ERVAS USADAS POR BRUXAS

O folclore das flores, plantas e árvores é um assunto vasto, que precisaria de um livro próprio para ser totalmente exposto. A antiga palavra usada para o conhecimento das propriedades secretas das ervas é *Wortcunning*, ou "sabedoria das plantas", que sempre foi um estudo particular das bruxas.

A tradição das ervas tem dois aspectos. O primeiro trata de suas propriedades medicinais; o segundo diz respeito às suas propriedades ocultas, secretas e mágicas. As bruxas usaram ambos os lados desse conhecimento em seu ofício.

Podemos notar que a palavra "farmácia" é derivada do grego antigo *pharmakeia*, que significava não apenas a composição de medicamentos, mas também a preparação de poções e filtros mágicos. A deusa grega protetora da bruxaria era Hécate, a deusa tríplice da Lua, e há muitas alusões clássicas a ela, e a Medeia e Circe, as famosas bruxas da lenda grega. (*Ver* HÉCATE.) O segundo idílio de Teócrito, chamado *Pharmaceutria*, não trata de medicamentos inocentes, mas, nas palavras de Montague Summers, "dá uma imagem vividamente realista e apaixonada da feitiçaria grega" (*The Geography of Witchcraft*. Londres: Kegan Paul, 1927).

A bruxa e seu caldeirão borbulhante, portanto, remontam comprovadamente aos tempos pré-cristãos, embora o conteúdo do caldeirão possa ser benéfico ou funesto. As ervas também foram estudadas no Antigo Egito, e antes de Hécate estava Ísis, a dama egípcia da Lua e senhora da magia. O famoso Papiro Ebers, encontrado enterrado com uma múmia na Necrópole de Tebas, contém muitas receitas de ervas, e as plantas medicinais que prescreve incluem uma série de substâncias herbáceas ainda hoje usadas por fitoterapeutas e bruxas. Entre elas estão cebola, romã, papoula, genciana, esquila, sabugueiro, hortelã, aloés, mirra e cólquico.

Das quatrocentas plantas medicinais (ervas individuais) usadas pelo grande médico grego Hipócrates, metade ainda está em uso hoje. Mas as autoridades de quem as bruxas e os mágicos europeus obtiveram a maior parte de seu conhecimento foram o médico grego do século 1, Dioscórides, que compilou os primeiros herbários existentes, os quais continuaram a ser usados durante 1.600 anos; e Plínio, filósofo e naturalista romano cuja obra *História Natural* está repleta de conhecimentos curiosos, e da qual Cornélio Agrippa, no século 16, emprestou grande parte do material sobre "magia natural" para o seu *Occult Philosophy* (Colônia, 1533; tradução para o inglês publicada em Londres em 1651).

Em centros como Toledo, na Espanha, onde as culturas europeia e islâmica se misturavam, estudava-se medicina, magia, alquimia e astrologia, e assim o conhecimento das drogas orientais, como o haxixe, derivado do cânhamo, foi adicionado ao aprendizado transmitido pelos antigos escritores clássicos. Esses conhecimentos espalharam-se pouco a pouco e chegaram até as bruxas da aldeia, mesclando-se a tradições derivadas de fontes nórdicas, celtas e pré-celtas.

A bruxa da aldeia de antigamente era a um só tempo herborista, feiticeira, intérprete de sonhos, curandeira, parteira e psicóloga. Nos séculos em que a ciência médica moderna e sistemas de saúde eram desconhecidos, a bruxa era, basicamente, o único recurso das pessoas pobres em partes remotas do país. Na verdade, na época em que as cirurgias ainda estavam começando a se desenvolver, e bolhas e sangramentos faziam parte do dia a dia dos médicos ortodoxos, a bruxa da aldeia, com suas simples infusões de ervas e sua psicologia prática, provavelmente matou menos pessoas do que os doutores.

Porém, nem todas as bruxas viviam na obscuridade. Uma senhora famosa chamada Trotula, de Salerno, na Itália, tornou-se conhecida em toda a Europa por seus remédios e receitas. Seu nome é a origem da expressão "Dama Trot" ou "Velha Senhora Trot", aplicada a uma bruxa.

A astrologia (*ver* ASTROLOGIA), e sobretudo as fases da Lua, regiam a época em que as ervas mágicas e medicinais deviam ser colhidas. A lua crescente era o tempo da magia construtiva, e a lua minguante era o tempo da magia destrutiva e do banimento; mas, de forma geral, supunha-se que as ervas atingiam sua virtude máxima para sempre se coletadas na lua cheia. Por outro lado, as ervas usadas para fins sombrios seriam colhidas na escuridão da lua — as bruxas de Shakespeare, em *Macbeth*, usaram "raiz de cicuta arrancada; da noite pela calada".

Ervas que possuem efeito narcótico ou soporífero têm sido associadas à bruxaria, devido ao seu uso na composição da pomada das bruxas. (*Ver* UNGUENTOS PARA VOAR.) Além dessas, diversas ervas receberam nomes populares que mostram sua associação com bruxas.

Por exemplo, o barbasco (*Verbascum thapsus*), que cresce em sebes com uma haste alta e felpuda de flores amarelas, era chamado de Hag-taper. A palavra do inglês antigo *haegtesse* significa "bruxa"; então *Hag-taper* significa "a vela da bruxa". Às vezes, as dedaleiras são chamadas de sinos de bruxa; e a pervinca (*Vinca minor*) é conhecida como violeta dos feiticeiros.

Essa linda flor azul é a *provinsa* de Alberto Magno, o renomado autor do livro mágico intitulado *Le Grand Albert* (muitas edições; aquela impressa em Paris em 1885 e editada por Marius Descrepe talvez seja considerada a mais autêntica). Ele a chama de a flor mais poderosa para gerar amor. Outra bela flor com a mesma fama é a orquídea selvagem, chamada satírio. A planta recebeu esse nome porque sua raiz lembra um par de testículos; a reputação mágica que adquiriu deve vir dessa associação. Existem várias orquídeas selvagens desse tipo na Grã-Bretanha.

De nome romantizado, a erva-de-santo-estevão ou erva-das-feiticeiras (*Circaea lutetiana*) é outra planta que cresce nas florestas inglesas e tem aura de magia. A bem da verdade, não é uma solanácea, como a beladona, mas uma haste bonita e delicada de flores brancas ou rosadas. Outras plantas de aparência atraente e reputação mágica são a selo-de-salomão, uma flor de jardim de casas de campo, e a pequena verbena de flor lilás, que costuma ser encontrada entre ruínas antigas.

Do lado da proteção mágica, está a esplêndida erva-de-são-joão (*Hypericum perforatum*), que antigamente era chamada de *Fuga demonum*, porque expulsava os maus espíritos. A sorveira-brava, ou freixo da montanha, com suas lindas frutas vermelhas, faz o mesmo bom ofício e dissolve feitiços malignos. Foi o grande talismã gaélico contra todo feitiço. Uma antiga saudação escocesa era: "A paz esteja nesta casa e sorveira-brava".

A lista das propriedades mágicas atribuídas às flores, árvores e raízes poderia ser estendida quase indefinidamente. Um ramo importante da tradição herbática era a realização de "sufumigações" ou a criação de incensos mágicos, que atraíam espíritos e faziam com que eles aparecessem. (*Ver* INCENSO, USOS MÁGICOS DO.)

Séculos de conhecimento místico se acumularam em torno da planta chamada mandrágora. No entanto, a verdadeira mandrágora não cresce na Grã-Bretanha; então, a planta usada pelas bruxas britânicas para fins semelhantes, ou seja, a confecção de figuras mágicas na forma de um homem ou uma mulher pequeninos, são as raízes de briônia preta ou branca. (*Ver* MANDRÁGORA.)

Confiantes na magia dos números, as bruxas gostam de usar três, sete ou nove ervas para criar um encanto ou feitiço. Desde tempos imemoriais, acredita-se que esses números têm propriedades ocultas poderosas.

A artemísia (*Artemisia vulgaris*) foi chamada pelos antigos herboristas de *Mater Herbarum*, "a mãe das ervas", devido às suas qualidades preeminentes. Foi particularmente associada à deusa Diana, e as imagens em herbários antigos mostram-na segurando um ramo dessa planta. Suas folhas são prateadas por baixo, e considera-se que seja governada pela Lua, embora Culpeper a atribua a Vênus. Acredita-se que uma infusão de chá de artemísia ajude no desenvolvimento da clarividência. Utilizam-se as folhas novas, adoçadas com um pouco de mel, mas é claro que a erva deve ser colhida na lua cheia para ser mais eficaz.

Enquanto erva de bruxa, a artemísia aparece com frequência em receitas mágicas. Por exemplo, às vezes o espelho mágico era ungido com seu suco, e misturava-se a erva com o incenso ardente quando o espelho era usado. (*Ver* CRISTALOMANCIA.)

ESBÁ

O esbá é a reunião mensal de um coven e acontece nos dias de lua cheia.

A lua cheia não é apenas a maré alta do poder psíquico. Nos velhos tempos, antes da introdução da iluminação pública e das estradas pavimentadas, era o período mais viável para as pessoas viajarem pelo interior.

Aqueles que se dirigiam às reuniões de bruxas vestiam uma capa preta com capuz, e isso se tornou parte usual do traje de uma bruxa. Seu propósito original era a camuflagem. Alguém vestido desse modo pode desaparecer rapidamente nas sombras em uma noite enluarada. Além disso, caso seja avistada, uma pessoa vestida com capa e capuz se parece muito com outra. Se já é difícil distinguir um homem de uma mulher nessas circunstâncias, imagine reconhecer alguém, talvez um colega aldeão.

Para a bruxa de hoje, os tradicionais capa preta e capuz simbolizam a noite e o segredo. Esse traje não tem nenhuma ligação particular com a magia das trevas, exceto na imaginação dos escritores de suspense.

O esbá é um evento menor e menos solene que o sabá. Para este último, vários covens podem se reunir, mas o esbá é um assunto local. Pode ser realizado por algum motivo específico do coven ou apenas para diversão e prazer. A palavra "esbá" vem do francês antigo *s'esbattre*, que significa brincar e se divertir.

Esbá. *A Diversão das Bruxas*, de uma gravura do artista George Cruikshank, do século 19. (Crédito: Universal History Archive/UIG/Bridgeman Images.)

Como há treze meses *lunares* em um ano, é comum ter treze esbás de lua cheia. Essa é a provável origem da magia do número treze.

Alguns escritores antigos que versavam sobre bruxaria tinham a ideia de que o esbá era realizado em determinado dia da semana. Isso, porém, não é exato — sua data depende da Lua.

Os rituais que acontecem no esbá variam um pouco de um coven para outro. De maneira concisa, porém, consistem em dançar, invocar os antigos deuses, beber vinho e talvez fazer um pequeno banquete em homenagem aos deuses.

As Grandes Antigas, as almas das grandes bruxas que foram para além desta terra, também são lembradas. Agradecimentos são feitos por favores alcançados, e orações podem ser proferidas por algo que é necessário — ou alguma magia específica pode ser praticada para esse fim. Trocam-se notícias e objetos mágicos consagrados e, por vezes, fazem-se previsões para o futuro. A lua cheia é um momento especial para isso ou para exercitar qualquer tipo de poder psíquico.

Às vezes, um homem e uma mulher que desejam ser parceiros na magia se unem por meio de uma cerimônia dirigida pelo líder do coven. Eles são então considerados casados pelo restante do grupo de acordo com as leis da Arte. Essa cerimônia, assim como a de iniciação, pode ocorrer tanto em um esbá quanto em um sabá. Ao contrário da crença popular, bruxas e bruxos não são pessoas sexualmente promíscuas. De fato, se toda a verdade viesse à tona, seriam provavelmente menos promíscuos do que aqueles que escrevem artigos sensacionalistas para denunciá-los.

Outro ritual que pode acontecer em um esbá é a apresentação de um bebê aos antigos deuses. Isso é feito pelos pais quando eles são membros de um coven. É o equivalente bruxo ao batismo.

Essa é a verdade por trás das horríveis histórias antigas de bebês que são oferecidos ao Diabo. No passado, era muito perigoso para os pais não batizarem os filhos. Em tempos em que frequentar a igreja era obrigatório por lei, aqueles que não observavam as ordenanças da Igreja se tornavam imediatamente suspeitos. Então, é claro, os pais bruxos teriam de apresentar a criança para o batismo cristão, mas eles a dedicavam primeiro aos antigos deuses.

Por vezes, ficava um ressentimento amargo do batismo obrigatório na Igreja Cristã, e isso explica outra velha história, a de que quando as pessoas eram iniciadas na bruxaria renegavam seu batismo cristão. Se elas viessem de famílias bruxas e soubessem que os pais tinham sido forçados a batizá-las, é bem provável que fizessem esse tipo de negação formal apenas para a própria satisfação.

No esbá também é possível trocar ideias e dar instruções sobre bruxaria. Velhas lendas mágicas são recitadas e canções são cantadas. Algumas baladas antigas são tradicionalmente associadas à bruxaria, sendo "Greensleeves" uma delas. A senhora vestida com "o verde fatal das fadas" é a própria deusa. Outra canção é "Hares on the Mountain" — a lebre (*hare*, em inglês) é tipicamente ligada à Lua e às bruxas. A antiga balada "The Coal-Black Smith" também é, de maneira geral, considerada uma canção de bruxa.

Na verdade, a música dos esbás e sabás das bruxas eram, sobretudo, canções populares da época. Em relatos sobre a bruxaria escocesa, menciona-se uma série de velhas baladas animadas e obscenas que eram cantadas e dançadas, para grande desgosto do reverendo Kirk; e é provável que isso também ocorresse em outros lugares. Os instrumentos tocados eram o antigo flauta e tambor, a gaita de foles na Escócia, o violino, o pandeiro e a flauta doce.

Hoje, a flauta doce é substituída com frequência por um gravador quando os encontros de bruxas são realizados em ambientes fechados. Os gravadores e os toca-discos portáteis a bateria foram uma dádiva para as bruxas modernas, uma vez que fornecem música para suas reuniões dentro ou fora de casa.

ESCADA DE BRUXA

O *Folklore Journal* de 1886 publicou a história de uma descoberta notável em uma antiga casa em Wellington, Somerset. Alguns construtores que trabalhavam na casa descobriram uma sala secreta no espaço entre o cômodo superior e o telhado. A julgar pelo conteúdo do esconderijo, parece ter sido um ponto de encontro de bruxas.

Ali foram descobertos seis cabos de vassoura e uma poltrona velha — talvez um assento para quem presidia a reunião. Havia também outro objeto muito curioso que, a princípio, deixou todos perplexos, incapazes de formular uma explicação.

Consistia em um pedaço de corda com cerca de um metro e meio de comprimento e um centímetro de espessura. Era composto de três fios e tinha uma alça em uma das extremidades. Havia uma série de penas inseridas transversalmente nessa corda. Eram, em sua maioria, penas de ganso, ainda que com algumas plumas pretas de corvo ou gralha a intervalos irregulares. As penas não estavam somente amarradas na corda, mas pareciam ter sido torcidas entre os fios no momento em que a peça foi confeccionada.

Alguns antigos moradores de Somerset que viram essa estranha descoberta não ficaram nada felizes, e se mostraram reticentes quando perguntados sobre o que era. Os trabalhadores a chamaram de "escada de bruxa", e insinuaram que servia "para atravessar o telhado", o que é obviamente um absurdo. Uma senhora idosa, quando questionada, respondeu que sabia do uso da vela com alfinetes, da cebola com alfinetes e da corda com penas, mas se recusou a contar mais. Porém, como o feitiço que implicava espetar uma vela ou uma cebola com alfinetes era um meio conhecido de amaldiçoar alguém, ficou evidente, para os estudantes de folclore que se interessaram por essa descoberta, que a escada de bruxa era outro expediente para lançar uma maldição.

Uma investigação mais aprofundada revelou mais alguns detalhes. A corda e as penas tinham de ser novas, e as penas tinham de ser de um pássaro macho. Esse feitiço também não se limitava a Somerset, sendo conhecido em outras partes de West Country e, evidentemente, considerado uma forma perigosa e secreta de bruxaria.

Quando o exemplar do *Folklore Journal* que continha uma descrição e uma gravura da escada de bruxa chegou às mãos de Charles Godfrey Leland, na Itália, ele investigou e descobriu que a imprecação da corda e das penas também era conhecida naquele país. Entre as bruxas italianas, a peça era chamada *la guirlanda delle streghe*, "a guirlanda das bruxas". Tinha uma forma muito semelhante, ou seja, a de uma corda com nós aos quais era presa uma pena de galinha preta. A maldição era proferida repetidas vezes, à medida que cada nó era amarrado, e, uma vez finalizado o feitiço, o objeto era escondido na cama da vítima para lhe trazer infortúnio.

O reverendo Sabine Baring-Gould, que tinha amplo conhecimento do folclore de West Country, introduziu o feitiço da escada de bruxa em seu romance *Curgenven*, publicado em 1893. Segundo seu relato, a escada de bruxa era feita de lã preta e fios brancos e marrons entrelaçados. A cada cinco centímetros, esse cordão era amarrado em torno de um feixe de penas de galo, de faisão ou de galinha-d'água, dispostas de forma alternada. A velha avó que o fez teceu e amarrou na escada de bruxa todo tipo de sofrimento que podia imaginar, a fim de atingir o inimigo que era seu alvo. Então amarrou uma pedra na ponta e afundou o amuleto em Dozmary Pool, um lago de águas assombradas por lendas em Bodmin Moor. Ela acreditava que, à medida que as bolhas subissem à superfície, o poder da maldição seria liberado, fazendo seu trabalho.

É um tributo notável à natureza universal das práticas secretas das bruxas que basicamente o mesmo encantamento seja conhecido e usado em lugares tão distantes como Somerset e Itália, e por pessoas que, naquela época, não eram alfabetizadas o bastante para ter lido sobre o feitiço em livros, ainda que qualquer descrição já tivesse sido publicada — o que, dada a perplexidade dos principais folcloristas quando confrontados com essa descoberta, parece improvável.

É de se notar que o número mágico três entra na elaboração do feitiço, como tantas vezes acontece. Deve ser um cordão triplo no qual as penas são amarradas. As próprias penas são, talvez, um simbolismo do feitiço que é lançado e segue voando, invisível, em direção à pessoa a quem se destina.

ESTADOS UNIDOS DA AMÉRICA, BRUXARIA NA ATUALIDADE

A bruxaria está ativa e difundida nos Estados Unidos de hoje. Existem também ligações históricas e tradicionais com a bruxaria europeia.

O país carrega uma grande herança da tradição do Velho Mundo, trazida por antepassados pioneiros vindos de toda a Europa. Em algumas regiões, essas crenças foram misturadas com o vodu praticado pelos negros americanos. O resultado é que grande parte do que hoje é chamado de vodu nos Estados Unidos deve suas origens tanto à Europa quanto à África e ao Caribe.

Durante mais de trinta anos, o falecido Roy Heist administrou um negócio na Mission Street, em São Francisco, que combinava taxidermia com o comércio de itens de bruxaria e vodu, estendendo-o a todas as partes dos Estados Unidos. Em 1962, ele foi citado como tendo afirmado que o negócio era particularmente vantajoso em Nova York, Chicago, Nova Orleans e Los Angeles, bem como em São Francisco — prova de que o interesse atual pela bruxaria não é algo novo, apenas mais exposto do que costumava ser.

Heist era um homem notável, com olhos penetrantes e uma cabeleira branca. Ele parecia um mago e se orgulhava da autenticidade de seus produtos; se um cliente pedisse asa de morcego seca ou pó de múmia, então era isso que receberia. Mas seus clientes tinham de ser verdadeiros praticantes de magia, pessoas que sabiam o que queriam. Heist não prescreveria para eles. Dessa forma, ele se mantinha dentro da lei.

Outro testemunho da existência de práticas de bruxaria nos Estados Unidos — exercidas não como mera diversão por "moderninhos" que assistem a filmes sensacionalistas — pode ser visto no trabalho de uma autoridade norte-americana em folclore, Vance Randolph.

Randolph estudou em detalhe a tradição da bruxaria na região dos montes Ozark, no Missouri e no Arkansas. Trata-se de uma área rural e relativamente isolada, o verdadeiro sertão, onde antigos costumes e crenças perduraram por muito tempo — embora o povo da montanha fosse muito unido e reservado, e não discutisse seus assuntos privados com qualquer forasteiro curioso. Em seu livro *Ozark Superstitions* (Columbia University Press, 1947), afirmou que a crença na bruxaria entre os montanheses ainda era forte e que ainda existiam muitas pessoas com fama de bruxas.

Pelo trabalho de Vance Randolph fica evidente que a bruxaria nos Ozark é, de qualquer forma, o que resta de um culto organizado. As doutrinas e os ensinamentos secretos devem ser transmitidos apenas entre parentes consanguíneos ou entre pessoas que tenham se unido em relações sexuais. As palavras dos encantamentos, para terem pleno poder, devem ser aprendidas com uma pessoa do sexo oposto. As bruxas são iniciadas por meio de uma cerimônia solene. Mulheres que afirmaram ter recebido o conhecimento das duas formas mencionadas, relataram a Randolph que ser iniciada como bruxa causava uma profunda crise espiritual, ainda mais comovente do que aquilo que os cristãos chamam de conversão.

Um artigo muito interessante sobre a nudez na crença popular de Ozark, por Vance Randolph, apareceu no *Journal of American Folklore* em 1953. O autor fala de rituais de nudez para ajudar no cultivo de plantações, os quais ele mesmo testemunhou no Missouri. Por exemplo, viu um homem e duas mulheres rolando nus no solo recém-preparado para semear nabos, e foi informado de que aquela era a "religião deles". Nesse artigo, Randolph declarou sua opinião de que, embora as cerimônias relacionadas à bruxaria fossem secretas, o antigo culto à natureza não estava morto; e ele acreditava que, em certos lugares bem escondidos do interior americano, homens e mulheres ainda dançavam nus, em celebração de ritos antigos.

Velhas crenças também persistiram no sudeste da Pensilvânia, mais especificamente entre as comunidades agrícolas chamadas Holandeses da Pensilvânia. Essas pessoas são famosas por seus celeiros pintados em cores vivas, decorados com o que é conhecido como sinais hexadecimais. Esse termo é derivado da antiga palavra alemã *hexe*, que significa bruxa. O objetivo desses sinais era originalmente proteger contra a magia das trevas e os espíritos malignos.

Embora haja muitas variações, a base do desenho é um círculo com uma figura geométrica dentro dele, geralmente uma estrela de cinco, seis ou oito pontas. Os sinais hexadecimais costumam ser pintados em cores primárias brilhantes: vermelho, azul, amarelo, branco e preto. Eles aparecem não apenas em celeiros, mas como motivos gerais de decoração na arte popular, para todo tipo de coisa, embora sua aplicação em celeiros tenha atraído mais atenção.

O verdadeiro sinal hexadecimal foi descrito como uma oração pintada. O círculo externo representa Deus, ou o Infinito. O centro do círculo é o ser humano, aproximando-se de Deus. O desenho representa harmonia e beleza, um relacionamento correto com Deus e o Universo. Desenhos estilizados de corações e flores às vezes também ocorrem na composição. Eles representam vida, amor, beleza e prosperidade.

Entre os Holandeses da Pensilvânia, *hex* ou *hexerai* significa bruxaria. Existe a hexerai do bem e a hexerai do mal, e ambas fazem uso de símbolos desenhados. Um livro famoso de hexerai é *John George Hohman's Pow-Wows, or The Long-Lost Friend*. Essa obra muito curiosa apareceu pela primeira vez em 1820 e ainda circula nos Estados Unidos, geralmente sem o nome de um impressor ou editor. A maioria dos feitiços e encantos que descreve tem aparência cristã, mas sua natureza essencial é a da magia tradicional europeia. O livro contém instruções "para evitar que as bruxas enfeiticem o gado", "para libertar pessoas ou animais enfeitiçados", "contra os espíritos malignos e todo tipo de bruxaria" e assim por diante. Seu autor, John George Hohman, era residente do condado de Berks, Pensilvânia, e um notório praticante de hexerai do bem.

A eclosão da perseguição à bruxaria em Salem, Massachusetts, em 1692, que resultou na execução de vinte pessoas, é o episódio de bruxaria mais conhecido da história norte-americana, mas de forma alguma o único. A primeira pessoa a ser enforcada como bruxa na Nova Inglaterra foi Alse Young, em 1647, e nos anos seguintes várias outras foram executadas sob a mesma acusação.

Como os julgamentos de Salem foram baseados nas acusações histéricas de um grupo de jovens neuróticas, muitas vezes se entendeu que não existia de fato bruxaria em Massachusetts naquela época. No entanto, um exame detalhado das evidências coloca essa visão em dúvida. Algumas afirmações dão a entender que talvez tenha existido um culto clandestino em Massachusetts no século 17, com uma doutrina que não era a dos severos puritanos.

Por exemplo, um homem chamado William Barker, de Andover — uma cidade de Massachusetts que já tinha reputação de acolher a feitiçaria —, fez uma confissão muito estranha e longa, cujo registro contém o seguinte: "Ele diz que o Diabo prometeu que todos os seus deveriam ser iguais, que não deveria haver dia de ressurreição ou de julgamento, e nem punição nem vergonha pelo pecado".

Também é possível encontrar algumas descrições detalhadas de sabás, sobre as quais o reverendo Cotton Mather, uma das principais figuras nos julgamentos de bruxas, observou: "Bruxas e bruxos dizem que têm uma formação muito parecida com a das igrejas congregacionais; e que têm um batismo e uma ceia sagrada, e há oficiantes entre eles, abominavelmente semelhantes aos de Nosso Senhor". Essa é, de fato, uma boa maneira de descrever a organização de um coven.

Na atual Salem, há relíquias comoventes de julgamentos de bruxaria preservadas no Tribunal Superior do Condado de Essex e no Instituto Essex, as quais é possível ver.

Quando Raymond Buckland, um bruxo inglês que se estabeleceu em Nova York, declarou recentemente que "só nos últimos anos a Arte veio para a América [...] não há um longo histórico de verdadeira bruxaria nos Estados Unidos", sua ousadia causou grande ira entre as bruxas do país. Basta analisar os fatos anteriores para entender que essa indignação é justificada. Diz-se que essa opinião do sr. Buckland estava apoiada no falecido Gerald Gardner, mas isso não poderia ser verdade, já que foi Gardner quem me apresentou aos escritos de Vance Randolph sobre a tradição das bruxas americanas.

Raymond Buckland é doutor em Antropologia e diretor do Museu de Bruxaria e Magia Buckland em Long Island, Nova York. Ele e a esposa foram iniciados como bruxos na Ilha de Man, no famoso Moinho das Bruxas, onde o coven do falecido Gerald Gardner se reunia; portanto, sua concepção de bruxaria é naturalmente muito parecida com a de Gerald Gardner, insistindo que a Arte é, em sua essência, uma religião antiga e deve ser usada para o bem e não para o mal.

Outras bruxas e bruxos nos Estados Unidos concordam com essa visão, mas desconsideram a insistência gardneriana na nudez ritual. Argumentam que, se o poder da bruxa ou bruxo não consegue penetrar a camada de roupa que as pessoas usam, então deve ser um poder bastante fraco.

Eles também não gostam do sistema de aristocracia bruxa — que envolve "altas sacerdotisas", "rainhas bruxas", e assim por diante — que os Buckland procuraram estabelecer. Dizem que, desde a chegada dos primeiros colonizadores europeus, havia covens e bruxas solitárias nos Estados Unidos. O fato de terem que se manter em silêncio até pouco tempo atrás, com a memória de Salem rondando-lhes a mente, não significa que as bruxas tivessem desaparecido. Na verdade, algumas bruxas americanas não têm sido muito gentis em relação aos Buckland, descrevendo-os como "novatos" e qualificando sua versão de bruxaria de "pretensiosa".

No entanto, o dr. Buckland e sua esposa (cujo nome de bruxa é lady Rowen) "semearam" um grande número de novos covens em todos os Estados Unidos; e o dr. Buckland é autor de vários livros populares sobre o ocultismo, incluindo *Witchcraft from the Inside* (Minnesota: Llewellyn Publications, 1971) e *Ancient and Modern Witchcraft* (Nova York: H. C. Publishers Inc., 1970).

De todo modo, a memória de Salem não morreu; na mente de alguns, o terror e a histeria da caça às bruxas estão apenas adormecidos e são capazes de os despertar de seu sono, mesmo no mundo moderno. Isso foi comprovado por um incidente assustador em Cincinnati. Uma revista chamada *Eye*, em sua edição de outubro de 1968, trazia um artigo intitulado "The Magic Explosion", tratando do interesse atual pela bruxaria e pelo ocultismo, e mencionando reuniões na cidade. Logo depois, algumas bruxas de Cincinnati tiveram seu apartamento arrombado e destruído por vândalos. Pinturas valiosas foram reduzidas a pedaços. Se as bruxas estivessem em casa naquele momento, teriam sido massacradas?

A expressão "explosão mágica" não é, contudo, demasiado sensacionalista para descrever o que aconteceu recentemente nos Estados Unidos. Em todos os lugares, as pessoas estão ansiosas para aprender sobre o ocultismo, e o interesse pela bruxaria está bastante vivo. As próprias bruxas consideram esse fenômeno o início da nova Era de Aquário. Talvez isso signifique uma nova e saudável liberdade mental — talvez signifique algo muito diferente.

Para começar, o comércio não demorou a lucrar com esse movimento. Lojas que vendem artigos de bruxaria e suprimentos mágicos estão sendo abertas por todo o país, numa escala que teria surpreendido o velho Roy Heist. É possível comprar de tudo, desde estátuas do "deus cornífero das bruxas" (modeladas a partir da imagem de Baphomet de Éliphas Lévi), passando por velas, incensos, óleos e ervas, até "athames de bruxa autênticos" e livros com encadernações luxuosas e folhas em branco para escrever seus feitiços. O som das flautas de Pã mal pode ser ouvido por causa do farfalhar das notas de dólar e do barulho da caixa registradora!

Alguns livros têm a pretensão de ensinar a seus leitores bruxarias do tipo "faça você mesmo". Algumas dessas publicações zombam da ideia de qualquer padrão oculto de certo e errado, e apresentam a bruxaria como um meio de "se dar bem" em uma sociedade materialista, de ganhar mais dinheiro e de submeter outros à sua vontade; em outras palavras, a satisfação da ganância e da luxúria, por mais sórdida que seja. Como alguém que estudou e praticou ocultismo durante quase 25 anos, devo alertar os leitores — e escritores — a respeito desses livros. Ao abordar qualquer tipo de ocultismo imbuídos desse espírito, eles estão criando problemas para si mesmos. O poder do carma é muito real e ninguém pode escapar dele.

Um desdobramento mais sério e mais triste é o número de cultos "satanistas" que surgiram, insistindo em associar bruxaria com adoração ao Diabo e satanismo. Seus rituais são tão artificiais quanto os chifres de plástico que seus líderes extravagantes adoram usar quando são fotografados, o que qualquer ocultista experiente reconheceria de primeira. Mas esses cultos são atrativos para os frustrados e sexualmente reprimidos, e também para os jovens que procuram diversão.

E é triste também o modo como ressaltam a ideia de que muitas pessoas hoje só conseguem entender a satisfação sexual como obra do Diabo. Consequentemente, essas pessoas só conseguem alcançar a realização de seus instintos naturais em um contexto de "perversidade". Em ambientes que as remetam a uma "missa negra" ou a um "sabá de bruxas" — quanto mais sinistro, melhor —, elas encontram, enfim, a liberação orgástica que até então lhes foi negada.

Pessoas com essa mentalidade têm sido sexualmente prejudicadas pela moralidade negativa que repudia a vida, pela falsa "pureza" e pelo puritanismo hipócrita. O sadismo e a sede de sangue que muitas vezes andam de mãos dadas com o satanismo são mais sintomas daquilo que Wilhelm Reich chamou de uma verdadeira praga emocional, resultado de séculos de "igrejismo". As pessoas foram doutrinadas com a ideia de que quase todos os seus sentimentos e desejos naturais são maus, e os antigos deuses foram escondidos atrás da feia máscara de Satanás.

Alguns dos líderes desses cultos acreditam no que estão fazendo e, no universo do mistério, são um exemplo clássico do dito que diz que um pouco de aprendizado pode ser perigoso. Outros não passam de psicólogos espertos cuja única crença real no satanismo vem de terem encontrado uma boa forma de fazer dinheiro. Na minha opinião, todos são perigosos; não porque possam evocar um "Satanás" inexistente, mas porque convidam os seus seguidores a se sintonizarem com as forças invisíveis do mal e com os planos mais baixos do mundo astral.

O filme *O bebê de Rosemary*, que trata de satanismo, teve grande influência na febre por escavar as regiões mais sombrias do ocultismo. Teria sido mais do que uma coincidência cruel que o diretor desse filme, Roman Polanski, tenha perdido a esposa e o filho ainda não nascido nos horríveis assassinatos perpetrados por Charles Manson e seus seguidores, que se autodenominavam Escravos de Satã? (*Ver* MANSON, CHARLES.)

As bruxas e bruxos norte-americanos que seguem seriamente a Arte dos Sábios, tal como suas irmãs e irmãos na Grã-Bretanha, têm se manifestado publicamente em um esforço para combater a deturpação e livrarem-se do estigma do satanismo. Muitos deles conversaram com escritores como Susan Roberts, que os considerava um segmento legítimo de cidadãos americanos. Não *exatamente* pessoas comuns, na verdade; mas, ainda assim, pessoas.

O livro de Roberts, *Witches, U.S.A.* (Nova York: Dell Publishing Co., Inc., 1971), revela que há hoje muitos homens e mulheres nos Estados Unidos usando a antiga tradição da bruxaria para desenvolver uma filosofia básica de vida. Eles consideram essa forma de procurar a verdade tão genuína como qualquer outra, em um mundo em que a autoridade da religião, da ciência e da política estabelecidas é cada vez mais questionada.

No Dia de Lammas (1º de agosto) de 1971, vários covens da Califórnia se uniram na tentativa de acabar com a guerra no Vietnã. Uma carta foi enviada a uma importante revista ocultista antes dessa data, convidando outras pessoas a se juntarem a eles nesse uso coletivo do poder do pensamento, o que lembrou os esforços das bruxas inglesas contra Hitler. De acordo com o autor da carta, Ken Nahigian, de Sacramento, Califórnia, o sentimento comum era de que, se um número grande de bruxos e outros ocultistas se unissem para se dedicar a esse objetivo ao mesmo tempo, seriam capazes de "canalizar enormes campos de poder psíquico coletivo para a paz".

No momento em que escrevo este verbete, é muito cedo para estimar o resultado desse esforço mágico, mas ele abre possibilidades interessantes para o futuro.

EVOCAÇÃO

Em textos sobre ocultismo, encontramos muitas vezes as palavras "evocação" e "invocação" sendo usadas indistintamente, como se significassem mais ou menos a mesma coisa. Para um ocultista praticante, porém, não é bem assim. Somente as ordens inferiores de espíritos podem ser evocadas; os espíritos superiores e os deuses são invocados. Invoca-se um deus para o círculo mágico, evoca-se um espírito para o triângulo mágico.

Esse princípio é válido tanto para o ofício da bruxa quanto para a magia cerimonial ensinada nos livros de magia chamados grimórios. A maioria desses livros instrui sobre como formar o círculo mágico, protegido por sigilos de potência oculta e por palavras de poder; e fora do círculo descreve o triângulo da evocação, protegido de maneira semelhante e desenhado no lugar onde se espera que o espírito apareça.

Por vezes, um incenso é colocado dentro do triângulo para que o espírito possa "tomar corpo", digamos assim, por meio da fumaça oscilante que surge do incensário. Esse processo é facilitado, afirmam os magos, ao misturar com o incenso uma erva chamada dictamo de Creta (*Origanum dictamnus*).

Talvez a melhor descrição já publicada do que de fato acontece em uma tentativa séria de evocação mágica é dada no romance histórico de Gerald B. Gardner, *High Magic's Aid* (Londres: Michael Houghton, 1949).

É raro que uma bruxa, ou no mínimo um praticante de magia das luzes, trabalhe com o tipo de evocação descrito nos grimórios. A magia dos grimórios, como o próprio livro admite, consiste em evocar forças muito perigosas que são controladas e compelidas pelos nomes de poder e pelos sigilos mágicos, e feita para cumprir as ordens de alguém. Esses nomes de poder são uma estranha mistura de hebraico, grego e línguas às vezes desconhecidas, e em geral significam algum atributo de Deus ou alguma fórmula cabalística. Por exemplo, AGLA significa *Ateh Gibor Leolam Adonai*, "Tu és poderoso para sempre, ó Senhor"; TETRAGRAMMATON significa o santo nome de quatro letras, cuja verdadeira pronúncia só era conhecida pelo sumo sacerdote de Israel, e assim por diante.

As evocações descritas nos grimórios são realizadas por meio de rituais que estão dentro da estrutura do judaísmo ou do cristianismo, por mais não oficiais que esses ritos possam ser. Do mesmo modo, um mago muçulmano usará os santos nomes de Alá e recitará versos do Alcorão a fim de fazer com que os espíritos o obedeçam. A magia era praticada — e continua a ser praticada — de inúmeras formas em todo o mundo, mas seus princípios básicos permanecem os mesmos.

A respeito disso, o autor anônimo de um memorável e muito raro livro antigo, *Art Magic* (Chicago: Progressive Thinker Publishing House, 1898), disse o seguinte:

> Tenhamos em mente [...] que tais características de cada sistema não passam de formas exotéricas nas quais os princípios esotéricos estão envoltos. Elas não possuem potência real além da satisfação que proporcionam às mentes devotas, de modo que não estão envolvidas em cerimoniais que desagradem aos seus deuses ou sejam contrários às suas formas de adoração.
>
> Desde que o mago esteja sempre devidamente preparado com jejum, abstinência, oração e contemplação — desde que seu magnetismo seja potente e sua vontade todo-poderosa — os espíritos lhe obedecerão e responderão, quer ele os conjure em nome de Buda, Osíris, Cristo ou Maomé. A verdadeira potência está na quantidade e na qualidade do fluido astral, pelo qual o operador fornece meios para o uso dos espíritos, e no poder da vontade, pelo qual obriga seres menos potentes do que ele a lhe obedecer.

Essa passagem ilustra também a diferença essencial entre evocação e invocação. A evocação procura *obrigar* uma entidade desencarnada, que se pressupõe seja de ordem inferior, a obedecer à nossa convocação. A invocação apela a um ser espiritual — que sentimos ser pelo menos igual a nós (como no caso de um espírito humano) ou superior — e *pede* de forma solene a esse espírito, anjo ou deus, que nos conceda o favor que buscamos.

O esforço para se comunicar com espíritos de seres humanos falecidos é geralmente uma questão de invocação, de proporcionar as condições e a atmosfera necessárias e depois convidar espíritos amigos para se manifestarem. No entanto, às vezes são feitas tentativas de evocação de humanos desencarnados. Por exemplo, no caso de uma assombração maligna, ou de uma obsessão indesejada por tal espírito, alguns praticantes de magia procurariam obrigar o espírito a se manifestar e, então, ordená-lo a partir para a esfera que lhe é apropriada. Em geral, porém, os espíritos convocados pelos processos de evocação não são humanos, mas espíritos pertencentes às muitas ordens e tipos de elementais. (*Ver* PLANO ASTRAL.)

Descobrimos que a seguinte convicção é compartilhada por pessoas de todos os tempos e de todas as raças:

Milhões de criaturas espirituais andam pela Terra
Invisíveis, seja quando estamos acordados, seja quando estamos dormindo

Ainda hoje, no nosso mundo de automóveis, voos lunares e televisão, ouvimos curiosas e inexplicáveis histórias sobre fenômenos poltergeist, por exemplo, ou sobre coisas estranhas que acontecem quando a residência de uma fada é perturbada na Irlanda.

Há também muitos relatos de testemunhos de pessoas que viram espíritos não humanos, que são em geral chamados de elementais. Eles podem ser lindos ou horríveis, amigáveis ou muito malignos. Além disso, a crença de que tais espíritos não humanos podem se tornar familiares dos magos e ser comandados por eles também é mundial. Vemos isso entre ocultistas do Oriente e do Ocidente.

Em geral, porém, a bruxa evita recorrer aos tipos de evocação que obrigam os espíritos a cumprirem suas ordens, procurando ajuda apenas de espíritos amigáveis que prestam assistência de forma voluntária.

Contudo, uma coisa precisa ser dita sobre as antigas formas de evocação: elas têm um efeito muito potente *sobre o operador*. Servem para elevar a mente do mago a um nível de intensa excitação mística, no qual o olho interior da mente pode se abrir fazendo com que seja percebido o que antes estava velado. A entoação rítmica de alguma forma antiga de evocação, por meio de sua cadência repetida, coloca a mente em um estado receptivo.

Por isso há tanta superstição em torno da peça *Macbeth*, de Shakespeare. Os atores, como são pessoas sensíveis, encaram *Macbeth* com certa timidez, porque descobriram que os encantamentos das bruxas na peça causam um efeito real, mesmo que seja só um arrepio. A estranheza das palavras e a intensidade com que são pronunciadas, o ritmo cumulativo do feitiço entoado, tudo tem um efeito sugestionador na pessoa que os profere, na atmosfera apropriada de excentricidade sombria, misteriosa e imprevisível.

Há um velho ditado mágico: "*Não mude os nomes bárbaros de evocação*"; "as longas sequências de formidáveis palavras que rugem e gemem por meio de tantas conjurações", como Aleister Crowley os chamou. Um ensinamento básico da bruxaria, tal como eu o recebi, é que os verdadeiros poderes da magia estão dentro do mago e da maga, e que o objetivo do ritual mágico, com todos os seus complementos, é trazê-los à tona, despertá-los e colocá-los em prática. Então as coisas começam a acontecer!

Às vezes, de fato, começam a acontecer coisas com as quais o operador não é capaz de lidar ou para as quais não está preparado. Portanto, o tema da evocação deve ser abordado com cautela — como, de fato, toda a prática do ocultismo.

F

FADAS E BRUXAS

Sempre houve proximidade entre o mundo da bruxaria e o mundo das fadas. A relação é tão estreita, de fato, que não é fácil traçar uma fronteira precisa nessas terras encantadas e dizer onde termina um mundo e começa outro.

Alguns escritores, em particular Margaret Murray, desenvolveram a teoria de que as "fadas" eram, na verdade, o povo nativo destas ilhas, o Povo Pequeno das Colinas. Essa gente pequena e de pele escura, desalojada pelas ondas de colonos celtas que chegavam do continente, refugiou-se em lugares remotos. Viviam em cabanas cobertas com grama verde — uma forma eficaz de camuflagem que, a distância, deixava suas moradias parecidas com pequenas colinas. Temiam as armas de ferro de seus conquistadores e fugiam quando as viam. Mas tinham as próprias armas engenhosas e mortais: pequenas pontas de flecha de pederneira, afiadas e envenenadas, que poderiam ser fatais mesmo que causassem apenas uma leve ferida. E, ainda mais temidos do que seus "raios élficos", os poderes de sua magia pagã, o encantamento misterioso e profano que tanto assustava os conquistadores.

Eram pessoas caprichosas em suas escolhas de amizades; mas, uma vez que se tornavam amigas, eram fiéis e trabalhavam duro por aqueles de quem gostavam, buscando como recompensa não mais do que simples tigelas de comida deixadas durante a noite. No entanto, tinham duas características que seus vizinhos celtas achavam estranhas e vergonhosas: eram um povo noturno, que se movia e trabalhava na escuridão ou sob a luz do luar, e preferia usar pouca ou nenhuma roupa, ou o mínimo que o clima permitisse.

As decorosas donas de casa, que tentavam fazer com que seus servos pequenos e de pele escura usassem roupas decentes, recebiam como recompensa o desprezo de Brownie, o legendário elfo noturno, que rejeitava as bem-intencionadas roupas dadas de presente e ia embora ofendido.

É um fato notável que na área da floresta de Ashdown, em Sussex, ainda no século 19, existissem, de acordo com as tradições locais, certos habitantes pequenos e de pele escura, que viviam em clã, eram reservados e tinham comportamentos peculiares. Uma dessas peculiaridades era usar pouca ou nenhuma roupa quando estavam em seu hábitat. As pessoas tinham medo de passar pela floresta sozinhas, sobretudo à noite, por causa desses *pikeys* (errantes), como eram chamados.

Contudo, os "errantes" sem dúvida não eram seres sobrenaturais. Eram humanos de carne e osso, conhecidos por frequentarem certas tabernas na floresta. Usavam uma espécie de "telégrafo do mato", e, no mesmo instante em que a presença de qualquer estranho era notada, as informações eram repassadas com extraordinária rapidez. As pessoas tinham bastante medo dos "errantes", que também eram conhecidos como *diddikais* — palavra que de fato significa um viajante com sangue cigano. Contudo, esse povo não viajava, eram moradores da floresta e sempre foram.

Seus descendentes ainda podem ser encontrados nas cercanias da floresta de Ashdown, embora estejam hoje mais ou menos assimilados ao restante da comunidade. Pessoas assim, que viviam em partes isoladas do país, deviam ser muito parecidas com o que Margaret Murray conjetura que foram as fadas.

As evidências apresentadas nos antigos julgamentos de bruxas, sobretudo na Escócia, contêm muitas histórias de associação entre bruxas e fadas, sendo algumas delas muito circunstanciais. Algumas pessoas vão a uma colina de fadas e são ali admitidas. Conhecem o rei e a rainha das fadas e recebem comida, embora a presença de pequenos bovinos, "touros élficos", correndo na entrada da moradia das fadas, seja bem desconcertante.

Lá dentro, veem pessoas produzindo os mortais "dardos élficos", as pontas de flechas de pedra que serão mergulhadas em veneno. Também veem as fadas preparando pomadas de ervas e remédios. Elas recebem instruções sobre as curas herbáticas das fadas, mas também são ameaçadas: se falarem demais e traírem a confiança de suas anfitriãs, será pior para elas.

Além disso, ouvem insinuações estranhas de que, a cada sete anos, as fadas "pagam um dízimo para o inferno", isto é, uma delas morre como um sacrifício humano. Há até rumores de que um "mortal" pode ser sequestrado e usado para esse fim, em vez de uma delas.

As fadas dão à luz filhos e, nessas circunstâncias, uma parteira mortal pode ser chamada para prestar ajuda. Mães que amamentam são sequestradas para serem amas de leite de crianças fadas; bebês humanos são roubados e *changelings* (crianças trocadas) são deixadas secretamente pelas fadas em seu lugar.

As pessoas têm muito medo das fadas e as chamam de "boas vizinhas", "boa gente" ou "povo da paz" para acalmá-las. Em todas essas características do folclore das fadas, não há nada necessariamente sobrenatural. Todas poderiam se referir a membros de outra raça, efetivamente pequenos se comparados ao restante da população, mas não pequenos demais para não haver um casamento inter-racial. Existem várias histórias de mortais que se casaram com fadas, embora fosse raro que essas uniões durassem, porque o Povo Pequeno das Charnecas se recusava a se adaptar aos costumes alheios.

É interessante, nessa conexão, notar a verdadeira origem da palavra *heathen* ("pagão" em português). Significa, na verdade, o povo da charneca (*people of the heath*), assim como pagão deriva de *paganus*, um camponês, um rústico. Os pagãos e os *heathens* originais eram pessoas que se mantiveram fiéis à antiga tradição do campo e aos antigos deuses e espíritos da natureza, enquanto os habitantes da cidade, mais sofisticados, adotaram formas de religião mais "civilizadas".

Uma importante fonte de informação sobre os julgamentos de bruxas na Escócia, em que as fadas são mencionadas, é o *Letters on Demonology and Witchcraft*, de Sir Walter Scott (Londres: John Murray, 1830). Nesse livro vemos tal ligação com as fadas presente nas acusações feitas nos julgamentos de Isobel Gowdie (1662), Bessie Dunlop (1576), Alison Pearson (1588) e John Stewart (data não informada). Certo Andro Man também foi acusado de se associar à rainha de Elfin, "que dominava todo o ofício", e Thomas, o

Rimador, o famoso profeta, adquiriu seus poderes psíquicos graças à rainha das fadas, como nos conta a velha balada.

De fato, é evidente que a principal bruxa de um coven escocês era chamada de rainha de Elfame, uma palavra que nada mais é do que a versão escocesa do nórdico antigo *Alfheim*, o país dos elfos, ou terra das fadas.

A própria palavra *fairy* (fada em inglês) deriva do francês antigo *faerie*, que significa "encantamento". O reino das fadas é o domínio do encantamento e da magia, daí outro motivo para serem associadas às bruxas.

A tradição das fadas das Ilhas Britânicas abrange uma série de vertentes diferentes. Existem memórias reais do Povo Pequeno das Colinas, já mencionadas, mas também há fadas que são criaturas espirituais, espíritos da natureza; e há ainda a história de uma aventura no reino das fadas que é, na verdade, a descrição de uma intensa experiência psíquica.

Além desses aspectos do folclore, existe a ideia de hoste das fadas, que seria composta das almas dos não batizados, ou daqueles que eram "bons demais para o inferno, mas maus demais para o céu". Essas fadas anfitriãs, que viajavam pelo vento forte, eram os espíritos dos pagãos mortos, e eram lideradas por deuses e heróis do passado.

O reino das fadas é muitas vezes concebido como um lugar bonito, mas misterioso e subterrâneo — na verdade, localizado dentro da terra. Nesse aspecto, é curioso comparar essa crença com as histórias orientais de Agharti.

O antiquário Thomas Wright, em seu ensaio "On the National Fairy Mythology of England", publicado no volume 1 de *Essays on England in the Middle Ages*, de John Russell Smith (Londres, 1846), nos diz:

> Os elfos sempre tiveram um país e moravam tanto no subsolo quanto na superfície. Em várias partes da Inglaterra ainda se preserva a crença de que eles descem para suas moradas subterrâneas através dos túmulos que guardam os ossos dos nossos antepassados antigos. Havia outras formas, no entanto, de chegar ao país dos elfos, e uma das mais comuns era pelas aberturas nas rochas e cavernas, como encontramos no poema *Sir Orfeo* e no *Conto de Elidurus*, narrado por Giraldus. A grande caverna do pico de Derby também era um caminho para lá, e Gervásio de Tilbury preservou a história do porqueiro de William Peverell que se aventurou uma vez a descê-la em busca de uma porca reprodutora e encontrou lá embaixo uma terra rica e cultivada, com

ceifeiros que colhiam milho. A passagem, porém, foi há muito interrompida, e aqueles que agora exploram as maravilhas da caverna descobrem que o acesso é impedido pelas sólidas e impenetráveis rochas.

Às vezes, porém, seres que se perdiam desse país subterrâneo apareciam no mundo dos homens. Tais como aqueles descritos na estranha fábula das crianças verdes, considerada real por dois antigos cronistas ingleses, Guilherme de Newburgh e Ralph de Coggeshall. Contudo, o primeiro diz que a história aconteceu no reinado do rei Estêvão, e o segundo, no reinado de Henrique II. Gervásio de Tilbury também cita esse evento.

A história conta que duas crianças misteriosas, um menino e uma menina, foram encontradas por camponeses em um lugar chamado Woolpit, em Suffolk. Elas estavam perdidas, chorando, usavam roupas estranhas e tinham a pele verde. Não sabiam falar inglês e, a princípio, não comiam nada exceto feijão verde. Foram levadas para a casa de sir Richard de Calne, que cuidou delas. O menino ficou doente e morreu; a menina, porém, se acostumou a comer alimentos terrenos, aos poucos substituiu a cor verde pela coloração humana e aprendeu o idioma.

Ela contou que eles vieram de um país subterrâneo onde todas as pessoas tinham pele verde. O sol nunca incidia ali, mas a terra era iluminada por "um brilho ou fulgor, como o que surgiria após o pôr do sol". Ela e o irmão estavam seguindo algumas ovelhas ou bezerros e chegaram a uma caverna. Foram atraídos por um som melodioso, como o badalar de sinos, e vagaram pela caverna até chegar ao final dela. "Dali, ao emergirem, o brilho excessivo do nosso Sol e a temperatura quente e incomum do nosso ar os surpreenderam e os aterrorizaram. E por muito tempo eles ficaram na borda da caverna." Conforme mencionado, ali eles foram encontrados.

A menina foi batizada e permaneceu na casa de sir Richard de Calne como serva. "Ela se mostrou muito indecorosa e lasciva", mas por fim se estabeleceu e se casou com um homem em King's Lynn, Norfolk. Um estranho mistério não resolvido!

A jovem libidinosa dessa terra dos elfos subterrânea estava apenas seguindo a natureza tipicamente amoral das fadas. O reverendo Robert Kirk, ministro de Aberfoyle, na Escócia, também escreveu sobre as travessuras delas: "Para a inconveniência de seus súcubos, que se encontram com homens, isso é abominável".

O livro de Robert Kirk, *The Secret Commonwealth of Elves, Fauns and Fairies* (Escócia, 1691. Reimpresso com introdução de Andrew Lang. Londres: David Nutt, 1893), é uma das obras mais curiosas sobre esse assunto, ainda mais porque seu autor, no ano seguinte à publicação, ganhou a reputação de ter sido ele próprio levado por fadas. Uma noite, enquanto caminhava por uma colina de fadas perto do presbitério, desmaiou e foi dado como morto. Em decorrência disso, foi enterrado no cemitério da igreja de Aberfoyle, mas, depois do funeral, seu fantasma apareceu para um de seus parentes, dizendo que ele não estava morto e, na verdade, estava sendo mantido prisioneiro na terra das fadas. Ele deu instruções de como poderia ser libertado. Seu fantasma, disse ele, apareceria no batizado de seu filho póstumo, e se seu primo, Grahame de Duchray, jogasse sua adaga sobre a cabeça da aparição, Robert Kirk voltaria ao mundo dos vivos. O fantasma de fato apareceu no batizado, mas seu primo ficou tão chocado que não conseguiu lançar a adaga, e o ministro permaneceu sob o domínio das fadas.

Dado o conhecido interesse do sr. Kirk pelas fadas e pela clarividência, assunto de que também trata em seu livro, era inevitável, naquele tempo e naquele lugar, que se contassem histórias tão horripilantes a respeito dele. Seu livro, no entanto, tendo sido escrito apenas 29 anos após o julgamento de Isobel Gowdie, a bruxa escocesa cujo testemunho de ligação com as fadas intrigou tantos escritores, parece ir contra a teoria de que as fadas eram a verdadeira raça do povo nativo.

As fadas de Robert Kirk são decerto seres espirituais, "de natureza intermediária entre homens e anjos". O corpo delas é feito de "ar congelado" e pode aparecer ou desaparecer a seu bel-prazer, sendo mais fácil de ser vistos ao cair da noite. Kirk chama as fadas de "aquele povo obscuro" e se refere a elas como "subterrâneas". Aqueles que possuem clarividência podem ver as fadas, sobretudo no "início de cada trimestre do ano", época em que elas mudam de habitação e viajam para além de suas terras.

Os trimestres do ano aos quais o sr. Kirk se refere são as antigas divisões celtas do ano: Candelária, Véspera de Maio, Lammas e Halloween, quando todo tipo de ser misterioso estava à solta e quando as bruxas realizavam (e ainda realizam) seus grandes sabás. Também se pode encontrar, na Irlanda, a crença na atividade das fadas nessas épocas.

Ele nota que as fadas têm tribos e ordens entre si, e vivem em casas que são ora visíveis, ora nem tanto. "Elas falam pouco, e o fazem por meio de assobios, de maneira clara, não estridente." Havia nascimentos, casamentos e mortes em seu reino, e até mesmo brigavam entre si.

> Elas vivem bastante tempo, ainda assim, um dia morrem, ou pelo menos desaparecem daquele estado. Este é um de seus princípios, que nada perece, mas (como o Sol e o Ano) cada Coisa anda em um Círculo, menor ou maior, e é renovada e revigorada em suas Revoluções; bem como este outro, que cada Corpo na Criação se move (o que é uma espécie de Vida), e que nada se move, mas tem outro Animal se movendo nele, e assim por diante, até o menor Corpúsculo capaz de ser um Receptáculo de Vida.

Como obteve esse estranho lampejo dos segredos das fadas, o sr. Kirk não nos conta, mas, a partir do seu livro, tem-se a impressão de que ele estava muito mais envolvido com as coisas místicas do que se dava ao trabalho de dizer.

Ele fala pouco a respeito de bruxaria, mas diz: "O *Tabhaisver*, ou Vidente, que se corresponde com esse tipo de Familiares, pode atraí-los com um Feitiço para aparecerem para si ou para outros, quando quiser, tão prontamente quanto a bruxa de Endor para com aqueles de sua espécie".

Um homem chamado John Walsh, de Netherbury, em Dorset, confessou ter conversado com as fadas quando foi interrogado sob acusações de bruxaria em 1566. Ele fez uma confissão detalhada e interessante, que continha muitas minúcias de suas práticas mágicas, a qual foi impressa sob o título *The Examination of John Walsh* (Londres: John Awdeley, 1566). O livro faz referências às suas relações com as fadas da seguinte forma:

> "Ao ser questionado sobre como sabe quando um homem está enfeitiçado, ele diz que percebia, em parte, por meio das fadas, e que existem três tipos de fadas, as brancas, as verdes e as negras, e que, quando está decidido a consultá-las, fala com elas nas colinas, onde há grandes montes de terra, como, em particular, em Dorsetshire. Diz ainda que, entre meio-dia e uma hora da tarde, ou à meia-noite, ele as consulta, e completa que as fadas negras são as piores".

Minha opinião é de que o credo das fadas é uma combinação de diversos fatores: espíritos reais da natureza cuja presença pode ser percebida às vezes, mas que, de modo geral, compartilham este mundo de forma invisível com os humanos; almas dos pagãos mortos, que seguem o terceiro caminho que a rainha das fadas mostrou a Thomas, o Rimador, "o caminho para a bela terra dos elfos" — longe do paraíso ou do inferno cristãos; e memórias folclóricas de raças nativas, agora quase todas extintas. Pode haver um quarto fator: a crença, muito antiga e pelo visto mundial, em uma terra escondida ou um submundo no interior da terra.

Todos esses fios se entrelaçaram até se tornarem como os nós mágicos retorcidos de alguma antiga escultura celta ou saxônica, com rostos e formas estranhas despontando entre eles. E como pertenciam ao lado pagão e proibido das coisas, os antigos deuses do paganismo e da bruxaria se tornaram seus soberanos naturais. Por isso, como observou o rei Jaime I em seu *Daemonologie*, a deusa Diana era considerada a rainha das fadas, e as bruxas da Itália, em suas lendas mágicas registradas no *Aradia*, às vezes chamavam a deusa de *Fata* Diana, "Fada Diana".

Sua representante humana, a suma sacerdotisa de um coven, era nomeada em sua homenagem como "a rainha de Elfame". Portanto, nem sempre é fácil distinguir nesses contos antigos a rainha de Elfame, que é uma mulher mortal, da senhora visionária montada em um corcel branco como leite que o Verdadeiro Thomas viu quando estava deitado na margem do Huntlie.*

FAMILIARES

Os familiares das bruxas podem ser de três tipos. O primeiro é um ser humano desencarnado ou, em outras palavras, o espírito de uma pessoa morta. O segundo tipo é um espírito não humano, um elemental. O terceiro tipo é uma criatura física real, um animal pequeno, como um gato ou um furão, ou um réptil, como um sapo.

---

* Menção aos primeiros versos da balada "Thomas the Rhymer" [Thomas, o Rimador], de sir Walter Scott: *True Thomas lay on Huntlie bank: / A ferlie he spied wi' his ee; / And there he saw a lady bright, / Come riding down by the Eildon Tree*. [N. E.]

Familiares do segundo tipo, os elementais, às vezes habitam um objeto específico, e esses espíritos servidores eram considerados magos cerimoniais do passado ou também bruxas. Dizia-se que o famoso ocultista Paracelso, por exemplo, tinha um familiar que habitava uma grande pedra preciosa, provavelmente um cristal, que estava incrustada no punho de sua espada. Nos antigos livros de magia, é comum encontrar rituais para atrair um espírito e atá-lo a um cristal ou espelho mágico para que sirva a um mago. Pela ação de tal espírito, as visões apareceriam no cristal ou espelho.

A ideia de um espírito imbuir uma alma em um objeto, geralmente uma estátua, também é encontrada entre os magos das raças primitivas. Os antropólogos chamaram esse tipo de estátua de "fetiche".

Entre as bruxas da Grã-Bretanha, o tipo de familiar encontrado com mais frequência é o terceiro, isto é, algum tipo de pequena criatura viva que é mantida como animal de estimação. Era comum os caçadores de bruxas descreverem esses familiares como "diabinhos" e alegarem que a bruxa os alimentava com o próprio sangue.

Há um pingo de verdade nessa última alegação, embora mal compreendida, como sempre. Em geral, a imaginação dos caçadores de bruxas é muito mais desagradável do que a das bruxas.

O que de fato acontecia era que a bruxa ou bruxo dava à criatura, de vez em quando, um gole de seu sangue ou, em se tratando de uma mulher que estivesse amamentando, um pouco de seu leite. O objetivo dessa prática era estabelecer um vínculo psíquico entre a bruxa ou bruxo e o familiar, e dar continuidade a esse vínculo. Em outras circunstâncias, o familiar seria nutrido com qualquer alimento comum.

Muitos animais têm percepções psíquicas aguçadas e, ao observar seu comportamento, podemos adivinhar a presença de visitantes invisíveis, amigáveis ou não. A recusa total dos cães em adentrar um lugar que seja palco de uma verdadeira assombração é um fato frequentemente comprovado pela experiência. Os gatos, por outro lado, parecem gostar da companhia de fantasmas. (*Ver* GATOS COMO FAMILIARES DE BRUXOS E BRUXAS.)

O sapo é uma criatura bastante inteligente e domesticada com facilidade. O sapo-corredor era a espécie favorita para ser o familiar de uma bruxa, mas todos os sapos são bons animais de estimação se mantidos em condições adequadas. Eles devem ter água disponível, pois respiram em parte pela pele e, se ela ficar muito seca, eles morrem. Esses animais se alimentam de insetos, portanto, o jardim da casa é um excelente hábitat para eles, por isso alguns jardineiros do passado criavam sapos apenas com esse objetivo, o de controlar os insetos que ameaçavam as plantas.

O sapo também é quase sempre um animal inofensivo. Ele não pode morder porque não tem dentes, e a velha história de que cospe veneno é um disparate. Na verdade, o sapo, quando irritado, assustado ou excitado, exala veneno através de glândulas localizadas em sua pele. Se você não o assustar ou o ferir, ele permanecerá inofensivo. Além disso, esse animal tem os olhos mais maravilhosos e parecidos com joias do que qualquer criatura do reino dos répteis. (Como o leitor já deve ter percebido, eu *gosto* de sapos.)

Essa substância destilada pela pele do sapo tem aspecto leitoso e por isso recebeu o nome de leite de sapo. As bruxas que tinham sapos como animais de estimação obtinham o leite dos sapos sem ferir ou perturbar o animal — um bom familiar era valioso demais para isso. O leite de sapo era usado em algumas das misturas secretas das bruxas, e os cientistas modernos descobriram que ele contém uma substância que chamaram de bufotenina, que é uma droga alucinógena.

É também um veneno extremamente mortal quando usado da forma errada. Portanto, não acho que seria de interesse público divulgar muitos detalhes a respeito desse assunto. Infelizmente, o comportamento irresponsável demonstrado por muitas pessoas em relação aos alucinógenos, hoje em dia, me impede de fazê-lo.

Essa, porém, foi uma das razões da popularidade do sapo como familiar da bruxa. A outra é que os sapos, assim como os gatos, são criaturas muito psíquicas e reagem a influências fantasmagóricas.

O animal familiar era usado para adivinhação. O método consistia em colocar diante dele, dentro do círculo mágico, uma série de objetos representando diferentes significados divinatórios e observar qual ele selecionava. As pedras pintadas mencionadas no verbete sobre adivinhação seriam muito adequadas para isso — ramos de diferentes ervas ou galhos de árvores também poderiam ser usados. Antes de a adivinhação começar, a bruxa teria de traçar o círculo mágico e invocar os deuses para que enviassem um espírito para possuir o familiar e inspirá-lo a dar a resposta certa.

O animal familiar também era usado para transmitir uma influência mágica — para o bem ou para o mal — a outra pessoa. Um exemplo disso aparece nas confissões de Margaret e Philippa Flower, que foram enforcadas por bruxaria em Lincoln em 1619.

As irmãs eram criadas do conde e da condessa de Rutland no castelo de Belvoir. Por alguma razão, uma delas, Margaret, foi demitida. Sentindo que havia sido tratada de forma injusta, ela pediu ajuda à mãe, Joan Flower, para se vingar. Joan já tinha fama de bruxa e possuía um familiar, um gato chamado Rutterkin. Margaret Flower conseguiu roubar uma luva que pertencia a lorde Rosse, o herdeiro do conde e da condessa, que foi usada para fazer o elo mágico do ritual de vingança.

A mãe bruxa, Joan Flower, esfregou a luva no gato Rutterkin e deve ter proferido uma maldição sobre lorde Rosse enquanto o fazia. Depois mergulhou a luva em água fervente — sem dúvida, o caldeirão estava borbulhando ali perto. A peça foi então retirada da água, espetada com alfinetes ou com a faca mágica e por fim enterrada. Lorde Rosse ficou doente e acabou morrendo.

As Flower continuaram a praticar bruxaria contra a família do conde e da condessa, até que rumores se espalharam pela região e elas foram presas e levadas a Lincoln para ser investigadas. A mãe, Joan Flower, sucumbiu e morreu enquanto era levada para a prisão de Lincoln. Depois disso, as duas irmãs confessaram e foram enforcadas. Não há registros do que aconteceu com o gato, mas é interessante analisar esse caso como um dos raros eventos em que temos detalhes reais de como os familiares eram usados. É evidente que o gato atuava como uma espécie de médium para os poderes da bruxaria.

As bruxas adquiriam familiares bem treinados umas das outras. Eles podiam ser dados na iniciação, trocados entre membros de uma família ou herdados. O familiar recebia um nome e era bem cuidado. Às vezes, os nomes eram curiosos e imaginativos.

Alguns nomes registrados de familiares de bruxas na Grã-Bretanha são Grande Tom Twit e Pequeno Tom Twit (estes eram dois sapos), Bunne, Pyewacket, Elimanzer, Newes (um bom nome para um familiar adivinho), Elva (que também era o nome de uma deusa celta, cunhada do deus sol Lugh), Picar, Tom Vinagre, Saco e Açúcar, Tyffin, Tisey, Pigine, Jarmara, Lyard (uma palavra que significa "cinza"), Pé-leve, Homem-pequenino, Improviso,

Collyn, Fancie, Satã, Grissell e Greedigut. Do continente vêm nomes como Verdelet, Minette, Carabin, Volan, Piquemouche e assim por diante. Cornélio Agrippa, famoso escritor de filosofia oculta e magia, supostamente tinha um familiar na forma de um cachorrinho preto chamado Monsieur.

Um aspecto curioso sobre a crença na eficácia dos animais familiares é o fato de, durante a Guerra Civil na Inglaterra, os apoiadores de Cromwell terem feito uma acusação séria contra o príncipe monarquista Rupert, afirmando que ele tinha um familiar. Pelo visto, o príncipe tinha um cachorrinho branco chamado Boye. As acusações dos puritanos foram ridicularizadas em panfletos monarquistas, que aumentaram a história original ao sugerir que Boye era, na verdade, uma linda bruxa da Lapônia que tinha se transformado em cachorra para fazer companhia ao valente cavaleiro.

Mas, para os puritanos, a bruxaria não era motivo de brincadeira. Foi durante a Guerra Civil que o famoso general caçador de bruxas, Matthew Hopkins, continuou seu reinado de terror em East Anglia. Muitas pessoas idosas foram intimidadas e atormentadas até "confessar" e, por fim, ser enforcadas, por nenhum outro crime senão manter um animal de estimação ou pássaro que os seus perseguidores consideravam um familiar.

Hoje em dia, algumas congregações protestantes extremistas proíbem seus membros de ter animais de estimação. Esse pode ser um resquício desconhecido do antigo medo da bruxaria e do familiar.

A palavra "familiar" vem do latim *famulus*, que significa atendente. A mais detalhada história britânica sobre um atendente na forma de um espírito humano é a da bruxa escocesa Bessie Dunlop, de Ayrshire, que foi condenada e executada em 1576. Seu familiar era o fantasma de um homem chamado Thome Reid, que tinha sido morto na Batalha de Pinkie em 1547. Ela o descreveu como

> um homem respeitável, de aparência idosa, barba grisalha e que vestia um casaco cinza, com mangas lombardas, à moda antiga. Um par de calças cinza e meias brancas compridas presas acima do joelho, um gorro preto na cabeça, fechado atrás e liso na frente, com laços de seda passados nas bordas, e uma varinha branca na mão completavam a descrição do que podemos supor ser um homem de aparência respeitável daquela época e lugar.

É o que diz sir Walter Scott, que, em suas *Letters on Demonology and Witchcraft* (Londres: John Murray, 1830), fornece detalhes completos desse caso.

Claro que Thome Reid não era um mero espectro dúbio e imaginário. Além disso, ele deu prova de sua identidade:

> Mais pressionada sobre os pormenores de seu familiar, ela disse que nunca o conheceu enquanto estava entre os vivos, mas estava ciente de que a pessoa que assim se autodenominava era alguém que, em vida, era de fato conhecido na terra média como Thome Reid, encarregado do Senhor de Blair, e que morreu em Pinkie. Disso ela tinha certeza, porque ele a enviou para realizar tarefas para seu filho — que o havia substituído em seu cargo — e para outros seus parentes, a quem ele chamou pelo nome e ordenou que corrigissem certos delitos que ele cometera em vida, dando a ela indicações seguras para que seus parentes soubessem que ela tinha sido enviada por ele.

Thome Reid dava conselhos para Bessie de como tratar os doentes, tanto humanos quanto animais domésticos e de criação, e seus tratamentos em geral eram bem-sucedidos. Ele também a ajudava a adivinhar o paradeiro de bens roubados. Ela conta, com uma franqueza até excessiva, que, certa vez, alguns arados de ferro roubados não tinham sido recuperados porque certo oficial do xerife tinha sido subornado para não os encontrar. Isso não deve ter agradado às autoridades envolvidas, e é de se perguntar se foi por isso que ela infringiu a lei, já que nunca foi acusada de fazer mal a ninguém. No entanto, como diz sir Walter Scott: "As tristes palavras na margem dos registros, 'condenada e queimada', expressam plenamente a conclusão trágica de uma história curiosa".

É notável que os médiuns espíritas da atualidade afirmem que são auxiliados por espíritos a quem chamam de "guias", isto é, espíritos que se ligam a um médium em particular com o propósito de auxiliar na realização de prodígios e de aconselhá-lo. Sem querer de forma alguma ofender os espíritos, mas isso é exatamente o que o familiar humano das bruxas fazia e ainda faz.

Um dos objetivos dos ritos das bruxas atuais é contactar o espírito daqueles que foram bruxos em vidas passadas na Terra e que, por isso, adquiriram sabedoria tanto neste planeta como no Além. O procedimento das bruxas, ainda que não seja o mesmo dos espíritas, é, no entanto, muito semelhante em diversos aspectos. A prática dos espíritas de se sentarem em círculo, com homens e mulheres em lugares alternados, é a mesma da bruxaria, assim como a crença de que o poder é algo latente no corpo humano e que, nas condições certas, pode ser externalizado e usado para que entidades desencarnadas se manifestem.

As bruxas também acreditam, tal qual os espíritas, que uma pessoa com o temperamento certo é capaz de entrar em um estado de transe, durante o qual um espírito pode fazer uso de sua mente e de seu corpo para falar, escrever e realizar ações; em outras palavras, eles acreditam na mediunidade. Essa talvez seja uma das razões para a oposição implacável de alguns clérigos ao espiritismo — pelo fato de verem nessa doutrina muitas das crenças e fenômenos da bruxaria.

As bruxas afirmam, porém, assim como os espíritas, que esses poderes e fenômenos são muito instintivos, fazem parte do arcabouço das leis naturais — mesmo que um materialista não compreenda o funcionamento de tais leis —, e que é o modo como esses poderes são usados que define se são bons ou maus, e não a natureza essencial dos poderes em si.

No que diz respeito ao familiar como entidade desencarnada não humana, um espírito da natureza, essa é uma crença que não está limitada às bruxas. Pode ser encontrada também no Oriente, onde muitos faquires e magos afirmam produzir maravilhosos fenômenos por meio de alianças com os espíritos dos elementos. (*Ver* ELEMENTOS, ESPÍRITOS DOS.)

No Ocidente, esses espíritos da natureza eram aceitos por pessoas de todas as raças. Os gregos e os romanos sentiam a presença das ninfas dos rios e das montanhas, das ninfas das árvores e dos faunos com pés de bode da floresta. Para essas criaturas foram erguidos altares em lugares ermos da natureza. De acordo com sir Walter Scott, um desses altares, com a inscrição *Diis campestribus*, foi preservado na Biblioteca dos Advogados, na Escócia. Foi descoberto nas proximidades do castelo de Roxburgh, e o senhor responsável pela biblioteca costumava traduzir sua inscrição para "As Fadas, você sabe".

Após a chegada do cristianismo, todos esses espíritos da natureza foram considerados entidades do mundo das fadas, do qual Diana, a deusa das florestas e da Lua, era rainha. Eles formavam "A Comunidade Secreta", como o velho Robert Kirk, de Aberfoyle, os descreveu em 1691, e a Igreja proibiu qualquer associação a eles, por serem tidos como coisas de bruxaria. Ainda hoje, alguns clérigos irlandeses mais severos dizem ao seu rebanho que os pequenos duendes são "diabos".

O respeito pelas fadas, no entanto, não desapareceu, sobretudo nas partes das Ilhas Britânicas com maior influência celta. Na Ilha de Man, por exemplo, é comum as pessoas saudarem a Boa Gente quando passam pela ponte das Fadas, costume esse respeitado até pela realeza durante uma visita à ilha há alguns anos. Para muitos, trata-se apenas de um traço pitoresco do folclore local, mas também são frequentes as histórias de pessoas que, sendo indelicadas com as fadas, sofreram com danos inexplicáveis no carro e outros contratempos depois disso.

No entanto, qualquer amizade íntima entre mortais e fadas era considerada — quase sempre com razão — um sinal de bruxaria em tempos passados. Os registros disso são tão extensos e curiosos que exigem um verbete próprio. (*Ver* FADAS E BRUXAS.)

A crença nos familiares das fadas ainda é bastante viva a ponto de ter sido perpetuada por Hollywood. Um filme muito divertido, *Meu amigo Harvey*, estrelado por James Stewart, versava na verdade sobre um familiar desse tipo. Também foi muito fiel à tradição no modo como descreveu "Harvey" — o *pooka* ou espírito de fada em forma de animal — e seus poderes travessos.

FERTILIDADE, CULTO À

Não é fácil para as pessoas de hoje, que vivem neste nosso mundo perfeitinho e civilizado de supermercados e alimentos embalados, perceberem o que a fertilidade de fato significava para os nossos predecessores nos séculos passados.

Algo importante de levar em conta é que a expectativa de vida deles era menor do que a nossa e a mortalidade infantil era muito maior. Eles precisavam de uma elevada taxa de natalidade para manter qualquer nação ou tribo forte. Além disso, se suas colheitas fracassassem, teriam dificuldade de comprar alimentos para compensar o malogro — a fome os olhava de frente.

Mais no passado ainda, antes de aprender a cultivar a terra, o homem dependia da caça de animais selvagens para obter carne. Se os rebanhos diminuíssem, a vida se tornaria mais difícil na mesma proporção.

Sendo assim, quando as pessoas realizavam rituais de fertilidade nos tempos antigos, não o faziam por diversão. Elas o faziam com a maior seriedade possível.

O princípio da fertilidade é, afinal de contas, algo muito intrigante, crucial e misterioso. É a própria vida, irrompendo sob inúmeras formas, da terra e das águas, nunca parada, sempre se renovando — eterna e infindavelmente mutável.

Mesmo assim, o impulso sexual por trás da fertilidade humana é algo fundamental e profundo, uma das forças primordiais. E, embora fosse com o princípio da vida em si que os antigos procuravam entrar em harmonia, em geral o faziam por meio da própria sexualidade — o sexo transformado em ritual. "Como acima é feito, assim o é abaixo." À medida que realizavam os atos que estimulavam a vida, os poderes da fertilidade universal seriam despertados e se moveriam.

Como os camponeses viviam mais próximos da terra, estavam mais envolvidos nos rituais de fertilidade do que os habitantes das cidades. Por consequência, foram os pagãos rústicos, os *pagani* ou camponeses, que se agarraram a esses velhos costumes depois que os habitantes da cidade se voltaram para credos intelectuais mais sofisticados. Como as pessoas acreditavam nesses antigos ritos, por mais grosseiros e chocantes que fossem vistos pelas classes mais refinadas, elas relutavam em abandoná-los.

Portanto, o cristianismo, embora fosse a religião oficial da Europa, por muito tempo foi apenas um verniz sobre camadas mais profundas do paganismo antigo, muitas das quais remontavam ao início dos tempos. O mesmo ocorria e ainda ocorre, em grande medida, em países hinduístas e budistas. O intelectual e refinado morador da cidade tem seus credos e suas práticas; o camponês tem sua magia primitiva, baseada em crenças de uma antiguidade desconhecida.

Na Europa Ocidental, os sábios, ou bruxos, mantiveram os velhos costumes, e muitas vezes a opinião pública do campo estava mais ao lado deles do que o padre cristão poderia controlar. Um exemplo disso ocorreu em

Dorset, em tempos mais ou menos recentes. Na encosta da colina Trendle ergue-se a grande figura do Gigante de Cerne, destemido e com o falo ereto. Certo clérigo, que se opunha à sexualidade desinibida do Gigante, queria ter arado aquela parte da figura traçada com giz e que considerava indecente. Mas as pessoas da zona rural que cercava o lugar se opuseram com tanta veemência que ele acabou por desistir. "Se você fizer isso", disseram elas, "nossas colheitas vão fenecer."

Em tempos passados, essa figura era "lavada" — ou limpa e renovada — a cada sete anos. Essa ocasião era acompanhada por um festival folclórico na colina, onde se praticavam relações sexuais livremente. O clero local, no entanto, conseguiu suprimir esse rito. O Gigante de Cerne agora pertence ao Fundo Nacional para Locais de Interesse Histórico ou Beleza Natural do Reino Unido, portanto, a velha limpeza periódica, que cuidava dessa e do restante das figuras montanhosas ímpares da Grã-Bretanha, já não é mais necessária.

As pessoas mantinham antigos rituais de fertilidade não apenas porque gostavam, mas porque acreditavam que eles de fato funcionavam. Esses rituais serviam para manter contato com as forças da vida, que também eram as forças da sorte. Muitos antigos amuletos da sorte são de natureza abertamente sexual. Pequenas imagens do falo são usadas como amuletos da sorte desde os tempos do Egito Antigo. Às vezes, esses pequenos falos são, com muito capricho, decorados com asas e sinos. (*Ver* ADORAÇÃO FÁLICA.)

O mastro de maio, que costumava ficar erguido de forma permanente em algumas das nossas cidades e aldeias, é um símbolo fálico, e por isso os puritanos destruíram tantos mastros antigos. Contudo, um mastro muito alto e belo, um dos mais altos que restam na Inglaterra, continua de pé até hoje na vila que possui o sugestivo nome de Paganhill, perto de Stroud, Gloucestershire.

Outra relíquia dos antigos ritos sexuais na Grã-Bretanha é o conjunto de pedras chamado Men-an-Tol, na Cornualha. Uma dessas pedras foi cuidadosamente perfurada no centro, de modo que contém em si uma abertura circular. Em ambos os lados estão pedras verticais no formato fálico. Essas pedras representam os antigos poderes da vida e datam de tempos pré-históricos. Durante séculos acreditou-se que eram pedras mágicas, e pessoas doentes passavam pelo furo da pedra de Men-an-Tol na esperança de alcançar a cura.

A ideia por trás desse tipo de ritual é que o contato com as forças da vida traz uma vitalidade renovada. Desse misterioso *élan vital* flui o sentimento de alegria extática que se eleva durante muitas danças religiosas e mágicas — em particular a dança nua das bruxas em seus sabás e esbás.

A bruxaria se preocupa com as forças da fertilidade, dentre outros modos, por meio de suas práticas de adoração à Lua (mas não é a lua material que é adorada, e sim o poder feminino da natureza por trás dela). A Lua possui uma forte ligação com a fertilidade, tanto da terra quanto dos seres humanos. Do ciclo mensal de menstruação e ovulação depende a fertilidade da mulher, enquanto a do homem depende de seu esperma, que na astrologia é regido pela Lua. Sua aparência lembra a brancura e opalescência lunar, as pedras da Lua e os cristais. Por esse motivo, sempre se acreditou que tanto o esperma quanto o sangue menstrual fossem substâncias mágicas potentes. (*Ver* ADORAÇÃO DA LUA.)

A adoração do Sol também é, basicamente, uma adoração à vida. Sem a luz do Sol, nenhuma colheita amadureceria e todas as coisas na terra murchariam e morreriam. Sem umidade, porém, para moderar o calor solar, nada poderia crescer na terra seca. O Sol é o pai do fogo e a Lua é a mãe da água. Sem esses dois princípios, não haveria vida como a conhecemos na Terra. A ligação entre os dois é o ar, enquanto a terra é a esfera onde ambos se manifestam.

A vida, portanto, para os antigos que filosofavam sobre a natureza e toda a sua fertilidade, depende da interação universal de forças positivas e negativas, que se contrabalanceiam e se complementam. Positivo e negativo, fogo e água, Sol e Lua, homem e mulher, deus e deusa, luz e escuridão, dia e noite, Lúcifer e Diana, Pã e Hécate.

Essa é, então, a crença por trás dos ritos sexuais dos antigos cultos da fertilidade. Esses ritos não eram apenas magia simpática, para despertar as forças vivificantes da natureza. Representavam, em sua forma mais pura, o *hieros gamos*, ou casamento sagrado, que era o arcano universal da vida em si — o *rebis* ou "coisa dupla" dos alquimistas.

Quando as bruxas de hoje praticam esses rituais, se forem verdadeiras seguidoras das antigas tradições, o fazem com esse espírito, e não apenas por causa das "orgias sexuais" tão apreciadas por certos setores da imprensa sensacionalista. Não parece ocorrer aos autores desses relatórios apelativos que, se tudo o que as bruxas quisessem fossem "orgias sexuais", não seria necessário inventar um culto próprio apenas para realizá-las. Na nossa "sociedade permissiva" da atualidade, o sexo é propagandeado em todo o canto, de forma mais ou menos comercializada. Vulgarizado e degradado, o sexo promíscuo é tão predominante que as pessoas que têm alguma outra ideia sobre o assunto são levadas a se sentir fora de moda, "deslocadas", "quadradas" e assim por diante.

No entanto, quantas poucas pessoas, no meio dessa busca frenética por prazer, conseguem encontrá-lo? E quantas, por trás de um prazer superficial, são mal-amadas, estão inseguras, neuróticas e profundamente tristes? Talvez a velha ideia da sacralidade do sexo não fosse tão tola, afinal? Degradar o sexo é degradar a vida em si.

Ao contrário do que muitos imaginam, as bruxas não acreditam na promiscuidade, assim como não acreditam no puritanismo, porque, a seu ver, nenhum dos dois extremos é o jeito natural de viver para os seres humanos.

Mas, dirá o cético, que lugar na sociedade moderna ocuparão os rituais de um antigo culto da fertilidade? Ainda precisamos realizá-los para fazer crescer as colheitas? E quanto ao aumento da população, o mundo já não está superpovoado?

A resposta é que todas as coisas, incluindo as religiões ainda praticadas, evoluem, e a Arte dos Sábios é uma religião viva. Com o passar dos anos, começamos a ver um novo conceito de fertilidade, que não é apenas material, mas também da mente e da alma.

As forças criativas não são criativas apenas no sentido físico, elas também podem gerar arte, música, poesia e literatura. Falamos que a mente das pessoas é "fértil" ou "estéril". Falamos em "cultivar" ideias e também campos, de novas "concepções" de uma melhor maneira de viver. Existe a fertilidade espiritual e também a material, e a vida humana é um deserto sem elas. Esses são os sentidos para os quais os atuais pagãos, bruxos e adoradores da natureza, sinceros e inteligentes, estão se direcionando.

O espírito dos antigos rituais, portanto, ainda existe, mas sob uma forma superior. A preocupação não é tanto com a fertilidade literal, mas com a vitalidade, e em encontrar a harmonia com a natureza. Dessa forma, as pessoas buscam uma filosofia de vida que proporcione paz de espírito, assim como satisfação física.

É claro que a iniciação como bruxo ou bruxa não concede nada a ninguém de forma automática. A bruxaria é a Arte dos Sábios, e ninguém pode ser *feito* sábio, só pode se *tornar* sábio. Tudo o que a iniciação em qualquer um dos mistérios pode, ou sempre pôde, fazer é abrir a porta, se a pessoa segue em frente ou não depende dela. Isso também é algo que o mundo moderno parece achar difícil de compreender.

A bruxaria é, e sempre foi, um culto à fertilidade. Como tal, afirma a vida, em vez de reprimi-la. Ao longo do tempo, seus seguidores não foram intelectuais, mas pessoas muitas vezes analfabetas e que se preocupavam com os princípios do nascimento, da vida e da morte. A magia não funciona por meio do intelecto, funciona pelos instintos e emoções, coisas fundamentais com as quais o homem nasceu. O sexo é uma das coisas mais fundamentais e instintivas de todas, portanto, um dos mais poderosos elementos de magia quando compreendido da maneira correta.

FLAGELAÇÃO, SEU USO EM RITUAIS POPULARES

É evidente, com base em vários registros antigos, que a flagelação fazia parte dos rituais de bruxaria, em parte como meio de disciplina e em parte como ato religioso ou mágico.

Por exemplo, em agosto de 1678, de acordo com *Memorialls*, de Law (citado por Montague Summers em seu *Geography of Witchcraft*, Londres: Kegan Paul, 1927), "o Diabo teve um grande encontro com bruxas em Loudian", isto é, Lothian, na Escócia. É provável que esse encontro tenha sido o sabá Lammas. Proeminente entre os líderes bruxos, um ex-ministro protestante, certo Gideon Penman, mais tarde foi acusado de participar dessa reunião. Dizia-se que ele "ficava na retaguarda de todas as danças e batia em todos aqueles que eram lentos".

Esse tipo de dança é conhecido por povos primitivos, desde o Marrocos até a América do Sul, quando se usava um chicote ou algum outro meio de flagelação para encorajar os dançarinos. Seu objetivo é estimular e incitar os participantes e mantê-los na direção certa e no ritmo da dança.

Em tempos antigos, acreditava-se que a flagelação leve afastava as influências malignas e despertava as forças da vida. Na antiga Feira do Chifre, que costumava acontecer em Charlton, Kent, parte das cerimônias tradicionais consistia em chicotear mulheres com o que William Hone, em *The Year Book* (Londres: William Tegg and Co., 1848), descreve como "tojo", embora seja mais provável que se usasse *Planta genista*. Essa antiga feira, ligada à adoração do Deus Cornífero, era uma grande ocasião para se agir com liberdade e se divertir, tanto que originou o provérbio: "Tudo podes na Feira do Chifre". O evento acabou sendo banido por esse motivo.

No continente, ramos verdes chamados de "varas da vida" eram usados em festivais folclóricos antigos para açoitamentos rituais, que aconteciam por vezes no Dia dos Santos Inocentes, por vezes na Páscoa. Essas varas eram usadas por um homem em uma mulher e vice-versa, e acreditava-se que davam saúde e fertilidade renovadas àqueles que se submetiam ao rito.

A flagelação ritual remonta aos dias do Antigo Egito, e é até provável que seja ainda mais remota. Heródoto afirma que no festival anual realizado em Busíris, em homenagem à deusa Ísis, enquanto era realizado o sacrifício, praticava-se a flagelação ritual em toda a assembleia, que era formada por milhares de homens e mulheres. Ele acrescenta que não está autorizado a mencionar a razão pela qual eram cometidos esses açoitamentos. Ou seja, faziam parte dos Mistérios nos quais Heródoto já havia sido iniciado.

Quando a casa chamada "A Vila dos Mistérios" foi descoberta nas ruínas de Pompeia em 1910, seus extraordinários e belos afrescos deram ao mundo uma imagem mais concreta da iniciação em um dos cultos dos Mistérios dos tempos antigos. Acredita-se que representem uma iniciação nos Mistérios de Dionísio. Parte da cena de iniciação mostra a neófita, uma menina, sendo açoitada pelo iniciador, retratado como uma deusa alada, Telete, filha de Dionísio. Nesse exemplo, a flagelação aparece como uma provação pela qual a iniciada deveria passar, e também talvez como um meio de purificação antes de uma pessoa ser admitida nos Mistérios.

É provável que essa vila fosse um ponto de encontro secreto dos iniciados, depois de os Mistérios Dionisíacos terem sido proibidos pelo Senado romano.

No entanto, a Festa da Lupercália, da Roma Antiga, que também envolvia flagelação ritual, não só era tolerada, como membros da nobreza participavam dela de forma voluntária. Isso é mencionado em *Júlio César*, de Shakespeare, quando a esposa de César participa da Lupercália para se curar de sua esterilidade e poder ter um filho.

A festa da Lupercália era realizada em homenagem ao deus Pã. Acontecia em fevereiro, nome que, na verdade, vem do latim *februa*, que significa "purificação". Um antigo livro muito interessante dá uma descrição com pormenores desse rito consagrado pelo tempo:

> Virgílio conta dos *Salii* dançantes e dos *Luperci* nus, e os comentaristas explicam que estes últimos eram homens que, em solenidades específicas, costumavam se despir por completo e correr pelas ruas carregando em suas mãos tiras de couro de bode, com as quais golpeavam as mulheres que encontravam pelo caminho. Essas mulheres não fugiam, pelo contrário, apresentavam voluntariamente as palmas de suas mãos para receberem os golpes, imaginando que esses golpes, aplicados nas mãos ou em outras partes do corpo, tivessem o poder de torná-las férteis ou de proporcionar um parto seguro.
>
> Os *Luperci*, no início, eram formados por dois bandos, nomeados em homenagem às famílias mais ilustres de Roma: *Quintiliani* e *Fabiani*. A eles foi posteriormente acrescentada uma terceira banda, chamada de *Juliani*, por causa de Júlio César. Marco Antônio não hesitou em correr como um dos *Luperci*, tendo uma vez discursado para as pessoas nessa condição. Essa festa foi instituída na época de Augusto, sendo posteriormente retomada, e continuou até a época de Anastácio. O festival foi celebrado até o ano de 496, muito depois do estabelecimento do cristianismo. Membros de famílias nobres correram por muito tempo entre os *Luperci* e, além disso, houve uma grande melhoria na cerimônia. As senhoras, não mais satisfeitas em levar tapas nas palmas das mãos como no passado, também começaram a se despir, para oferecer uma área mais ampla ao *Lupercus* e permitir que ele exibisse o vigor e a agilidade do seu braço. Diz-se, de forma perversa, que, com o tempo, as senhoras ficaram totalmente fascinadas com esse tipo de "diversão", e que a cerimônia, elevada a um grau de perfeição tal, passou a ser muito apreciada por toda parte e perdurou muito mais do que outros ritos do paganismo que já tinham sido abolidos. Quando o papa Gelásio enfim acabou com essa festa, encontrou tamanha oposição que foi obrigado a escrever um pedido de desculpas.
>
> (*Flagellation and the Flagellants: A History of the Rod in all Countries from the Earliest Period to the Present Time*, de "Rev. William. M. Cooper, B. A." [James Glass Bertram], Londres, 1868).

É notável que esse ritual tenha continuado a acontecer em público tanto tempo depois do estabelecimento oficial do cristianismo. Há evidências de que, em privado, rituais assim ocorreram por um período muito maior. Uma miniatura de um manuscrito do século 15, por exemplo, mostra um encontro de treze pessoas em um local fechado, algumas das quais comem e bebem, outras dançam em roda, e três delas, quase nuas, castigam a si mesmas — e aos outros — com bastante vigor usando a vara de vidoeiro. Em um canto, vê-se um bispo, que se intrometeu nessa reunião secreta, escandalizado. Ele leva um pergaminho em uma das mãos, com uma inscrição em latim que diz: "Eles sacrificam para os demônios, e não para Deus".

Flagelação. "Eles sacrificam para os demônios, e não para Deus" são as palavras que se leem nessa miniatura de um manuscrito francês do *Civitas Dei*, de Santo Agostinho, datado do século 15. (Crédito: Fototeca Gilardi/Bridgeman Images.)

Essa miniatura costuma ser usada para descrever as práticas da seita medieval chamada flagelantes, mas poderia representar algo bastante diferente — e não uma reunião cristã, em absoluto. A cerimônia acontece diante de dois pilares, resquícios do simbolismo maçônico, e no topo de cada pilar há uma pequena estátua nua. O fato de os participantes serem um coven de treze, de a flagelação ser acompanhada não pelo arrependimento lúgubre do pecado, mas por banquete e dança, além de não haver símbolos cristãos, mas duas estátuas pagãs, é bastante significativo, sobretudo quando combinado com a condenação do bispo de "sacrifício aos demônios". Para a Igreja medieval, todos os deuses e espíritos pagãos eram demônios. O que essa miniatura do século 15 de fato representa é um encontro secreto de pagãos.

São frequentes os rumores e as alegações de que as bruxas de hoje fazem uso da flagelação ritual em suas cerimônias. A verdade é que alguns covens o fazem e outros não. Aqueles que o fazem, contudo, estão amparados em uma boa dose de antiguidade, cuja veracidade foi até agora encoberta pelas dificuldades encontradas por antropólogos e estudantes de religião comparada em discutir esse tópico de maneira franca. A razão para isso talvez esteja no fato de esse antigo rito popular ser usado de forma mágica, como parte de um ritual de fertilidade, e não para infligir dor. Embora moralistas intransigentes não condenem — na verdade, endossem — a flagelação como meio de penitência e punição mediante sofrimento, por algum motivo aquela ideia os perturba muito.

Nos anos em que o culto às bruxas era proibido e estava sendo perseguido de maneira mais severa, a flagelação era usada como método de disciplina. Por mais duro que isso possa parecer, a segurança dos membros do coven era literalmente uma questão de vida ou morte. Qualquer violação da lei do coven tinha de ser punida, às vezes de maneira severa. Traidores foram mortos, e as pessoas cujo descuido ou indecisão colocavam em risco a vida de seus companheiros recebiam uma lembrança nítida e dolorosa de onde residia a sua lealdade.

Há registro de que em Arras, França, em 1460, um homem rico chamado Jean Tacquet, cuja lealdade ao coven ao qual pertencia foi colocada em dúvida, foi espancado pelo "Diabo" com um vergalho de touro. Essa arma era, na verdade, o pênis seco de um touro, que se convertia em um severo instrumento de flagelação. O órgão era seco de uma forma que o tornava muito forte e flexível. Era esticado e puxado até ter o comprimento de uma bengala comum e assim podia causar um castigo terrível. Mais tarde, o vergalho de touro passou a ser usado para flagelações severas contra criminosos — ainda era usado contra *prisioneiras* na Alemanha no início do século 19! É uma arma tão curiosa, contudo, que sua origem pode muito bem remontar a rituais, quando era usada no culto das bruxas para punir pessoas infiéis ao Deus Cornífero, para quem essa arma era sagrada.

Isobel Gowdie, a jovem bruxa escocesa que fez uma confissão tão completa do que acontecia no coven ao qual pertencia, em 1662, queixou-se da aspereza com que o "Diabo" se comportava. "Éramos espancados se não comparecêssemos ou negligenciássemos qualquer coisa que nos fosse designada... Ele batia em todos nós e nos açoitava, de cima a baixo, com cordas e outros chicotes afiados, como fantasmas nus, e lamentávamos: 'Piedade! Misericórdia! Misericórdia, nosso Senhor!'. Mas ele não tinha nem piedade, nem misericórdia."

Tal poder, quando nas mãos de um homem cruel e sádico, poderia se tornar uma ferramenta terrível de abuso. Pergunta-se se foi essa a razão que fez Isobel Gowdie se entregar às autoridades e confessar sua bruxaria, sabendo, como deveria saber, que o resultado seria a própria execução. Por alguma razão, sua vida tinha se tornado insuportável e ela queria morrer. Embora, claro, a outra explicação para isso seja que ela foi um sacrifício humano voluntário. Essa linda garota ruiva é um dos muitos enigmas da história sombria da bruxaria.

FOGUEIRAS

A origem mais provável da palavra *bonfire* (fogueira, em inglês) é que se tratava de uma *boon-fire* — ou "fogueira das bênçãos" —, isto é, uma fogueira para a qual a matéria-prima era humildemente pedida como uma bênção ou presente. Ainda vemos isso acontecer nos dias atuais, nas semanas que antecedem as celebrações da fogueira, em 5 de novembro, quando as crianças saem em busca de material combustível para o fogo. Esse último exemplo, em comemoração à Conspiração da Pólvora, substituiu as antigas fogueiras de Halloween, que desde tempos imemoriais eram acesas a partir do final de outubro e do início de novembro.

Uma fogueira ritualística era o método pagão favorito de celebrar uma festividade. Os quatro grandes dias de celebração do ano celta, que se tornaram os quatro grandes sabás das bruxas, sempre foram ocasiões de fogueiras ritualísticas de um jeito ou de outro. Os nomes celtas para essas festas eram Imbolc, Beltane, Lughnasadh e Samhain. Elas aconteciam no início de fevereiro, no início de maio, no início de agosto e no início de novembro, respectivamente. O festival de verão também era chamado de Beltane, que significa "fogo brilhante".

Nos anos seguintes, essas ocasiões ficaram conhecidas como a Candelária (2 de fevereiro), Véspera de Maio (30 de abril), Lammas (1º de agosto) e Halloween (31 de outubro). (*Ver* SABÁ.)

Há algo de muito mágico numa fogueira, que de algum modo parece convidar as pessoas a dançar ao seu redor. O cintilar das chamas, o crepitar dos galhos ardentes, as chuvas de faíscas douradas, o cheiro pungente de fumaça de lenha, tudo evoca uma atmosfera de alegria e entusiasmo.

Além disso, as chamas incandescentes no passado tinham um fim prático: o de aquecer, prover luz e ser um meio para cozinhar e assar a comida, o que era necessário e sem dúvida muito bem-vindo quando as pessoas chegavam de muito longe para o sabá e traziam consigo provisões. Nas zonas rurais pouco povoadas dos tempos antigos, grandes fogueiras podiam ser acesas em locais afastados e fornecer calor suficiente para as tradicionais danças nuas do sabá que tanto escandalizaram a Igreja.

Topônimos antigos muitas vezes fazem referência a locais de fogueiras pagãs. Há um grande número de Tan Hills ou Tain Hills na Grã-Bretanha, cujo nome tem origem no celta arcaico *teinne*, que significa "fogo". Por vezes, esses locais foram cristianizados, como no caso de uma colina próxima a Avebury, que passou a se chamar St. Anne's Hill, mas a feira que ali acontecia ainda se chamava Tan Hill Fair, preservando, assim, o antigo nome.

Topônimos escoceses também oferecem alguns exemplos, como Ard-an-teine, "a luz do fogo"; Craig-an-teine, "a rocha do fogo"; Auch-an-teine, "o campo do fogo"; Tillie-bet-teine, "o monte do fogo"; e assim por diante.

Na Cornualha está Lantinney, que significa "o recinto do fogo". A melhor época para festivais de fogueira na Cornualha era na véspera do solstício de verão, o segundo "Beltane" do ano celta.

Havia fogueiras de uma ponta a outra do ducado da Cornualha, e a população do campo, velhos e jovens, dançava feliz em torno delas. A véspera do solstício de verão era chamada de "A Noite das Bruxas", mas se disfarçava o caráter pagão da celebração dizendo que as fogueiras eram acesas para se proteger contra o mal.

Por um tempo, as antigas celebrações da fogueira na Cornualha caíram em desuso. Hoje, porém, pessoas e sociedades interessadas em preservar os antigos costumes da Cornualha e a língua córnica os reviveram, e o Beltane do solstício de verão brilha mais uma vez de colina a colina. A palavra em córnico para isso é *Goluan*, que significa "luz" e "júbilo".

Antigamente, a tradição das fogueiras do solstício de verão era celebrada em toda a Grã-Bretanha e reconhecida pela origem em rituais de fertilidade pagãos. Assim, na versão de Polydore Vergil feita por Langley (1546), encontramos o seguinte: "Nossas fogueiras de *Midsomer* parecem ter vindo dos sacrifícios de Ceres, deusa do milho, que os homens celebravam com fogueiras, confiando, assim, que teriam mais fartura e abundância de milho".

As fogueiras do solstício de verão eram populares por toda a Europa, e ainda o são em muitos lugares, embora hoje sejam acesas oficialmente para celebrar a véspera do dia de São João, que acontece em 23 de junho.

O objetivo de muitos rituais de fogueira era nitidamente mágico, para além do júbilo. Assim, em Hereford e Somerset, as fogueiras do solstício de verão eram acesas para abençoar as macieiras. Os velhos camponeses temiam que suas colheitas pudessem não ser bem-sucedidas se não realizassem essa cerimônia. Em muitos lugares, a fumaça de uma fogueira acesa à moda antiga, por meio da fricção de dois pedaços de madeira, servia como remédio contra doenças no gado, que era conduzido pela fumaça com esse propósito. A fogueira ritualística produzida dessa forma era chamada de fogo-necessário, do saxão antigo *nied-fyr*, que significa "fogo forçado", ou seja, fogo produzido por fricção.

As cinzas das fogueiras ritualísticas traziam boa sorte e protegiam contra o mal e o mau agouro. Esses resíduos eram recolhidos após as cerimônias e misturados com as sementes quando plantadas, ou eram espalhados pelos campos onde as plantas estavam começando a crescer. O significado fundamental desses antigos rituais com as fogueiras vem da compreensão do fogo como o símbolo de vida. (*Ver* MAGIA DO FOGO.)

FÓSSEIS USADOS COMO TALISMÃS

Sempre foi uma prática das bruxas usar no artesanato elementos que fossem de alguma forma notáveis ou misteriosos. Assim, elas causavam forte impressão na mente com o que estavam tentando fazer.

Os fósseis foram por muito tempo considerados objetos muito misteriosos, como se fossem algum produto da natureza transformado em pedra. Por exemplo, os fósseis em espiral, as amonites, eram também chamados de "pedras de serpente". Acreditava-se que eram uma serpente enrolada transformada em pedra. Na verdade, são restos de uma espécie de marisco gigante, parecido com um caracol. Mas, mesmo quando sabemos o que são os fósseis, é estranho ter nas mãos algo que já foi uma coisa viva há milhões de anos.

Um fóssil creditado com grandes propriedades mágicas é o coroa de pastor, uma espécie de ouriço-do-mar fossilizado. Muitas vezes têm um formato de coração quase perfeito, com um padrão de cinco pontas na parte superior. Uma variedade muito semelhante, mas mais alta e arredondada, é chamada de pães de fada.

Esses ouriços-do-mar fossilizados foram encontrados como bens funerários em sepulturas neolíticas; e podem ser a "pedra de glane" mágica dos druidas, pois decerto se assemelham às descrições que escritores antigos fizeram desses objetos. Sua conexão mágica é, portanto, muito antiga.

Os moradores de Sussex costumavam colocar coroas de pastor nos parapeitos das janelas para proteger a casa de raios, bruxaria e mau-olhado. Se um agricultor encontrasse um desses fósseis quando estivesse cavando ou arando, ele o pegaria, cuspiria nele e jogaria por cima do ombro esquerdo. Isso era feito para evitar o azar.

Lembro-me de minha mãe me contando que a mãe dela costumava ter grandes coroas de pastor na lareira de casa. Eram um bem precioso, e minha avó costumava lustrá-las com regularidade, usando graxa preta para botas! Não se sabe ao certo por que isso era feito, talvez por alguma ideia relacionada a objetivos mágicos que deveriam receber algum serviço e atenção regulares, ainda que isso possa, também, ser fruto da mania vitoriana de polir as coisas. A presença desses objetos sobre a lareira, é claro, servia para proteger a chaminé, uma possível forma de entrada de influências malignas. Crianças travessas costumavam ser ameaçadas de que "alguma coisa ruim iria descer pela chaminé atrás delas".

Outro fóssil que serviu de talismã de proteção para o lar é a pedra da bruxa. Por vezes, esse nome também é aplicado a uma pederneira com um buraco, mas a verdadeira pedra da bruxa de Sussex é um pequeno fóssil no formato perfeito de uma conta: redondo, branco, levemente brilhante e com um buraco no meio. Esses fósseis também são encontrados em Yorkshire e em outros lugares. Na verdade, são uma esponja fóssil, produto de mares quentes há milhões de anos. Seu nome correto é *Porosphaera globularis*. As pessoas os usavam presos ao pescoço para dar sorte ou os penduravam em casa com um pedaço de fita ou linha de cor viva.

Os fósseis longos e pontiagudos chamados belemnites têm uma forma um tanto fálica e são, portanto, duplamente mágicos, já que qualquer coisa que seja símbolo de vida também traz sorte. Às vezes, são chamados de "pedras de trovão" ou "raios de trovão", talvez por uma confusão com meteoritos. Na verdade, são a concha interna fossilizada de um cefalópode, algum ancestral pré-histórico de nossas lulas e chocos.

Ouvi falar de um fóssil desse tipo usado como talismã para fortalecer o gado. Foi utilizado com duas pedras perfeitamente redondas, para simbolizar os testículos. Os três itens tinham de ser mergulhados na água a ser dada ao gado para beber.

Duas substâncias há muito consideradas mágicas, o azeviche e o âmbar, são, na verdade, fósseis, embora nem sempre reconhecidas como tal. Âmbar é resina fossilizada, e azeviche é madeira fossilizada. Essa é a razão pela qual o âmbar apresenta propriedades elétricas ao ser friccionado. O azeviche autêntico fará o mesmo e, portanto, costumava ser conhecido como "âmbar negro"; embora muito do que é vendido hoje como azeviche não seja azeviche de fato, mas vidro preto fino. Âmbar e azeviche são dois dos mais consagrados portadores de sorte, sendo encontrados com frequência como colares em sepulturas pré-históricas. Por causa de suas propriedades elétricas, considerava-se que tinham vida — o que, em certo sentido, é verdade, já que são pedras semipreciosas que se originaram como coisas vivas.

O azeviche era usado antigamente como proteção contra bruxaria, para aliviar a melancolia e a depressão e prevenir pesadelos. Era sagrado para Cibele, a Grande Mãe.

O âmbar também era usado como proteção contra bruxaria e feitiçaria, além de considerado uma salvaguarda para a saúde e preventivo de infecções. Essa é a razão de sua popularidade como bocal de cachimbos e charutos ou piteiras.

G

GARDNER, GERALD BROSSEAU

Sempre que o assunto da bruxaria moderna é discutido, o nome de "GBG", como é conhecido entre os membros da Arte, decerto será mencionado, mais cedo ou mais tarde. Isso se deve sobretudo ao fato de o trabalho de Gerald Brosseau Gardner ter sido resgatado graças ao interesse mundial contemporâneo pela bruxaria como religião pagã.

Gardner era descendente de escoceses, embora tenha nascido em Blundellsands, perto de Liverpool, em 13 de junho de 1884. Os amantes da numerologia estarão interessados no fato de que o dia de seu nascimento é o treze das bruxas, e que a soma desses dígitos é igual a quatro, o número atribuído a Urano, o planeta do rebelde, o explorador de caminhos novos e proibidos, a pessoa que é diferente. Seu signo de nascimento, Gêmeos, é o signo do viajante global, sempre inquieto e de mente jovem, qualquer que seja a sua idade. Conheci bem Gerald Gardner nos últimos anos de sua vida, e ele tinha algo da criança eterna, que podia ser muito cativante, embora às vezes difícil de acompanhar.

No passado, houve mais de um bruxo com o sobrenome Gardner, e Gerald acreditava ser descendente de Grissell Gairdner, que foi queimada como bruxa em Newburgh em 1610. Durante toda a vida, ele esteve inclinado a assuntos ocultos, e esse interesse foi estimulado pelo longo tempo que residiu no Oriente, onde trabalhou como plantador de chá e borracha e como funcionário da alfândega na Malásia, até sua aposentadoria em 1936. Ele fez uma fortuna substancial com seus empreendimentos com borracha e pôde satisfazer seu gosto por viagens e pesquisas arqueológicas.

Enquanto ainda estava no Oriente, Gardner ganhou fama por sua pesquisa pioneira sobre as primeiras civilizações da Malásia. Também escreveu *Keris and other Malay Weapons* (Singapura, 1936), o primeiro livro oficial sobre a história e o folclore da *kris* malaia — um texto cheio de curiosas tradições que ele reuniu em pesquisas feitas diretamente com o povo malaio nativo, por quem nutria grande simpatia e respeito. Esse livro lhe trouxe reconhecimento acadêmico, bem como a amizade de muitas pessoas eminentes nas áreas de arqueologia, antropologia e folclore.

Ao se aposentar de suas funções na Malásia, Gardner se estabeleceu com a esposa na Inglaterra e, por fim, o casal morou na área de New Forest, em Hampshire. A Segunda Guerra Mundial era iminente e, com a sua eclosão, GBG, ansioso por fazer tudo o que pudesse para ajudar a defender seu país, tornou-se muito ativo na Defesa Civil. Mas isso, para ele, não era suficiente. Então escreveu uma carta ao *Daily Telegraph*, cujo conteúdo chegou à Alemanha e irritou muito os nazistas. Também causou bastante polêmica em seu país.

Nessa missiva, GBG fez notar que "Pela Magna Carta todo inglês nascido livre tem direito a ter armas para defender a si mesmo e a sua família". Ele sugeriu que os membros da população civil deveriam estar armados e treinados, em caso de invasão, para ajudar a defender a Grã-Bretanha contra os nazistas. O *Frankfurter Zeitung* ficou furioso e, num artigo de primeira página, criticou o homem que tinha feito essa sugestão "medieval", dizendo que era "uma violação do direito internacional". No entanto, pouco depois disso, foi formada a famosa Guarda Nacional, inicialmente conhecida como Voluntários de Defesa Local. É provável que nunca saibamos se a "Magna Carta" de GBG foi de fato o que motivou sua criação, mas decerto serviu para agitar as coisas na época.

Esse foi o período da vida em que GBG esteve pela primeira vez em contato com o culto às bruxas na Grã-Bretanha. Alguns de seus vizinhos na área de New Forest eram membros de uma fraternidade secreta que se autodenominava Irmandade de Crotona e afirmava ser rosacrucianista. Mas

GBG não tinha ilusões quanto à plausibilidade de suas reivindicações, ou à personalidade um tanto extravagante de seu líder, certo "Irmão Aurélio". No entanto, a irmandade construiu um agradável teatro comunitário, que se autodenominava "O Primeiro Teatro Rosacrucianista na Inglaterra", e, naqueles dias sombrios de guerra, quase qualquer distração era bem-vinda. Gardner ajudou-os a encenar peças amadoras com temas do oculto ou do espiritual.

Além disso, ele gostava da sra. Besant-Scott, filha de Annie Besant e agora uma senhora idosa, que havia sido persuadida a fundar a Irmandade de Crotona com o "Irmão Aurélio". Ele sentiu que ela era genuína e sincera, e estava interessado em suas outras atividades na Co-Maçonaria, um movimento maçônico iniciado por Annie Besant para permitir que as mulheres participassem da tradição maçônica. (Essa ordem é afiliada ao Grande Oriente da França e, consequentemente, não é reconhecida pela Grande Loja Inglesa.)

Com o passar do tempo, GBG percebeu que alguns de seus amigos co-maçons também eram membros de outro grupo, que não tinha nada a ver com a Co-Maçonaria ou com os supostos "rosa-cruzes". Eles compartilhavam algum segredo entre si, algo que se distinguia das afirmações extremamente coloridas do "Irmão Aurélio". Ele se perguntava por que pessoas inteligentes e instruídas, como evidentemente eram, se incomodavam com tal associação. E acabou por descobrir o motivo.

Em confidência, elas lhe disseram que, como co-maçons, haviam seguido a sra. Besant-Scott quando ela uniu forças com a Irmandade de Crotona e se mudou para o assentamento em New Forest. Assim que chegaram, foram desprezadas pelo "Irmão Aurélio" e seus devotos, mas também descobriram outra coisa, que as fez querer ficar, apesar de tudo. Elas contataram algumas pessoas de New Forest que eram as últimas remanescentes de um antigo coven de bruxas. Esse era o seu segredo, escondido atrás da *fachada* da Irmandade de Crotona, cujos demais membros nada sabiam a respeito.

Sei quem é a senhora que liderava esse coven e em cuja casa GBG foi iniciado como bruxo, em New Forest, assim como o local onde eram realizadas reuniões ao ar livre nesse mesmo distrito. No entanto, continuar a discorrer a respeito disso seria uma quebra de confiança de minha parte.

Na época, no início da Segunda Guerra Mundial, a bruxaria no país ainda era ilegal. A última das Leis de Bruxaria na Grã-Bretanha não foi revogada até 1951. Por consequência, o deleite, a admiração e a excitação de GBG pela descoberta de que a antiga Arte dos Sábios ainda vivia tiveram de ser dosados com extrema cautela.

Ele queria contar ao mundo o que havia descoberto, porque parecia não apenas algo de grande interesse no domínio do folclore, mas também uma feliz fé pagã na qual muitas pessoas, não convencionais como ele, poderiam encontrar a satisfação que não seria obtida em credos mais ortodoxos. No entanto, seus amigos bruxos e os anciãos do coven foram inflexíveis. "Não publique nada", disseram. Como falou um deles: "A bruxaria não paga por janelas quebradas". Temiam que, embora os tempos de fogueira e enforcamento tivessem passado, a publicidade só serviria para colocar as forças de perseguição contra eles de novo, sob outras formas.

Somente dez anos depois, após a morte da velha suma sacerdotisa, é que GBG revelou seu conhecimento sobre a Arte dos Sábios, e apenas na forma de um romance histórico. O livro *High Magic's Aid* foi publicado por Michael Houghton, em Londres, em 1949, e, além de ser uma boa história, continha muitas informações do que de fato eram a magia e a bruxaria e como funcionavam.

Então, em 1951, as bruxas na Grã-Bretanha obtiveram a sua liberdade legal. A última Lei da Bruxaria foi revogada graças, sobretudo, aos esforços dos espíritas, que fizeram campanha contra a aplicação da antiga Lei do Parlamento para perseguir médiuns, fossem eles genuínos ou não. Essa lei foi substituída pela Lei dos Médiuns Fraudulentos, que processa apenas no caso de fraude deliberada, cometida para obter lucro, mas reconhece legalmente a mediunidade autêntica e os poderes psíquicos.

Foi quando GBG decidiu que havia chegado a hora de os membros da Arte dos Sábios falarem abertamente ao mundo sobre seus rituais e suas crenças. E foi o que ele fez por meio de seus escritos, programas de rádio e tevê, entrevistas à imprensa e de seu Museu de Magia e Bruxaria em Castletown, na Ilha de Man. Ainda é uma questão controversa entre as bruxas atuais se ele estava certo ou não, e parece provável que continue assim.

Não há dúvida de que as ações de GBG representaram uma ruptura completa com a tradição de silêncio e sigilo da bruxaria. Tenho motivos para pensar que isso também foi contrário aos desejos de seus associados. Hoje, muitas pessoas no culto consideram que GBG fez mais mal do que bem ao divulgar a bruxaria. Além disso, não concordam que a versão gardneriana da Arte seja a oficial; retornarei a esse ponto mais tarde.

Tais críticos apontam para a publicidade indigna com que alguns representantes da bruxaria moderna parecem deleitar-se. Dizem que tais fanfarronices não são apenas contrárias à tradição das bruxas, mas não servem a outro propósito senão à gratificação de egos infantis e à alienação de pessoas inteligentes; e acrescentam que esse tipo de coisa começou com o rompimento deliberado com os bons e velhos métodos por parte de Gerald Gardner.

Tenho de admitir que nutro considerável simpatia por esse ponto de vista. Na verdade, expressei meus sentimentos a respeito desse assunto ao próprio GBG, muito forçosamente, enquanto ainda era vivo — e, como resultado, passamos muito tempo sem nos falarmos!

Olhando para trás, porém, consigo entender por que GBG agiu dessa forma. Sua devoção à Arte e aos deuses antigos era total e cheia de transparência e sinceridade. A Arte dos Sábios tornou-se a sua vida, e ele temia que desaparecesse. O coven dele em particular, ou seja, aquele em que foi iniciado, era formado sobretudo por pessoas idosas. Depois do grande ritual de Lammas em New Forest, em 1940, quando levantaram o cone de poder contra a ameaça de invasão da Grã-Bretanha por Hitler, nada menos do que cinco desses membros idosos morreram, um após o outro. Era como se o ritual, repetido quatro vezes, tivesse tirado o que restava de sua força vital. Mais tarde, a velha suma sacerdotisa morreu. Quem iria continuar, quando todos tivessem ido embora?

Gerald Gardner decidiu que, de alguma forma, a Arte deveria enviar um chamado aos mais jovens, pessoas que eram bruxas e bruxos de coração e que talvez tivessem sido membros da Arte em vidas anteriores, que tinham lembranças vagas e sombrias habitando a mente interior. Nesse ponto, é claro, ele estava certo. Disseram-me que uma das razões pelas quais as autoridades se dispuseram a revogar a Lei da Bruxaria era porque pensavam que a bruxaria estava morta! (Depois que a revogação se tornou lei, eles logo perceberam que estavam enganados.)

Contudo, alguns argumentarão que o método que GBG usou não era inteligente. Teria sido melhor e mais adequado, dizem, proceder por meios puramente ocultos, porque a Arte tem seus próprios guardiões, os poderosos que foram grandes bruxos no passado e que agora habitam os planos interiores. Eles não teriam deixado a bruxaria morrer. Não se pode negar, contudo, que o mundo está mudando e evoluindo, e a Arte não pode ser estática. Também ela deve evoluir, se quiser continuar viva.

Deixando de lado essa prolongada controvérsia, voltarei ao assunto mencionado anteriormente — sendo mais específica, a correção ou não correção da versão de bruxaria de Gerald Gardner.

É quase certo que uma tradição que é transmitida de pessoa para pessoa durante um longo período de tempo será influenciada por quem transmite essa tradição, sendo esses transmissores pessoas de forte personalidade. Gerald Gardner certamente foi um deles. Ele era um personagem; um homem de índole original e destemida. Portanto, os covens que fundou trazem a marca da sua personalidade.

Por exemplo, GBG tinha uma crença bastante enraizada no valor da nudez quando as circunstâncias a favoreciam. Ele era um naturista pioneiro, que apoiou o movimento naturista antes mesmo de ser aceito, na época em que a própria menção à nudez era considerada chocante, escandalosa, imoral etc. Ele acreditava que a nudez comunitária, o sol e o ar fresco eram coisas naturais e benéficas, tanto do ponto de vista físico quanto psicológico; dizia isso sem medo e vivia o que pregava. Mesmo quando não era possível ficar nu ao ar livre, ele acreditava que a nudez, para ambos os sexos, poderia ser benéfica, porque era natural. O ato de se desnudar contribuía para a saúde mental e expunha a hipocrisia, permitindo que as pessoas fossem realmente elas mesmas, relaxadas e genuinamente humanas, sem tensões ou distinções de classe.

Com essas crenças, GBG obviamente aprovou a antiga ideia de nudez ritual, religiosa e mágica, que encontrou no culto das bruxas. No entanto, muitas bruxas de outros covens além daqueles fundados por GBG consideram um exagero sua insistência na nudez ritual como ato essencial para a bruxaria. Apontam a inadequação do clima inglês, no geral, para a prática, por mais que a nudez tenha sido recomendada para as bruxas da Itália no Evangelho das Bruxas, *Aradia*. Itália e Grã-Bretanha são dois lugares muito diferentes. Embora saibamos pela *História natural*, de Plínio (6 v. Londres: Biblioteca Clássica de

Bohn, 1855-1857), que as mulheres da antiga Grã-Bretanha realizavam rituais religiosos nuas, não somos informados de que invariavelmente o faziam.

Por isso, as bruxas de outras tradições consideram esse aspecto da versão de bruxaria de GBG mais um reflexo das próprias ideias dele do que um verdadeiro marco da Arte — o que nos leva a considerar até que ponto a versão de GBG dos rituais foi influenciada pelo fato de ele e os amigos que o apresentaram à bruxaria serem co-maçons.

Há muitos aspectos nos rituais de bruxaria transmitidos por GBG que são reminiscências da fraseologia maçônica. Há referências, por exemplo, às "ferramentas de trabalho", ao "encargo" dado ao novo iniciado, que deve estar "devidamente preparado", e assim por diante. A Arte consiste em três graus. Não seria apropriado entrar em mais detalhes. Por outro lado, referências de fontes antigas afirmam que a bruxaria consistia em três graus de iniciação, e GBG, em seus escritos, referiu-se às semelhanças entre algumas características da iniciação maçônica e algumas características da iniciação das bruxas. Ele declarou a sua convicção de que, no passado, houve alguma ligação definida entre essas duas tradições — uma crença que ele sustentou com base nessas semelhanças.

Gerald Gardner foi apresentado a Aleister Crowley quando o mago pagão morava em Hastings, um ano antes de Crowley morrer. Um amigo o levou para conhecê-lo, e GBG voltou em diversas outras ocasiões para visitar Crowley até a morte dele, em 1947. Crowley gostou de GBG, como um colega estudante de magia, e fez dele membro honorário de sua ordem mágica, a Ordo Templi Orientis. Por sua vez, GBG admirava Aleister Crowley como poeta e gostava de usar citações das obras dele em seus ritos.

Quando comentei com GBG que achava isso inapropriado para os ritos de bruxaria, por ser demasiado moderno, ele deu a entender que os rituais que recebera eram, na verdade, fragmentários. Havia muitas lacunas nesses cerimoniais e, para ligá-los num todo coerente e torná-los exequíveis, ele acrescentou palavras que lhe pareciam transmitir a atmosfera certa, tocar os acordes certos na mente das pessoas. Ele sentiu, conforme mencionou, que parte do trabalho de Crowley fez isso.

Pelos estudos que fiz desses ritos e tradições, acredito que esse antigo coven a que Gerald Gardner se juntou detinha fragmentos de rituais longínquos

— mas apenas fragmentos — que estavam nas mãos dos poucos membros idosos que restavam. Acreditando apaixonadamente que a antiga Arte dos Sábios não deveria morrer, Gardner reuniu esses fragmentos e, com a ajuda do próprio conhecimento de magia, que era considerável, e o resultado de muitos anos de estudo ao redor do mundo, juntou todas essas informações e adicionou material próprio, a fim de tornar esse saber praticável. Ao fazer isso, ele necessariamente imprimiu nele a marca da própria personalidade e de suas ideias.

Outra crítica feita por covens de diferentes origens é que GBG conhecia apenas fragmentos do saber tradicional guardado por algumas pessoas. Ele nunca fingiu o contrário, mas alguns de seus seguidores o apresentavam erroneamente como o oráculo de todo o conhecimento a respeito de bruxaria.

Sem dúvida, Gerald Gardner possuía certos poderes mágicos. Participei com ele em rituais de bruxaria e posso testemunhar isso. No entanto, ele não fingiu ter poderes sobrenaturais, nem jamais afirmou ser nada mais do que membro de um coven. O título de "bruxo-chefe da Grã-Bretanha" e outros afins foram conferidos a ele pela imprensa popular. Ele próprio não usava tais títulos, nem os desejava. Além disso, era categoricamente contra a exploração do ocultismo por dinheiro, e sua franqueza a respeito disso fez com que conquistasse muitos inimigos.

Ele próprio, porém, era um homem desprovido de malícia. Na verdade, seus maiores defeitos foram a generosidade cega e a falta de discernimento. Ele teria, literalmente, compartilhado seu último pedaço de pão com seu pior inimigo. Ele poderia ser ao mesmo tempo adorável e exasperante.

O livro pelo qual é mais conhecido, *Witchcraft Today*, publicado pela Riders of London em 1954, foi reimpresso várias vezes, tanto em brochura quanto em capa dura. No prefácio, Gardner menciona que seus colegas de culto lhe disseram que deveria avisar os leitores de que bruxos e bruxas não eram pervertidos nem praticavam ritos nocivos. Acredito que esse tenha sido o argumento utilizado por ele para que seus colegas concordassem com que escrevesse "de dentro", e assim pudesse defender a Antiga Religião de todas as calúnias exageradas de perversão, magia das trevas, adoração do Diabo, sacrifícios de sangue e assim por diante, que foram e ainda são lançadas contra a bruxaria. Ainda existe muita propaganda de ódio contra as bruxas, mas pelo menos Gerald Gardner mostrou que há outro lado da discussão e que as bruxas também são seres humanos.

Em maio de 1960, Gerald Gardner teve a honra de ser convidado para uma festa no jardim do Palácio de Buckingham — possivelmente a primeira vez que um bruxo foi convidado a participar de tal evento. Embora, é claro, ele não tenha sido convidado por ser bruxo, sentiu que esse convite era uma prova de que na Grã-Bretanha de hoje uma pessoa pode professar sua lealdade à Antiga Religião de forma aberta sem despertar a intolerância, exceto entre os histéricos, os intolerantes ou os ignorantes.

O fim da intensa vida terrena de GBG veio em fevereiro de 1964. Ele morreu no mar, de insuficiência cardíaca, durante uma das viagens que adorava fazer pelo mundo. Uma biografia dele foi publicada ainda em vida, intitulada *Gerald Gardner: Witch*, por JL Bracelin (Londres: The Octagon Press, 1960).

GATOS COMO FAMILIARES DE BRUXOS E BRUXAS

De acordo com todas as crenças populares, o gato, sobretudo o gato preto, é uma criatura da bruxaria. Nenhuma concepção artística de uma cabana de bruxa nos tempos antigos estaria completa sem um bichano ou uma velha gata, graciosos e ronronantes, próximos à lareira, observando com olhos cintilantes tudo o que acontece ao redor.

O gato de uma bruxa, porém, não precisava ser preto. Em *Macbeth*, o gato é um tipo rajado que mia sem parar, e o nome *Grimalkin* significa "gato cinza". De fato, todas as raças felinas têm algo de mágico e misterioso.

É provável que os gatos tenham herdado essa qualidade do Egito Antigo, onde eram considerados animais sagrados. A deusa gata egípcia Bast parece ter sido a forma felina de Ísis. Bubástis era a sua cidade sagrada, e ali e em outros lugares do Egito milhares de corpos de gatos foram encontrados mumificados com todo o cuidado e enterrados com reverência. O Museu Britânico possui uma série de belas relíquias do culto aos gatos no Egito

Antigo, com destaque para os sarcófagos ocos ou estátuas realistas de gatos onde se colocava o corpo mumificado dos animais de estimação falecidos.

Gatos estão presentes na Grã-Bretanha há muito tempo. O gato doméstico foi trazido do Egito Antigo e introduzido no país pelos romanos. Certo príncipe galês, Hywel, aprovou leis especiais para a proteção dos gatos. É evidente que ele amava esses animais, em que pese os gatos serem geralmente retratados com aspecto sinistro nas igrejas antigas. Demônios felinos esculpidos em pedra encaram de forma grotesca os devotos, sobretudo em algumas de nossas igrejas que datam do período normando. Esse é outro exemplo em que os deuses da Antiga Religião se tornaram os demônios da nova.

Gatos como familiares de bruxos e bruxas. *The Woman, the Fool and his Cat*, pintura de Jacob Jordaens, século 17.

Há uma famosa e estranha escultura ligada à bruxaria na Catedral de Lyon. Ela retrata uma bruxa nua segurando um gato pelas patas traseiras, montada em um bode que possui chifres enormes, mas com um rosto humano. Sua única vestimenta, uma capa, flutua atrás dela ao vento. Com uma das mãos ela agarra os chifres do bode, enquanto com a outra segura o gato.

As bruxas eram muitas vezes acusadas de se transformar em gato com o propósito de molestar pessoas ou de correr a passos rápidos durante a noite em alguma missão misteriosa. Os hábitos noturnos do gato, seus olhos em formato de lua e seu horrível miado noturno contribuíram para a sua reputação funesta. Assim como também contribuiu a natureza elétrica de seu pelo, que às vezes pode soltar faíscas visíveis em um quarto escuro.

Dizia-se que, em algumas ocasiões, o Diabo se apresentava no sabá sob a forma de um enorme gato preto. É de se perguntar se esse foi um resquício distante do antigo culto aos gatos. Acreditava-se que os deuses pagãos às vezes apareciam como animais. Diana assumiu a forma de um gato e Pã, a de um bode. As divindades das bruxas eram, na verdade, interpretações de Pã e Diana, o Deus Cornífero e a Deusa da Lua, e o gato e o bode são os animais mais associados à bruxaria nas lendas e crenças populares.

Até hoje há pessoas que temem que um gato preto cruze seu caminho, apesar de ser bastante provável que não saibam a origem dessa crença, ou seja, que o animal pode ser uma bruxa na forma de gato. Outras, porém, consideram o gato preto um símbolo de boa sorte. A velha rima folclórica nos diz:

Sempre que na casa um gato preto há,
Falta de amantes a moça não sentirá.

As pessoas usam amuletos e broches de gatos pretos. Nas décadas de 1920 e 1930 estavam na moda bules na forma de gatos pretos, assim como hoje em dia estão na moda abajures de mesa com o mesmo formato.

Existem incontáveis histórias de gatos que conseguem ver coisas invisíveis ao olho humano. Na verdade, é difícil encontrar um amante de gatos que não tenha uma anedota sobre os poderes psíquicos ou telepáticos de seu animal de estimação. Eu já ouvi falar de dois casos (um presenciado pela minha mãe) de gatos capazes de realizar projeção astral, isto é, sua forma corpórea foi vista em determinado lugar enquanto seu corpo físico adormecido estava comprovadamente em outro.

Eu também constatei pessoalmente que os gatos gostam de sessões espíritas. Uma amiga minha que é espírita fez o possível para que seu gato não entrasse na sala onde aconteciam as sessões, porque ela acreditava que ele poderia "tomar o poder". Não sei bem o que ela quis dizer com isso, mas o gato se recusava a ficar do lado de fora e tentou todos os truques que conhecia (e os gatos conhecem muitos) para entrar na sala e participar da sessão.

Alguns outros amigos espíritas, porém, aceitavam o desejo de seus gatos de estar presentes nas sessões. Um deles em particular, um enorme gato preto castrado, entrava de forma majestosa na sala e comandava a reunião. Qualquer um desses gatos, se tivessem vivido alguns séculos atrás, teria sido muitíssimo apreciado como familiar de bruxa. A crença em poderes ocultos associados aos gatos é um dos mais fortes resquícios da antiga tradição das bruxas.

HALLOWEEN

Ei, ei, para o Halloween!
Se bruxa eu sou, então eu vim,
Vestindo preto ou alecrim,
Ei, ei, para o Halloween!
Horse and hattock, horse and go,
Horse and pellatis, ho! ho!*

Essas são as palavras de uma antiga canção folclórica referente à festa de Halloween, no dia 31 de outubro. O Halloween é um dos quatro grandes sabás das bruxas de que todos já ouviram falar. De acordo com a tradição, trata-se de uma estação estranha e fantasmagórica, quando espíritos de todos os tipos saem para o exterior, como se fossem liberados durante uma noite do ano para se comunicar com os mortais.

A celebração do Halloween, tanto por crianças como por adultos, é mais popular nos Estados Unidos do que na Grã-Bretanha. As crianças se vestem

---

* Os versos "Horse and hattock, horse and go, / horse and pellatis, ho ho!" fazem parte da tradição popular escocesa, registrados inicialmente como um grito das fadas ao partirem para suas aventuras noturnas. O conjuro acabou sendo associado às bruxas quando Isobel Gowdie o mencionou em confissão, durante seu julgamento por prática de bruxaria no século 17. Como o significado racional das palavras é bastante impreciso, os versos foram mantidos na língua original. [N. E.]

com fantasias e máscaras extravagantes e andam pela rua batendo na porta das pessoas e gritando "Gostosuras ou travessuras?". Se não houver "gostosuras" para elas, na forma de doces, maçãs ou dinheiro, então a casa recebe uma "travessura", quando os mascarados pregam alguma peça em seus moradores.

Os adultos também costumam se fantasiar para festas de Halloween nos Estados Unidos, a fim de dançar à luz bruxuleante de velas em lanternas de abóbora e assustar uns aos outros com brincadeiras.

Para as bruxas, porém, o Halloween é uma ocasião séria, por mais alegre que seja. Trata-se da antiga véspera celta do Samhain (a pronúncia assemelha-se a "sôuen"). Samhain significa "fim do verão", dia em que tem início o inverno, a metade mais escura do ano, em 1º de novembro. Antigamente, essa noite e toda a primeira semana de novembro ardiam em fogueiras rituais. Essa é a verdadeira origem da nossa Noite da Fogueira em 5 de novembro, que é muito mais antiga do que Guy Fawkes e a sua fracassada Conspiração da Pólvora.

Nas fogueiras ardentes, os celtas queimavam, simbolicamente, todas as frustrações e ansiedades do ano anterior. Nos tempos pré-cristãos, esses rituais eram organizados pelos druidas, os sacerdotes-filósofos celtas. (Ver DRUIDAS.)

Com o advento do cristianismo, a Igreja tentou cristianizar a antiga festa, fazendo do 1º de novembro o Dia de Todos os Santos. Assim, a véspera do Samhain tornou-se a véspera de Todos os Santos, ou Halloween. Mas as tentativas de desencorajar as celebrações pagãs foram tão inúteis que a festa acabou por ser banida do calendário da Igreja.

Foi só em 1928 que a Igreja da Inglaterra restaurou formalmente Todos os Santos ao seu calendário, supondo que as antigas associações pagãs do Halloween enfim estivessem mortas e esquecidas; uma suposição prematura, como é de imaginar.

Os muitos tipos de adivinhação associados ao Halloween foram imortalizados por Robert Burns em seu poema com esse nome. Tais predições são sobretudo direcionadas para descobrir com quem estamos destinados a nos casar e, portanto, costumavam ser praticados por jovens. Nozes e maçãs eram a comida popular nessas celebrações familiares. No norte da Inglaterra, o Halloween é às vezes chamado de Noite do Quebra-Nozes por esse motivo.

As reuniões mágicas das bruxas no Halloween eram (e são) levadas mais a sério do que a diversão e as travessuras do folclore popular. Para elas, Halloween é o festival dos mortos. Isso não é tão sombrio quanto parece. A morte, para o celta pagão, era a porta que se abria para outra vida. A ideia de que aqueles que vieram antes ainda mantêm interesse nos vivos e estão dispostos a ajudá-los faz parte do credo das bruxas há séculos. A Igreja tem feito uma espécie de reconhecimento sarcástico desse fato, pela forma como o espiritismo tem sido, com frequência, denunciado pelos clérigos como bruxaria.

Acreditava-se que não apenas a alma dos mortos, mas também espíritos e goblins de todos os tipos estavam à solta no Halloween. As bruxas aproveitaram-se dessa crença como disfarce para as suas reuniões; e uma das maneiras de fazer isso foi usando as lanternas de abóbora e nabo que passaram a fazer parte da decoração da festa.

As grandes abóboras alaranjadas, que amadurecem nessa época do ano, eram abundantes nos jardins das casas de campo. Era fácil escavá-las, deixando-as ocas, cortar um rosto sorridente e depois colocar uma vela dentro para brilhar. Penduradas em um poste, pareceriam a distância, no escuro, uma procissão de goblins. De maneira semelhante, nabos ocos proporcionariam rostos menores de pixies. Esses objetos tinham um duplo propósito: serviam de lanterna para iluminar o caminho através de florestas e campos, e de artifício eficaz para assustar e espantar curiosos.

As capas e os capuzes pretos usados por bruxos e bruxas seriam invisíveis no escuro. As lanternas goblins eram tudo o que poderia ser visto, e o efeito de um grupo delas flutuando pela noite enevoada de outono deveria ter sido de arrepiar os cabelos para qualquer um que não soubesse do segredo.

HÉCATE

Hécate é a deusa grega da bruxaria. Está representada numa pedra romana gravada do período clássico, entronizada em forma tripla, com três cabeças e três pares de braços que seguram punhais, chicotes e tochas. Há duas enormes serpentes enroladas em seus pés. Gemas gravadas desse tipo eram transportadas como amuletos, sobretudo por pessoas interessadas nas ciências ocultas.

Hécate é uma deusa muito antiga, considerada mais antiga do que os deuses do Olimpo e as deusas da mitologia clássica. Era venerada pelo próprio Zeus, que nunca negou o consagrado poder que ela tinha de conceder ou recusar aos mortais tudo o que o coração deles desejasse.

Por essa razão, Hécate era uma deusa muito invocada por mágicos e bruxas. Seu poder era triplo: no céu, na terra e no submundo dos fantasmas e espíritos. Um de seus símbolos era uma chave, indicando sua capacidade de trancar ou libertar espíritos e fantasmas de todos os tipos. Eurípides, o poeta grego, chamou-a de "Rainha do mundo fantasma".

Sua estátua ficava na encruzilhada, ou onde três caminhos se encontravam; e ali, aqueles que desejavam invocá-la se juntavam durante à noite. Anos mais tarde, as bruxas se reuniriam nas encruzilhadas para celebrar seus rituais.

Ainda que seu domínio se estendesse ao céu, à terra e ao submundo, Hécate passou a ser particularmente associada à Lua e às outras deusas lunares, Diana, Ártemis e Selene, com as quais era identificada. Sua triplicidade refletia as três fases da Lua: crescente, cheia e minguante.

Ela era retratada na companhia de cães uivantes, provavelmente por causa da maneira como os cães ladram para a Lua, embora também se diga que os cães uivam quando um fantasma está próximo, mesmo que não se veja nenhum espectro; e eles têm fortes reações a lugares assombrados.

Os filósofos gnósticos, que se reuniam na cidade egípcia de Alexandria, reverenciavam uma coleção de antigos fragmentos de poesia chamada Oráculos Caldeus. Alguns desses fragmentos chegaram até nós, escritos em grego, e neles Hécate aparece como a Grande Mãe, ou a vida do universo. A natureza é sua vestimenta ou manto: "E às costas da Deusa a natureza sem fronteiras se espraia".

O nome de Hécate pode não ser uma palavra grega; algumas autoridades duvidam disso e, em geral, há muita incerteza em relação à sua origem. Alguns sugerem que significa "o que está distante" ou "aquele que permanece distante". Existe uma semelhança entre o nome Hécate e a antiga palavra egípcia *hekau*, que significa "mágica". Duas das denominações remotas de Hécate são Aphrattos, a "Inominável", e Pandeina, a "Toda-Terrível".

Robert Graves, no entanto, em seus *Os mitos gregos* (Rio de Janeiro: Nova Fronteira, 2018), diz que o nome Hécate significa "cem" e a conecta com o Grande Ano de cem meses lunares, nos quais, em tempos muito antigos, o rei sagrado foi autorizado a reinar. No final, ele foi sacrificado para que seu sangue enriquecesse a terra e renovasse a prosperidade de seu povo. Essa instituição do rei divino que foi sacrificado era bastante difundida no mundo antigo e remonta a muitos séculos na história humana. Está intimamente ligada à ordem matriarcal dos tempos primitivos, quando a Grande Deusa da Natureza, a Magna Mater, era preeminente.

Shakespeare, em *Macbeth*, representa suas três bruxas como adoradoras de Hécate, não como invocadoras do Diabo ou de Satanás, embora fosse essa a acusação da qual as bruxas foram vítimas durante séculos. Vários contemporâneos de Shakespeare também introduziram "Dame Hecate" em suas peças e poemas, retratando-a como a deusa das bruxas.

Na peça *The Witch*, de Thomas Middleton, a personagem principal assume o nome de Hécate, intitulando-se uma bruxa em homenagem à deusa da bruxaria.

Portanto, se quiséssemos escolher um nome que provavelmente foi usado por pessoas na época de Shakespeare e em épocas posteriores para invocar a deusa das bruxas, "Hécate" seria uma escolha natural. A pronúncia grega da palavra é Hek-a-ti; mas isso foi anglicizado para Hek-at.

O sinal usado pelos mágicos para invocar Hécate é uma lua crescente com as duas pontas para cima e uma terceira ponta no meio entre elas.

HIPNOSE E BRUXARIA

Não há dúvida de que, sob muitos nomes diferentes, a hipnose é conhecida desde tempos muito antigos e praticada como uma técnica secreta de magia.

Tendo em vista o conhecimento da hipnose e da sugestão pós-hipnótica, muitas narrativas estranhas de supostos encantamentos começam a fazer sentido. Há histórias, por exemplo, de bruxas que aliviavam mulheres das dores do parto lançando todo o sofrimento em um cão ou gato. A mulher era hipnotizada e então informada de que isso havia sido feito. Ela se sentia melhor, e o cachorro ou o gato não piorava.

Em alguns casos, porém, a bruxa dava um passo além e lançava as dores no marido da mulher. O poder da sugestão aplicado com habilidade pode ser algo muito impressionante! Se o marido percebesse que a dor da esposa tinha sido aliviada, ele presumiria que o feitiço estava funcionando e começaria a sofrer da maneira esperada — o que não era má ideia no caso de um homem que forçava a esposa a ter uma gravidez após a outra.

Os mecanismos de sugestão desempenharam um papel muito importante na prática de bruxas e magos do mundo todo. Por essa razão, a "mulher sábia", a bruxa das luzes ou o "homem astuto" da aldeia teriam o cuidado de demonstrar seu conhecimento oculto para chamar a atenção de quem os visitasse em sua cabana. Haveria, por exemplo, potes de ervas secas nas prateleiras; alguns objetos estranhos à vista, como cobras preservadas ou morcegos mumificados; talvez um ou dois crânios humanos; e alguns livros de aspecto imponente, como *Herbal*, de Culpeper, ou *Astrology*, de Lilly (quer a bruxa pudesse lê-los, quer não). O visitante rústico ficaria devidamente intimidado, ainda mais se a bruxa contasse alguns fatos simples a respeito dele próprio, e presumiria que tais informações teriam sido obtidas por meio de clarividência.

O "homem astuto" ou a "mulher sábia" poderia até saber o bastante a respeito de seus visitantes, sem que eles soubessem, para adivinhar com precisão o motivo pelo qual tinham vindo. Isso de fato se mostraria uma bela surpresa, e, a partir de então, essas pessoas seriam como massa nas mãos do adivinho. Na verdade, a coisa não é tão difícil, sobretudo numa pequena aldeia onde a fofoca é uma das poucas distrações. A famosa sacerdotisa vodu Marie Laveau, de Nova Orleans, reuniu um corpo regular de agentes de inteligência, recrutados entre os empregados domésticos de famílias importantes, para coletar informações que pudessem assustar seus elegantes clientes.

É claro que a capacidade de sugestionar pode ser usada, como qualquer outro poder, tanto para o bem quanto para o mal. Na verdade, a bruxa da aldeia, com o seu conhecimento de ervas medicinais, a sua experiência em obstetrícia — havia um velho ditado que dizia: "Quanto melhor a parteira, melhor a bruxa" — e o seu uso da hipnose e da psicologia prática, como as chamamos hoje, provavelmente fez muito mais bem do que mal. O famoso médico medieval Paracelso, considerado o pai da cirurgia moderna, admitiu ter adquirido muito conhecimento das bruxas.

Há registros de que em 1570 o vigário de St. Dunstan, perto de Canterbury, queixou-se às autoridades sobre uma bruxa presa na região que estava sendo tratada com muita indulgência. Aparentemente, o carcereiro da prisão havia comentado em público que "a bruxa fez mais bem com sua medicina do que o sr. Pundall e o sr. Wood com suas pregações da palavra de Deus", e os pregadores ficaram muito ofendidos.

Um dos meios usados pelas bruxas para induzir a hipnose era fazer com que o paciente olhasse fixamente para a lâmina brilhante de uma espada ou faca. Um compêndio das leis da Inglaterra, elaborado no século 13, condena a prática de "encantamento, como aqueles que fazem dormir". Os métodos autênticos para fazer isso foram mantidos como um grande segredo mágico, e foi apenas nos primeiros anos do século 19 que a hipnose clínica começou a ser estudada pelos médicos, apesar da feroz oposição daqueles que a consideravam magia das trevas.

Um dos pioneiros da hipnose clínica foi o dr. James Braid, que, na verdade, foi a primeira pessoa a usar a palavra "hipnotismo", em 1843. Ele redescobriu um dos métodos que as bruxas vinham usando havia séculos: fazer com que o paciente olhe fixamente para um objeto brilhante. Eis o método do dr. Braid, nas próprias palavras dele:

> Segure qualquer objeto brilhante (geralmente uso meu estojo de lancetas) entre o polegar e os dedos indicador e médio da mão esquerda; sustente-o a uma distância de 20 a 45 centímetros dos olhos, em uma posição acima da testa que permita a maior tensão possível sobre os olhos e as pálpebras, garantindo que o paciente mantenha o olhar fixo e firme no objeto. O paciente deve ser convencido de que é preciso manter os olhos fixos no objeto. Será possível notar que, devido ao ajuste consensual dos olhos, as pupilas que estavam a princípio contraídas logo começarão a dilatar, e depois de o terem feito em extensão considerável e assumirem uma posição muito alerta, se os dedos indicador e médio da mão direita, estendidos e um pouco separados,

forem levados do objeto em direção aos olhos, é provável que as pálpebras se fechem involuntariamente, com um movimento vibratório. Se isso não acontecer, ou se o paciente permitir que os *globos oculares se movam*, peça a ele que comece de novo, dando-lhe a entender que deve permitir que as pálpebras se fechem quando os dedos forem levados aos olhos de novo, mas que os globos oculares *devem* ser mantidos fixos na mesma posição, e que a mente se atenha firmemente à *única ideia* do objeto mantido acima dos olhos.

Outro método usado pelas bruxas para induzir a hipnose dessa maneira, assim como o uso da faca ou da lâmina da espada, era a bola brilhante conhecida como bola de bruxa. Atualmente, esses objetos são vistos com frequência pendurados em lojas de antiguidades. Variam em tamanho e cor, desde as grandes, suspensas por uma corrente, até outras bastante pequenas, não maiores que as decorações para árvores de natal que provavelmente originaram. (*Ver* BOLAS DE BRUXA.)

As bruxas, no entanto, deram usos mágicos definidos a essas bolas, um dos quais foi a indução da hipnose, como já mencionado. A bola brilhante era pendurada no teto, ou em algum suporte para suspensão conveniente, e o sujeito era instruído a se sentar em uma cadeira, relaxar e olhar para ela. Em uma cabana iluminada por velas, com a luz cuidadosamente disposta e um aroma de ervas e incenso no ar, esse era um método eficaz de induzir o transe.

Há alguns anos, o *Brighton Evening Argus* publicou a história de um dentista local que usava a hipnose em seu consultório e a considerava muito útil. O método utilizado para induzir o estado hipnótico em seus pacientes era o mesmo que as bruxas costumavam usar: uma bola de bruxa prateada e brilhante, pendurada no teto! A reportagem do jornal não deu nenhuma indicação de que o dentista percebesse isso, mas ele estava, na verdade, usando a bola mágica da maneira tradicional.

De verdade, "não há nada de novo exceto o que foi esquecido".

Muitos escritores antigos se debruçam sobre longos argumentos para decidir se as bruxas conseguiam ou não transformar pessoas em animais. Se tivesse o devido conhecimento de hipnose, um praticante poderoso certamente poderia fazer uma pessoa *acreditar* que fora transformada em um animal. Alguns dos antigos hipnotizadores que se apresentavam em público faziam regularmente esse tipo de coisa como parte de seu entretenimento, e, se eram capazes disso, as bruxas também seriam, sobretudo na época em que quase todo mundo acreditava que tais transformações eram possíveis. O sujeito da ação do hipnotizador teria percebido depois que havia sido vítima de uma ilusão, mas a pessoa a quem a bruxa enfeitiçava não costumava saber nada dos poderes além da bruxaria.

Contudo, muito antes dos dias de Franz Anton Mesmer (1733-1815), que é tido como o criador do mesmerismo (antigo termo para hipnose), alguns homens inteligentes perceberam que esse suposto poder diabólico da bruxaria não passava de um fato da natureza.

Van Helmont, por exemplo, chamou-o de "magnetismo" e afirmou que esse fenômeno estava ativo em todos os lugares e não tinha nada de novo além do nome: "é um paradoxo apenas para aqueles que ridicularizam tudo e atribuem ao poder de Satanás qualquer coisa que não conseguem explicar". Tal como Mesmer, os primeiros estudantes desse tema consideravam que os efeitos eram produzidos por uma espécie de fluido invisível, que passava de uma pessoa para outra, e que eles comparavam à força que emanava de um ímã, daí a palavra "magnetismo" ser usada nesse contexto. A maioria dos hipnotizadores modernos desconsidera essa ideia, mas muitos ocultistas acham que contém alguma verdade.

HOMEM ERETO, O
[THE UPRIGHT MAN]

Os vagabundos e mendigos irredutíveis de antigamente formavam certas organizações entre si, com regras e ordens de precedência, as quais detinham um poder considerável. Essas organizações, chamadas de Irmandade dos Mendigos, eram presididas por um rei dos mendigos eleito, sendo Cock Lorell um dos mais famosos, conhecido como "o malandro mais notório que já existiu".

Cock Lorell governou seu reino picaresco por cerca de 22 anos, até 1533. Diz-se que ele foi o primeiro a formular as 25 Ordens dos Patifes, de acordo com a precedência de cada uma delas. Uma dessas ordens, a do "Homem Ereto", tem uma ligação muito curiosa com a Antiga Religião das bruxas.

Os vagabundos eram conhecidos como "Canting Crew", ou "Trupe do Jargão", porque, para fins de sigilo, falavam entre si um jargão que ainda era conhecido como a gíria dos ladrões. Grande parte da linguagem marginal evoluiu da língua dos ciganos, com quem os vagabundos se misturavam enquanto viajavam juntos pelas estradas.

No caso das bruxas de Warboys, Huntingdonshire, em 1593, Alice Samuel, uma das acusadas, confessou que "um homem ereto" deu seis familiares como espíritos para ela, "que a recompensaram sugando seu sangue".

Nesse sentido, o familiar das bruxas é só um pequeno animal, réptil ou pássaro, usado para adivinhação. É bem possível que antigamente as bruxas dessem um pouco de seu sangue ao familiar — ou uma gota de leite, no caso de uma mãe amamentando —, a fim de estabelecer um vínculo psíquico entre eles. Existem muitos casos de familiares que são dados por uma bruxa a outra.

Alice Samuel jurou, a princípio, que não sabia o nome do "homem ereto"; mas descobriu-se durante o julgamento que seu nome era William Langley ou Langland, e foi sugerido que ele era "o diabo com roupas de homem".

Antigamente, o líder masculino de um coven era conhecido, entre as bruxas, como "O Diabo". Ele era considerado o representante do Deus Cornífero e às vezes, em ocasiões rituais importantes, vestia peles de animais e um adorno de cabeça com chifres.

Como tal, ele presidia os rituais de fertilidade que tanto perturbavam os puritanos, devido à ênfase sexual. Considerado a encarnação da fonte masculina da vida, seus abraços tinham um sentido espiritual e eram desejados por suas seguidoras nas relações sexuais.

Partindo dos registros que chegaram até nós sobre o papel do Homem Ereto nas antigas irmandades de mendigos, é evidente que ele tem fortes ligações com o Diabo nos covens de bruxas.

Ele não era o primeiro na hierarquia da Canting Crew. Essa distinção pertencia aos "Rufflers", ou "Malandros Notórios". O Homem Ereto ocupava o segundo lugar, e em terceiro ficavam os "Roberdsmen", definidos como "ladrões poderosos, como Robin Hood". Contudo, o Homem Ereto gozava de certos privilégios peculiares, que não pertenciam a mais ninguém. Esta é a sua descrição, extraída de *The Fraternitye of Vacabonds* (impresso em Londres por John Awdeley e publicado originalmente por volta de 1561):

> Um Homem Ereto é aquele que anda com o cassetete de um cajado, cajado que eles chamam de *Filtchman*. Esse homem tem tanta autoridade que, encontrando-se com outros de sua profissão, ele pode chamá-los para prestar contas e exigir para si uma parte ou uma cota de tudo o que ganharam com seu comércio em um mês. E se ele lhes fizer mal, não terão como impedi-lo, embora ele os derrote como costuma fazer. Ele também pode ordenar que qualquer uma de suas mulheres, que eles chamam de Doxies, o satisfaça. Ele ocupa o lugar principal em qualquer mercado e em outras aglomerações, e ninguém pode controlá-lo.

Parece que seu cargo era algo totalmente à parte e que ele era visto com uma espécie de respeito religioso. Seus direitos sobre todas as mulheres são particularmente curiosos. Mais detalhes sobre isso são fornecidos em *A New Dictionary of the Terms, Ancient and Modern, of the Canting Crew*, de "B. E., Gent", publicado em Londres em 1640. "Homens Eretos: o segundo escalão das tribos, tendo direito exclusivo à primeira noite no alojamento com as Dells."

As "Dells" eram "a 26ª ordem da tribo; jovens moças corpulentas, maduras e propensas às indulgências sexuais, mas que não perderam a virgindade, a qual o *homem ereto* reivindica e da qual se apodera. Então elas estarão livres para qualquer membro da fraternidade".

Além disso, era o Homem Ereto quem realizava a cerimônia de iniciação chamada "Stalling to the Rogue", "Admissão na Vagabundagem", pela qual um recém-chegado era aceito na irmandade. Thomas Harman, que compilou o primeiro dicionário de termos ingleses em 1566, disse que quando o Homem Ereto

> encontrava um mendigo, fosse ele robusto, fosse debilitado, perguntava-lhe se já havia sido "preso por se rebelar" e quantas vezes. Se a resposta fosse afirmativa, perguntaria por quem, o nome da pessoa que o fez. E se o mendigo fosse inepto, incapaz de explicar todas as circunstâncias, ele o despojaria de seu dinheiro, ou de sua melhor roupa se valesse algum dinheiro, e o levaria para a *bowsing-ken*, ou seja, alguma taverna próxima, e ali ficaria para avaliar a melhor coisa que teria por vinte pence ou dois xelins; o homem obedeceria por medo de ser espancado. Então esse homem ereto pediria um *gage of bowse*, que é uma caneca com quase um litro de bebida, e o derramaria sobre a cabeça

descoberta do outro, acrescentando estas palavras: "Eu GP, admito-o, WT, na Vagabundagem, e de agora em diante será lícito para você falar como nós, isto é, pedir ou mendigar pelo seu sustento, em todos os lugares".

(A Caveat for Common Cursetors, Vulgarly Called Vagabones).

O estranho e secreto ofício do Homem Ereto, no submundo da velha Inglaterra, parece não ter outro propósito senão aquele derivado de uma tradição na qual muito se acreditava. Ele é o claro descendente da Antiga Religião, sobrevivendo entre os excluídos da sociedade.

HOMEM VERDE, O

Um dos motivos mais recorrentes e belos da arte medieval é o Homem Verde. Essa figura representa um rosto humano rodeado de folhagens, por meio das quais ele parece espiar. Com frequência, os galhos folhosos são mostrados saindo da boca da figura, como se ela os estivesse respirando. Algumas das representações mais antigas do Homem Verde mostram-no com chifres.

Ele simboliza o espírito das árvores e das coisas verdes que crescem na terra, o deus das florestas; portanto, é claramente uma divindade pagã. No entanto, ele aparece muitas vezes no meio da decoração esculpida de nossas igrejas e catedrais mais antigas, sobretudo nas saliências dos tetos e nos pequenos relevos de assentos chamados misericórdias.

"O Homem Verde" também aparece como um antigo nome de pousadas, ainda que, nesse caso, ele seja representado como um antigo boticário que colhia ervas verdes, ou então como um guarda-florestal vestido de Lincoln verde.

Nas peças teatrais e nos costumes folclóricos, encontramos o Homem Verde disfarçado de "Green Jack" ou "Green George". Esse personagem era interpretado por um homem que aparecia entre os foliões no Primeiro de Maio coberto por uma espécie de estrutura formada por guirlandas de folhas, de modo que seu rosto espiava por entre as folhas, como a figura das antigas esculturas de igreja. Em Castleton, Derbyshire, onde a cerimônia é realizada até hoje, ele cavalga e é chamado de rei Garland.

O Homem Verde, como deus da floresta, é um resquício dos antigos rituais e crenças pagãos; e sua popularidade como motivo de decoração de igrejas prova que, durante muito tempo, na Grã-Bretanha, os conceitos pagãos e cristãos existiram lado a lado. Quando usado na decoração, o Homem Verde é, às vezes, chamado de máscara folhar, e a folhagem que o rodeia costuma ser de carvalho, a antiga árvore sagrada da Grã-Bretanha. Portanto, ele pode ser o espírito sobre o qual nos conta Reginald Scot em sua *Discoverie of Witchcraft* (1584), "o homem no carvalho", que estava entre a temível companhia de seres sobrenaturais com os quais a criada de sua mãe costumava aterrorizá-lo, quando ele era um menino.

Uma bruxa contemporânea na Grã-Bretanha, que afirmava ter conhecimento tradicional, me contou que um antigo nome para pessoas secretamente devotadas à tradição pagã era "Crianças de Green Jack". Até agora, não consegui obter qualquer confirmação disso, mas não há dúvida de que a cor verde ainda é considerada um tanto singular, mesmo nos dias de hoje. Algumas pessoas acham que usar verde dá azar, o que parece vir da ideia de que essa é a cor das fadas, e elas se ressentem de estranhos que a usam. É uma cor de bruxa, assim como seu complemento, escarlate; ambas, em certo sentido, são as cores da vida: o verde dos vegetais e o escarlate da vida animal.

HOPKINS, MATTHEW

O nome de Matthew Hopkins é o mais famoso na história da bruxaria inglesa. Embora sua carreira como autoproclamado "general caçador de bruxas" tenha durado cerca de dois anos apenas, de 1644 a 1646, segundo registros, ele foi responsável por mais execuções do que qualquer outra pessoa.

O que tornou Hopkins mais odioso é que sua caça às bruxas foi motivada por dinheiro e suas vítimas eram pessoas idosas, pobres e membros mais fracos e indefesos da comunidade. Certa vez, usando a pretensa missão atribuída a ele pelo Parlamento, impôs aos cidadãos de Stowmarket, em Suffolk, a cobrança de uma taxa especial para pagar suas despesas e as de seus assistentes. De acordo com registros, a soma de pouco mais de 28 libras (que valia muito mais naquela época do que valeria hoje) foi extorquida do povo de Stowmarket dessa forma.

O país estava desordenado naquela época, uma das consequências da guerra civil em curso entre monarquistas e apoiadores de Cromwell, o que permitiu a Hopkins e a outros bandidos como ele a oportunidade de se imporem na mente perturbada do povo. O local em que Hopkins realizou sua campanha, mais especificamente Essex e East Anglia, é uma área da Grã-Bretanha em que a crença na bruxaria sempre foi forte e persiste até hoje.

Matthew Hopkins era filho de um ministro puritano, James Hopkins, de Wenham, Suffolk. Ele foi advogado e exerceu a profissão em Ipswich e mais tarde em Manningtree, sem, no entanto, assumir qualquer papel de relevância no mundo, até encontrar sua verdadeira carreira na caça às bruxas.

Começou sua ascensão à fama enquanto morava em Manningtree, Essex. Ali, como ele nos conta em seu livro *The Discovery of Witches* (Londres, 1647),

> Em março de 1644, ele [aqui, Hopkins escreve sobre si mesmo na terceira pessoa] tinha cerca de sete ou oito daquelas horríveis seitas de Bruxas na Cidade onde morava, localizada em Essex e chamada Manningtree, com diversas outras Bruxas vizinhas de outras cidades, que a cada seis semanas durante a noite (sempre na noite de sexta-feira) se reuniam perto de sua casa, e ali faziam seus vários sacrifícios solenes oferecidos ao Diabo, em um dos quais este Descobridor as ouviu falar com seus diabinhos, pedindo que fossem até outra Bruxa, que foi então presa.

Hopkins parece sugerir que, em um ato de ousadia, agiu como espião em uma dessas reuniões. De todo modo, uma mulher pobre e velha chamada Elizabeth Clarke, cuja mãe tinha sido enforcada como bruxa, foi presa por instigação de Hopkins. Ela foi revistada em busca de marcas de bruxas e a impediram de dormir durante três noites seguidas. Na quarta noite, ela passou a "confessar" o que lhe exigiam e a nomear alguns de seus cúmplices. Hopkins afirma que cinco espíritos familiares, ao serem nomeados e chamados por ela, entraram um após o outro na sala, "havia dez de nós na sala", e desapareceram a seguir.

Quando Hopkins e seus amigos terminaram a investigação, nada menos que 32 pessoas de várias partes de Essex haviam sido presas e encaminhadas para o tribunal do condado em Chelmsford. A carreira de Hopkins como general caçador de bruxas foi lançada dessa forma. O mesmo aconteceu com a carreira de seus assistentes, John Stearne, Mary Phillipps, Edward Parsley e Frances Mills, os quais juraram ter testemunhado o aparecimento dos espíritos familiares mencionados. Depois disso, é claro, os assistentes tornaram-se indispensáveis como "a companhia" de Hopkins, que mais tarde foi ampliada para seis membros.

Como resultado desse primeiro ensaio de Hopkins de caça às bruxas, dezenove pessoas foram enforcadas e quatro morreram na prisão. Como advogado, Hopkins sabia que a tortura era ilegal na Inglaterra, mas sua engenhosidade maligna encontrou vários meios de extrair "confissões" por meio da crueldade e da intimidação, o que não era classificado como tortura, de acordo com a lei.

Esses métodos incluíam, em primeiro lugar, a dor e a humilhação de despir e revistar a pessoa em busca de marcas de bruxa e obrigá-la a se sentar em um banco ou mesa, com as pernas cruzadas, e amarrá-la nessa postura, às vezes por até 24 horas, sem dar de comer ou deixá-la dormir. Como alternativa, os acusados poderiam ser coagidos a andar sem parar pela sala, até se formarem bolhas em seus pés; há casos em que foi registrado esse mesmo tratamento por mais de três dias, até que as vítimas por fim cedessem e "confessassem". Hopkins protestava piamente, dizendo que nunca havia chamado ninguém de bruxa, "apenas depois do julgamento com base em investigação e confissão da pessoa".

Outro método comprovatório que Hopkins gostava de usar e que proporcionava um espetáculo público edificante era o "teste da água", isto é, arrastar as acusadas para um rio ou lago a fim de observar se flutuariam. Na verdade, essa ideia já existia havia muitos anos e baseava-se na crença de que, assim como as bruxas rejeitavam a água do batismo, o elemento água as rejeitaria e elas flutuariam de uma maneira não natural. A prática ganhou maior importância ao ser recomendada pelo rei Jaime I em seu livro *Daemonologie* (Edimburgo, 1597), como evidência de culpa por bruxaria.

O método de aplicação do teste, entretanto, conforme usado por Hopkins, não consistia apenas em lançar a pessoa na água. Hopkins foi mais cuidadoso e detalhista. As acusadas tinham de ser amarradas de maneira especial, com os braços cruzados e os polegares presos aos dedões dos pés. Em seguida, uma corda era amarrada na cintura das vítimas e segurada por um homem de cada lado. Isso era feito de forma ostensiva para evitar que elas se afogassem caso começassem a afundar; mas, como é de esperar, a pessoa afundaria ou deixaria de afundar a depender da forma como os homens seguravam a corda.

Não foi Hopkins, entretanto, que criou essa técnica. Ela é retratada na folha de rosto do folheto *Witches Apprehended, Examined and Executed* (Londres, 1613), em uma antiga xilogravura que mostra o teste da água de uma mulher chamada Mary Sutton, em 1612. Ela não apenas está amarrada dessa maneira, mas também vestida com uma camisola ou roupa íntima volumosa que, de todo modo, ajudaria a mantê-la flutuando por alguns instantes.

Se certa relíquia que vi no Museu de Magia e Bruxaria em Castletown, na Ilha de Man, for autêntica, é evidência de outra artimanha usada por Hopkins e sua companhia para obter dinheiro. Trata-se de um amuleto preventivo supostamente vendido por Hopkins para proteger as famílias da bruxaria.

O objeto consiste em uma caixa de madeira, forrada com tecido e com uma folha de vidro na parte superior para que o conteúdo possa ser visto. Dentro há uma coleção bizarra de bugigangas, dentre as quais o osso do dedo de uma criança. A ideia era que o comprador guardasse a caixa em casa para evitar que os feitiços das bruxas prejudicassem a ele e sua família. É claro que ninguém *era obrigado* a comprar tais caixas quando oferecidas, mas, se alguém se recusasse, tornar-se-ia suspeito de favorecer a bruxaria.

Essa comercialização de caixas de bruxa também era feita por outros membros da fraternidade de caça às bruxas. Vi uma peça desse tipo na coleção de um amigo meu em Londres, que foi vendida por um "homem astuto" há cerca de dois séculos, para proteger as pessoas das bruxas. É muito semelhante à do museu de Castletown, contendo pedaços de ervas secas e desbotadas, madeira de sorveira-brava e outras coisas afins. A parte de vidro também é bastante parecida. Pode-se imaginar algum camponês supersticioso, muitos anos atrás, sentado em sua cabana numa noite escura de inverno, ouvindo o vento uivando lá fora e procurando segurança na prateleira ou na cornija da lareira, onde ficava a caixa de bruxa com a face de vidro na frente e seu conteúdo estranho. Não admira que tenham sido contadas tantas histórias terríveis sobre os males e perigos da bruxaria — havia tantas pessoas ganhando dinheiro com isso!

O início bem-sucedido de Matthew Hopkins em Essex estabeleceu o padrão que ele seguiu em toda a East Anglia. É provável que nunca se saiba com precisão quantas mortes ele causou ou a quantia que ele e seus seguidores acumularam durante esse processo. Eram tempos difíceis e os registros estão incompletos ou foram perdidos. Hopkins visitou Norfolk, Suffolk, Cambridgeshire, Huntingdonshire, Northamptonshire e Bedfordshire, bem como Essex. Com base nos registros que possuímos, podemos supor que o número de execuções total chegou a várias centenas.

Mas a sorte de Hopkins mudou, enfim. Nem todos os magistrados eram tão cruéis e crédulos como os de Manningtree naquela época. Em 1645, uma comissão especial, formada para lidar com julgamentos de bruxaria, ordenou que Hopkins interrompesse a prática do teste da água com as bruxas; entretanto, não impediu outros procedimentos brutais, e é de se questionar a veracidade da afirmação de Hopkins de que o Parlamento o havia encarregado de uma missão, com base na qual se autodenominava o general caçador de bruxas. De forma consensual, considera-se que isso foi uma invenção dele. Porém, foi apoiado nessa pretensa missão que Hopkins exigia que as autoridades das cidades que "visitava" pagassem a ele e à sua companhia, com generosidade, pelos serviços profissionais. Nenhum magistrado pediu provas da existência dessa missão? Ou a verdade é que Hopkins de fato possuía algum status oficial, mas, quando o escândalo da sua crueldade, brutalidade e fraude foi exposto, as autoridades consideraram prudente renegá-lo?

Samuel Butler, em sua sátira *Hudibras*, debochou dos parlamentares envolvidos no escândalo Hopkins:

Não tem este Parlamento atual
    Um emissário do Pai do Mal,
Com plenos poderes para tratar
    De bruxas revoltadas encontrar?
E não enforcou ele, somente um ano passado,
    Sessenta delas em um único condado?
Umas apenas por não terem se afogado,
    E outras por terem no chão se prostrado

Dias e noites inteiras sentadas,
    E, sentindo dor, por bruxaria foram enforcadas.
E algumas por fazerem truques comezinhos
    Com gansos verdes ou meros peruzinhos;
Ou porcos que morreram subitamente
    De males sobrenaturais, como ele pressente;
Que depois se revelou ele mesmo um feiticeiro,
    E fez-se uma vara para o próprio traseiro.

As duas últimas linhas dos versos de Butler referem-se à tradição de Hopkins que acabou por ser descreditada publicamente quando um grupo de pessoas, enojadas com as crueldades dele, o agarraram e o submeteram ao teste da água — e ele flutuou! De acordo com outra versão, Hopkins foi afogado nessa ocasião. O bispo Hutchinson, em seu *Historical Essay Concerning Witchcraft* (Londres, 1718), aceitou essa tradição como factual: "Com isso, o país se livrou dele; e foi uma pena que não tenham pensado em tal experimento antes". Porém, mais uma vez, trata-se de mais um dos assuntos para os quais talvez nunca tenhamos uma resposta precisa.

O que se tem registro, entretanto, é da coragem de um velho pároco do interior, John Gaule, vigário de Great Staughton, Huntingdonshire, que se posicionou contra o general caçador de bruxas e desempenhou um papel importante na restauração da sanidade de East Anglia. John Gaule pregava abertamente contra Hopkins, que estava propenso a visitar a região do país em que o vigário se encontrava. Hopkins revidou as críticas com uma carta agressiva, cheia de ameaças veladas, dirigida a um dos paroquianos de Gaule. Mas ele foi prudente e evitou visitar Great Staughton.

John Gaule, que, entretanto, vinha coletando evidências dos procedimentos de Hopkins, publicou então um livro, *Select Cases of Conscience Touching Witches and Witchcraft* (Londres, 1646). O texto foi bem escrito e convincente, e a opinião pública passou a prestar atenção nos abusos que ali foram expostos.

O general caçador de bruxas foi forçado a ficar na defensiva e, em 1647, o livro de Hopkins, *The Discovery of Witchcraft*, surgiu como uma tentativa de neutralizar as acusações contra ele. Mas, àquela altura, Hopkins já havia esgotado suas forças. Ele havia voltado para a cidade em que começara sua carreira, Manningtree, em Essex, e em 1647 morreu na aldeia vizinha de Mistley. Os registros da Igreja mencionam seu enterro em 12 de agosto daquele ano. Qualquer que tenha sido a causa real de sua morte, ele não viveu tempo o bastante para desfrutar de seus ganhos ilícitos.

Seu associado John Stearne escreveu que Hopkins morreu "depois de um longo período sofrendo de tuberculose... sem qualquer problema de consciência pelo que havia feito, como foi falsamente relatado a seu respeito".

Hopkins não foi o único vilão a exercer o ofício de caçador de bruxas na Inglaterra. Em 1649 ou 1650, um caçador de bruxas escocês foi convidado pelos magistrados a ir a Newcastle, para procurar a marca do Diabo em homens e mulheres. Seus honorários eram de vinte xelins por cada bruxa ou bruxo descobertos, além de ter pagas as despesas para ir e vir da Escócia, onde atormentar suspeitos de bruxaria para encontrar a marca do Diabo tinha se tornado uma profissão regular. Sua viagem a Newcastle provou ser lucrativa; como resultado, quatorze mulheres e um homem foram enforcados.

Esse bandido, no entanto, também encontrou sua ruína. Ele foi indiciado por suas atividades e condenado à forca. "E na forca ele confessou que havia causado a morte de mais de 220 mulheres na Inglaterra e na Escócia, tendo recebido vinte xelins por pessoa. Ele implorou por perdão e foi executado."

É o que diz Ralph Gardiner, em seu livro *England's Grievance Discovered in Relation to the Coal Trade* (Londres, 1655). Esse livro conta com uma ilustração significativa e terrível. Nela, veem-se quatro mulheres penduradas em uma forca, enquanto outras três esperam a vez de morrer. O carrasco, de pé em uma escada, está ajustando a corda em volta do pescoço de uma das mulheres. Sargentos montados e soldados de infantaria observam, enquanto um mensageiro grita uma proclamação; no canto da imagem, um homem bem-vestido, o caçador de bruxas, estende a mão e recebe o dinheiro contado.

I

IMAGENS USADAS NA MAGIA

Desde os primórdios, a ideia de que seria possível influenciar uma pessoa ou animal por meio de uma imagem ou simulacro que os represente tem sido um dos fundamentos da crença mágica.

Um papiro egípcio nos fala de uma conspiração palaciana contra o faraó Ramsés III, que então recorreu à duvidosa ajuda da magia das trevas. Um dos conspiradores, um oficial chamado Hui, conseguiu roubar um livro de feitiços da biblioteca real. Com a ajuda desse manuscrito, ele fez imagens de cera, com a intenção de destruir o faraó por meio delas. No entanto, a trama foi descoberta, os conspiradores punidos e Hui se suicidou.

É notável que esse poderoso livro de magia estivesse na biblioteca real. Talvez a conspiração tenha falhado porque o faraó era um mago melhor do que aqueles que buscavam atacá-lo; nesse caso, os esforços dos conluiados teriam repercutido sobre a própria cabeça deles.

Essa história do Antigo Egito é apenas uma das muitas conspirações em altas esferas de poder que envolveram magia das trevas e o uso de uma imagem ou boneco, feitos à semelhança de uma pessoa, a fim de perfurá-la com alfinetes ou espinhos para provocar sua morte.

No reinado da primeira rainha Elizabeth, a corte ficou muito perturbada e alarmada com a notícia de que uma imagem de cera da monarca havia sido encontrada em Lincoln's Inn Fields. A magia das trevas era, obviamente, intencional, porque a imagem tinha um grande alfinete cravado no peito. Naquela época, a maioria das pessoas acreditava implicitamente no poder que tais coisas tinham de causar doenças e até a morte.

Mensageiros foram enviados para convocar o famoso ocultista, dr. John Dee, para aconselhar a rainha sobre o que deveria ser feito. Dee foi para Hampton Court e encontrou a rainha em seu jardim à beira do rio. O conde de Leicester e os lordes do Conselho Privado também estiveram presentes; e o fato de esse órgão ter sido chamado mostra a seriedade com que o caso foi tratado.

Dr. Dee tranquilizou a rainha, e disse que a imagem "de forma alguma ameaçava o bem-estar de Vossa Majestade", o que, de acordo com o registro, "agradou muito a Elizabeth". Não se sabe o que foi feito com o boneco maligno; é provável que Dee tenha se apossado dele e tomado as próprias medidas para neutralizar seu poder funesto. (*Ver* DEE, DR. JOHN.)

Também nos círculos mais humildes a imagem, feita de cera ou argila, desempenhava seu papel secreto nos feitiços. Tal como a queima de incenso, o desenho de círculos mágicos e a prática de adivinhação, esse artifício é parte da herança geral partilhada por bruxas e magos em todo o mundo.

Uma descrição muito franca desse feitiço foi dada por uma das bruxas de Lancashire, Mãe Demdike, quando foi examinada em 1612. Ela confessou o seguinte:

> A maneira mais rápida de tirar a vida de um homem pela bruxaria é fazer uma imagem de barro, semelhante ao formato da pessoa que pretende matar, e secá-la completamente. Quando quiser prejudicar uma parte do corpo, pegue um espinho ou alfinete e espete-o na região da imagem em que quer causar mal. Se houver qualquer parte do corpo que queira destruir, queime-a. Dessa forma, o corpo morrerá.

Às vezes, a imagem de cera era derretida, pouco a pouco, em fogo lento, para que a pessoa a quem se destinava definhasse. Outras vezes, se a imagem fosse de barro, eram espetados alfinetes nela e, depois, a imagem era colocada em um riacho para que fosse consumida aos poucos, mas de forma certeira, pela água, causando o mesmo mal para a pessoa. Essa imagem de argila era conhecida na Escócia como *corp chreadh*, e exemplares dela podem ser encontrados em alguns museus.

No interior da Inglaterra, a palavra antiga para essas imagens era *"mommets"*. Na França, às vezes eram chamadas de *volt* ou *dagyde*. A primeira palavra vem do latim *vultus* ou *voltus*, imagem ou aparência. A prática do *envoûtement*, ou enfeitiçamento, geralmente por meio de um *volt*, era e ainda é bastante aceita. Muitos livros franceses sobre ocultismo discutem isso.

Tanto a cabana como o castelo temiam o feitiço da imagem perfurada. E quando a raiva e um sentimento de injustiça ardem no peito, o camponês e o nobre, mesmo o de mais alta linhagem, podem ser tentados a recorrer a esse expediente.

Há uma passagem extraordinária em *The Diary of a Lady in Waiting*, de Lady Charlotte Bury (Londres, 1838-1839, 4 v.; uma edição posterior de John Lane, Londres, 1908), referindo-se àquela mulher infeliz, princesa Carolina, a desprezada esposa do príncipe regente. Quando o marido se tornou Jorge IV após a morte do rei, ela recebeu o título, mas nunca a posição de rainha. Aparentemente, odiava o marido de sangue real tanto quanto ele a detestava. Lady Charlotte, que serviu como dama de companhia de Carolina, nos diz:

> Depois do jantar, Sua Alteza Real fez uma figura de cera, como sempre, e acrescentou-lhe amavelmente chifres grandes; então tirou três alfinetes da roupa e enfiou-os por dentro, colocando a figura para assar e derreter no fogo. Se não fosse tão melancólico ter de lidar com isso, eu teria morrido de rir. Lady [—] diz que a princesa se entrega a essa diversão sempre que não há estranhos à mesa; e ela acha que Sua Alteza Real de fato tem uma crença supersticiosa de que a destruição da efígie do marido provocará a destruição de sua pessoa real.

A era do materialismo e do ceticismo surgiu na época da princesa Carolina, e foi bom para ela que isso tivesse acontecido. As damas de companhia dos séculos anteriores não teriam a menor vontade de rir de tal situação. Elas teriam ficado aterrorizadas com o machado do carrasco ou com as chamas da fogueira por alta traição — a punição infligida por bruxaria dirigida contra o soberano.

E podemos ter certeza de que o roliço e autoindulgente "Prinny", apelido de Jorge IV, *não* sentiu sequer umas pontadas extras de dor de gota como resultado da malícia concentrada de sua esposa?

Os eventos de telepatia são aceitos hoje por muitos pesquisadores psíquicos que, no entanto, zombariam da bruxaria. Porém, a imagem de cera ou argila é só um meio de concentrar o poder do pensamento da bruxa. Por isso, a figura é feita o mais parecida possível com a pessoa odiada, para sugerir sua presença verdadeira. Para que não tenha ligação com ninguém além da pessoa a quem se destina, a imagem deve ser feita de cera virgem, geralmente de abelha, isto é, cera que nunca foi usada para qualquer outra finalidade. Algumas bruxas de antigamente criavam abelhas para ter um estoque de cera sem precisar comprá-la, o que levantaria suspeitas.

Quando se usa a argila, o próprio operador deve escavá-la — no minguante da lua, se o feitiço for dirigido contra alguém.

Nem todos os feitiços com imagens, entretanto, têm propósitos nefastos. Às vezes, pode-se fazer um feitiço de amor usando esse método; e vi uma imagem ser usada com sucesso por uma bruxa contemporânea, com o propósito de curar alguém com dores reumáticas. É claro que imagens desse tipo seriam objeto de rituais muito diferentes daqueles usados na feitiçaria de tendência mais sombria. Mas a força por trás do rito é a mesma: o poder do pensamento concentrado da bruxa.

Em setembro de 1963, houve certa comoção quando duas imagens, uma de um homem e outra de uma mulher, foram encontradas pregadas na porta do antigo castelo em ruínas de Castle Rising, em Norfolk. Entre as pequenas figuras sinistras havia um coração de ovelha perfurado por treze espinhos. No chão, em frente à porta, havia um círculo e uma cruz em forma de X — um sinal usado entre as bruxas para representar uma caveira e ossos cruzados. Os símbolos foram desenhados em fuligem. A cerimônia foi realizada na época da lua minguante.

As pessoas da aldeia negaram saber do assunto e garantiram aos jornalistas que as imagens "devem ter sido feitas por estranhos". Admitiram, no entanto, que tinham ouvido falar de bruxaria praticada nos distritos vizinhos.

O mistério permanece sem solução e, com o tempo, o interesse nele diminuiu. Mas voltou a reacender quatro meses depois, quando outra estranha descoberta foi feita em uma igreja em ruínas em Bawsey, a cerca de seis quilômetros de distância. Dois rapazes encontraram outro coração de ovelha perfurado por espinhos pregado em uma das paredes. Havia também um círculo de fuligem com um toco de vela preta queimada dentro dele, mas não havia imagens.

Foi o pai de um dos jovens quem contou à polícia, mas a identidade da pessoa que usou as antigas ruínas da igreja para esse ritual sombrio permanece desconhecida. Menos de um mês depois, foram encontrados vestígios de um terceiro ritual na área. Dessa vez o espanto foi ainda maior, porque o local onde os indícios foram descobertos era, na verdade, parte da propriedade real, nas proximidades de Sandringham.

Nas ruínas cor de hera da igreja de Babingley foram encontrados ainda outro coração perfurado por espinhos pregado na parede, outro círculo preto de fuligem, outra vela preta queimada e, dessa vez, a pequena efígie de uma mulher com um espinho afiado preso em seu peito. Um menino encontrou os objetos enquanto explorava as ruínas e voltou para casa a fim de contar ao pai. Quando o pai acorreu ao local, foi dominado por uma sensação paralisante de terror. Ele dirigiu até uma delegacia de polícia, aonde chegou quase em estado de choque. Levou dois dias para se recuperar da experiência.

A polícia voltou a investigar as ocorrências, mas sem sucesso, a não ser para concluir que os três rituais foram realizados pela mesma pessoa. É bem provável que estivessem certos. Três é um número mágico poderoso, e era óbvio que alguém na área estava muito determinado a obter resultados.

É um longo caminho desde a remota zona rural de Norfolk até as cidades de Nova York, Chicago ou Los Angeles, com a sua vida tão sofisticada — ou não? No mesmo ano em que foram descobertas as imagens pregadas na porta em Castle Rising, apareceu em revistas americanas o anúncio de um "kit de psicoterapia". Dizia: "Isto com certeza vai liberar o estresse e relaxar os nervos, bem como ajudar a escapar da tensão. Uma boneca de bruxa com quatro alfinetes e instruções de uso. Presente divertido e inteligente para marido, esposa, chefe, sogra". Outros anúncios semelhantes descreviam seus produtos como "bonecas de vodu", e um deles, brincando, convidava as pessoas a "fazer um vodu de si mesmo".

Muitas empresas de venda por correspondência nos Estados Unidos oferecem esses e outros suprimentos mágicos. Para cumprir a lei, esses objetos são descritos como uma brincadeira ou uma curiosidade apenas; a maneira como serão usados pelos compradores dependerá só deles.

Imagens usadas na magia

INCENSO, USOS MÁGICOS DO

Um dos mais antigos rituais religiosos e mágicos é a queima de incenso. Os antigos egípcios incensavam ambientes com frequência, e receitas de incenso, compostas de resinas aromáticas e outras substâncias perfumadas da natureza, são encontradas em papiros.

Incenso e perfume parecem ter significado a mesma coisa em sua origem, porque a palavra "perfume" vem do latim *profumum*, "por meio de fumaça". Ou seja, a fumaça perfumada que subia dos antigos altares era um meio de transportar orações e invocações, e também um sacrifício agradável aos poderes invisíveis.

O incenso também tem um terceiro uso muito importante, que é seu efeito potente sobre a mente humana. Aromas de todos os tipos têm uma influência rápida e sutil sobre as emoções. O seu apelo não se dirige apenas à mente consciente, mas também aos níveis mais profundos abaixo do limiar da consciência. Aqui o seu impacto pode ser evocativo, até mesmo perturbador. Ninguém sabia disso melhor do que os antigos expoentes da magia — da qual grande parte seria hoje chamada de psicologia prática.

A atmosfera criada pelo incenso e pela luz de velas pode transformar uma sala comum em uma caverna de mistério, um santuário onde poderes estranhos podem se manifestar. Se você deseja fazer magia, então deve criar uma atmosfera, tanto mental quanto física, na qual o encantamento possa acontecer.

Alguns recipientes bastante curiosos, redondos e pequenos, feitos de cerâmica grossa e com perfurações ao redor, foram recuperados de túmulos na planície de Salisbury, perto de Stonehenge. Os arqueólogos acham que podem ter sido feitos para queimar incenso e os chamaram de copos de incenso. Se isso estiver correto (e é difícil imaginar para que mais eles poderiam ter sido usados), então a queima de incenso tem sido praticada na Grã-Bretanha desde tempos muito antigos.

O incenso tal como o conhecemos hoje é de dois tipos, e ambos são bastante usados por ocultistas e bruxas. O primeiro é aquele que queima sozinho quando aceso, como incenso em varetas e em cones. A segunda variedade requer algum elemento já candente, geralmente carvão em brasa, sobre o qual a substância é espalhada.

Esse último tipo de incenso costuma ser bem mais intenso e produz mais fumaça, mas o primeiro é mais fácil de manusear. A popularidade do incenso aumentou bastante nos últimos anos, e uma variedade de incensos em varetas e em cones são agora importados do Oriente. A melhor maneira de queimar varetas ou cones de incenso é como os orientais fazem: encher três partes de uma tigela de metal ou cerâmica grossa com areia fina e ali fincar ou cones ou as varetas. Os cones ficarão apoiados com facilidade na areia; as varetas, se estiverem bem presas para se manterem na posição vertical, vão queimar totalmente e com segurança, tendo uma aparência agradável, e as cinzas cairão na areia sem fazer bagunça.

Para os incensos mais fortes, queimados sobre carvão, é possível usar uma tigela de areia caso não se tenha o turíbulo ou queimador; mas é melhor e mais seguro adquirir um queimador de incenso adequado, ou incensário, como às vezes é chamado.

O carvão pode ser comprado em caixas com pequenos blocos em lojas de artigos religiosos, que também costumam vender o melhor tipo de incenso, os de resinas aromáticas. Pode parecer um tanto estranho que bruxas frequentem esse tipo de loja, mas posso assegurar ao leitor que sim, porque procuram incensos da melhor qualidade e com o melhor perfume.

Esse tipo de incenso, feito de gomas-resinas trituradas e misturadas, parece um cascalho fino. Será necessário, além de um queimador, uma colher de metal adequada para polvilhar o incenso. O turíbulo, que é um incensário pendurado por correntes, é bastante difícil de manusear para o iniciante; e eu recomendaria um queimador indiano ou árabe, que tem uma tampa abobadada e perfurada e o bojo apoiado em três ou quatro pés, e que venha, de preferência, com uma placa de metal como base. Isso é útil se alguém quiser incensar o círculo mágico, porque o queimador de incenso ficará bastante quente e impossível de ser tocado sem que haja algum objeto para erguê-lo.

Uma pequena pinça também pode ser útil se alguém quiser levantar a tampa do incensário para reabastecê-lo, quando ela estiver quente, e também para manusear os blocos de carvão sem sujar ou queimar os dedos.

Se o incensário for grande, é uma boa ideia colocar um pouco de areia no fundo do recipiente para apoiar o carvão. Depois, acendem-se os bloquinhos e colocam-se no incensário. O chamado carvão autoinflamável, que é misturado com um pouco de salitre para queimar com mais facilidade, é o mais simples de manusear. Assim que o carvão, ou a maior parte dele, começar a brilhar, estará pronto para receber o incenso e a tampa do incensário poderá ser recolocada. Então, as espirais azuis de fumaça perfumada subirão devagar e se espalharão pela sala, torcendo-se, entrelaçando-se e dissolvendo-se, com seu rico perfume enchendo o ar.

A maior parte das gomas-resinas que constituem os ingredientes desse tipo de incenso são obtidas de árvores que crescem em países tropicais do mundo. Os antigos egípcios costumavam enviar expedições regulares a outras partes da África para obter as gomas-resinas e as ricas especiarias de que necessitavam, para incenso e para embalsamamento. A resina chamada mirra era particularmente procurada por eles.

Outras gomas-resinas que têm sido usadas desde os tempos antigos são o olíbano (que em inglês também é chamado de *frankincense*), o gálbano, o opopânace, o estoraque, a almécega e o benjoim, que na época medieval era chamado de goma benjamim.

Madeiras perfumadas também são usadas nessa mistura de incensos. O sândalo costuma ser uma das favoritas; o mesmo acontece com a madeira de aloés, ou *lignum aloes*, como costuma ser chamada em receitas antigas. Às vezes, são usadas madeiras de cedro e de murta. O procedimento habitual é secar essas madeiras e outros ingredientes vegetais e transformá-los em pó, ou ao menos reduzi-los a pequenas lascas.

No universo dos aromas, a fragrância mais intensa é aquela obtida das folhas do patchuli. O perfume genuíno de patchuli (que não deve ser confundido com o óleo dessa erva) é um dos odores mais potentes e evocativos do mundo. Assim como o almíscar, tem uma merecida reputação como afrodisíaco. Pó de folhas secas de patchuli pode ser introduzido no incenso.

Assim também acontece com a canela em pó. Aliás, descobriu-se que essa especiaria de fácil obtenção torna-se um bom incenso quando queimada no carvão em pequena quantidade, auxiliando na meditação e na clarividência. As sementes de cardamomo também ficam pungentes e perfumadas quando queimadas. O leitor ou leitora que quiser experimentar pode tentar, por sua conta, descobrir ervas e especiarias e misturar os próprios incensos, agora que é fácil obter esses produtos na maioria dos empórios em virtude do maior interesse que vêm despertando. Será possível perceber, entretanto, que o cheiro liberado na queima de uma substância é muitas vezes diferente daquele que ela possui em seu estado natural. Algumas outras substâncias vegetais que produzem perfume são o macis, que é a casca interna da noz-moscada, a raiz de íris (obtida em herbanários), o açafrão e o cravo-da-índia.

Os principais perfumes obtidos do reino animal são almíscar, âmbar-gris e algália. O almíscar vem do cervo-almiscarado, que é caçado no Himalaia. O âmbar-gris é uma substância expelida pelo estômago do cachalote. A algália vem de um animal africano, o gato-de-algália. Todas essas substâncias são muito caras e, em seu estado puro, têm um cheiro nada agradável. Precisam ser manuseadas por um perfumista habilidoso, mas são eventualmente misturadas com incenso oriental caro.

Inúmeros escritores fizeram listas com diferentes incensos para propósitos mágicos diversos — em sua grande parte contraditórios. Provavelmente, o melhor caminho para o aspirante à magia é experimentar o efeito psicológico de vários perfumes por si mesmo. Depois, poderá fazer a própria lista de perfumes, classificando-os de acordo com suas correspondências e regências astrológicas. Um iniciante poderia, por exemplo, considerar o sândalo como "certo" para as obras de Vênus; o olíbano para as do Sol; o *lignum aloes* para as da Lua, e assim por diante. Como na maioria dos assuntos de magia, um grama de experiência prática vale mais do que muitos aprendizados dos livros.

ÍNCUBOS E SÚCUBOS

A crença na possibilidade de haver relações sexuais entre um ser espiritual e um homem ou mulher mortal é muito antiga e universal. Na mitologia grega, os descendentes desses amores estranhos eram muitas vezes semideuses. Com o advento do cristianismo, porém, o assunto assumiu um aspecto mais sombrio. O íncubo e o súcubo foram considerados demônios.

A palavra "íncubo" deriva do latim e significa "aquilo que está por cima". "Súcubo", por derivação semelhante, quer dizer "aquilo que está abaixo". Os íncubos eram considerados demônios que corrompiam as mulheres, enquanto os súcubos devassavam os homens.

Íncubos e súcubos. Desenho de um livro de Jules Bois, ocultista francês do século 19. (Crédito: © The Holbarn Archive/Bridgeman Images.)

Os doutores da Igreja debateram muito a respeito da natureza de íncubos e súcubos, e do pecado envolvido no acasalamento com eles. Alguns desses eruditos declararam que o mesmo demônio, sendo basicamente assexuado, porque inumano, poderia se transformar em íncubo para se deitar com uma mulher e em súcubo para seduzir um homem ao pecado carnal. Na verdade, eles afirmaram que tal era a engenhosidade do diabo na depravação sexual que ele poderia recolher o sêmen de um homem agindo como súcubo, geralmente enquanto esse homem dormia, e então, na forma de íncubo, transmitir esse sêmen para uma mulher e fazê-la conceber um filho.

Outros, no entanto, negaram que os amores dos íncubos e dos súcubos pudessem ser frutíferos, e afirmaram que seu único propósito era fazer com que homens e mulheres desfrutassem do sexo e se condenassem. Ainda outros clérigos versados acreditavam que os próprios demônios poderiam gerar filhos, e assim o fizeram; na verdade, o anticristo seria gerado por um demônio em uma bruxa. Esse tema foi revivido em nossos dias no livro de grande sucesso O bebê de Rosemary, que também foi adaptado para o cinema.

A ideia do amante demônio atraiu muitos escritores, um dos quais, Joris-Karl Huysmans, tratou-a com mais perspicácia que a maioria dos autores no brilhante e assustador Là-Bas. Huysmans decidiu, nesse livro, retratar a imagem do satanismo tal como era praticado na Paris de sua época, na década de 1890, e muito do que ele escreve é baseado em fatos.

Seu herói, Durtal, é persuadido a ter um caso com uma jovem casada, madame Chantelouve, que é uma satanista secreta. Ela se vangloria para ele de possuir certo poder singular: se acaso desejar algum homem, ela só precisa mentalizá-lo antes de dormir para desfrutar de relações sexuais com ele, ou com uma forma semelhante a ele, em seus sonhos. Esse poder, ela conta ao horrorizado Durtal, foi-lhe dado pelo mestre satanista, um sacerdote sem batina chamado cônego Docre. Mais tarde, ela leva o amante a uma missa negra realizada pelo tal cônego. Enojado com o que testemunha, Durtal acaba por se livrar da influência maligna da mulher.

O que é de particular interesse nesse relato de cópula com íncubos é que se parece bastante com outro relato, muito mais antigo, do qual é bastante improvável que Huysmans tivesse conhecimento, uma vez que provém da Inglaterra.

Na antiga peça de Thomas Middleton, *The Witch*, da qual Shakespeare cita a canção "Black Spirits" usada em *Macbeth*, uma das bruxas é obrigada a dizer:

Que jovem desejaremos para prazer nos dar,
Mas como íncubo nós vamos dele desfrutar?

Grande parte da tradição das bruxas de Middleton é retirada de *Discoverie of Witchcraft*, de Reginald Scot, em que o autor descreve os efeitos da pomada das bruxas, conforme exposto por Giovanni Battista Porta: "Dessa forma (diz ele), em uma noite de luar, elas parecem ser carregadas no ar, para festejar, cantar, dançar, beijar, sacrificar e praticar outros atos de veneração, com os jovens que mais amam e desejam". (*Ver* UNGUENTOS PARA VOAR.)

Não há menção à pomada das bruxas em *Là-Bas* (por Joris-Karl Huysmans, Paris, 1891); contudo, a possibilidade de vivenciar tais experiências por meio da pura autossugestão não parece de modo algum difícil de imaginar. No que diz respeito às experiências sexuais sob a influência de drogas alucinógenas, há certas bruxas mexicanas que fazem uso de um unguento chamado *toloachi*. Elas dizem que as mulheres que usam essa substância "não precisam de homens". A sua composição é secreta, mas o ingrediente principal é a *Datura Tatula*, uma planta parente do espinheiro.

Esse tipo específico de alucinação, ou experiência onírica, parece-me ser a verdadeira base de todas as histórias sobre íncubos e súcubos, sem qualquer necessidade de recorrer a demônios e diabos.

Os leitores podem ficar surpresos ao saber que íncubos e súcubos são fenômenos que ainda ocorrem. Isso é um fato. Um amigo meu, ocultista, fez-me um relato pessoal de sua experiência com um caso desse tipo.

Um casal pediu que ele os ajudasse a se livrar de uma assombração desagradável e assustadora, na isolada casa de fazenda onde moravam. Não é possível fornecer detalhes precisos, por razões óbvias. Basta dizer que ele foi visitá-los e tentou ajudar como podia. Os fenômenos vinham ocorrendo de forma intermitente havia algum tempo, e o marido chamara vários médiuns e paranormais, mas sem sucesso. A jovem e atraente esposa parecia ser o foco dos fenômenos, e meu amigo chegou à conclusão de que um espírito preso à terra a estava obcecando.

Certa vez, esse espírito — que era de um homem truculento e abusivo — pretendia tomar posse da mulher e falar através dela. Ele deu alguns detalhes de sua vida terrena e desafiou os esforços do meu amigo para bani-lo.

Na verdade, meu amigo não conseguiu fazer nenhum progresso no caso, porque, na prática, não obteve da mulher qualquer cooperação. Ainda que parecesse disposta, ela sempre encontrava alguma desculpa para não seguir suas instruções.

Em determinado momento, na ausência do marido, ele a abordou para entender sua atitude. Ela admitiu que não estava tentando se livrar da entidade obsessora, porque, segundo ela, a entidade surgira como um amante, proporcionando-lhe prazeres e emoções sexuais que ela nunca havia experimentado com um homem.

Meu amigo ficou tão chocado e enojado com os detalhes da confissão da mulher que abandonou o caso no mesmo instante. Ele não disse nada ao marido, exceto que não conseguiria mais ajudar e estava indo embora. Quando me contou os pormenores da história, ele estava movido pelo horror mais genuíno e disse acreditar que o que tinha visto e ouvido havia afetado sua saúde. Na verdade, ele ficou longe de estar bem ainda por algum tempo depois disso.

Tal relato, é claro, levanta muitas questões, tanto ocultas como psicológicas. Pesquisadores paranormais encontraram fenômenos semelhantes, às vezes com o horror adicional de alegado vampirismo.

O tema da relação sexual com o Diabo, ou com um amante demônio, surge com frequência nas confissões extorquidas das bruxas e lidas durante seus julgamentos em tempos antigos. É claro que muitas dessas "confissões" foram forçadas, obtidas mediante tortura, e em muitos casos essa prática foi aplicada para que as pessoas dissessem o que seus acusadores queriam ouvir. Porém, uma confissão feita voluntariamente é a da jovem bruxa escocesa Isobel Gowdie, que se entregou e foi enforcada. Nunca se soube os motivos pelos quais ela fez isso, mas a confissão, bastante detalhada, inclui um relato da sua relação sexual com o Diabo. Assim ela o descreve: "um homem grande, escuro, bruto e frio; e descubro sua natureza tão fria dentro de mim quanto água de nascente".

Esse detalhe, da frieza gélida do Diabo, pode ser encontrado nas confissões de bruxas em muitas épocas e lugares diferentes. Em outro exemplo, uma bruxa do Pays de Labourde, em 1616, certa Sylvanie de la Plaine, confessou que o membro do Diabo era como o de um garanhão, e "penetra frio como gelo, com jatos de esperma muito frios, e ao sair queima como fogo".

Essas imagens são recorrentes em muitas outras descrições feitas em diversas partes da Europa; e os detalhes do pênis frio e do esperma gelado do Diabo intrigaram vários escritores modernos. Margaret Murray acreditava que tais impressões poderiam ser explicadas pelo fato de o Diabo ser um homem em disfarce ritual, usando uma máscara com chifres, um traje de peles que cobria todo o seu corpo e um falo artificial. (Ver ADORAÇÃO FÁLICA.)

Na verdade, essa explicação cobre os detalhes de muitas histórias de cópula com o Diabo. O "Diabo" do coven era um homem que fazia o papel de Deus Cornífero. A relação sexual com ele correspondia a um ritual religioso, e por isso o falo artificial era usado. O grande deus Pã sempre foi potente; ele não estava sujeito às fraquezas humanas. O *frisson* que uma mulher experimentaria quando o falo frio a penetrasse seria o bastante para causar a ilusão do esperma gelado.

Em muitos dos relatos antigos sobre encontros sexuais entre íncubos e súcubos e seres humanos, dá-se ênfase ao intenso prazer dessas relações. Depois de cerca de 1470, porém, os relatos (todos, é claro, compilados e publicados pelos caçadores de bruxas) começam a mudar, com histórias horríveis e repugnantes das relações com o Diabo, descritas como repulsivas e agonizantes. Tal como no caso das descrições do sabá das bruxas, as autoridades perceberam que essas histórias não deveriam soar atraentes. Portanto, as bruxas acusadas foram obrigadas, sob tortura, a concordar com toda a mistura de abominações sexuais que a imaginação lasciva dos celibatários sádicos e reprimidos pudesse conceber.

Os autores do *Malleus Maleficarum* nutrem particular interesse nos detalhes das relações sexuais das bruxas com os demônios. Esse livro, publicado pela primeira vez por volta de 1486, foi, durante muitos anos, o manual oficial da perseguição às bruxas. A descrição fornecida pelos autores, ambos frades dominicanos, da cópula entre mulheres e íncubos é menos desagradável do que as outras, mostrando a natureza possivelmente autossugestiva de tal relação sexual. Relatam que, em todos os casos de que tiveram conhecimento, o Diabo sempre apareceu para a bruxa de forma visível.

No entanto, com relação aos circunstantes, quase sempre operam na invisibilidade: as bruxas têm sido vistas muitas vezes deitadas de costas, nos campos e nos bosques, nuas até o umbigo; e, pela disposição de seus órgãos próprios ao ato venéreo e ao orgasmo, e também pela agitação das pernas e das coxas, é óbvio que estão a copular com um Íncubo. Em raras ocasiões, ao término do ato, sobe ao ar, como a desprender-se da bruxa, um denso vapor negro, cujas dimensões equivalem à estatura de um homem.*

Dada a atmosfera da Idade Média, quando o prazer sexual era equiparado ao pecado, e ignorância, superstição e repressão dominavam a mente das pessoas, tais cenas são perfeitamente compreensíveis sem a intervenção de quaisquer "demônios", exceto aqueles que existiam na cabeça dos participantes, tanto a mulher quanto o "circunstante" oculto.

Relatos das relações de homens com súcubos são encontrados com menos frequência. Quando ocorrem, por vezes seguem o padrão das histórias dos íncubos. O súcubo assume a forma de uma bela mulher, mas com a vagina gelada; e o amante ocasionalmente vê as pernas bem torneadas da parceira terminando em cascos fendidos. Mais uma vez, as antigas narrativas sobre súcubos os apresentam como seres diabólicos e belos, mulheres sedutoras e apaixonantes que apareciam aos sacerdotes e eremitas sagrados para tentá-los — sendo, muitas vezes, bem-sucedidas. O papa Silvestre II (999-1003) é um dos pontífices que, segundo dizem, dedicava-se secretamente à feitiçaria e, reza a lenda, gostava dos abraços de um súcubo chamado Meridiana, que era seu espírito familiar.

Os relatos sobre o corpo gelado do súcubo parecem ser meras imitações dos contos de íncubos, porque a maioria das histórias de súcubos os representa como mulheres sedutoras e atraentes de uma maneira diabólica, até mesmo assumindo a forma de cortesãs e prostitutas para tentar os homens. As lâmias e empusas das lendas pagãs eram seres semelhantes, e a origem da maioria dessas histórias parece estar nos sonhos eróticos que sobrevêm aos homens à noite, contra a sua vontade consciente. Na maioria das vezes, esses sonhos são prazerosos, mas, se o sentimento de culpa e o terror do pecado intervêm, os fantasmas assumem um tom mais sombrio e o sonhador entra no reino do pesadelo.

---

* Texto extraído da edição brasileira de O martelo das feiticeiras (Malleus Maleficarum), com tradução de Paulo Fróes (Rio de Janeiro: Rocco: Rosa dos Tempos, 1997. p. 240). [N. E.]

INICIAÇÕES

Quando a bruxaria se tornou uma organização clandestina, a Arte dos Sábios partilhou uma característica comum a todas as sociedades secretas: a admissão era por iniciação.

Tal iniciação exigia que o membro recém-admitido fizesse um juramento solene de lealdade. Quando a bruxaria era uma prática punida com tortura e morte, tal juramento era um assunto sério. Hoje, quando a bruxaria se tornou uma associação como a maçonaria — não uma sociedade secreta, mas uma sociedade com segredos —, a ideia de iniciação ainda permanece.

As iniciações em círculos de bruxas atualmente assumem formas variadas, como é provável que tenha acontecido desde sempre. Contudo, ainda persiste a velha ideia de que a iniciação deve passar do homem para a mulher e da mulher para o homem. Um bruxo deve ser iniciado por uma mulher e uma bruxa, por um homem. Essa crença pode ser encontrada sob outras modalidades no folclore tradicional. Por exemplo, muitas vezes é necessário que as palavras dos feitiços de cura sejam transmitidas de um homem para uma mulher, ou de uma mulher para um homem; caso contrário, o encantamento não terá potência.

Existe também uma crença antiga e arraigada, tanto na Grã-Bretanha como na Itália, de que as bruxas não podem morrer até que tenham transferido o seu poder para outra pessoa. Essa ideia por si só mostra que a bruxaria tem sido durante séculos uma organização iniciática, na qual uma tradição é transmitida de um membro a outro.

A exceção à regra de que uma pessoa deve ser iniciada por alguém do sexo oposto são os filhos de uma bruxa ou bruxo. Uma mãe pode iniciar a própria filha, ou um pai pode iniciar o próprio filho.

Em geral, para sua autoproteção, os covens estabeleceram uma regra de não aceitar ninguém com menos de 21 anos como membro. Filhos de bruxas e bruxos são apresentados quando bebês aos deuses antigos, mas não são admitidos como membros do coven até que tenham atingido a maioridade.

Essa regra se tornou geral em tempos de perseguição. Era um fardo grande demais para uma criança guardar um segredo do qual dependia a vida de outras pessoas. É evidente, com base nas histórias de perseguição, que os caçadores de bruxas perceberam como a bruxaria era transmitida nas famílias. Qualquer parente de sangue de uma bruxa condenada era suspeito.

O frade caçador de bruxas Francesco-Maria Guazzo, em seu *Compendium Maleficarum* (Milão, 1608, 1626; tradução inglesa editada por Montague Summers, Londres, 1929), nos diz que "entre as muitas indicações seguras e certas contra os acusados de feitiçaria, uma é se um dos pais tivesse sido julgado culpado desse crime". Quando o famoso Matthew Hopkins iniciou sua carreira como general caçador de bruxas, sua primeira vítima foi uma idosa cuja mãe fora enforcada como bruxa.

Há uma série de relatos fragmentários das iniciações de bruxas dos velhos tempos, e, com base neles, pode-se construir um quadro multifacetado. A aceitação sincera da religião das bruxas e o juramento de lealdade eram as principais características. Havia também a atribuição de um novo nome, ou apelido, pelo qual os iniciados passavam a ser conhecidos no círculo do coven. Esses ritos eram selados por atos cerimoniais, os novatos recebiam algumas instruções e, se a iniciação ocorresse em um sabá, como acontecia com frequência, eles eram autorizados a participar da festa e da dança que seguiam.

Em alguns casos, nos tempos de perseguição mais intensa, um candidato também era obrigado a renunciar formalmente à fé oficial da Igreja Cristã, e a reforçar esse compromisso com algum ritual, como pisar uma cruz. Isso acontecia para garantir que o postulante não fosse um espião hipócrita: a pessoa não ousaria cometer um ato dessa natureza se acreditasse ser um pecado mortal. Uma vez que o postulante assim agisse formalmente, estaria, aos olhos da Igreja, condenado e abandonado ao fogo do inferno. Portanto, esse era um verdadeiro teste de sinceridade e um impedimento eficaz para aqueles que queriam agradar a Deus e ao Diabo ao mesmo tempo. Mas, até onde sei, tais atos não são mais exigidos das bruxas e bruxos.

Um dos atos rituais registrados como parte da iniciação das bruxas foi descrito por sir George Mackenzie, que em 1699 escreveu sobre a bruxaria na Escócia em seu livro *Laws and Customs of Scotland* (Edimburgo, 1699): "A solenidade reconhecida por nossas bruxas é colocar uma mão no topo da cabeça e outra na sola do pé, renunciando ao batismo nessa postura". O livro de Joseph Glanvill, *Sadducismus Triumphatus* (Londres, 1726), tinha um frontispício de gravuras ilustrando várias histórias de acontecimentos misteriosos, e uma dessas antigas xilogravuras mostra uma bruxa fazendo isso.

A iniciação dessa mulher ocorre ao ar livre, em algum lugar isolado entre duas grandes árvores. Com ela estão outras três mulheres, uma das quais parece apresentá-la ao Diabo, que é retratado com a aparência convencional de um demônio, com chifres e asas. Na prática, porém, o Diabo do coven era um homem vestido de preto, que às vezes, por tal motivo, era chamado de Homem de Preto. A "grande variedade" de máscaras com chifres, além de outros adereços, só era usada em ocasiões especiais.

Em uma variante desse ritual, o Homem de Preto colocava a mão na cabeça da nova bruxa e ordenava a ela que "entregasse tudo o que estava sob as mãos dele". Isso também foi registrado na Escócia, em 1661.

As informações sobre a iniciação dos homens na bruxaria são muito mais escassas do que as referentes às mulheres. No entanto, aqui está um relato tirado do registro do julgamento de William Barton em Edimburgo, por volta de 1655, em parte nas palavras dele e em parte nas de seus acusadores, como era de esperar. Barton conta como uma jovem bruxa se interessou por ele e o iniciou:

> Um dia, diz ele, indo de minha casa em Kirkliston para Queens Ferry, encontrei em Dalmeny Muire uma jovem dama, bonita e graciosa. Aproximei-me dela, mas ela evitou minha companhia e, quando insisti, ficou irritada e muito cautelosa. Disse eu, nós dois estamos indo na mesma direção, fique contente em aceitar uma escolta. Por fim, depois de muita súplica, ela melhorou o humor e enfim alcancei a intimidade, a ponto de ela permitir que eu a abraçasse e fizesse aquilo que os ouvidos cristãos não deveriam ouvir. Nesse momento eu me separei dela com muita alegria. Na noite seguinte, ela apareceu para ele naquele mesmo lugar, e, depois daquilo que não deveria ser nomeado, ele percebeu que se tratava do Diabo. Ali ele renunciou ao batismo e se entregou ao serviço dela, e ela o chamou de seu amado, e deu-lhe esse novo nome de João Batista, e ele recebeu a Marca.

A marca do Diabo foi muito divulgada por caçadores de bruxas profissionais, e considerada um sinal indelével dado pessoalmente pelo Diabo a cada bruxa, após sua iniciação. No entanto, seria de fato muita tolice da parte do

Diabo marcar seus seguidores dessa forma, indicando, assim, um meio pelo qual eles poderiam sempre ser conhecidos. Pelas descrições confusas oferecidas em vários momentos e lugares, parece evidente que os caçadores de bruxas tinham conhecimento de que havia alguma cerimônia de marcação, mas não sabiam o que era. (*Ver* MARCA DO DIABO.)

Nas cerimônias de bruxaria atuais, o novo iniciado é marcado com óleo, vinho ou algum pigmento, como carvão. No entanto, como apontou Margaret Murray, a julgar pelos muitos relatos antigos, existe a possibilidade de que uma pequena marca vermelha ou azul — de aplicação dolorosa, mas que cicatrizava após algum tempo — fosse uma tatuagem. A tatuagem ritual é uma prática muito antiga, e alguns vestígios dela sobrevivem até hoje, haja vista as pessoas se tatuarem com vários desenhos "para dar sorte". Contudo, quando a perseguição se tornou muito severa, não teria sido sensato continuar essa forma de marcação.

O exemplo mais atualizado sobre a marcação de novos iniciados, segundo ouvi, é a prática de certo coven na Grã-Bretanha que usa sombra para os olhos para esse propósito, uma vez que o produto está disponível em cores agradáveis, é fácil de lavar e não faz mal à pele. É de se perguntar o que as bruxas dos velhos tempos pensariam disso!

INVOCAÇÕES

As palavras "invocação" e "evocação" costumam ser tomadas com o mesmo significado. Isso, no entanto, é um erro do ponto de vista mágico. Invoca-se um deus para o círculo mágico; evoca-se um espírito para o triângulo mágico, que é desenhado fora do círculo. O círculo é o símbolo do infinito e da eternidade; o triângulo é o símbolo da manifestação.

O verdadeiro segredo da invocação, segundo Aleister Crowley, pode ser resumido em quatro palavras, extraídas daquele misterioso manuscrito, *O livro da magia sagrada de Abramelin, o mago*: "Inflama-te na oração". As palavras da invocação têm pouca importância, desde que exerçam esse efeito sobre o operador.

O próprio "Hino a Pã" de Crowley (em *Magick in Theory and Practice*, edição privada, Londres, 1929) tem sido frequentemente usado por estudantes de magia. Isso também aconteceu com as belas invocações da deusa da lua, contidas no romance ocultista de Dion Fortune, *The Sea Priestess* (Aquarian Press: Londres, 1957). Essas invocações estão em verso e, portanto, são mais fáceis de lembrar, sendo a poesia uma composição mágica em si. Entretanto, há também muitos bons exemplos de invocação expressos em prosa. Um deles é a invocação de Ísis, em *O asno de ouro*, de Lucius Apuleio, que foi traduzida para o inglês por William Adlington e por Robert Graves.

O objetivo da invocação é aumentar a consciência do operador. Não invocamos um deus ou uma deusa, mas nos elevamos a uma condição espiritual na qual somos capazes de realizar magia.

Muitos magos praticantes descobrem que as invocações mais potentes são aquelas formuladas nas palavras sonoras de alguma língua antiga. As invocações contidas em livros mágicos costumam envolver sequências de "palavras de poder" quase ininteligíveis, geralmente resquícios das denominações gregas, latinas ou hebraicas de Deus. Um exemplo interessante disso é o famoso Papiro Mágico, preservado no Museu Britânico, que foi traduzido e editado em 1852 para a Cambridge Antiquarian Society.

Esse papiro veio de Alexandria e data de cerca do ano 200. Seu autor pode ter sido um sacerdote de Ísis. O documento fornece uma tremenda sucessão de palavras mágicas, derivadas de fontes gregas, siríacas, hebraicas, coptas e possivelmente do Antigo Egito, e recomenda ao mago que as recite ao norte, pronunciando-as como uma invocação, desta forma: "Determine a todos os espíritos que se sujeitem a mim, para que todo espírito do céu e do ar, sobre a terra e sob a terra, em solo seco e na água, e todo feitiço e flagelo de Deus, possa ser obediente a mim".

Outra invocação antiga é aquela preservada em uma peça teatral do século 13, *Le Miracle de Théophile*, escrita por um famoso trovador chamado Ruteboeuf (citado em *A Pictorial Anthology of Witchcraft, Magic and Alchemy*, de Grillot de Givry, traduzido por J. Courtenay Locke, University Books: Nova York, 1958). Os trovadores eram poetas que viajavam pelo interior da França em busca de conhecimentos e lendas consagrados pelo tempo, os quais incorporavam em suas obras. Eles eram frequentemente suspeitos de heresia e paganismo.

Essa obra de Ruteboeuf tem uma cena que envolve "conjurar o Diabo" e contém esta invocação extraordinária, que não foi traduzida para nenhuma língua conhecida:

Bagabi laca bachabe
Lamac cahi achababe
Karrelyos
Lamac Lamec Bachalyas
Cabahagy sabalyos
Bariolos
Lagoz atha cabyolas
Samahac et famyolas
Harrahya!

O triunfante *"Harrahya!"* no final lembra os gritos do sabá das bruxas. No século 13, "conjurar o Diabo" e "invocar os deuses antigos" teriam sido sinônimos. Portanto, essa exclamação pode muito bem ser uma amostra genuína de invocação usada no sabá, descoberta por um trovador e perpetuada por ele sob o pretexto ortodoxo de ser parte de uma peça maravilhosa.

Eu queria incluir aqui um exemplo de invocação de bruxas atual. Porém, encontrei dificuldade em fazer isso sem ofender amigos que preferem não ter seus rituais publicados. Assim, sou compelida a apresentar uma invocação que eu mesma escrevi, à deusa da lua e da bruxaria:

Nossa Senhora da Lua, rainha do encantamento,
E à meia-noite a poderosa feiticeira,
Ó deusa dos tempos mais escuros e sombrios,
Diana, Ísis, Tanit, Ártemis,
Seu poder invocamos para nos ajudar aqui!
Sua lua é um espelho mágico pendurado no espaço,
Refletindo luz mística sobre a terra,
E todo mês sua imagem tríplice brilha.
Senhora da magia, governante das marés
Visível e invisível; urdidora de fios

Do nascimento, da morte e do destino; Ó antiga,
Das luzes do céu a mais próxima de nós, sobre
Cujos ombros a natureza é exaltada, vasta
E sombria, para reinos mais distantes e desconhecidos,
Seu poder invocamos para nos ajudar aqui!

Ó deusa da luz prateada, que brilha
Em raios mágicos através da clareira mais profunda da floresta,
E em colinas sagradas e encantadas
No silêncio da meia-noite, quando as bruxas lançam seus feitiços,
Quando os espíritos circulam e coisas estranhas acontecem mundo afora;
Pelo caldeirão escuro da sua inspiração,
Deusa tripla, a ti invocamos três vezes;
Seu poder invocamos para nos ajudar aqui!

J

JANICOT

A história da bruxaria é um assunto obscuro e difícil, porque a maioria dos documentos foi escrita não pelas próprias bruxas, mas por seus detratores. Estes não apenas tinham forte interesse em provar que as bruxas eram vis e maliciosas, ou então presas fáceis de espíritos malignos, ou ambos, como também eram comprometidos com a visão de que a bruxaria é adoração do diabo e, portanto, qualquer divindade invocada por uma bruxa deve ser Satanás, seja em pessoa, seja sob algum disfarce.

Descobrir em que as bruxas de fato acreditavam ou no que faziam é, portanto, quase um trabalho de detetive, uma vez que é preciso examinar as evidências que possuímos, em busca de pistas ínfimas, mas significativas. A pioneira nesse aspecto foi Margaret Murray. Seu trabalho tem sido alvo de abusos desde a sua morte, chegando a ponto de estudantes serem aconselhados a não ler seus escritos — fato esse que, por si só, mostra que vale a pena ler os livros da dra. Murray.

No entanto, sua tese principal, de que por trás de todos os horrores e fantasias das perseguições às bruxas se encontravam os vestígios de uma antiga religião, que era uma odiada rival do cristianismo, não pode ser refutada.

Uma das pistas que Margaret Murray observou foi o aparecimento do nome do antigo deus basco Janicot no relato feito por Pierre de Lancre em sua cruzada contra a bruxaria no Pays de Labourde, no início do século 17.

De Lancre foi enviado pelo Parlamento de Bordeaux para investigar a alegada prevalência da bruxaria entre o povo de língua basca da região chamada Pays de Labourde. Ele descobriu, para seu horror e indignação, que os rumores eram todos verdadeiros. Grandes sabás estavam sendo realizados, aos quais comparecia um grande número de camponeses; e o que era pior, muitos membros do clero, em vez de denunciarem a bruxaria, pertenciam à Antiga Religião, em uma espécie de lealdade dupla. Na realidade, alguns deles permitiam que reuniões de bruxos e bruxas fossem realizadas em suas igrejas.

Apesar da hostilidade da população, De Lancre procedeu à purgação do distrito, com os procedimentos habituais de torturar e queimar na fogueira. Posteriormente, ele escreveu um relato detalhado de suas experiências, intitulado *Tableau de l'Inconstance des Mauvais Anges*, que foi publicado em Paris em 1612 e seguido por outras duas obras de natureza semelhante.

De Lancre encontrou entre as bruxas bascas uma espécie de rima, mencionando o velho deus basco Janicot:

In nomine patrica,
Aragueaco petrica
Gastellaco Janicot,
Equidae ipordian pot.

Ele teve a impressão de que essa rima era usada no lugar de palavras cristãs quando bruxos e bruxas faziam o sinal da cruz, e eles lhe disseram qual era a tradução: "*Au nom du Patrique, petrique d'Arragon, Janicot de Castille, faites-moi un baiser au derrière*", que parece significar: "Em nome do Pai, o pai de Aragão, Janicot de Castela, dá-me um beijo no traseiro", uma referência ao *osculum infame*.

Um bruxo, Gentien Le Clerc, confessou que, durante um sabá, os participantes zombaram da missa cristã, dizendo que a hóstia era "*un beau Janicot*". Isso pode levar à interpretação de que, para eles, Janicot era sinônimo de Deus. Margaret Murray salienta que no interior basco ainda existem lendas do *Basa-Jaun*, "agora degenerado em um espírito". Seu nome significa *homme de bouc*, "homem-bode", de acordo com a dra. Murray, e é significativo que a palavra basca para o sabá de bruxos seja *Akhelarre*, que corresponde a "O Campo do Bode". *Basa-Jaun*, ou *Jaunis*, é um espírito da floresta, um sátiro.

A palavra basca para Deus é *Jaincoa*, que, acredita-se, seja a origem da expressão em inglês "By Jingo!". De acordo com o *Dicionário Chambers*, a palavra "Jingo" aparece primeiro como uma conjuração, o que pode ser significativo nesse contexto. Há também uma brincadeira infantil antiga chamada Jingo-Ring, em que os participantes formam um círculo e dançam em volta de um de seus companheiros, que fica no meio, assim como as bruxas em seus sabás dançavam ao redor do Diabo, de acordo com os relatos antigos. A dança do sabá sobreviveu de forma atenuada como uma brincadeira infantil.

É particularmente notável que o nome Janicot faça menção às antigas divindades romanas Diana e seu consorte, Dianus ou Janus. Dianus era conhecido como Rei dos Bosques, *Rex Nemorensis* — e o sacerdote de Diana foi assim chamado em homenagem a ele.

Sir James Frazer, em seu famoso livro sobre mitologia antiga, *O ramo de ouro*, nos conta dessas divindades das matas. A ligação delas com a bruxaria é demonstrada pelo fato de que em Nápoles ainda se referem às bruxas como *jana* ou *janara*.

Dianus tinha uma conexão particular com o carvalho, e foi no carvalho de Nemi que Frazer encontrou a figura daquele misterioso sacerdote que tanto o intrigou e que inspirou seu livro, que se tornaria um clássico do gênero. Grande parte da religião dos nossos antepassados pagãos, romanos, celtas e teutônicos está ligada ao carvalho; é natural que essa árvore seja a representante do misterioso rei dos bosques, pela sua maravilhosa longevidade, pela sua imponente beleza e por sua utilidade ao homem. O conceito do deus dos bosques permaneceu por muito tempo na arte medieval, como a figura do Homem Verde, retratado com folhas de carvalho ao redor dele e crescendo de sua boca. (*Ver* HOMEM VERDE, O.)

Como Janus, ele era o deus das portas, tanto de forma literal quanto figurativa. Sua imagem, com duas faces, era colocada nas portas; e Frazer acha que o latim *janua*, "porta", deriva de seu nome. No sentido figurado, ele abria a porta do ano; o mês de janeiro leva seu nome. Mas, como consorte de Diana, ele teria aberto outra porta. Diana de Nemi era a deusa da fertilidade. Frazer nos conta que no local do seu santuário "foram encontrados muitos modelos de órgãos reprodutores, tanto masculinos como femininos". O deus dos bosques é o espírito masculino da vida, tipificado pelo falo, o desbravador.

Mas aquilo que nasce neste mundo pela porta da vida deve, a seu tempo, partir daqui pela porta da morte. Dessa forma, os deuses fálicos também são deuses da morte e do que está além. O "Diabo" fálico do tarô é chamado por certos nomes secretos das cartas como "O Senhor dos Portões da Matéria", "O Filho das Forças do Tempo". Algumas figuras de Janus representam-no com duas faces, uma de um jovem, a outra de um velho.

Um fato curioso é que foi essa a imagem que as bruxas bascas descreveram como possuindo o grande exército do Diabo, quando ele aparecia nos sabás; ou seja, dois rostos, um no lugar de sempre e o outro, obviamente uma máscara, nas nádegas — que eram oferecidas aos adoradores para que a beijassem; o *osculum infame* que antigos escritores sobre bruxaria consideravam tão chocante e vergonhoso. Uma reminiscência dessa prática pode muito bem ter permanecido em expressões populares no inglês, como "you may kiss my arse" [literalmente, "você pode beijar minha bunda"] e assim por diante. O que era, em sua origem, um ritual religioso de genuína solenidade transformou-se em bufonaria; como quando as palavras mais sagradas de consagração na missa católica, *Hoc est corpus*, foram, de forma zombeteira, transformadas na expressão "hocus-pocus", que em inglês significa truque, artimanha.

Ajoelhar-se e beijar a máscara nas nádegas do Diabo era um ato de reverência por parte de seus adoradores, e há muitas referências a isso em escritos antigos. Mas deve-se compreender que por "Diabo" seus seguidores entendiam o representante humano do deus pagão, consagrado pelo tempo, o doador da vida, e não um ser do mal.

A referência a "Janicot de Castela" pode ser explicada pelo fato de o Diabo das bruxas bascas ser espanhol. Ele com certeza falava espanhol. De Lancre relata como aprendeu que o Diabo fazia casamentos entre bruxos e bruxas no sabá, unindo suas mãos e dizendo:

Esta es buena parati
Esta parati lo toma.

Em espanhol, essa fala quer dizer "Esta mulher é boa para você, tome esta mulher para você". De Lancre acrescentou que, antes de os casais se deitarem, o Diabo acasalava com as mulheres e as desvirginava (*"Mais avant qu'ils couchent ensemble, il s'accouple avec elles, oste la virginité des filles"*). Isso está de acordo com ideias religiosas muito antigas, segundo as quais uma donzela sacrificava a sua virgindade ao deus antes de se entregar ao homem.

De Lancre estava muito interessado em obter relatos detalhados da união das jovens bruxas com o Diabo, de como era o membro dele e assim por diante, e não parece ter ficado satisfeito até obter uma descrição que de fato fosse horrível. A verdade, porém, é que era usado um falo artificial, como acontecia na adoração do deus fálico Príapo, a quem as noivas sacrificavam sua virgindade na Roma Antiga. Esse ritual foi corrompido para se tornar o notório *droit de seigneur* da Idade Média, que a Igreja parece ter permitido. Opuseram-se eles apenas à versão pagã?

JARROS BELARMINO

Os chamados jarros, garrafas e canecas Belarmino foram produzidos pelas olarias da região da Renânia a partir do século 16. As peças foram exportadas em grande número para o Reino Unido, onde se tornaram muito populares.

Esses lindos vasilhames de cerâmica foram assim nomeados por conta do rosto barbudo e raivoso gravado neles, que supostamente era o do cardeal Belarmino. Às vezes, eles também são chamados de "jarros do ancião" por causa dessa decoração característica.

Além de serem utilizados como artigos domésticos, os jarros Belarmino foram popularmente usados para lançar feitiços e contrafeitiços, sobretudo em Londres e nos condados do leste da Inglaterra.

Muitas vezes, esses objetos foram encontrados em escavações em meio às ruínas de antigas casas inglesas dos séculos 16 e 17, em circunstâncias que indicam sua ligação com a bruxaria. O típico jarro Belarmino tem corpo volumoso e gargalo estreito, que pode ser firmemente vedado. Quando identificados como jarros de bruxa, esses achados apresentavam conteúdos bastante desagradáveis, como cabelo humano misturado com pregos afiados, unhas humanas cortadas, um pedaço de pano em forma de coração perfurado com alfinetes e, às vezes, urina humana e sal. O jarro era bem lacrado e depois enterrado em algum lugar secreto ou jogado em um rio ou canal.

Um desses recipientes foi recentemente encontrado na lama do Tâmisa, e os trabalhos frequentes de demolição no pós-guerra, na década de 1950, revelaram uma série de exemplares misteriosos, trazidos à luz quando as fundações das antigas casas foram expostas. De modo geral, todos tinham conteúdos sinistros, assim como foi descrito.

Nem sempre está claro se o conteúdo de um jarro de bruxa correspondia a um feitiço ou a um contrafeitiço. Uma das teorias é de que se tratava de uma forma de autodefesa usada por pessoas que acreditavam ter sido vítimas de mau-olhado, e assim se vingavam de quem as havia enfeitiçado. Crendo que existia uma ligação mágica entre a bruxa e elas próprias, tentavam reverter a magia e enviá-la de volta ao remetente.

Essas pessoas usavam os próprios cabelos, unhas cortadas, urina etc. como elo mágico; e um coração, provavelmente recortado de tecido vermelho para representar o coração da bruxa, era perfurado com alfinetes. Pregos afiados eram adicionados para cravar a bruxa. E sal, pois presumia-se que as bruxas odiavam essa substância. Então tudo era enterrado em algum lugar escuro e secreto na esperança de que isso fizesse com que a bruxa definhasse e morresse.

Jarros Belarmino. Um exemplar do século 17. (Crédito: Metropolitan Museum of Art, Nova York.)

Esse feitiço também poderia ser usado para hostilizar, caso quem quisesse lançar a magia se apoderasse do cabelo de outra pessoa, de suas unhas cortadas etc., a fim de formar o elo mágico necessário. Tampouco seria difícil obter uma pequena porção de urina da pessoa odiada naquele tempo em que o saneamento básico era sem dúvida rudimentar e o penico, um utensílio muito necessário — por vezes até bonito. Os corações perfurados encontrados nesses jarros de bruxa parecem ser um pouco excessivos quando se pensa apenas em autodefesa; e a própria maldade do feitiço daria prazer a uma mente tomada pelo ódio.

Mas por que a escolha de um jarro Belarmino para essas atividades sinistras? O que o cardeal Belarmino tinha a ver com bruxaria? A resposta, muito provavelmente, é nada, porque o rosto no recipiente não representa o cardeal de maneira alguma, mas algo muito mais antigo. Alguns dos primeiros exemplares desse item têm um rosto triplo, isto é, três faces combinadas em um semblante simbólico. Esse rosto triplo e barbado remonta aos tempos pré-cristãos na Europa celta e representava um antigo deus da natureza.

Na era cristã, escultores tentaram incorporá-lo à decoração das igrejas, assumindo-o como símbolo da Santíssima Trindade. Mas no século 16 essa representação foi banida pelo Concílio de Trento, que a declarou pagã. Na verdade, essa é uma das formas como o deus cornífero celta, Cernuno, é retratado. É provável que, em razão das associações antigas do rosto triplo ao paganismo, esse tenha sido um dos atributos frequentemente conferidos ao Diabo na arte medieval. Dante, em *Inferno*, retrata dessa forma o grande Diabo no Inferno, a quem ele chama de "Dis". O típico exemplo de um deus da velha religião que se torna o diabo da nova crença.

O complexo desenho do rosto triplo nos jarros do ancião e recipientes afins foi simplificado em um único semblante barbudo e viril e de aparência poderosa. Mas ainda assim era a imagem do antigo deus pagão e, portanto, um vasilhame adequado para diabruras e artes proibidas. Mas quem sabia o que era? Quem o reconheceu?

O fato histórico de que esses jarros, com seu antigo desenho, foram utilizados para fins de bruxaria é um indicador da sobrevivência da tradição pagã de maneira clandestina, em uma data bem posterior à que lhe costuma ser atribuída.

JEJUM SOMBRIO

Esse ritual consistia em realizar um jejum com o objetivo de se concentrar na realização de uma tarefa específica. Conta-se que foi feito por Mabel Brigge, executada por bruxaria em York em 1538.

O jejum envolvia a abstinência de carne, leite e laticínios. Durante o período de jejum, a bruxa concentrava toda a energia mental e força de vontade em um objeto específico. Seu objetivo era, geralmente, causar infortúnio ou a morte a alguma pessoa, por isso o rito era temido e chamado de jejum sombrio.

Mabel Brigge protestou em seu julgamento e disse que só recorrera a esse expediente para obrigar um ladrão a devolver alguns itens roubados e, portanto, o seu propósito era justo. No entanto, uma testemunha afirmou que ela havia admitido ter realizado o jejum sombrio para provocar a morte de um homem, e que o homem havia quebrado o pescoço antes que o período do jejum terminasse.

Ela foi acusada de atentar contra a vida do rei Henrique VIII e do duque de Norfolk com esse recurso. Mabel Brigge foi considerada culpada e executada. Esse caso é interessante porque mostra que as práticas das quais a bruxaria sempre se valeu não são meras bobagens, mas ações baseadas no poder do pensamento e nas potencialidades ocultas da mente humana.

K

KYTELER, DAME ALICE

O caso de Dame Alice Kyteler é de particular interesse porque foi o primeiro grande julgamento de bruxa a ter lugar na Irlanda. Aconteceu em 1324, e a acusada era uma senhora rica e de alta posição social em Kilkenny.

Ela havia se casado quatro vezes, e pelo menos dois de seus ex-maridos eram viúvos e tinham filhos de um casamento anterior. Seu marido na época do julgamento, o sr. John le Poer, era um homem doente, que sofria de alguma doença crônica, e uma criada maligna fez com que ele pensasse que a esposa o estava envenenando.

Ao que parece, o sr. Le Poer não estava doente o bastante para ser impedido de tomar as chaves da esposa à força, apesar dos esforços dela para demovê-lo. Ele abriu as caixas e baús que ela guardava no quarto e enviou o conteúdo ao bispo de Ossory, como prova de envenenamento e bruxaria.

Os enteados dos casamentos anteriores juntaram-se às acusações contra ela, dizendo que a mulher tinha matado o pai deles mediante bruxaria e lhes roubara a herança (porque, como é óbvio, ela havia herdado as propriedades de seus pais).

Não há evidências suficientes para saber o que de fato aconteceu. Seria a sra. Alice uma *femme fatale*, uma envenenadora que enriquecera com a morte de três maridos ricos e tentava matar o quarto? Ou teria sido ela acusada injustamente por uma criada rancorosa e enteados ciumentos? Ou toda a conversa sobre envenenamento fora uma desculpa do bispo de Ossory, a quem o senescal de Kilkenny chamou de "um monge vil, rude e intrometido", para reprimir a heresia da sra. Alice e de seus seguidores, que eram pagãos praticantes?

É certo que muitos membros da nobreza da Irlanda apoiaram a sra. Alice e se opuseram ao bispo. Eis o relato feito por Holinshed em seu *Chronicle of Ireland* (Londres, 1587):

> 1323. No décimo oitavo ano do reinado do rei Eduardo II, lorde John Darcie chegou à Irlanda para ser o senhor da justiça e tenente do rei. Naqueles dias, vivia na diocese de Ossorie a sra. Alice Kettle, a quem o bispo coagiu a se purificar da fama de encantamento e bruxaria que lhe era imposta e a suas cúmplices, Petronill e Basill. Ela fora obrigada a ter encontros noturnos com um espírito chamado Robert Artisson, a quem sacrificou na estrada nove galos vermelhos e nove olhos de pavão. Também a varrer as ruas de Kilkennie entre as completas e o crepúsculo, levando toda a sujeira até as portas de seu filho William Outlawe, murmurando secretamente consigo mesma estas palavras:
>
> Para a casa de William, meu filho,
> Vai toda a riqueza da cidade de Kilkennie.
>
> Na primeira condenação, elas abjuraram e fizeram uma penitência, mas pouco tempo depois houve uma recaída, e então Petronill foi queimada em Kilkennie; as outras duas talvez não tivessem sido interrogadas. Na hora de sua morte, ela acusou o referido William de saber das feitiçarias que as três praticavam, e o bispo o manteve encarcerado por nove semanas, proibindo seus guardiões de comer ou beber com ele, ou de falar com ele mais de uma vez por dia. Mas, finalmente, graças à petição e à insistência de Arnold le Powre, então senescal de Kilkennie, ele foi libertado, e depois subornou o senescal para perseguir o bispo, que acabou na prisão durante três meses. Ao revistar o armário da senhora, encontraram uma hóstia de pão sacramental, com o nome do diabo gravado em vez do de Jesus Cristo, e um tubo de unguento, com o qual ela untava um bastão sobre o qual passeava e galopava por toda parte, nas ocasiões e de todas as maneiras listadas. As questões que envolviam essas bruxas perturbaram ainda mais toda a Irlanda, pois a senhora recebeu apoio de alguns membros da nobreza e, por fim, foi levada para a Inglaterra. Desde então, nunca se soube o que aconteceu com ela.

Essa citação nos dá algumas dicas das artes mágicas nas quais Dame Alice e seu coven se envolveram. Varrer as ruas em direção à porta do filho é um típico exemplo de magia simpática. As completas eram o último serviço religioso do dia, e pode ser relevante que algumas donas de casa mais tradicionais ainda acreditem que usar a vassoura depois do pôr do sol dê azar. Por "azar" talvez seja melhor entender "acontecimentos misteriosos", já que o ato de varrer pode ter algum propósito de bruxaria por trás.

A história do sacrifício dos "nove olhos de pavão" deve fazer referência não aos olhos dos pássaros, mas às penas da cauda, que têm marcas semelhantes a olhos. Apesar da beleza, as penas de pavão carregam há muito tempo uma reputação sinistra e são associadas ao Diabo. Muitas pessoas acreditam que essas plumas trazem azar e não as aceitam em casa. Na Itália, a pena de pavão é chamada de *la penna maligna*, sendo associada à bruxaria e ao mau-olhado. A marca é de fato maravilhosa e estranhamente parecida com um olho escuro, contrastada com o verde iridescente das penas. No Oriente Próximo, diz-se que a obscura seita dos yazidi adora o Diabo sob a forma de Melek Taos, o Anjo Pavão.

Outro relato afirma que o sacrifício foi realizado na encruzilhada, e que o nome do "espírito" era "Robin, Filho da Arte". Contudo, esse texto também nos diz que ele era amante de Dame Alice, o que mostra que não se tratava de um espírito, mas de um homem. Sua aparência é descrita como "a de um etíope". Talvez ele tenha pintado o rosto para não ser reconhecido, como usualmente faziam os dançarinos de Morris.

É interessante notar que os nomes das pessoas acusadas junto com Dame Alice tenham sobrevivido; e que, com "Robin, Filho da Arte", contem treze no total. A lista de chamada do coven é a seguinte:

A própria Dame Alice.
William Outlawe, seu filho, um rico banqueiro.
Robert de Bristol, um clérigo das ordens menores.
Alice, esposa de Henry Faber.
John Galrussyn.
Helen Galrussyn.
Sysoh Galrussyn.

Petronilla de Meath, criada de Dame Alice.
Sarah, filha de Petronilla, também conhecida como
  Basilia (é provável que esse fosse seu nome de bruxa).
William Payne de Boly.
Eva de Brounestoun.
Annota Lange.
Robert Artisson, o "Diabo".

É notável também que, nos *Annales* de John Clynn (citado em *The Geography of Witchcraft* por Montague Summers, Londres: Kegan Paul, 1927), essas pessoas sejam mencionadas como "*de secta et doctrina praeditae dominae Aliciae*", "da seita e doutrina da citada senhora Alice". Elas foram acusadas de heresia repetidas vezes, bem como de renunciarem à fé cristã e recusarem ir para a Igreja Cristã; na verdade, é óbvio que o julgamento ocorreu pela acusação de heresia e não pelas alegações de envenenamento. Dame Alice e seus associados eram claramente um coven de treze pessoas que mantinham uma fé não cristã.

Depois de muita controvérsia, pela qual, como vimos, o bispo não conseguiu de forma alguma fazer tudo o que queria, Dame Alice foi considerada culpada de bruxaria, heresia e sacrifícios aos demônios. No entanto, a essa altura ela já havia fugido para a Inglaterra, levando consigo Sarah, filha de Petronilla, e as duas nunca mais foram encontradas.

O bispo, entretanto, com o típico zelo religioso, aprisionou Petronilla, a criada de Dame Alice, e fez com que fosse açoitada antes de ser obrigada a confessar a prática de bruxaria. Ela foi queimada na fogueira, recusando-se até o fim a aceitar qualquer ritual cristão.

William Outlawe, o filho, foi libertado da prisão ao concordar publicamente em se retratar e abjurar suas heresias na catedral de Santa Maria, em Kilkenny; em realizar uma peregrinação religiosa ao santuário de São Tomás, em Canterbury; e — um belo toque mercantilista — em cobrir a catedral com placas de chumbo. Quanto ao restante do coven, alguns membros foram queimados na fogueira, outros açoitados no mercado e nas ruas, e outros banidos e excomungados, o que, na verdade, deve significar que já tinham fugido. A identidade de Robin, o Filho da Arte, nunca foi descoberta.

O bispo também teve problemas. Como vimos, ele foi preso pelo senescal de Kilkenny. O arcebispo de Dublin apresentou uma acusação de heresia contra ele, que fugiu em busca de refúgio e apelou ao papa por proteção. Em 1329, o rei Eduardo III confiscou seus bens, e foi só em 1347-1348 que ele pôde retornar do exílio. Permaneceu escondido até 1354, quando a paz parece ter sido restaurada. Ele já estava idoso e morreu seis anos depois.

Tanto pelo drama humano quanto pelos interesses ocultos, o caso de Dame Alice Kyteler e seu coven é notável na história da bruxaria. Além do alegado envenenamento de maridos ricos, temos o episódio das orgias noturnas em encruzilhadas solitárias, quando as bruxas são acusadas de usar o crânio de um criminoso executado como caldeirão para ferver uma mistura de ingredientes repugnantes em fogo de madeira de carvalho, a fim de fazer pós e unguentos mágicos.

Temos também os curiosos detalhes sobre a misteriosa figura de "Robin, Filho da Arte". O bispo insistiu que o amante de Dame Alice era um demônio íncubo, e a acusação declarou, no julgamento (realizado sem a presença dela), que Robin ou Robert tinha aparecido não apenas como homem, mas nas formas de um gato e de um grande cão preto. Em dada ocasião, quando se apresentou como um homem de semblante negro, trouxe consigo dois companheiros altos, um dos quais carregava uma haste de ferro na mão — provavelmente, algum tipo de varinha cerimonial. Talvez os dois companheiros tivessem vindo de algum outro coven para uma visita.

As evidências extorquidas de Petronilla de Meath mostram que Robin, Filho da Arte, não era um demônio sem corpo. Como é de se esperar, em se tratando de clérigos celibatários, o bispo estava muito interessado nos detalhes das relações sexuais entre Dame Alice e seu suposto amante demoníaco, e Petronilla foi questionada a respeito disso. Ela confessou que esteve presente quando Robin copulou com a sra. Alice e que, após esse ato pecaminoso, ela mesma limpou com um lenço a cama em que a perversidade tinha ocorrido. E acrescentou que Dame Alice ensinara os segredos da bruxaria para ela, que era mera novata em comparação à sua senhora, e que não havia bruxa maior em todo o reino inglês.

Petronilla morreu com bravura e sem se arrepender; e se Dame Alice não conseguiu salvar a criada, ao menos resgatou a filha dela e a levou em sua fuga para a Inglaterra. Após esses eventos, houve uma sucessão de acontecimentos dramáticos; alguma interferência, provavelmente de amigos e simpatizantes influentes de Dame Alice, promoveu a perseguição e ruína do bispo Ledrede de Ossory, o responsável pela acusação.

Esse caso de 1324 é importante, do ponto de vista histórico, por diversos motivos. Muitas evidências chegaram até nossos dias e podem ser encontradas (embora grande parte delas esteja em latim) em *Proceedings Against Dame Alice Kyteler*, editado por Thomas Wright para a Camden Society em 1843. Além disso, o caso mostra com clareza os estágios iniciais da contenda entre a Igreja Cristã e a Antiga Religião, no tempo em que a primeira não estava, de forma alguma, tão consolidada como se encontraria mais tarde, sobretudo em países mais despovoados e remotos como a Irlanda. Também demonstra a existência do coven dos treze; as pessoas que registraram os nomes dos envolvidos, totalizando doze, sendo Robert Artisson o décimo terceiro, não o fizeram porque estavam lendo Margaret Murray.

O início do uso da tortura para extrair confissões e o enriquecimento ostensivo dos caçadores de bruxas a partir dos julgamentos a que elas foram submetidas — duas características que assumiram grande importância em anos posteriores — também estão evidentes nesse caso.

L

LAMMAS

Lammas, em 1º de agosto, é um dos quatro grandes sabás do ano das bruxas. Ganhou notoriedade quando, no dia seguinte a essa data, o rei Guilherme Rufus foi assassinado de forma misteriosa em New Forest, no ano de 1100, o décimo terceiro de seu reinado.

A morte do Rei Vermelho é tão bem lembrada que até hoje as pessoas daquela região visitam a Pedra de Rufus no dia 2 de agosto, aniversário de sua morte.

Margaret Murray e Hugh Ross Williamson fizeram estudos históricos detalhados sobre Guilherme Rufus, e ambos consideram que ele foi vítima de sacrifício, um rei sagrado da Antiga Religião. Os relatos de sua morte variam em detalhes, mas todos concordam que o rei foi morto por uma flecha, próximo a um carvalho. A árvore original morreu há muito tempo, tendo sido reduzida a um toco por pessoas que cortaram pedaços dela para guardá-los como relíquias. Em 1745, foi erguido um pilar triangular no local do antigo carvalho, mas este também foi lascado e desfigurado pelos peregrinos no local, a tal ponto que teve de ser substituído pelo memorial atual.

Essa circunstância por si só mostra a misteriosa estima que se tinha pelo rei Guilherme Rufus. Os cronistas monásticos de sua época o detestavam, porque ele era um pagão declarado, mas era popular entre as pessoas comuns, e não se mostrou um rei pior do que outros de seu tempo.

O próprio Festival de Lammas é por vezes chamado, em inglês, de *Gule of August*, proveniente da antiga palavra britânica *gwyl*, que significa festa ou feriado. A primeira semana de agosto sempre foi o período de férias dos trabalhadores, até que o governo introduziu os "feriados escalonados"; e Lammas era a época das feiras.

A palavra Lammas costuma derivar de "massa de pão" (*loaf-mass*), uma alusão ao período em que o primeiro milho é colhido. No entanto, é mais provável que seja uma versão abreviada do antigo Lughnasadh celta, o festival druídico do início de agosto que era dedicado a Lugh, o deus celta do sol. E é de se notar que Llew, a versão galesa desse deus antigo, é referido no *Mabinogion* (traduzido por Lady Charlotte Guest, Londres: Everyman's Library, J. M. Dent Edition, 1913) como um rei que foi assassinado e voltou à vida.

Lughnasadh significa "a comemoração de Lugh". Era nesse dia que os camponeses da Grã-Bretanha e da Irlanda realizavam procissões em homenagem ao deus sol morto; portanto, se Margaret Murray estiver correta, era uma época bastante apropriada para a morte de Rufus como rei sagrado. Após o solstício de verão, o poder do sol começa a diminuir; portanto, o deus sol morre de forma simbólica, só para renascer no solstício de inverno. Lammas é a época dos primeiros sinais do outono, assim como a Candelária é a celebração dos primeiros sinais da primavera.

Essas festas, que remontam a tempos imemoriais, fazem parte da profunda unidade com a natureza que os povos de antigamente vivenciavam, a ponto mesmo de serem vítimas voluntárias de sacrifício.

LEIS CONTRA A BRUXARIA

Leis contra o mau uso de poderes ocultos existem desde os tempos mais remotos e entre todos os povos. No entanto, a distinção entre magia das luzes e magia das trevas era claramente reconhecida. Os imperadores romanos fizeram muitas leis contra a magia das trevas, mas eles próprios tinham astrólogos e adivinhos pessoais a quem protegiam e consultavam.

Contudo, com o início da dispensação cristã surgiu a nova ideia de que todos os outros deuses, exceto a Trindade, eram demônios. Os pagãos reconheciam voluntariamente os deuses de outras nações como aspectos diferentes de seus deuses; os cristãos, entretanto, consideravam isso uma blasfêmia. Os antigos deuses e as práticas mágicas a eles relacionadas também foram denunciados como adoração do diabo.

No entanto, durante muito tempo os dignatários da Igreja não conseguiram fazer com que as suas congregações aceitassem essa ideia. Encontramos, por exemplo, a denúncia do venerável Beda sobre Redwald, rei dos saxões orientais, que morreu por volta do ano 627. Beda registra em sua crônica, indignado, que o rei Redwald tinha no mesmo templo "um altar para sacrificar a Cristo e outro pequeno para oferecer vítimas aos demônios".

A história inicial da Igreja na Inglaterra, e na verdade em toda a Europa, é de luta constante contra esse estado de dupla lealdade: ao novo deus e às divindades mais antigas e ainda lembradas. Da mesma forma — como podemos notar pelas sugestões do Antigo Testamento, sobretudo no Livro de Jeremias —, a religião oficial dos hebreus, o culto de Yahweh ou Jeová, manteve-se em constante conflito com o chamado paganismo das pessoas comuns, que ainda queriam adorar as divindades mais antigas, como a deusa da Lua, a rainha dos Céus, depois de tal adoração ter sido denunciada e proibida.

Encontramos menções frequentes à bruxaria e à magia nas leis dos antigos reis ingleses e nos livros de disciplina e penitência eclesiásticas. Essas práticas são equiparadas ao paganismo, sendo os padres fortemente exortados a proibi-las e o povo, a abandoná-las. Eles são instados a agir dessa forma no século 7; no período dos reis Eduardo e Guthrum, entre o fim do século 9 e o início do século 10, bruxaria e costumes pagãos continuam a ser denunciados; e nos dias do rei Canuto as mesmas proibições legais e eclesiásticas ainda são promulgadas.

O rei Canuto morreu em 1035, e pela forma como as leis eram redigidas em sua época, é evidente que o país ainda não era cristão em sua totalidade, tampouco a bruxaria havia cedido à pressão da Igreja e do Estado:

> Proibimos veementemente todo paganismo. Praticam paganismo os homens que adoram ídolos, isto é, homens que adoram os deuses pagãos, e o sol ou a lua, o fogo ou os rios, as fontes de água ou as pedras, ou qualquer tipo de árvore da floresta; ou que amam a bruxaria, ou promovem *assassinatos* de qualquer forma, por *sacrifício* ou *adivinhação*, ou realizam qualquer coisa que diga respeito a tais ilusões.

Se essas coisas não estivessem sendo praticadas, não haveria necessidade de proibi-las.

No século seguinte, John de Salisbury, que morreu em 1180, escreveu em seu livro *Policraticus* (citado por Montague Summers em *The Geography of Witchcraft*. Londres: Kegan Paul, 1927) sobre a crença na deusa bruxa Herodias e as reuniões de bruxas e festas realizadas à noite em sua homenagem. Essa crença já havia sido denunciada pelo Concílio de Ancira, cuja condenação das mulheres que adoravam Diana e Herodias à noite foi incorporada ao Direito Canônico — um decreto que nos anos posteriores a Igreja consideraria muito embaraçoso, uma vez que desejava fomentar a ideia de que a bruxaria era a adoração de Satanás.

No começo, porém, parece ter havido bem mais sensatez no tratamento dispensado às bruxas em comparação ao que se manifestaria mais tarde. Nem a histeria da perseguição, nem o comércio lucrativo da caça às bruxas haviam surgido ainda. Antes de condenar uma pessoa por bruxaria, era preciso demonstrar que ela tinha cometido algum ato definitivo de maldade — embora as penas reais pareçam ter variado consideravelmente, talvez de acordo com o ponto de vista pessoal dos juízes, fossem eclesiásticos, fossem leigos. Naquela época a Igreja tinha seus próprios tribunais, além dos do Estado.

Aos poucos, entretanto, a perseguição às bruxas como hereges ganhou força. Os poderes dos tribunais eclesiásticos aumentaram e foram aprimorados pelo estatuto *De Haeretico Comburendo*, "Da Queima dos Hereges", que foi aprovado em 1401 por instigação do arcebispo Thomas Arundel. De acordo com o famoso juiz inglês, sir Matthew Hale (1609-1676), que desempenhou um papel considerável na história dos processos legais contra bruxas, "A bruxaria, *Sortilegium*, era, pelas antigas leis da Inglaterra de jurisdição eclesiástica, e mediante condenação, sem abjuração, punível com a morte pela lei *de haeretico comburendo*". (*Ver* MORTE NA FOGUEIRA COMO PUNIÇÃO PARA AS BRUXAS.)

O reverendo Montague Summers, comentando esse estatuto hediondo em seu *Geography of Witchcraft*, nota que era, "na realidade, nada mais do que a aplicação, na Inglaterra, da lei geral da Cristandade".

Isso é verdade. No continente, as piras de bruxas estavam acesas havia muito tempo. Na Inglaterra, porém, a fúria absoluta da perseguição nunca foi atingida se comparada com o que aconteceu no restante da Europa — ainda que a Escócia tenha continuado a queimar bruxas até o século 18, e que cenas de horror vergonhosas para a humanidade tenham se desenrolado ali, tanto quanto aquelas que ocorreram no além-mar. Ademais, a tortura não era legal na Inglaterra, mas era na Escócia, e há registos de que até mesmo crianças foram submetidas a tortura nesse país, para extorquir confissões de bruxaria.

O discutível privilégio de registrar o primeiro caso de execução de uma bruxa na fogueira pertence à França. Aconteceu em 1275, em Toulouse, onde uma mulher chamada Angèle de la Barthe foi queimada como bruxa por ordem de Hugues de Baniols, o inquisidor da cidade. Ela teria participado do sabá, tido relações sexuais com o Diabo e assassinado bebês com propósitos de canibalismo.

Há um fato que não foi suficientemente esclarecido quanto aos crimes hediondos que bruxos e bruxas alegadamente confessaram. Se os réus, na Escócia ou no continente, onde a punição padrão para bruxaria era morte na fogueira, concordassem em confessar os crimes de que eram acusados, receberiam a misericórdia de ser estrangulados pelo carrasco antes de ser queimados. Se, entretanto, a pessoa se recusasse a confessar depois de ser considerada culpada, ou se após confessar negasse a confissão, os acusadores a tomariam como obstinada e impenitente, e ela seria queimada viva. Ao ler os relatos das torturas infligidas em supostas bruxas e bruxos, é compreensível que os que se viram presos no impiedoso mecanismo da perseguição, percebendo que não teriam escapatória, confessassem o que quer que fosse para ter uma morte mais rápida.

Nenhuma confissão, por mais obscena e abominável que parecesse, era desacreditada. A opinião pública fora tão condicionada por uma sucessão de livros psicopatas contra bruxas e bruxaria — como o infame *Malleus Maleficarum* e as obras de Nicholas Remy, Jean Bodin, Francesco-Maria Guazzo, Martin Del Rio e Henri Boguet, para citar apenas alguns —, que as pessoas quase deixaram de pensar criticamente sobre o assunto. Além disso, aqueles que duvidavam das histórias oficiais de crimes terríveis e poderes diabólicos das bruxas costumavam achar mais sensato ficar de boca fechada. Martin Del Rio segue a linha de muitos escritores quando afirma que é um indício de bruxaria se uma pessoa está disposta a defender uma bruxa ou bruxo ou a questionar as histórias sobre eles divulgadas.

Outro ponto muito significativo da lei era o fato de que os bens de uma pessoa condenada por bruxaria eram confiscados. Isso serviu para abrir as comportas do horror, sobretudo na Alemanha. Na Grã-Bretanha, Matthew Hopkins fez da caça às bruxas um negócio lucrativo, mas as suas atividades eram medíocres quando comparadas com o que era feito no continente. A exploração da tortura e da morte para satisfazer a ganância humana tornou-se tão terrível que vários clérigos arriscaram a vida para denunciá-la, embora suas vozes fossem poucas. Um deles foi o padre Cornelius Loos, que em 1592 protestou: "Por meio de carnificina cruel, vidas inocentes são ceifadas; e por meio de uma nova alquimia, o ouro e a prata são cunhados do sangue humano".

Mais uma vez, no início do século 17, o cônego Linden de Treves expôs as motivações dos caçadores de bruxas na sua região, fazendo o comentário significativo: "Esse movimento foi promovido por muitos no poder, que procuravam riqueza nas cinzas das vítimas". Nos lugares onde essa lei havia sido revogada, como foi o caso da Alemanha do imperador Ferdinando II, o fervor dos caçadores de bruxas rapidamente desapareceu.

Na Inglaterra, após a Reforma, a morte na fogueira deixou de ser a punição para bruxaria, sendo substituída pelo enforcamento. São poucos os registros confiáveis de quantas bruxas foram queimadas no país, restando apenas estimar o número. Os documentos que temos, contudo, mostram que o período de pico das execuções foi o reinado da primeira rainha Elizabeth.

O governo do rei Henrique VIII aprovou uma lei contra a bruxaria, com pena de morte para quem invocasse ou conjurasse um espírito maligno; era conveniente que uma cláusula assim severa fosse tão ampla. Esse estatuto foi revogado sob o reinado de Eduardo VI. Entretanto, a rainha Elizabeth I foi fortemente instada por um bispo calvinista, John Jewel, a aprovar leis mais severas contra as bruxas. Em um sermão pregado perante a monarca, Jewel proclamou: "Nos últimos anos, esse tipo de pessoas (quer dizer bruxas e feiticeiros) aumentou maravilhosamente no reino de Vossa Graça". Assim, em 1563 foi aprovada uma lei rigorosa por meio da qual o estatuto anterior foi ressuscitado. O ato determinava que toda pessoa que "usar, praticar ou exercer qualquer bruxaria, encantamento, sortilégio ou feitiçaria que resultem na morte ou destruição de outra pessoa" pode ser condenada à morte.

Havia penalidades menores para outros atos de bruxaria. Se, por exemplo, uma pessoa fosse enfeitiçada para que ficasse prostrada, debilitada ou incapacitada, a punição da bruxa era um ano de prisão, com quatro exposições à execração pública; e para um segundo delito, a sentença era a morte.

No entanto, essa lei não foi suficiente para o erudito rei Jaime I, autor de *Daemonologie* (Edimburgo, 1597), apesar do número de execuções que foram realizadas ao abrigo de seu texto. Quando Jaime I subiu ao trono em 1603, fez de tudo para garantir que a bruxaria fosse juridicamente tratada como um crime capital em si, independentemente de ser ou não demonstrado que a bruxa havia prejudicado alguém.

Como consequência, em 1604 foi aprovada a mais extensa lei inglesa contra a bruxaria. Era dirigida, em particular, a pessoas que invocassem espíritos malignos ou se comunicassem de alguma forma com familiares, que, presumia-se, eram espíritos malignos. Isso era algo novo na legislação e explica a ênfase nos familiares encontrada com frequência nos julgamentos de bruxas inglesas.

Ainda que, na verdade, o número de execuções registradas sob o governo de Elizabeth I seja maior do que o do período do rei Jaime, a maior severidade da lei aprovada no reinado dele tornou possível a feroz perseguição às bruxas pelos puritanos, em dias de Guerra Civil e Commonwealth.

Em geral, tanto na Inglaterra como no continente, o século 17 se mostrou a pior época para uma bruxa ou bruxo viver. No entanto, foi uma grande escuridão que precedeu um alvorecer. No século 18, a crença nos perigos da bruxaria e o desejo de perseguir seus praticantes começaram a declinar notavelmente. Isso não se deveu a qualquer mudança de atitude por parte das autoridades religiosas, mas à ascensão do racionalismo, do ceticismo e de uma postura geral de questionamento das crenças aceitas, que ganhou impulso à medida que o século avançava.

O clero protestou com veemência contra qualquer mudança na atitude popular em relação à bruxaria, porque considerava a crença no sobrenatural uma parte importante da religião. Em 1768, John Wesley escreveu em seu *Journal* (Londres: Everyman's Library, J. M. Dent Edition, 1906): "Renunciar à bruxaria é, na verdade, abandonar a Bíblia". Em 1743, certos clérigos escoceses em Edimburgo incluíram na publicação "Confissão de Pecados

Nacionais e Pessoais" o fato de que os estatutos penais contra as bruxas tinham sido revogados contrariamente à lei expressa de Deus.

Na Inglaterra, um esclarecido presidente do supremo tribunal, sir John Holt (1642-1710), fez muito para pôr fim à perseguição à bruxaria, descartando caso após caso, sobretudo aqueles em que crianças histéricas ou travessas acusavam pessoas de enfeitiçá-las. (Há um número terrível de casos desse tipo nos registos de julgamentos de bruxaria. Por exemplo, uma menina de 11 anos chamada Christian Shaw, de Bargarran, Escócia, fez com que sete pessoas fossem queimadas na fogueira em Paisley, em 1697, como resultado de suas acusações. As execuções em Salem, Massachusetts, resultaram diretamente das mentiras de meninas histéricas, combinadas com a credulidade doentia dos mais velhos.)

Em 1736, no reinado de Jorge II, houve uma grande mudança na lei inglesa. O estatuto de Jaime I foi revogado, assim como leis semelhantes na Escócia. A bruxaria deixou de ser um crime capital na Grã-Bretanha. O que isso realmente trouxe foi uma mudança fundamental na opinião pública, visto que a lei adotava uma atitude diferente em relação à bruxaria. A prática ainda era considerada ilegal, mas a regra agora determinava que qualquer pessoa que *fingisse* realizar bruxaria deveria ser punida, geralmente com prisão.

Foi sob esse princípio, e sob a Lei da Vadiagem de 1824, que os médiuns espíritas foram perseguidos e processados. O último grande julgamento sob a Lei da Bruxaria de 1736 foi o da médium Helen Duncan, em 1944, que ocorreu em Old Bailey e durou oito dias. Seu crime, segundo a promotoria, foi fingir se comunicar com espíritos.

De acordo com Maurice Barbanell, que escreveu sobre esse famoso caso no jornal espírita *Two Worlds* em dezembro de 1956, a decisão de processar Helen Duncan foi tomada por causa de uma série de sessões espíritas que ela promovera em Portsmouth em 1944. A Segunda Guerra Mundial estava em andamento na época, e entre os espíritos que se manifestaram nessas sessões estavam os dos marinheiros que disseram ter afundado com o H.M.S. *Barham*. Naquela época, a notícia do naufrágio do navio ainda não havia sido divulgada pelo almirantado.

Helen Duncan foi condenada a nove meses de prisão. Ela apelou, mas o recurso foi negado. Foi o interesse criado por esse caso que instou os espíritas a renovarem os esforços para conseguir a revogação da Lei da Bruxaria, porque, sob ela, qualquer sessão poderia ser considerada ilegal.

Em 1951 eles enfim tiveram sucesso. A antiga Lei da Bruxaria foi por fim revogada e substituída pela Lei dos Médiuns Fraudulentos. Essa é uma peça legislativa notável, na medida em que reconhece a possibilidade de mediunidade genuína e processa apenas quando a fraude deliberada é cometida com fins lucrativos.

LELAND, CHARLES GODFREY

Charles Godfrey Leland foi uma personalidade notável e multifacetada, a quem os estudantes de folclore e bruxaria devem muito. Seus livros mais famosos sobre esses assuntos são *Bruxaria cigana: mistérios da tradição* (São Paulo: Madras, 2003), publicado pela primeira vez em Londres em 1891 (Nova York: University Books Inc., 1962); *Etruscan-Roman Remains in Popular Tradition*, publicado pela primeira vez em Londres em 1892; e *Aradia: o evangelho das bruxas* (São Paulo: Madras, 2020), publicado em Londres em 1899.

Além desses, Leland foi autor de mais de cinquenta títulos sobre diversos assuntos, e talvez tenha sido mais famoso em vida pelo livro que escreveu como piada, *Hans Breitmann's Ballads*, uma série de versos cômicos no idioma antigo dos imigrantes germano-americanos (Londres: Trubner and Co., 1872).

Leland não foi apenas um pioneiro na pesquisa e no estudo sistemático de folclore, lendas e línguas antigas e curiosas, como o romani e o shelta (a língua celta dos nômades irlandeses que ele descobriu), mas também na educação e na psicologia, e suas ideias estavam muito à frente de seu tempo. Além disso, seu talento como artista e artesão era notável. As ilustrações que fez para suas obras têm uma originalidade, uma singularidade e um encanto que capturam o verdadeiro espírito da magia e dos contos de fadas.

Leland não apenas estudava magia e bruxaria: ele as praticava. Suas cartas e outros escritos estão cheios de referências a feitiços bem-sucedidos que ele realizou. Por exemplo, certa vez ele escreveu a um amigo, enquanto estava na Inglaterra e hospedado em Brighton:

No barco a vapor para a Inglaterra, a sra. Leland descobriu que um diamante no valor de talvez $40 ou $50 havia caído de seu anel, provavelmente enquanto dormia em seu leito. Toda a cabine foi vasculhada em vão. Invoquei o espírito e previ a recuperação do brilhante. Alguns dias depois, aqui em Brighton, ela o encontrou solto no fundo da mala de viagem. E recebi outro pedido de ajuda para encontrar um amigo que, segundo me garantiram em confidência, havia deixado Brighton. Um dia invoquei o espírito e ele ordenou que eu seguisse duas garotas do outro lado da rua. Fiz isso a certa distância quando encontrei meu amigo, que acabava de retornar a Brighton; eu poderia ter de ficar um ano por aqui se não tivesse feito isso.

Um de seus bens mais valiosos era a pedra preta dos vodus. Havia apenas cinco ou seis dessas "pedras mágicas" em todos os Estados Unidos. Eram pequenas pedras pretas originárias da África, e quem as obtinha tornava-se um mestre do vodu e era reconhecido como tal pelos praticantes dessa religião no país. Leland recebeu uma dessas pedras, que exibiu no Folk-Lore Congress em Londres em 1891.

Em 1888, Leland tornou-se o primeiro presidente da Gypsy-Lore Society. No inverno daquele ano, em Florença, ele foi iniciado na bruxaria da Itália, *La Vecchia Religione*, como era chamada. Ainda nessa cidade, ele fez amizade com uma linda jovem bruxa chamada Maddalena. Ela viera da isolada zona rural da Romagna Toscana, e membros de sua família, desde tempos imemoriais, previam a sorte das pessoas, preservavam antigas lendas e magias e praticavam feitiços e encantamentos. Sua avó, sua tia e sua madrasta eram todas bruxas e a haviam treinado desde a infância nos ritos e nas crenças da Antiga Religião.

Maddalena apresentou a Leland uma série de lendas e encantamentos — nos quais ele baseou seus livros sobre bruxaria italiana —, assim como o apresentou a outras bruxas.

Leland afirma, em seu *Etruscan-Roman Remains*: "Há muitas pessoas na Itália, e conheci algumas delas, que, embora não saibam nada sobre Diana como uma deusa romana, estão bastante familiarizadas com ela como rainha das bruxas". Leland não foi, contudo, o primeiro a perceber que a bruxaria na Itália era sobrevivente do antigo culto da deusa da lua, Diana. Em 1749, Girolamo Tartarotti publicou um livro, *A Study of the Midnight Sabbats of*

Witches, no qual afirmou que "a identidade do culto diânico com a bruxaria moderna é demonstrada e comprovada"; mas seu livro não causou nenhum impacto especial. O crédito por ter elevado os estudos de bruxaria de mera fantasia sobre voos em vassouras e associações com demônios para a categoria de religião comparada e antropologia pertence a Charles Godfrey Leland.

A tradição de fantasmas, bruxas e fadas cercava Leland desde a infância. Ele nasceu na Filadélfia, Pensilvânia, em 15 de agosto de 1824. Quando tinha apenas alguns dias de vida, sua velha ama holandesa o carregou até o sótão da casa. Lá, ela colocou sobre seu peito uma Bíblia, uma chave e uma faca; acendeu algumas velas e dispôs dinheiro e um prato de sal na altura de sua cabeça. O objetivo desse ritual era fazer com que o menino ascendesse na vida, tivesse sorte e se tornasse um erudito e um mago. Parece que a iniciativa foi bem-sucedida.

Ele descendia de John Leland, que recebeu o título de antiquário real em 1533, e de Charles Leland, que foi secretário da Sociedade de Antiquários no reinado de Carlos I. Sua família imigrou para os Estados Unidos em 1636 e se estabeleceu em Massachusetts.

Charles Godfrey Leland foi educado em Princeton, onde se formou ao final de quatro anos. Depois viajou para a Europa, onde estudou nas universidades de Heidelberg e Munique, e na Sorbonne, em Paris, quando participou da Revolução Parisiense de 1848. Anos mais tarde, lutou na Guerra Civil Americana, do lado da União, e presenciou a Batalha de Gettysburg.

Ele trabalhou extensivamente como jornalista na América e também prospectou petróleo; viajou pelo velho oeste selvagem e certa vez ficou hospedado com o general Custer em Fort Harker. Sua aparência era impressionante: mais de 1,80 metro de altura, barbudo, vistoso e de olhos azuis, que sua sobrinha e biógrafa, Elizabeth Robins Pennell, descreveu como "os olhos do vidente, do místico".

Bastante devotado à esposa, Isabel, com quem se casou em 1856, Leland sobreviveu à morte dela por menos de um ano. Sua longa e ativa vida terminou em Florença em 1903.

LIGAS COMO SINAIS DISTINTIVOS DE BRUXAS

Em 1892, um escritor francês, Jules Lemoine, em *La Tradition*, observou a importância da liga como um sinal de posição entre as bruxas. Ele escreveu: *Les mauvaises gens forment une confrerie qui est dirigée par une sorcière. Celle-ci à la* jarretière *comme marque de sa dignité* ("As pessoas más [bruxas e bruxos] formam uma irmandade, que é dirigida por uma bruxa. Essa mulher usa uma *jarreteira* como sinal de sua dignidade").

Margaret Murray cita essa passagem em seu O *culto das bruxas na Europa ocidental* (São Paulo: Madras, 2003), e, em seu livro posterior *The God of the Witches* (Londres: Faber, 1952), ela avança a notável teoria de que a fundação da principal ordem de cavalaria da Grã-Bretanha, a Ordem da Jarreteira, teve sua origem na Antiga Religião da bruxaria. Ela acreditava que o rei Plantageneta, Eduardo III, fundador da Ordem da Jarreteira, decerto era simpatizante da bruxaria, se não um membro efetivo do culto.

Hoje tendemos a considerar uma liga, ou jarreteira, um acessório feminino vulgar e obsoleto, associado a dançarinas de cancã e beldades eduardianas. Mas é claro que as ligas de antigamente não eram dessas com babados e feitas de elástico. Eram longos cordões ou fitas amarradas na perna, bem apertadas; e eram usadas tanto por homens como por mulheres.

Margaret Murray sugeriu que o significado da liga na bruxaria é a verdadeira explicação da velha história de como a Ordem da Jarreteira foi fundada. Conta-se que, em dada ocasião, quando o rei Eduardo III estava dançando com uma dama de sua corte — a bela donzela de Kent ou a condessa de Salisbury —, a liga de sua parceira caiu no chão. A senhora ficou desconcertada, mas o rei pegou a liga, bem galante, e disse: *Honi soit qui mal y pense* ("Que vergonha para quem pensa mal disso"), e amarrou o adereço na própria perna. Esse incidente deu ao monarca a ideia de fundar a Ordem da Jarreteira, com doze cavaleiros para o rei e doze para seu filho, o Príncipe Negro, perfazendo dois grupos de treze, ou 26 cavaleiros ao todo.

O número treze adquiriu ainda mais significado pelas insígnias do rei como chefe da Ordem. Seu manto era ornamentado com figuras de 168 ligas, que, com a liga real usada em sua perna, perfaziam 169, ou 13 vezes 13.

Esse incidente da vida na corte parece muito trivial para inspirar a fundação de uma ordem tão nobre, a menos que tivesse algum significado interno. Mas, se a peça que a senhora deixou cair fosse uma liga de bruxa, então o episódio assumiria um aspecto bem diferente. Tanto o embaraço da dama quanto o gesto do rei parecem ter um significado muito mais profundo do que a história singela de uma galante cortesia. Ela se revelou uma bruxa importante, e ele mostrou publicamente a sua vontade de proteger a Antiga Religião e seus seguidores.

Outra evidência da importância da liga como símbolo das bruxas pode ser vista em uma rara e antiga xilogravura encontrada como frontispício (apenas em algumas cópias) de um livro do século 16, *Dialogues Touchant le Pouvoir des Sorcières et la Punition qu'elles Méritent*, de Thomas Erastus (Genebra, 1579).

Essa imagem mostra o interior da cabana de uma bruxa, situada em algum lugar remoto entre bosques e colinas. Quatro bruxas estão partindo em seu lendário voo de vassoura para o sabá. Duas delas já subiram pela ampla chaminé do casebre, enquanto a terceira, antes de partir, amarra uma liga na perna; a quarta bruxa, de vassoura na mão, aguarda sua vez. E lá fora, sem que elas saibam, um homem as espia pelo buraco da fechadura.

O artista evidentemente acreditava na história de bruxas voando em vassouras, mas misturou à sua fantasia um detalhe de fato: no caso, a liga. Desenhistas do passado costumavam fazer isso, uma vez que retratavam as ideias populares sobre bruxas, que eram uma mistura de conhecimento real e imaginação.

LILITH

Lilith, a deusa da Lua, é a sedutora arquetípica, a personificação do perigoso glamour feminino desse corpo celeste. Como Hécate, ela é a patrona das bruxas, mas, enquanto Hécate é vista como uma velha encarquilhada, Lilith é a feiticeira que seduz, a bela vampira, a *femme fatale*. Sua beleza é mais que humana, porém tem uma imperfeição estranha. Seus pés são grandes garras, como as de uma ave de rapina gigante.

Ela é retratada dessa forma em um relevo de terracota da Suméria, datado de cerca de 2000 a.C. A mesma figura dos sonhos da humanidade reapareceu na França medieval, onde era conhecida como *La Reine Pedauque*, a rainha com pé de pássaro, uma misteriosa e lendária figura que voava à noite à frente de uma multidão de fantasmas, algo como a Caçada Selvagem.

As lendas judaicas sobre Lilith dizem que ela foi a primeira esposa de Adão, antes de Eva ser dada a ele. Lilith, no entanto, se aproximou de Adão enquanto ele dormia e se uniu a ele em seus sonhos. Dessa forma, ela se tornou a mãe de todos os seres misteriosos que compartilham este planeta de forma invisível com os mortais, e são conhecidos como as raças das fadas ou os *djinn*.

Os judeus a consideravam uma rainha dos espíritos malignos e faziam amuletos para se protegerem dela. Lilith é a personificação dos sonhos eróticos que perturbam os homens, o desejo reprimido por prazeres proibidos.

Charles Godfrey Leland, em seu *Etruscan-Roman Remains* (Londres, 1892), identifica Lilith com Herodias, ou Aradia. Ele observa que a deusa é mencionada nos antigos feitiços e encantos eslavos, e que teria doze filhas, que são os doze tipos de febre. Esse é outro exemplo do número treze das bruxas.

LIVRO DAS SOMBRAS

Esse é o nome dado pelas bruxas modernas ao livro em que escrevem seus rituais, invocações e encantos. As bruxas copiam o que gostam dos livros umas das outras, bem como o que aprendem por meio de experiências práticas, de modo que, na realidade, não há dois livros exatamente iguais.

Uma antiga regra dos covens, com relação a esse tipo de registro escrito, era que, quando alguém morresse, seu livro deveria ser queimado. (*Ver* BRUXARIA.) A razão para isso, desde os tempos antigos, era evitar que a família da pessoa passasse por constrangimentos. Um livro escrito era uma prova tangível para acusar uma pessoa de bruxaria, e como essa era uma prática popularmente considerada familiar, tal descoberta poderia tornar a situação dos parentes vivos de uma bruxa ou bruxo muito difícil.

Esses escritos são chamados de Livro das Sombras, porque seu conteúdo só pode ser a sombra das realidades do Outro Mundo: o mundo da magia e do Além, o mundo dos deuses e dos espíritos. Assim como, segundo me disseram, também fazem os maçons a respeito de suas cerimônias, que eles preservam "até que o tempo e as circunstâncias restaurem os segredos originais".

LOBISOMENS

A horrível transformação do homem (e, às vezes, da mulher) em lobo é um poder tradicional da bruxaria das trevas. A forma mais comum de fazê-lo é despir-se por inteiro, untar-se com um unguento mágico e, em seguida, cingir-se com um cinto encantado, o qual às vezes se diz que é feito de pele de lobo, às vezes de pele humana. É assim que a transformação ocorre — ao menos de acordo com a lenda.

Será que uma coisa tão horrível pode de fato existir? Ou seria isso apenas mais uma superstição boba, reduzida ao seu absurdo final pelos produtores de filmes de terror baratos?

Alguns ocultistas acreditam que, em certo sentido, os lobisomens podem *de fato* existir. O que se transforma, porém, não é o corpo físico, mas o corpo astral do ser humano. A depender das circunstâncias, essa entidade astral pode se materializar de forma parcial ou total, se puder extrair substância suficiente do corpo físico para tal. Enquanto isso, o corpo físico permanecerá em estado de transe profundo.

Algernon Blackwood, um brilhante escritor de temas ocultistas, descreveu em detalhes o mecanismo preciso da transformação do homem em lobo em sua história "O acampamento do cão", um dos contos de seu livro *John Silence: casos psíquicos do doutor extraordinário* (São Paulo: Cartola Editora, 2022), que apareceu pela primeira vez em 1908. No século 19, o famoso ocultista francês Éliphas Lévi também atribuiu essa metamorfose à transformação do corpo astral. Levi acrescentou o detalhe de que, se o corpo astral do feiticeiro fosse atingido ou ferido enquanto estivesse em sua forma de lobo, os ferimentos ou golpes se manifestariam no corpo material do feiticeiro. Esse fenômeno é bem conhecido pelos ocultistas em relação às viagens astrais e é chamado de "repercussão".

A língua nórdica antiga tem uma palavra significativa, *ham-farir*, cujo significado demonstra a antiguidade dessa crença. No dicionário islandês-inglês de Gudbrand Vigfusson (Oxford, 1874), essa palavra é definida como "a 'viagem' ou viajando na forma de um animal, ave ou veado, peixe ou serpente, com velocidade mágica sobre a terra e o mar, enquanto o corpo do mago jaz sem vida e imóvel".

Vários dos escritores mais astutos dos tempos antigos também explicaram a transmudação dessa forma. Um deles foi Gaspar Peucer em 1553; mais tarde, porém, à medida que a perseguição à bruxaria se tornou mais intensa, os escritores antibruxas insistiram na transformação física real e crua do homem em lobo e vice-versa. Os escritores de antigamente também reconheceram uma forma de doença mental chamada licantropia, na qual a pessoa afetada se via como um lobo e tentava correr em quatro apoios, uivando de maneira horrível. Essa condição foi, de início, considerada uma espécie de loucura, mas mais tarde foi atribuída ao poder de Satanás, junto com a maioria das coisas que eram estranhas e inexplicáveis.

Por que, entretanto, o lobo deveria ser a forma preferida para essas manifestações? É provável que a explicação esteja no fato de que essa fera predadora foi, durante muito tempo, uma fonte viva de medo para os nossos antepassados, nos tempos em que a terra era mais erma do que é agora, a floresta mais densa e as populações muito menores. Os últimos lobos da Inglaterra foram mortos no reinado de Henrique VIII, mas, na Escócia e na Irlanda, só foram exterminados no século 18. Em outros países europeus, o perigo dos lobos reais permanece até hoje, e com ele é provável que também se faça presente a crença persistente no lobo que pode não ser sempre um lobo, e no homem que pode não ser imutavelmente um homem, sobretudo nas noites de lua cheia.

Gervásio de Tilbury, por volta de 1212, disse em seu livro *Otia Imperialia* (citado por Montague Summers em *The Werewolf*. Londres: Kegan Paul, 1933): "Decerto temos visto muitas vezes, na Inglaterra, homens que são transformados em lobos nas mudanças da lua". Ele acrescenta que esses homens eram chamados de *gerulfos* pelos franceses, mas que a palavra inglesa para eles era *"werewolf"*, em que *"were"* significaria "homem". (O termo francês moderno é *loup-garou*.) Na Irlanda, o povo de Ossory era conhecido nos tempos antigos como "os Filhos do Lobo", devido à sua reputada capacidade de se tornarem lobisomens.

A crença no lobisomem não surgiu na Idade Média. Escritores pré-cristãos também contam histórias sobre essa criatura; e havia um verdadeiro culto ao lobisomem ligado à adoração de Zeus Lycaeus, "Zeus Lobo" ou "Zeus dos Lobos". Esse culto remonta aos primórdios da Grécia Antiga, mas ainda estava sendo realizado em segredo quando Pausânias escreveu sua *Descrição da Grécia* por volta do ano 176 (citado por Montague Summers em *The Werewolf*).

A tradição do lobisomem na Europa é antiga e podem ter sido muitas as bases de sua evolução: rituais canibais de totemismo primitivo; dançarinos em peles de animais; sede de sangue depravada e sadismo; a loucura conhecida como licantropia; e a projeção do corpo astral em forma animal, auxiliada por unguentos indutores de transe e processos mágicos.

Os principais julgamentos registrados de lobisomens são todos do continente europeu. Na maioria dos casos, a acusação alegava que o réu obteve seus poderes de transformação pela bruxaria.

Em dezembro de 1521, três homens foram julgados como lobisomens em Poligny, na França, e foram considerados culpados e executados. Os três confessaram uma série de assassinatos enquanto estavam na forma de lobos, e também admitiram ter acasalado com lobas, o que preferiam a relações sexuais com mulheres.

Em 1573, Gilles Garnier foi executado em Dôle, na França, por ter devorado várias crianças enquanto estava na forma de lobisomem. Um relato contemporâneo diz que Garnier era um homem solitário que vivia com a esposa em florestas isoladas. Eram pessoas pobres e famintas, e por causa disso Garnier foi tentado a fazer um pacto com um espírito maligno, que conheceu enquanto vagava uma noite pela mata. O espírito forneceu um unguento ou bálsamo a ele, com o qual conseguia se transformar em lobo e encontrar carne para saciar a fome — mas a carne de que ele mais gostou foi a humana.

Um julgamento de lobisomem muito famoso foi o de Peter Stubbe ou Stumpf, que ocorreu na Alemanha em 1589. É um evento bem conhecido porque em 1590 foi impresso em Londres um panfleto que narrava esse caso, intitulado "Um verdadeiro discurso declarando a condenável vida e morte de certo Stubbe Peeter, um feiticeiro muito perverso, que, à semelhança de um lobo, cometeu muitos assassinatos e continuou essa prática diabólica por 25 anos, matando e devorando homens, mulheres e crianças. Pelo mesmo fato, foi preso e executado no dia 31 de outubro passado na cidade de Bedburg, perto da cidade de Colônia, na Alemanha". Há uma cópia desse panfleto em letras enormes no Museu Britânico.

Em 1598, diversos julgamentos de grande porte ocorreram na França por causa de lobisomens. Um deles, em Paris, estava relacionado a um alfaiate de Chalons que atraía crianças para a sua loja e depois as matava e comia. À noite, ele teria vagado pela floresta como um lobisomem. Entre outras coisas, foram encontrados barris de ossos humanos nos porões de sua casa; e os detalhes do caso eram tão terríveis que o tribunal ordenou que os autos fossem queimados. O alfaiate também foi queimado na fogueira.

Também nesse ano, todos os membros de uma família chamada Gandillon foram considerados culpados de se transformar em lobisomens em St-Claude. Uma característica incomum desse caso foi que dois dos acusados eram mulheres. Mas também houve mulheres acusadas de licantropia em outros casos, ainda que, em grande parte das acusações, os réus fossem homens.

Outro julgamento ocorreu no mesmo ano em Angers, onde um mendigo chamado Jacques Roulet foi considerado culpado de matar crianças na forma de lobisomem. No caso dele, porém, apesar de admitir ter sido "consagrado ao Diabo" por seus pais, e de ter recebido deles o unguento que o tornou lobisomem, a sentença de morte foi relaxada. Ele foi enviado para um hospital que, naquela época, era administrado por monges.

Jean Grenier recebeu misericórdia semelhante. O rapaz tinha cerca de 14 anos e se vangloriava de ser um lobisomem em 1603. Seu caso foi registrado em detalhes por Pierre de Lancre, o juiz de Bordeaux que o viu e interrogou. De Lancre descreveu a aparência estranha e assustadora de Grenier, com dentes extraordinariamente grandes e longos, assim como suas unhas enegrecidas, enquanto seus olhos abatidos brilhavam como os de um lobo. Ele tinha uma agilidade maravilhosa e conseguia correr em quatro apoios e pular como um animal.

Grenier era um rapaz sem lar e desgarrado, que parecia gostar de contar histórias malucas. Mas, ao que tudo indica, ele realmente acreditava que era um lobisomem; e várias crianças do distrito foram mortas por um lobo.

Ele confessou que havia sido levado por outro jovem às profundezas de um bosque e apresentado a um homem alto e escuro, a quem chamava de Senhor da Floresta. O estranho, que estava todo vestido de preto e montava um cavalo preto, desceu do animal e conversou com os dois rapazes, saudando Jean Grenier com um beijo, mas seus lábios eram mais frios do que gelo. Em uma reunião subsequente, Jean concordou em se colocar a serviço do Senhor da Floresta, que o marcou com uma pequena adaga.

Depois beberam vinho juntos, e o Senhor da Floresta presenteou-o com uma pele de lobo e um pote de unguento mágico, e instruiu-o na arte da transmudação. Em diversas ocasiões, Grenier disse que tinha presenciado reuniões na floresta onde homens que ele conhecia se curvavam diante do misterioso senhor.

Jean Grenier, inicialmente condenado à morte, teve a sentença comutada para prisão perpétua num mosteiro em Bordeaux. Ele foi visitado por De Lancre em 1610, que conversou com o jovem. Grenier parece ter sido tratado mais como um rapaz doente, vítima de um espírito maligno, do que como um criminoso, ainda que tenham dito a ele que, caso tentasse escapar do mosteiro, seria enforcado. Ele morreu em 1611, com cerca de 21 ou 22 anos.

É possível ver, em histórias como a de Jean Grenier, as reminiscências de um culto que se assemelha ao dos homens-leopardo e ao dos homens-pantera da África. Sabemos que o culto a Zeus Lycaeus, que envolvia transformação de homem em lobo, existia na antiga Grécia pagã; e os seguidores nórdicos de Odin, que eram chamados de *berserkers* porque usavam pele de urso ou lobo, também podem ser relevantes. Por outro lado, a terrível característica do canibalismo que aparece nos relatos sobre lobisomens talvez tenha surgido da absoluta fome de carne entre os camponeses pobres e famintos.

M

MÃE SHIPTON

Nem sempre se percebe que a famosa profetisa, Mãe Shipton, era uma bruxa. Em sua cidade natal, Knaresborough, em Yorkshire, não há dúvida disso. Ela está retratada ali em uma placa de estalagem pintada sobre cobre, que tem mais de duzentos anos. Na imagem ela aparece como a velha sábia tradicional, com um gato preto ao lado e uma vassoura na mão, a ponta do cabo bifurcada de um modo curioso. Atrás dela está o famoso Poço Petrificante de Knaresborough, perto do qual ela nasceu, no ano de 1488.

A mãe dela se chamava Agatha Sontheil, uma menina pobre que ficou órfã aos 15 anos e foi obrigada a mendigar para sobreviver. Reza a lenda que Agatha um dia conheceu um jovem bonito e bem-vestido em um bosque. Ela pediu a ele uma esmola, que lhe foi dada, e o rapaz a convenceu de encontrá-lo novamente no dia seguinte. De conhecidos, passaram a ter um caso de amor e Agatha engravidou.

Quando ela contou ao amante o que tinha acontecido, ele lhe revelou que era o Diabo. Disse que, se ela fosse fiel, ele lhe concederia poderes sobrenaturais, incluindo a capacidade de criar tempestades e furacões, e de prever o futuro.

Agatha viajou pelo campo com seu amante misterioso, ausentando-se às vezes por vários dias seguidos. Os bisbilhoteiros locais ficaram bastante curiosos, sobretudo quando perceberam que a pobre mendiga agora parecia ter dinheiro. Assim, quando a jovem voltou em certa ocasião, vários deles foram à sua casa interrogá-la.

Irritada com a impertinência, Agatha mostrou seus novos poderes invocando o vento. Uma violenta tempestade de vento surgiu e soprou os curiosos vizinhos de volta para suas casas.

É claro que o rumor sobre esse e outros incidentes semelhantes logo chegou aos ouvidos das autoridades, e Agatha foi levada perante os magistrados locais sob a acusação de bruxaria. No entanto, ela foi de alguma forma absolvida.

Talvez tenha sido poupada por estar grávida, visto que sua filha nasceu logo depois. Era uma menina, e recebeu o nome de Ursula. O bebê seria a futura Mãe Shipton. Uma criança estranha, feia e disforme, mas forte e saudável.

Pouco tempo depois, Agatha Sontheil morreu — "em paz, no abrigo de um convento", diz a lenda. É de se perguntar o que de fato aconteceu com ela e até que ponto esse "abrigo" foi voluntário. A bebê foi entregue à ama-seca da paróquia, para que a criasse, mas a menina revelou-se tão difícil que a velha senhora não conseguiu lidar com ela. Então foi enviada para uma escola.

Ali Ursula começou a demonstrar os poderes incomuns que poderiam ser esperados de sua ancestralidade. Quando seus colegas alunos zombavam dela por causa de suas deformidades, algo invisível puxava os cabelos deles, batia neles e os derrubava no chão. Ursula foi expulsa da escola e nunca mais frequentou outra instituição, embora tenha sido uma aluna brilhante e surpreendido os professores com sua habilidade.

Não se sabe muito sobre sua juventude, mas, aos 24 anos, casou-se com um homem chamado Toby Shipton. Ela logo conquistou a reputação de vidente e muitas pessoas iam consultá-la. Tornou-se bastante conhecida como Mãe Shipton, e, ainda que fosse considerada uma bruxa, parece ter sido tão estimada em Yorkshire que as autoridades nunca a incomodaram.

Mãe Shipton predisse a própria morte algum tempo antes de acontecer. Em 1561, ano em que, conforme dissera, chegaria a sua hora de partir deste mundo, ela se despediu dos amigos, deitou-se na cama e morreu em paz.

Uma pedra memorial foi erguida perto de Clifton, a cerca de um quilômetro de York. Trazia esta inscrição:

Aqui jaz ela que nunca mentia,
Cuja habilidade tantas vezes se discutia,
Suas profecias vão sobreviver,
E o nome dela vivo hão de manter.

Isso provou-se verdade; grande parte das profecias em versos mal-acabados foram atribuídas a Mãe Shipton e existem há muito tempo. É claro que, como na maioria dos casos, a maior dificuldade é saber quanto dessa história é verdade e quanto foi forjado por outras pessoas após sua morte. Se aceitarmos a autenticidade de todos os versos que são creditados a ela, então Mãe Shipton previu praticamente todo o curso da história inglesa, desde a sua época até os dias atuais. No entanto, alguns são tidos como falsificações e muitos de seus supostos escritos não se parecem em nada com o idioma do período em que viveu, de 1488 a 1561.

Mãe Shipton tornou-se famosa em sua época ao prever a queda do cardeal Wolsey, que morreu em 1530. Ela o chamou de "Pavão de Mitra" (*Mitred Peacock*) por causa de seu orgulho. Esse jogo de palavras tem a ver também com o esplendor da cauda do pavão (*peacock's train*) e do séquito (*train*) do cardeal Wolsey, uma vistosa comitiva de cerca de oitocentos seguidores.

Essa profecia é citada em um livro antigo, *The Life, Prophecies and Death of the Famous Mother Shipton*, que se diz ter sido impresso pela primeira vez em 1687 e reimpresso em 1862. O texto diz o seguinte: "Agora o Pavão de Mitra envaidecerá, e seu Séquito promoverá um grande espetáculo no Mundo por um tempo, mas depois tudo desaparecerá, e sua honraria não dará em nada, e encontrará seu fim em Kingston".

O antigo livro continua:

> O cardeal, ao ser informado dessa profecia, nunca passaria por Kingston, embora a cidade ficasse na estrada que liga sua própria casa à corte; mas depois de ser preso por alta traição pelo conde de Northumberland e enviado a sir Anthony Kingstone, Tenente da Torre, o próprio nome do oficial (lembrando a profecia) causou tanto terror em seu coração que ele logo faleceu.

A história sobre Mãe Shipton ser filha do Diabo torna-se compreensível quando lembramos que "o Diabo" era o título dado ao líder masculino de um coven de bruxas.

MAGIA

Muitas pessoas têm uma concepção errada do que é magia. Talvez isso ocorra ainda mais entre pessoas instruídas. Elas tendem a pensar na magia como algo que viola milagrosamente as leis da natureza. Portanto, dizem, é absurdo e impossível. Mas a magia não funciona assim.

Aleister Crowley definiu magia como: "A Ciência e a Arte de fazer com que a Mudança ocorra em conformidade com a Vontade".

Samuel Liddell MacGregor Mathers, que foi um dos fundadores da famosa sociedade mágica Golden Dawn, ou Ordem Hermética da Aurora Dourada, deu sua definição de magia: "A ciência do controle das forças secretas da natureza".

Veremos que as duas definições diferem radicalmente da ideia popular de magia. Elas se aplicam tanto à magia das bruxas como a outras formas de magia.

Uma terceira definição é encontrada no famoso grimório chamado *Lemegeton, ou a chave menor de Salomão*, que afirma:

> A Magia é o Conhecimento mais Elevado, mais Absoluto e mais Divino da Filosofia Natural, desenvolvido em suas obras e operações maravilhosas por uma compreensão correta da virtude interior e oculta das coisas; de modo que verdadeiros Princípios, aplicados a Pacientes adequados, produzirão efeitos singulares e admiráveis. Por isso, os mágicos são pesquisadores profundos e diligentes da Natureza; eles, por causa de sua habilidade, sabem antecipar um efeito que para o vulgo parecerá um milagre.

De novo, não se sugere que a magia atue por outra coisa que não as forças da natureza, sendo compreendida e usada por alguém cujo conhecimento penetra o lado secreto da natureza e o funcionamento daqueles poderes comumente chamados de ocultos.

A magia costuma ser considerada de dois tipos, designados como das luzes ou das trevas — ainda que haja muita confusão a respeito da definição dessas categorias.

Eu me lembro de que certa vez discuti essa distinção com um advogado, conectando-a com certo caso no qual foram inseridas alegações sobre vários assuntos ocultos. Ele não tivera muito contato com essas coisas antes, e depois de considerar muitas informações sobre práticas e praticantes mágicos, ele me disse: "Bem, cheguei a uma conclusão: magia das trevas pode ser definida como aquilo que o outro faz!".

No mundo do ocultismo atual, essa observação decerto se aplica com muita frequência. Contudo, não se deve presumir que a distinção entre magia das trevas e magia das luzes não tenha validade. Se as pessoas abusarem dos poderes ocultos, mais cedo ou mais tarde pagarão o preço, por mais elevadas que sejam as suas pretensões. Magia das trevas é o uso indevido de poderes ocultos, e geralmente está associada ao emprego de meios repulsivos, como o sacrifício de sangue, para atingir os objetivos da pessoa.

A palavra "magia" vem do grego *Magikē technē*, que significa a arte dos magos, ou sacerdotes, da antiga Pérsia, de onde os gregos acreditavam que a magia se originou. (No entanto, as artes mágicas eram praticadas no Antigo Egito, muito antes da época dos magos persas.)

É provável que os magos pertencessem à linhagem mais antiga da Pérsia, e não aos seguidores ortodoxos da religião de Zoroastro, alguns dos quais viam as doutrinas dos magos com desconfiança, como heréticas. Os magos parecem ter alguma semelhança com os druidas, pois diz-se que usavam túnicas brancas e privilegiavam um modo de vida simples e uma dieta vegetariana. Eles não adoravam ídolos, escolhendo antes como símbolo o Fogo Divino e Sagrado, que ardia em seus santuários e o qual nunca se permitia apagar.

Houve também magos na Caldeia e na Babilônia, e, novamente, como os druidas, estudavam astronomia. No capítulo 39 do *Livro de Jeremias*, encontramos o nome "Nergal-Sarezer, Rabe-Mague" como um dos príncipes que acompanhavam o rei da Babilônia quando ele capturou Jerusalém. As palavras "Rabe-Mague" são um título e significam "Grande Mago".

A cidade de Hamadã, na Pérsia (atual Irã), era conhecida pelos gregos nos tempos antigos como "Ecbátana dos Magos". Os três sábios do Oriente, que levaram presentes ao menino Jesus, são recorrentemente considerados Magos. Essa misteriosa casta de sacerdotes-mágicos iniciados, que deram nome à própria arte mágica, é um dos enigmas da história.

Mas como alguém se torna mago? Qual é o segredo que separa um mago do restante da humanidade? De acordo com muitos dos antigos textos mágicos, um ser humano tem de nascer mago, embora seus poderes possam ser desenvolvidos pelo estudo e pela prática. Um dos primeiros requisitos, claro, é a sensibilidade psíquica, que deve ser acompanhada de força de caráter e autocontrole. É possível observar em relatos dos ritos de tribos primitivas quantas dessas cerimônias são evidentemente destinadas a descobrir e desenvolver essas qualidades. Os métodos podem ser grosseiros, mas funcionam.

Na nossa própria sociedade, tais rituais são paralelos aos de grupos ocultistas, mais ou menos secretos, que conferem graus de iniciação. O mais famoso deles nos tempos modernos é a Ordem Hermética da Aurora Dourada, que foi formada em Londres em 1887 com base em fontes que afirmavam descender dos ainda mais famosos rosa-cruzes da Idade Média. Várias pessoas conhecidas pertenciam a essa ordem, como W. B. Yeats, Wynn Westcott, Allen Bennett, Arthur Machen, Florence Farr, Brodie Innes, Algernon Blackwood, A. E. Waite, MacGregor Mathers e sua esposa (que era irmã de Henri Bergson, o filósofo) e Aleister Crowley.

Os rituais e ensinamentos da Ordem Hermética da Aurora Dourada, que foram publicados na atualidade pelo dr. Francis Israel Regardie (*A Golden Dawn: a Autora Dourada*. São Paulo: Madras: 2023), são muito elaborados e de caráter elevado. No entanto, seus princípios são simples e baseiam-se na mesma filosofia milenar da natureza que caracterizou o pensamento mágico genuíno ao longo dos tempos.

Vemos esse processo em ação tanto na magia cerimonial de hoje e de antigamente quanto nas práticas de bruxaria. Os rituais do mago cerimonial podem ser muito mais complicados que os da bruxa, mas os princípios envolvidos são muito semelhantes, se não idênticos.

A bruxaria, entretanto, é a antiga religião das pessoas comuns. Assim, ao contrário do elaborado arsenal do mago cerimonial, a bruxa usa itens da vida cotidiana em suas artes mágicas: elementos como o cabo de vassoura, o cordão com nós, o caldeirão e o punhal de cabo preto, que eram artigos comuns na casa de qualquer mulher, bem como as ervas cultivadas no jardim ou colhidas nos bosques e sebes. O pentáculo da bruxa era de cera ou madeira, em vez de metal, ou mesmo ouro ou prata, dos ocultistas ricos; e os pentáculos de cera ou de madeira tinham a vantagem de ser rapidamente destruídos no fogo da cozinha a qualquer sinal de perigo.

Nas atuais cerimônias da maçonaria, podemos ver um reflexo desse processo, pelo qual ferramentas simples de um ofício antigo e altamente qualificado são apropriadas para simbolizar conceitos e ideais mais elevados. O maçom operativo da guilda dos artesãos medievais tornou-se o maçom especulativo da loja. E, tal como a bruxa, ele tem sido insultado e difamado por aqueles que não conseguem — ou não querem — acreditar que inexiste qualquer sinistra "adoração ao diabo" ou mistério de iniquidade em sua irmandade.

Qual é, entretanto, o verdadeiro objeto da magia? Prever o futuro, ter poder sobre os outros, criar talismãs para controlar a vontade de alguém com fins diversos, comunicar-se com espíritos, e assim por diante?

Nada disso. Para o verdadeiro mago, essas coisas são incidentais; podem até ser feitas, mas persegui-las com um fim em si mesmas seria cair na armadilha da magia das trevas. Devem ser antes consideradas meios para atingir um fim. Ao desenvolver seus poderes, o mago ou bruxa desenvolvem a si mesmos. Eles auxiliam a própria evolução, o seu crescimento como ser humano, e, na medida em que fazem isso, ajudam a evolução da raça humana.

Afinal, a raça humana consiste em indivíduos; e a evolução, tal como a caridade, começa em casa. Antes que as pessoas se proponham a reformar o mundo, elas precisam analisar bem os próprios defeitos. O estudo da magia, se levado a sério, as forçará a fazer isso. Talvez o preceito mais famoso dos antigos templos dos Mistérios seja "Conhece-te a ti mesmo".

MAGIA CERIMONIAL E A DIFERENÇA PARA A BRUXARIA

Alguns autores que escrevem a respeito de ocultismo, sobretudo o falecido Montague Summers, têm o costume de tratar bruxaria e magia de modo indiscriminado e rotulá-las como "adoração ao diabo". Isso não é nem um pouco verdadeiro.

A magia dos grimórios, como o *Lemegeton*, o *Sexto e sétimo livros de Moisés* etc., é bastante diferente das antigas tradições pagãs de bruxaria. A magia cerimonial é a magia dos homens cultos e até dos sacerdotes; possui um forte tom religioso, tanto do cristianismo quanto do judaísmo, e deriva sobretudo da Cabala hebraica com um verniz cristão.

Seu método de trabalho consiste em controlar os poderes da natureza, que são concebidos como angélicos ou demoníacos, por meio dos poderosos nomes divinos que formam as palavras de conjuração — palavras como Agla, Adonai, Tetragrammaton, Sabaoth, Anaphaxeton, Primeumaton, Sother e Athanatos, que são uma mistura de hebraico e grego e representam nomes de Deus.

As instruções da magia cerimonial costumam ser complicadas e rigorosas, e exigem que o mago se purifique mediante jejum, banhos e uso de roupas limpas e consagradas antes de entrar no círculo mágico. Ele usa pentáculos e instrumentos consagrados, assim como a bruxa, porém mais elaborados. O mago ora por longos períodos, como no judaísmo ou no cristianismo, pedindo forças para a operação mágica por meio da persuasão de espíritos — do céu ou do inferno — para que cumpram suas ordens.

O método da bruxa é mais simples e direto. Na verdade, as pessoas que praticavam bruxaria podiam ser — e muitas vezes eram — analfabetas, enquanto o mago cerimonial tinha de ser uma espécie de "clérigo culto".

Suas artes foram proibidas pela Igreja de forma oficial, mas, na prática, com menos severidade do que as das bruxas, porque elas eram hereges pagãs, e o mago cerimonial, mesmo quando se propunha a evocar demônios, era considerado dentro dos limites da Igreja.

Ele negaria com bastante indignação que fosse um satanista ou um adorador do diabo. De fato, o alegado culto ao satanismo é, em minha opinião, algo de origem bastante moderna e sobretudo literária. Os romances de magia das trevas do sr. Dennis Wheatley, embora sejam entretenimento de primeira linha como thrillers criativos, têm pouca relação com a prática real e tradicional de magos cerimoniais e bruxas.

As origens e as práticas das bruxas remontam ao início dos tempos; elas celebram festivais pagãos e invocam deuses pagãos. Embora haja muitos pontos em comum entre bruxaria e magia cerimonial, essa é a principal e fundamental diferença.

MAGIA DO FOGO

A chama natural da luz das velas é a companheira eterna das cerimônias mágicas. Tanto a bruxa quanto o mago cerimonial preferem seu brilho suave à iluminação artificial. Uma vez que tanto a noite quanto o crepúsculo são períodos mais propícios do que o brilho intenso do dia para obter resultados psíquicos, a iluminação é necessária. A meia-noite é com frequência chamada de "hora das bruxas", devido a uma percepção instintiva de sua influência na mente humana. As velas das bruxas e dos magos queimam à meia-noite.

À luz das velas, uma sala banal pode assumir uma aparência bem diferente daquela que costuma ter no dia a dia. O rosto das pessoas também parece diferente. O lugar-comum é transformado pela alquimia do fogo.

Como um dos segredos mais importantes da magia é criar a atmosfera onde o incomum pode acontecer, essa tradição da luz de velas e das chamas do fogo ganhou importância. Por mais simples que um ritual seja, a bruxa sempre terá algum tipo de fogo no altar, como uma vela, um incenso ou ambos.

Atualmente, em que é mais fácil obter velas coloridas, as cores são escolhidas pelo significado mágico que possuem. O vermelho é a cor preferida para velas utilizadas em rituais de bruxaria, pois é a cor da vida. Quando são usadas velas pretas, o objetivo do rito costuma ser o de invocar o espírito dos falecidos.

Às vezes, porém, as bruxas preferem fazer as próprias velas, e para isso usam cera de abelha misturada com uma pequena quantidade de ervas aromáticas. Um pentagrama, o sinal da magia, também é gravado na peça.

Em algumas ocasiões, a chama da vela é usada como um meio para se comunicar com os espíritos. O líder do rito perguntará a alguma entidade espiritual que estiver presente se ela pode comunicar sua presença fazendo a chama da vela crepitar. É surpreendente a frequência com que isso acontece, ao que tudo indica sem uma causa física aparente.

Na verdade, a chama das velas costuma fazer coisas estranhas durante um ritual mágico. As bruxas acreditam que uma chama natural emite poder, provenha ela de uma vela ou de uma fogueira. Ao ar livre, a fogueira substitui a chama das velas usadas nos rituais em ambientes fechados.

Se usadas ao ar livre, como às vezes acontece para marcar os quatro pontos cardeais do círculo mágico, as velas devem ser colocadas dentro de lanternas. Caso contrário, o vento logo as apagará.

Uma velha história conta que, quando a chama de uma vela fica azul, é sinal de que um espírito está presente. Por mais estranho que possa parecer, isso teria um fundamento. Quando participei de rituais de bruxaria, vi em diversas ocasiões uma espécie de luz azulada se acumulando sobre a vela do altar. Isso poderia ser algo semelhante à "energia orgone" descrita por Wilhelm Reich, cuja cor é azul. Na verdade, na minha opinião, é o poder criado pelo ritual, do qual as entidades espirituais podem fazer uso para se manifestarem.

O brilho de uma vela constitui um ponto de concentração eficaz. Algumas pessoas o usam como ajuda para a clarividência e afirmam ver imagens se formando em torno da chama. Uma chama muito brilhante, porém, ofuscará os olhos; portanto, o vidente deve se concentrar na parte azul da chama, na base, e procurar pela formação de uma aura levemente brilhante ao redor da luz, que é o prelúdio de uma visão psíquica. As pessoas também se concentram assim para um desejo ou uma oração.

Aqueles que têm um pensamento mais filosófico podem interpretar a vela como uma representação da humanidade: a cera corresponde ao corpo, o pavio à mente e a chama ao espírito.

Ao ar livre, a fogueira com frequência acompanha os rituais das bruxas. Nesse caso, uma bruxa ou bruxo ficará de costas para o vento, de modo que as chamas sejam sopradas para longe e o feitiço seja enviado com o vento e as chamas. Às vezes, faz-se um círculo de treze pedras ao redor da fogueira.

Dançar ao redor da fogueira ritual é uma forma antiga de invocar poder. Quando as bruxas se aventuravam a construir uma fogueira grande o suficiente, seu calor as encorajava a tirar as roupas e a dançar nuas, em um círculo extraordinário e emocionante, com muita alegria e sem nenhum pudor. As emanações magnéticas de poder fluem com mais liberdade de corpos nus, daí a popularidade da nudez ritual ao longo dos tempos, como complemento aos rituais religiosos e mágicos. (*Ver* NUDEZ RITUAL.)

Porém, isso nem sempre é possível, mesmo com as maiores fogueiras, e em geral, nos dias de hoje, as fogueiras das bruxas precisam ser mais contidas. O campo hoje é mais densamente povoado e, portanto, há mais pessoas que podem notar uma fogueira à noite do que no passado. Mesmo assim, ainda há quem acenda fogueiras de bruxas.

MALDIÇÕES FAMOSAS

Uma maldição pode de fato funcionar? A resposta, obtida por meio de experiências muito antigas e globais, é que, desde que seja merecida, a maldição pode e vai funcionar.

Isso talvez soe uma tentativa de classificar a maldição como um exemplo de magia das trevas, mas não é bem assim. Os registros mostram que a maldição de efeito mais letal é aquela endereçada aos poderes do destino e da justiça, em vingança por um erro que a lei humana não pode ou não quer corrigir.

É possível argumentar que o medo causado pela superstição e uma mente perturbada, por parte da pessoa maldita, são responsáveis pelo aparente sucesso da maldição. Isso pode, de fato, explicar o êxito de algumas imprecações famosas, mas não de todas. Não poderia explicar, por exemplo, a Maldição Tichborne, que foi lançada sobre uma nobre família inglesa durante o reinado de Henrique II e se tornou realidade, nos mínimos detalhes, séculos depois.

A origem dessa maldição está em uma mulher piedosa e obstinada, lady Mabell de Tichborne, que desejava deixar uma oferta anual, ou "doação", aos pobres. Conhecendo a mesquinhez do marido, em seu leito de morte ela disse que, se ele ou seus descendentes interrompessem a caridade, um grande azar recairia sobre a família, seu nome mudaria e a linhagem morreria. Como sinal de que a ruína da família era inevitável, em uma geração nasceriam sete filhos e na seguinte sete filhas, e a casa da família entraria em colapso.

Durante centenas de anos, a Doação Tichborne foi feita aos pobres na forma de uma distribuição anual gratuita de pão. Então, em 1796, o sétimo baronete, sir Henry Tichborne, decidiu que aquilo tinha se tornado um incômodo e interrompeu a caridade.

Em 1803, grande parte da mansão desabou. Como previsto, sete filhos nasceram, seguidos por sete filhas, e uma série de infortúnios familiares, incluindo o famoso caso de justiça do requerente Tichborne, convenceu os descendentes de lady Mabell de que a sua maldição ancestral era um fato. A família, cujo nome tinha mudado para Doughty-Tichborne, por motivos ligados à herança, decidiu que a doação deveria ser retomada, e assim acontece até hoje, quando, uma vez por ano, distribui-se farinha em vez de pão.

Outra maldição famosa que se concretizou ao longo dos séculos foi a Ruína dos Seaforth. Esse é um exemplo daquelas maldições que assumem a forma de uma profecia fatal. A Escócia, em particular, parece ser o lar das imprecações, talvez por sua longa tradição em clarividência. A Ruína dos Seaforth foi proferida por Kenneth Odhar, conhecido como Vidente Brahan. Ele foi condenado à morte como bruxo pela condessa de Seaforth e queimado em público na fogueira no final do século 17. A caminho da execução, Odhar pronunciou solenemente estas palavras:

> Vejo um líder, o último de sua casa, surdo e mudo. Ele será pai de quatro lindos filhos, todos os quais conduzirá ao túmulo. Ele viverá angustiado e morrerá de luto, sabendo que as honras de sua casa serão extintas para sempre e que nenhum chefe futuro dos Mackenzie governará em Kintail.

O vidente passou então a descrever em detalhes os infortúnios que se abateriam sobre a família, e que, quando quatro grandes senhores de terra nascessem — "um deles será dentuço, o segundo terá lábio leporino, o terceiro será estúpido e o quarto será gago" —, o Seaforth que então detivesse o título seria o último de sua linha. Essa profecia, feita em público e de forma tão dramática, foi lembrada por muito tempo, e em 1815 a linhagem dos Seaforth foi extinta, nas exatas circunstâncias que o Vidente Brahan havia previsto.

Essas histórias são bem fundamentadas em fatos históricos. Vários relatos semelhantes poderiam ser acrescentados, provenientes de antigos registros de famílias inglesas e escocesas.

Em 1926, o reverendo Charles Kent, pároco de Merton, em Norfolk, revelou ter realizado um serviço religioso público na tentativa de acabar com a famosa Maldição de Sturston, um povoado de Norfolk que fora amaldiçoado na época da primeira rainha Elizabeth. Ele usou um antigo túmulo no cemitério em ruínas como púlpito para ler o serviço religioso — pessoas de muito longe vieram participar. E acreditou que aquele ato tinha, por fim, quebrado a maldição, mas o que aconteceria a seguir provaria que o padre estava errado.

A maldição fora lançada por uma velha com fama de bruxa sobre o senhor de terras de Sturston, um tal sir Miles Yare. Não se sabe ao certo por que a mulher amaldiçoou seu senhorio, mas ela proferiu uma praga contra ele, sua casa e suas propriedades, e disse que o lugar seria arruinado até que não restasse pedra sobre pedra. A área de fato entrou em declínio. A antiga herdade virou uma casa de fazenda que, por fim, ficou vazia, caindo aos pedaços e, acredita-se, mal-assombrada.

O pároco fora convidado a quebrar a maldição devido à longa história de azar e decadência do distrito. Por um tempo, depois do serviço, as coisas pareceram melhorar, mas, com o início da Segunda Guerra Mundial, a área foi ocupada para treinamento militar. Seus habitantes partiram, e hoje Sturston é um lugar destruído, desolado e com edifícios em ruínas. A maldição está praticamente cumprida.

Outra história sobre uma maldição de bruxa está relacionada ao condado de Breadalbane. Durante muitos anos, as pessoas que iam ao antigo castelo de Killin, no lago Tay, puderam visitar o local onde uma bruxa havia sido condenada à morte por ordem do então conde de Breadalbane. Elas ouviram a história de como a bruxa amaldiçoara a família do conde e profetizara que o condado não passaria diretamente de pai para filho como herança por sete gerações. E foi isso que aconteceu, como notado em uma carta no *Times* de 18 de maio de 1923, sob o título "Uma História de Bruxa".

O correspondente afirmou ter ouvido falar da maldição quando ela já se confirmava havia cinco gerações, e mencionou que o obituário do conde de Breadalbane, que o *Times* acabara de publicar, completava a sétima geração, com o título passando para um primo distante.

Como podemos explicar essas coisas? Existe algum poder no invisível que escuta as palavras dos injustiçados? Ou pessoas à beira da morte às vezes descobrem em si mesmas o dom da profecia e preveem a ruína de seus opressores?

Essas possibilidades podem explicar as maldições citadas, mas dificilmente esclarecem a aterradora história do diamante Hope, uma joia que é seguida por um rasto de desastre demasiado longo para ser detalhado aqui e que parece estar além de qualquer alegação de coincidência. A pedra apareceu pela primeira vez na Europa na época do rei Luís XIV da França. Foi levada à corte francesa por um homem chamado Tavernier, que a roubara de uma estátua em um templo em Mandalay. O diamante tem uma maravilhosa cor azul-violeta e seu peso atual, depois de ter sido lapidado mais uma vez, é de 44,25 quilates. Hoje a gema repousa no Instituto Smithsonian, em Washington, DC, onde talvez a atmosfera de ciência e o fato de que ninguém o esteja usando ou tentando ganhar dinheiro com ele possam contribuir para manter inativo o estranho e terrível poder que lhe conferiu uma história tão amaldiçoada. No entanto, a única maneira de quebrar a maldição do diamante Hope seria retornando-o ao templo de onde foi roubado.

Por último, existe ainda a história de uma maldição que *pode* ter sido induzida por autossugestão — mas que funcionou da mesma forma. Em abril de 1795, um oficial da marinha, capitão Anthony Molloy, do H.M.S. *Caesar*, foi considerado culpado pela corte marcial de uma acusação que equivalia a covardia diante do inimigo, ligada à sua conduta na batalha de 1º de junho de 1794. O tribunal, entretanto, concluiu que a conduta de Molloy fora tão atípica e contrastante com quem ele era de fato que não impôs a sentença de morte que o oficial poderia ter sofrido, e apenas ordenou que ele fosse dispensado de seu navio.

Robert Chambers, em seu *Book of Days*, menciona:

> Uma história muito curiosa é contada para explicar esse exemplo dos "medos do corajoso". Diz-se que Molloy se comportou de maneira desonrosa com uma jovem de quem estava noivo. Os amigos da jovem quiseram mover uma ação de quebra de promessa contra o inconstante capitão, mas ela se recusou a fazer isso, dizendo que Deus o puniria. Algum tempo depois, eles se encontraram por acidente em Bath. Ela o confrontou com firmeza, enquanto ele, recuando, murmurava algum pedido de desculpas sem sentido. A jovem disse: "Capitão Molloy, o senhor é um homem mau. Desejo-lhe a maior maldição que possa

recair sobre um oficial britânico. Quando chegar o dia da batalha, que seu falso coração não o ajude!". Depois disso, a conduta de Molloy e sua desgraça irremediável estabeleceram a realização desse desejo.

MANDRÁGORA

São tantas as lendas que falam da raiz de mandrágora que, por vezes, as pessoas duvidam da existência dessa planta. Ela, entretanto, é uma habitante genuína do reino vegetal; exemplares de raízes de mandrágora muito curiosos podem ser eventualmente vistos em museus.

A verdadeira mandrágora, *Atropa mandragora*, pertence às *Solanaceae*, família de plantas que tanto contribuiu para a bruxaria e a feitiçaria. Entre as *Solanaceae* também estão o meimendro, a beladona e o estramônio, todas plantas de reputação macabra.

A mandrágora era considerada pelos feiticeiros da Idade Média uma espécie de criatura intermediária entre as espécies vegetal e humana. Suas folhas tinham um brilho sinistro durante a noite. As flores e os frutos exalavam um aroma narcótico e entorpecente. A raiz tinha a forma de uma minúscula figura humana com vida própria, estranha e diabólica — um homúnculo pronto para se tornar o familiar do mortal ousado que o pudesse possuir.

Esse empreendimento, entretanto, representava muitos perigos, porque a mandrágora, ao ser arrancada da terra, soltava um grito tão terrível e fatal que quem o ouvisse enlouqueceria ou cairia morto no local.

Assim, o feiticeiro que desejasse uma mandrágora teria de seguir um ritual curioso. Tendo encontrado a planta — que geralmente crescia ao pé de uma forca em que estivesse pendurado o cadáver de um criminoso —, era necessário que o interessado fosse até o lugar durante o pôr do sol.

À luz dos últimos raios do sol poente, ele deveria desenhar três círculos ao redor da mandrágora com sua espada mágica, mas, antes, precisaria ter tomado a precaução de tapar os ouvidos com cera, para não ouvir o grito dela, além de se certificar de que o vento não soprava em seu rosto, caso contrário seria dominado pelo odor narcótico da planta.

O feiticeiro traria consigo um cachorro faminto e uma porção tentadora de carne, com a qual o cachorro poderia ser atraído. Ele também deveria estar munido de uma vara de marfim, com a qual deveria soltar com cuidado a terra ao redor da raiz da mandrágora. Então, amarraria o pobre cachorro com firmeza na raiz, se afastaria e mostraria a comida ao animal. O cachorro pularia na carne e assim arrancaria a mandrágora da terra. Acreditava-se que o cachorro morreria no local.

Mandrágora. Raízes com formas estranhas, reproduzidas a partir de gravuras antigas que as declaravam genuínas. (Crédito: Charles Walker Collection/Alamy Stock Photo.)

Como precaução extra, o operador era aconselhado a tocar bem alto uma buzina assim que visse a planta começar a se levantar da terra, para abafar ao máximo seu grito hediondo.

Então o feiticeiro, tendo pegado a terrível planta e a embrulhado num pano de linho branco, poderia apressar-se com seu prêmio através das sombras da escuridão crescente.

Por mais fantásticas que possam parecer, algumas dessas antigas crenças sobre a mandrágora são baseadas em fatos reais. A planta possui uma raiz grande e carnuda, que lembra bastante a forma humana. Exala um cheiro estranho, que alguns acham agradável e outros não, e decerto tem propriedades narcóticas. Na verdade, a mandrágora é provavelmente o anestésico mais antigo da humanidade.

Nos primórdios das cirurgias, era usada para colocar os pacientes em um sono profundo e narcotizado, durante o qual seria possível fazer as operações. A raiz era macerada ou fervida em vinho, e um pouco dessa mistura era dado ao paciente para beber. Mas os primeiros cirurgiões tinham de tomar cuidado com as doses, pois, quando ministradas em excesso, causariam um sono do qual não haveria despertar. Às vezes, a mandrágora era combinada com outros entorpecentes e usada para impregnar uma esponja, que podia ser aplicada nas narinas do paciente até que ele adormecesse, provavelmente proporcionando um estado de sonolência mais leve do que se fosse ingerida.

Talvez o mais estranho de tudo seja que a crença no brilho noturno da mandrágora é baseada em fatos. Por alguma razão, suas folhas são atraentes para os vaga-lumes, e são essas pequenas criaturas, cuja luminescência esverdeada é notável, que a fazem brilhar na escuridão. Qualquer pessoa que não soubesse disso certamente ficaria surpresa com o aparecimento da planta após o anoitecer e pensaria que as antigas lendas sobre seus poderes diabólicos poderiam ser verdadeiras. É essa circunstância que faz com que a mandrágora receba o nome de "vela do Diabo".

Até mesmo a história da mandrágora gritando ao ser arrancada da terra pode ter um fundo de verdade, tendo a lenda crescido a partir disso. Plantas com raízes grandes e carnudas costumam crescer em locais úmidos e, quando puxadas devagar, é muito provável que emitam um som estridente. O caçador de mandrágoras assustado não teria esperado mais do que o primeiro guincho!

É claro que todos os detalhes horríveis da lenda da mandrágora foram mantidos vivos por aqueles que tinham mandrágoras à venda. As pessoas pagavam preços altos por uma mandrágora boa e natural e a valorizavam muito como talismã. Acreditava-se que trazia sorte ao seu dono em todos os aspectos da vida, mas especialmente em questões de amor e fertilidade. Essa última crença era geral em todo o mundo antigo, como mostra a história da Bíblia sobre Raquel, Leah e as mandrágoras, e persiste até os dias atuais. Às vezes, mandrágoras inteiras são colocadas à venda, importadas a preços elevados, e alguns herboristas ocultistas vendem pedaços de raiz de mandrágora para serem usados como amuletos da sorte.

Possuir uma mandrágora que abrigasse um espírito familiar era uma das práticas das bruxas na Europa antiga. Em 1603, uma mulher foi enforcada como bruxa em Romorantin, perto de Orleans, pelo suposto crime de manter um espírito familiar na forma de mandrágora. Ela era esposa de um mouro e provavelmente obteve a raiz no Oriente Médio, onde a secagem e modelagem das raízes de mandrágora eram praticadas quase como profissão por alguns especialistas na arte.

Quando Joana D'Arc foi julgada como bruxa, uma das acusações contra ela foi a de que possuía uma mandrágora, que carregava no peito como um familiar, mas ela negou isso. Em 1630, três mulheres foram executadas em Hamburgo, acusadas de bruxaria e posse de mandrágoras.

Uma das formas de utilização do familiar mandrágora por uma bruxa era colocá-lo sob o travesseiro à noite para que o espírito da planta pudesse instruí-la nos sonhos. A mandrágora tinha vários outros nomes pelos quais era conhecida: "o manequim da terra", "o pequeno homem da forca" (aludindo ao fato de ser encontrada embaixo de uma forca), ou o "alraun". Parece que essa última palavra, em sua origem, significava "bruxa" e, com o tempo, passou a designar "familiar de uma bruxa". Utilizado sobretudo na Alemanha, o "alraun" era um bem precioso, transmitido muito secretamente como herança de família. Tinha de ser guardado em uma caixa, embrulhado em seda e banhado quatro vezes por ano com vinho ou conhaque. O líquido usado para banhá-lo teria virtudes mágicas e poderia ser espalhado pela casa com um aspersório de ervas aromáticas para trazer boa sorte.

A verdadeira mandrágora, *Atropa mandragora*, não é nativa da Grã-Bretanha, mas cresce nos países mais quentes ao redor do mar Mediterrâneo e no Oriente Próximo. No entanto, as maravilhas e virtudes da mandrágora são exaltadas em antigos herbários ingleses que datam do século 11, e talvez por isso foram importadas. Na época de Henrique VIII, supostas raízes de mandrágora eram vendidas em caixas para fins mágicos.

Francis Bacon alude à bruxaria e à mandrágora em suas obras:

Existem algumas plantas, mas raras, que têm uma raiz musgosa ou penugenta, e também têm vários filamentos como barbas, como as mandrágoras, das quais bruxas e impostores fazem uma imagem feia dando-lhe a forma de um rosto no topo da raiz, e usando esses fios para fazer uma barba até o pé.

As pobres bruxas rurais da Grã-Bretanha, que não tinham como obter ou comprar a verdadeira raiz de mandrágora, faziam uso das raízes de briônia branca ou preta, duas plantas de sebe que têm raízes carnudas e grandes, e que por isso passaram a ser chamadas de mandrágora inglesa. (Nos Estados Unidos, uma planta medicinal denominada *Podophyllum peltatum* é conhecida como mandrágora americana, mas corresponde a uma planta bem diferente de qualquer uma das anteriores.)

Os primeiros herboristas, Gerarde, Parkinson e Turner, denunciaram os bonecos de mandrágora como uma falsificação, produzidos pela arte e não pela natureza, para tirar dinheiro de pessoas crédulas. Um livro antigo chamado *A Thousand Notable Things*, de Thomas Lupton (publicado pela primeira vez em Londres, 1579, com muitas edições subsequentes), conta em linguagem pitoresca como isso era feito:

> Pega a grande raiz dupla de briônia recém-retirada do solo e, com uma faca fina e afiada, modela a forma de um homem ou mulher (a briônia branca de nossos camponeses), com suas genitálias e outros membros, e quando estiver pronta, perfura levemente todos esses lugares com uma lâmina afiada, como a cabeça, as sobrancelhas, o queixo e as partes íntimas, e coloca nos pequenos buracos as sementes de milhete ou qualquer outra que produza pequenas raízes que se assemelhem a cabelos (semente de alho-poró vai servir muito bem, ou então cevada). Depois, enfia a raiz no chão e cobre de terra até formar apenas uma fina camada por cima, e então verás um ídolo monstruoso e cabeludo, que passará a existir se for feito com esmero, habilidade ou precisão.

Assumir, no entanto, que a única razão para que "bruxas e impostores" fizessem isso era se impor aos crédulos seria incorreto. Algumas pessoas venderam esse tipo de coisa para obter lucro, como é de esperar, mas as bruxas confeccionavam uma mandrágora para abrigar um espírito familiar, dando ao elemental uma efígie na qual ele poderia morar, se o trabalho fosse realizado com a devida observância. O valor de usar uma raiz para esse propósito residia no fato de que ela continha vida, e de que essa essência viva ajudaria nos fins exigidos.

O momento certo para desenterrar a raiz de briônia era em noite de lua cheia. Em seguida, fazia-se a modelagem necessária etc., e a raiz era enterrada de novo até a próxima lua cheia, quando a casca já teria voltado a crescer, de modo que parecesse natural. Os fios soltos de "cabelo" eram aparados e a raiz deveria ser seca com cuidado e devagar, geralmente sobre uma fogueira na qual a erva mágica verbena era queimada, a fim de banhar a mandrágora em sua fumaça. Alguns, porém, secavam a mandrágora envolvendo-a em areia quente — o *Balneum Arenae* dos alquimistas —, e essa operação tinha alguma semelhança com a lendária criação de um *homúnculo*, ou homem artificial. Na verdade, pode ter sido a origem da lenda.

Depois de seca, a mandrágora era embrulhada em um pano de seda branco e guardada em uma caixa. Às vezes, era vestida com um pequeno manto vermelho bordado com figuras mágicas (vermelho representando a cor da vida). Depois, em uma noite propícia, como a de um dos grandes sabás, a mandrágora seria formalmente consagrada e um espírito prestativo seria convidado a fazer morada na figura, dando-lhe vida.

Isso pode explicar algumas das antigas histórias do Diabo concedendo espíritos familiares às bruxas. O que ele oferecia de fato era uma pequena criatura viva, que às vezes era possuída por um espírito, ou então algo como a mandrágora, à qual um espírito poderia animar.

MANSON, CHARLES

Quando o dia amanheceu em Los Angeles, Califórnia, em 9 de agosto de 1969, uma cena de terror macabra foi revelada. Em uma luxuosa mansão de Hollywood, cinco pessoas — a estrela de cinema Sharon Tate e quatro convidados — haviam morrido no que parecia ser um assassinato ritual, realizado à sombra da Lua. Ao que tudo indica, não havia motivo para aquele crime, e as vítimas tinham sido baleadas e esfaqueadas repetidas vezes, com um grau de perversidade que fez com que até policiais veteranos empalidecessem.

A característica mais estranha do caso foi a forma como os corpos de Sharon Tate e de seu amigo Jay Sebring, um cabeleireiro de fama internacional, foram posicionados após a morte. Havia uma corda de náilon atada ao pescoço da srta. Tate. A corda foi pendurada em uma viga do teto e a outra ponta foi amarrada no pescoço de Sebring, que tinha a cabeça coberta por um capuz. No entanto, nenhum deles morreu enforcado.

Dois dias depois, outra descoberta muito semelhante voltou a abalar uma cidade já aterrorizada. Mais duas pessoas ricas, o sr. e a sra. La Bianca, foram encontradas mortas em sua casa em Los Angeles. Ambos foram amarrados e esfaqueados repetidas vezes, e a cabeça do sr. La Bianca estava coberta por uma fronha branca.

Devido à natureza bizarra e à visibilidade social das pessoas envolvidas, esses episódios receberam publicidade mundial. O termo "assassinato ritual" foi usado desde o início para descrevê-los, e possíveis conexões com o ocultismo foram investigadas. Foi lembrado que o marido da srta. Tate, Roman Polanski, havia produzido o extraordinário filme satânico *O bebê de Rosemary*. Corria o boato de que o longa havia irritado alguns grupos secretos por causa dos assuntos de que tratava, e que Polanski recebera ameaças. Ele próprio escapou do massacre por pura sorte; estava filmando em Londres quando o crime aconteceu.

Parecia que algum elemento de ódio impessoal estava envolvido; na cena de cada crime, as referências a "porcos" foram pintadas com sangue. Por outra estranha reviravolta do destino, Sharon Tate estava grávida de oito meses quando morreu, e o nome da mulher vítima do segundo assassinato era Rosemary.

Sharon e o marido tinham interesse no ocultismo, o que era conhecido pelo público; e ela estreou no cinema em um filme chamado *O olho do diabo*, uma história sobre uma garota com poderes de bruxa.

A Califórnia é conhecida como um núcleo de grupos e ordens ocultistas de todos os tipos, alguns deles tendo conquistado respeito internacional, enquanto outros são considerados estranhos e fantasiosos ao extremo. À medida que a polícia prosseguia com as investigações, vários membros de cultos foram entrevistados, mas sem resultados significativos.

Entretanto, uma garota hippie que estava detida sob outras acusações começou a se gabar para suas companheiras de cela, alegando ter participado dos assassinatos na mansão de Sharon Tate. As autoridades foram informadas e, como resultado, uma comunidade de hippies que viviam em fazendas desertas nas proximidades de Los Angeles foi investigada. Seis deles, quatro mulheres e dois homens, foram acusados dos assassinatos. A polícia afirmou acreditar que o clã hippie também era responsável por uma série de outras mortes inexplicáveis e que planejavam cometer outras mais.

Assim, o mundo passou a ouvir o nome de Charles Manson, líder da "família" hippie que se autodenominava Escravos de Satanás. Seu rosto magro e barbudo estava estampado em todos os jornais, os olhos hipnóticos e perturbadores. Os fatos inquietantes de que a magia das trevas e o assassinato ritual estavam vivos no mundo moderno não podiam mais ser ignorados.

Duas de suas seguidoras, Susan Atkins e Linda Kasabian, deram descrições arrepiantes de como os assassinatos haviam ocorrido. Ambas disseram que as mortes foram cometidas sob a influência hipnótica de Manson; ele deu ordens para matar e seus seguidores as executaram. Mais tarde, Susan Atkins tentou voltar atrás em seu testemunho e dizer que Manson nada sabia sobre os assassinatos, mas era tarde demais e o tribunal já ouvira mais do que o suficiente para que isso fosse aceito. Linda Kasabian, que não participou dos assassinatos propriamente ditos, obteve imunidade criminal em troca de seu testemunho. O principal assistente de Manson, Charles "Tex" Watson, sofreu um colapso mental enquanto estava sob custódia e foi internado em um hospital. As outras duas mulheres acusadas eram Patricia Krenwinkel e Leslie Van Houten.

O motivo dos assassinatos foi duplo. Em primeiro lugar, para expressar ódio pelo que Manson chamou de "o mundo dos porcos", isto é, o mundo da riqueza e das convenções estabelecidas, o mundo dos não hippies; em segundo lugar, para causar terror naquele mundo, e assim precipitar o que Manson acreditava ser a revolução vindoura, quando o sistema branco e os militantes negros lutariam entre si até a extinção, e apenas restariam os hippies. Ele pensava que as mortes seriam atribuídas a militantes negros.

Parece incrível que um homem tenha sido capaz de fazer com que outros o seguissem cegamente em tal projeto. Mas Manson e os seus devotos viviam num mundo próprio, no deserto da Califórnia, distorcido pelas drogas, sobretudo pelo LSD. Seus seguidores o consideravam um homem com poderes divinos. Eles contaram no tribunal que o viram fazer milagres, como encantar cobras, curar animais e pássaros doentes e fazer com que idosos voltassem a ser jovens. Mesmo depois de ele ter sido preso, grupos de seus seguidores sentaram-se do lado de fora do tribunal, dia após dia, confiantes de que ele seria libertado. Quando Los Angeles foi abalada por um terremoto durante o julgamento, alguns deles consideraram esse fato um sinal. A origem desse "sinal", no entanto, não está clara, porque Manson se via como uma combinação de Cristo e Satanás. Não se sabe de onde surgiu essa crença, mas a ideia de que Deus se manifestava em três aspectos — Lúcifer, Jeová e Satanás, e todos os três deveriam ser adorados — já havia sido aventada, e pode tê-lo influenciado.

Manson nasceu em 12 de novembro de 1934, um filho ilegítimo em condições precárias. Na época dos assassinatos, ele estava com 35 anos, dos quais 22 foram passados em várias prisões, sob diversas acusações, mas nenhuma de violência.

Manson é do signo de Escorpião, um dos mais complexos do zodíaco. É o signo fixo do elemento água; da água parada que corre fundo. Governado por Marte, é um signo associado ao sexo, à morte e aos mundos invisíveis. Os escorpianos têm uma personalidade magnética e uma estranha capacidade de submeter os outros à sua vontade. Com frequência, apresentam dons psíquicos notáveis e são naturalmente atraídos para o ocultismo e o misticismo. Têm um impulso sexual poderoso e emoções fortes.

A complexidade de Escorpião é demonstrada pelo fato de possuir três símbolos diferentes: o escorpião, a serpente e a águia. As pessoas nascidas sob esse signo podem subir às alturas e sondar as profundezas. A serpente é um emblema da sabedoria oculta; a águia voa acima de todas as outras aves e significa sublimação; o escorpião personifica a luxúria e a crueldade, e é uma criatura do deserto árido e hostil, tal como Manson.

Manson se gabava de viver como um rei entre seus seguidores hippies, e de que certa vez teve quinze mulheres a seu dispor, atendendo todos seus desejos. Nas noites de luar, ele presidia rituais de sexo orgiástico. Descrições de testemunhas oculares revelam que ele de fato tinha algum conhecimento de rituais sexuais mágicos. Segundo esses relatos, ele ficava no centro de um círculo de homens e mulheres, e quando sinalizava o início da cerimônia, as mulheres o cercavam, beijando seus pés e tratando-o como um deus encarnado. Nesse meio-tempo, os homens sentavam-se em meditação, enquanto as drogas que haviam usado faziam efeito. Quando Manson julgava que era o momento certo, todos se juntavam em atos sexuais comunitários, passando de um parceiro ao outro no círculo até ficarem exaustos demais para continuar. Supunha-se que essas práticas aumentavam o poder mágico e produziam sonhos e visões.

Manson parece ter imaginado a si mesmo como o Diabo de um coven de bruxas medievais — considerado um deus encarnado, com poder de vida ou morte sobre seus devotos, recompensando suas seguidoras com favores sexuais ou punindo-as com espancamentos, e tendo um homem de confiança para cumprir suas ordens.

De acordo com o depoimento de Linda Kasabian, os homens do clã de Manson se autodenominavam bruxos, e "Charlie chamava todas as garotas de bruxas". Ele pedia que fabricassem "coisas de bruxa" para pendurar nas árvores, a fim de marcar o caminho para o acampamento: sinalizações feitas de ervas daninhas, pedras e galhos, presas com arame. De acordo com a mesma testemunha, antes de o grupo de assassinos partir para a casa de Sharon Tate, todos peculiarmente vestidos de preto, Manson ordenou que "deixassem um sinal, algo mágico". Ele próprio não os acompanhou, mas aguardou que retornassem, confiante de que as suas ordens seriam obedecidas.

No entanto, não há evidências de que Manson fosse um bruxo, exceto em sua própria fantasia. Ele parece ter reunido seus seguidores originalmente na área de Haight-Ashbury, em São Francisco, berço do sonho hippie, e viajado com eles pela Califórnia em um ônibus escolar caindo aos pedaços. Algumas de suas ideias místicas podem ter derivado de seu nome: Manson, o Filho do Homem.

O julgamento de Charles Manson e dos outros acusados durou nove meses e custou cerca de um milhão de dólares. A única seguidora que expressou algum pesar pelas mortes foi Linda Kasabian. Os demais deixaram claro que consideravam o julgamento uma zombaria e trataram o processo de acordo. Isso levou a cenas bizarras na sala de audiência, que lembraram o comportamento das mulheres supostamente enfeitiçadas em Salem, no século 17.

As três mulheres, Susan Atkins, Patricia Krenwinkel e Leslie Van Houten, agiam como se Manson as tivesse enfeitiçado. Copiavam tudo o que ele fazia.

Quando ele ria, elas também riam; quando ele ficava com raiva, elas também ficavam com raiva; quando ele apareceu no tribunal com a cabeça raspada, elas também rasparam a cabeça. Manson compareceu à corte assim, sacrificando seus longos cabelos e barba, depois de ter sido declarado culpado. Por meio de seu advogado, ele disse: "Fiz isso porque sou o Diabo, e o Diabo sempre tem a cabeça careca". Além de Manson, Atkins, Krenwinkel e Van Houten foram consideradas culpadas, e os quatro foram condenados à morte na câmara de gás.*

Manson afirmou que acolhia as pessoas que a sociedade havia descartado como lixo humano e dava amor a elas, transformando-as em sua "família". Mas sua mente ficou distorcida por 22 anos nas prisões americanas. O "amor" assumiu outra face — rancor pelas pessoas "convencionais", os "porquinhos"; e ele contaminou seus seguidores com seu próprio ódio implacável.

Talvez, se a sociedade sentisse mais compaixão pelo seu lixo humano, se pudesse ter encontrado formas melhores de lidar com o jovem Charles Manson do que trancafiá-lo em uma prisão após outra, os horríveis acontecimentos de agosto de 1969 em Los Angeles nunca tivessem acontecido.

MARCA DO DIABO

A marca do Diabo era, supostamente, o sinal gravado por Satã em uma bruxa ou bruxo no momento de sua iniciação. Também era chamada de *sigillum diaboli* ou selo do diabo.

Qualquer pessoa razoável poderia argumentar que decerto foi muito imprudente da parte do Diabo ser tão solícito a ponto de marcar bruxas e bruxos dessa forma, permitindo, assim, que fossem identificados com mais facilidade. Para contestar esse argumento, os caçadores de bruxas afirmavam que essa marca tinha uma natureza muito específica e que eram necessárias muita habilidade e experiência para encontrá-la.

Por consequência, uma verdadeira corporação de "picadores de bruxas", como passaram a ser chamados, surgiu na Escócia. Esses homens espalhavam

---

* Em 1972, com a supressão da pena capital no estado da Califórnia, a sentença foi comutada para prisão perpétua. Manson morreu em 2017, aos 83 anos. [N. E.]

a crença de que as bruxas eram marcadas de maneira muito sutil, muitas vezes *invisível*, mas que mesmo assim poderiam detectar a marca do Diabo porque era um ponto insensível, de modo que não sangraria se uma agulha fosse cravada no local.

Uma mulher suspeita de bruxaria, portanto, quando entregue ao picador de bruxas, seria desnudada, às vezes em público, e ele começaria a procurar nela a marca do Diabo. Como esses homens eram pagos pelos resultados que obtinham e ganhavam a vida com esse ofício, temos certeza de que não deixariam de encontrar algo que afirmariam ser a marca do Diabo — a menos que, é claro, fossem muito bem subornados para não fazer isso.

Alguns deles usavam um picador falso, que só *aparentava* penetrar a pele, quando na verdade a ponta estava retraída para dentro do cabo. Assim, por meio de um simples dispositivo mágico, e aos olhos de espectadores horrorizados — que, impelidos pelo dever religioso, se aglomeravam para ver uma mulher nua sendo torturada —, esses homens simulavam ter enfiado uma agulha na carne da vítima sem que ela nada sentisse ou qualquer sangue jorrasse. Agora, se antes disso eles tivessem usado um picador de verdade — causando dor e sangramento suficientes para convencer os espectadores da seriedade do julgamento — e, valendo-se de uma artimanha, o trocassem pelo instrumento falso, o efeito criado seria muito impressionante e realista.

Por fim, após causarem muitas execuções, os truques desses velhacos se tornaram tão evidentes que em 1662 as "picadas de bruxaria" foram proibidas por lei, a não ser que houvesse uma ordem especial do Conselho. Quando alguns dos homens envolvidos foram presos pelas fraudes que tinham cometido, a prática desapareceu.

No entanto, na época das perseguições, quase qualquer marca ou peculiaridade natural poderia ser considerada uma marca do Diabo se alguém estivesse determinado a condenar uma pessoa como bruxa. As descrições desse suposto *sigillum diaboli* eram vagas e variavam. Às vezes, dizia-se que era uma mancha azul; às vezes, algo parecido com a pegada de um sapo; às vezes, qualquer particularidade física aleatória. Assim, quando o rei Henrique VIII se desapaixonou de Ana Bolena, acusou-a, entre outras coisas, de bruxaria, e declarou que certa característica peculiar e natural dela era uma marca do Diabo.

Existem muitas tradições sobre o que era essa peculiaridade. Um dos relatos conta que Ana Bolena tinha um dedo extra malformado em uma das mãos; outro que ela tinha um mamilo extra em um dos seios. Seja lá o que fosse, Henrique aproveitou para declarar que "firmou esse casamento seduzido por bruxaria, e que isso era evidente porque Deus não permitiu que eles tivessem um filho homem".

O mamilo extra, ou "teta de bruxa", era considerado uma marca quase certa e condenatória do Diabo, porque era concedido a uma bruxa para que ela pudesse amamentar seu familiar quando ele assumisse a forma de um animal ou réptil. Às vezes, até mesmo os bruxos eram acusados de manter familiares dessa maneira. "Evidências" disso apareciam com frequência em julgamentos na Grã-Bretanha. Uma lei do Parlamento do rei Jaime I contra a bruxaria menciona especificamente aqueles que "consultam, compactuam, entretêm, empregam, alimentam ou recompensam qualquer espírito maligno ou perverso com qualquer intenção ou objetivo", tornando essa transgressão um crime punível com a morte.

Ora, o fato é que mamilos extras no corpo humano são bastante conhecidos pela ciência médica. Não é uma ocorrência comum, mas não é algo tão insólito como as pessoas poderiam supor, em absoluto; trata-se de um fenômeno perfeitamente natural.

Esses mamilos supranumerários, como os médicos os chamam, costumam se localizar na chamada "linha de leite", uma linha imaginária que atravessa a localização normal dos seios em ambos os lados, passando pela axila até o ombro e descendo dos seios na direção da região pélvica. No entanto, em alguns casos, embora mais raros, esses mamilos também podem ser encontrados em outros locais do corpo. As autoridades médicas estimaram que mamilos supranumerários podem ser encontrados em 1% a 2% da população.

Um caso famoso na história da medicina e que foi relatado por dois cientistas franceses em 1827 é o de uma mulher chamada Thérèse Ventre. Madame Ventre não só tinha dois seios normais, mas também um seio extra na parte externa da coxa, suficientemente desenvolvido para dar leite. Uma imagem contemporânea a mostra segurando um bebê nos braços enquanto o alimenta do modo normal, e outra criança sendo amamentada no seio de sua coxa. Se essa senhora tivesse vivido alguns séculos antes, decerto teria sido condenada como bruxa.

MAU-OLHADO

O conceito do mau-olhado é uma das crenças mágicas mais consagradas e difundidas do mundo.

O velho John Aubrey, em seu *Miscellanies* (Londres, 1696), resumiu isso de modo breve e foi direto ao ponto: "Os olhares de inveja e malícia também ferem, mesmo que de forma sutil. O olho da pessoa maliciosa de fato contamina e adoece o espírito do outro".

Ter a capacidade de lançar mau-olhado sobre alguém é um dos principais poderes atribuídos à bruxaria das trevas. Pessoas que conseguiam fazer isso eram chamadas de "bruxas de olhar corrosivo". Dizia-se que suas vítimas, que passavam a definhar e a ter azar por causa desse olhar mortal, ficavam "maleficadas", "encantadas", "arruinadas". Um curioso termo dialetal inglês as chama de "corujas enfeitiçadas", talvez pela ideia do olhar fixo da coruja.

Os efeitos do mau-olhado podem ser sentidos de duas maneiras: por doença física ou nervosa ou por uma série de acontecimentos infelizes e uma onda de azar. A crença na possibilidade de essas coisas acontecerem ainda é quase tão viva como era na Idade Média. Muitas vezes ouvimos pessoas dizerem que alguém "trouxe má sorte", o que significa que a influência desse alguém arruinou algo — ou uma pessoa. Essa é apenas outra maneira de dizer "Eles lançaram mau-olhado".

Quando certas "agitações trabalhistas" estavam sendo investigadas em Nova York, em 1957, a comissão de investigação descobriu que um homem com fama de lançar maus-olhados tinha, na verdade, sido contratado para intimidar os funcionários de uma empresa. O homem vinha uma ou duas vezes por semana e olhava fixamente para os trabalhadores, a fim de mantê-los com medo — e pelo jeito conseguiu.

Essa história, por mais fantástica que pareça, prova uma coisa: que a natureza e a mente humanas são basicamente as mesmas tanto sob os arranha-

-céus da Nova York dos tempos modernos como em meio a ruas medievais estreitas ou nas aldeias remotas de séculos atrás.

Há alguns anos, na Grã-Bretanha, uma socialite, cujas festas no jardim e partidas de tênis eram sempre arruinadas pela chuva, disse a um colunista de fofocas: "Vou comprar um colar de contas azuis. Alguém colocou mau--olhado em mim".

Contas azuis brilhantes como prevenção do mau-olhado são populares no Oriente Próximo. Podem ser de vidro ou cerâmica; o que importa é o brilho e a clareza da cor, não o custo do colar.

Amuletos contra mau-olhado podem ser de vários tipos, e muitas vezes são bonitos e artísticos na forma. A Mão de Fátima, por exemplo, é quase sempre feita de prata dourada e decorada com pedras semipreciosas. Essa representação de uma mão é assim chamada em homenagem à filha do profeta Maomé, mas a figura de uma mão como defensora simbólica contra o mal é muito antiga. Na verdade, as mãos pintadas nas paredes de cavernas da Idade da Pedra podem ter tido esse significado.

O conceito desse amuleto deriva do gesto instintivo do homem de colocar a mão diante do rosto para afastar a influência sinistra do mau-olhado. Imagens de mãos em bronze, chamadas de *mano pantea*, existiam nas casas romanas nos tempos antigos com o mesmo propósito. Elas eram incrustadas com muitas outras figuras amuléticas, como serpentes, lagartos, bolotas, pinhas, chifres e assim por diante. A posição dos dedos nesses amuletos pré-cristãos é a mesma usada hoje para abençoar, ou seja, com o polegar, o indicador e o médio levantados e os outros dois dedos fechados.

Dois outros gestos contra mau-olhado, feitos com os dedos, são o *mano cornuta*, ou "mão chifrada", e o *mano in fica*, ou "figa". São muito populares nos países latinos, mas também bastante conhecidos em quase todos os lugares. A *mano cornuta* consiste em levantar o indicador e o mínimo e dobrar os outros dedos na palma da mão. A *mano in fica* corresponde a uma mão fechada com o polegar enfiado entre os dedos indicador e médio. Ambos os gestos são sinais usados pelas bruxas, além de serem defesas contra o mau-olhado.

Mau-olhado. Amuletos de bruxas contra mau-olhado: *mano in fica* e *mano cornuta*.

Pequenos amuletos que reproduzem esses trejeitos ainda podem ser comprados na Grã-Bretanha e em toda a Europa. Tais gestos são muito antigos: exemplares de *mano in fica* já foram encontrados na arte egípcia antiga, e pinturas em túmulos etruscos mostram dançarinos levantando as mãos em posição de *mano cornuta*.

A *mano in fica* também era conhecida na Grã-Bretanha, como mostram estes antigos versos folclóricos:

Bruxa, bruxa, eu desafio você!
Quatro dedos em volta do meu polegar,
Deixe-me passar em silêncio por você.

Dean Ramsay, ao escrever sobre seus tempos de escola em Yorkshire entre 1800 e 1810, contou como ele e os colegas "costumavam colocar um polegar entre o primeiro e o segundo dedos e apontar para baixo a fim de se protegerem de modo infalível contra as influências malignas de uma bruxa muito malévola e poderosa".

Outra forma de neutralizar mau-olhado era trançar um cordão e fazer nós intercalados. Pensava-se que o olhar malicioso, diante de um padrão como esse, começasse a dispersar e perdesse força. Resquícios dessa crença podem ser encontrados nas fivelas de prata, com padrões elaborados, que as enfermeiras às vezes usavam em seus cintos. No passado, muitas doenças eram atribuídas a mau-olhado, portanto, uma enfermeira tinha de ser capaz de se proteger. Daí surgiu o hábito de usar fivelas desse tipo, embora as enfermeiras de nossos dias possam não saber a origem desse costume.

É provável que os elaborados entrelaçamentos e trançados da arte decorativa celta e saxônica tenham se originado desse mesmo conceito. Tal decoração protegia contra mau-olhado, então reproduzi-la nas coisas era algo benéfico e trazia boa sorte.

Outro recurso contra mau-olhado era ter algum objeto para enfrentá-lo. Para esse fim, eram usadas representações de olhos — em particular, o chamado "olho grego" — feitas de ônix preto e branco, cortadas e polidas de modo a se assemelharem a um olho. Broches, anéis e abotoaduras masculinas fabricados com essa pedra semipreciosa também são vistos hoje em dia. No Antigo Egito, o amuleto chamado "olho de Hórus" era usado com o mesmo propósito.

Bolas de bruxa brilhantes e resplandecentes eram penduradas nas janelas das casas antigas para refletir olhares sinistros de volta a quem os lançasse. (*Ver* BOLAS DE BRUXA.)

Os muitos e variados amuletos contra mau-olhado, as práticas e cerimônias para evitá-lo e os vários nomes dados a esse malefício em diferentes línguas mostram a universalidade dessa crença. Os antigos romanos o chamavam de *oculus fascinus*; os gregos o conheciam como *baskania*. Em italiano se chama *malocchio* ou *la jettatura*. A Alemanha chama de *böse blick*; a Espanha, de *mal ojo*; a França, de *mauvais oeil*. Na longínqua Índia, é o temido *drishtidosham*. A antiga Escócia que falava gaélico o chamava de *chronachaidh*, e para os irlandeses era *droch-shuil*.

E um antigo encantamento gaélico, para ser proferido sobre alguém "atingido" pelo mau-olhado, dizia assim:

O olho que foi,
E voltou,
Que alcançou o osso,
E alcançou a medula,
Eu afastarei de você
E o Rei dos Elementos me ajudará.

Claro, todos os encantamentos devem ser ditos três vezes, e, supõe-se, funcionariam melhor em uma quinta-feira ou um domingo.

Mas como o mau-olhado era *lançado*? Inúmeros são os meios de anulá-lo, mas as informações sobre como o feitiço maligno era infligido são escassas. Acredita-se com frequência que as pessoas nasçam com esse poder — e muitas vezes sem qualquer intenção de fazê-lo.

Várias pessoas famosas foram acreditadas — ou deveríamos dizer desacreditadas? — por possuir esse poder maligno. Lorde Byron, o poeta, foi uma delas. O mesmo aconteceu com o falecido rei da Espanha, Afonso XIII, e com Napoleão III, o imperador da França. Considerou-se até que o papa Pio IX e seu sucessor, Leão XIII, tivessem o poder do mau-olhado — não porque fossem perversos, mas apenas porque nasceram com esse dom fatal, quisessem eles ou não.

A natureza humana teme a pessoa que é *diferente*. Assim, entre os ingleses, que costumam ter cabelos louros e olhos azuis, é o olho escuro e brilhante do cigano, do latino ou do oriental que provoca pensamentos temerosos de fascínio e feitiçaria. Mas, entre os espanhóis, as *loiras* são temidas! "*Las rubias son venenosas*", diz o antigo provérbio espanhol. Os marroquinos pensam que as pessoas com olhos *azuis* são aquelas com quem se deve ter cuidado.

"Os olhos são a janela da alma", diz o velho ditado, e isso pode ser interpretado para o bem ou para o mal. A maldição silenciosa do mau-olhado, *que vinha da alma interior*, era mais temida do que imprecações faladas abertamente. O próprio silêncio do mau-olhado lhe conferia a concentração reprimida de algo formulado desde as entranhas. Como se uma raiva muito profunda e ardente estivesse por trás disso — quem sabe?

Em 1616, uma mulher chamada Janet Irving foi levada a julgamento na Escócia sob acusação de bruxaria. Foi usada como evidência a informação de que "o Diabo" lhe havia dito: "Se antipatizares com alguém, olha para essa pessoa com os olhos abertos e ora desejando o mal para ela em meu nome, que realizarei o desejo de teu coração".

"O Diabo" pode ser uma referência ao líder do coven que a instruiu na magia, ou talvez ao "Velho Cornífero", o próprio deus das bruxas. Mas essa descrição é a única que conheço da verdadeira imposição do mau-olhado.

Afinal, se a bruxaria não tivesse dentes e garras para se defender, teria sobrevivido a séculos de perseguição?

O efeito da crença no mau-olhado na Escócia (e em outros lugares) era às vezes aproveitado por velhinhas astutas que, se não fosse assim, teriam vivido em extrema pobreza. Como nos conta a velha canção escocesa:

Kimmer consegue malte, Kimmer consegue farinha,
E Kimmer vive sem medo, com saúde e simpatia;
Kimmer consegue queijo, Kimmer consegue pão,
E o misterioso olho de Kimmer a deixa sem preocupação.

E boa sorte para a "velhinha astuta"! A sina dos pobres e dos desafortunados, nos tempos em que não havia estado de bem-estar social, era muitas vezes cruel e difícil. É complicado culpá-los por usar as crenças populares para benefício próprio.

Os ciganos, atormentados e perseguidos, fazem a mesma coisa hoje. Quantas pessoas compraram alguma coisa de um cigano não porque quisessem, mas porque "nunca se sabe"?

MISSA NEGRA

A crença popular credita a missa negra como o principal rito da bruxaria e seu ponto culminante, em se tratando do macabro e da abominação. No entanto, a missa negra não é, de forma alguma, um rito de bruxaria.

O objetivo desse ritual é perverter e insultar o mais elevado sacramento cristão. Portanto, é preciso aceitar a legitimidade da missa como o mais elevado sacramento cristão e acreditar em sua efetividade, antes de poder pervertê-la. E as pessoas que acreditam nisso são os cristãos, não as bruxas. Eles podem ser maus cristãos, mas decerto não são pagãos. Na verdade, estão brincando com o cristianismo por meio de seus esforços muito elaborados de blasfêmia, uma espécie de elogio irônico.

A missa cristã é uma celebração que envolve pão e vinho, os quais o cristão acredita se transformarem misticamente no corpo e no sangue de Cristo, mas o pagão não crê nisso. Aliás, para celebrar a missa negra, não é preciso apenas ser cristão, mas católico romano, que acredita na verdadeira missa. Caso contrário, como salientou Gerald Gardner, seria despendido um grande esforço para insultar um pedaço de pão.

As histórias sobre a missa negra tiveram diversas fontes; nem todas, porém, são ficção. Diversos tipos de missa negra já aconteceram e provavelmente ainda acontecem. Quando genuínos, esses ritos surgem sobretudo da revolta contra a opressão da Igreja e da frustração daqueles que têm de se submeter a ela.

Na Idade Média, a Igreja controlava a vida pública e a vida privada com mão de ferro. O sistema feudal, apoiado pela Igreja, era um jugo pesado sobre o pescoço dos homens. De modo subjacente, o ressentimento ardia e, às vezes, explodia em chamas, sendo eliminado logo em seguida sem piedade alguma. Os senhores governavam de seus castelos, enquanto o servo não tinha futuro a não ser trabalhar arduamente a fim de torná-los mais ricos.

Nesse contexto, o Satã na França medieval ganhou um título expressivo: *Le Grand Serf Revolté*, "O Grande Servo Revoltado". E assim o cenário estava montado com o que deveriam ser as únicas circunstâncias em que o verdadeiro culto ao Diabo aparecia. Não porque as pessoas optassem por adorar o mal, mas porque tudo o que podiam desfrutar ou esperar deste mundo era atribuído ao Diabo. A liberdade é do Diabo, o prazer sexual é do Diabo; até a música e a dança são do Diabo. Muito bem, então invoquemos o Diabo!

Mas como podemos invocar o Diabo? Qual outro modo senão revertendo os métodos usados pelo cristianismo? Lembre-se, a missa naquela época era sempre rezada em latim; o Pai-Nosso era o *Paternoster*. Esses eram os encantamentos sonoros que invocavam o Deus cristão. Se fossem invertidos, será que invocariam as forças opostas às da Cristandade — as forças da alegre e desenfreada luxúria, da liberdade nua e crua, tais quais as forças que os servos outrora conheceram nas antigas festas pagãs e das quais a memória popular ainda mantinha um eco distante, o calor das boas lembranças? As pessoas podem muito bem ter pensado dessa maneira naquela Idade das Trevas.

Essa atmosfera mental não estava restrita aos países controlados pela Igreja Católica Romana. John Buchan, em seu romance *Witch Wood*, descreveu de modo vivaz o ambiente opressivo que existia na Escócia puritana sob um protestantismo extremo e de mente fechada, e os meios que as pessoas encontravam para aliviar suas frustrações, seja em um sabá de bruxas genuíno, seja em uma imitação dele.

No entanto, a missa negra não pertence à bruxaria legítima, que tem tradições e rituais próprios. A verdadeira bruxa é pagã, e o antigo Deus Cornífero das bruxas é muito mais antigo do que o cristianismo, o Diabo cristão ou Satã. Contudo, partindo do que já foi dito, percebe-se como o Deus Cornífero pode ter se associado ao Diabo no imaginário popular, ainda mais porque a Igreja gravou na mente de todos que os antigos deuses pagãos eram, na verdade, demônios. As pessoas adoravam o Diabo unicamente porque a imagem criada do Deus cristão era a de um ser tão duro e cruel que o Diabo lhes parecia uma figura mais agradável.

Hoje, as bruxas realizam uma cerimônia que envolve vinho e bolos, descrita em *Aradia: o evangelho das bruxas*, de Charles Godfrey Leland. (Ver ARADIA.) O vinho — ou cerveja, ou sidra quando não era possível obter vinho — era (e ainda é) usado para beber à saúde dos antigos deuses. Mas isso não é feito para zombar da missa cristã ou de qualquer outra coisa. O vinho é consagrado ao Deus Cornífero e à Deusa da Lua, as divindades das bruxas. Os sabás e os esbás sempre envolvem um banquete-ritual, ou pelo menos alguma comida e bebida, e na mente apaixonada dos escritores antibruxas isso quase sempre se torna uma missa negra, embora não tenha nenhuma semelhança com o sacramento cristão.

Para além das influências mencionadas na história da missa negra, existe o fato de que alguns sacerdotes cristãos — ou melhor dizendo, cristãos em teoria — pervertiam sua celebração da missa para fins de magia maligna. Também essa prática é muito antiga. Já no século 7, o Concílio de Toledo denunciou a prática de rezar a missa de réquiem em nome de uma pessoa viva, para que assim ela, a pessoa viva, adoecesse e morresse.

Também existem grimórios mágicos que exigem que os utensílios de magia, como varinha, punhal etc., sejam colocados em um altar e uma missa seja rezada sobre eles.

A história do notório abade Guibourg, que rezou uma missa sobre o corpo nu da amante do rei, a madame de Montespan, deitada sobre um altar secreto, é um fato histórico muito bem documentado. O objetivo desse ritual era que madame de Montespan conservasse para si o interesse sempre inconstante de Luís XIV e, assim, a sua posição como rainha em tudo, menos no nome. O rito não invocava apenas a perversão de coisas sagradas, mas também assassinato ritual. O sangue de um bebê sacrificado foi misturado no cálice.

Mas o ponto é que essa missa negra tinha de ser celebrada não por uma bruxa, mas por um padre cristão ordenado e que tivesse o poder de consagrar o pão e o vinho, e isso ainda é verdade (seja bom, seja ruim) hoje. A missa negra é uma perversão de um rito cristão. Sua ligação com a bruxaria, no contexto histórico, é relativamente recente.

Além disso, a missa negra bastante desvirtuada, tão apreciada em filmes e livros concebidos para empolgar e aterrorizar, é sobretudo de origem literária. O Marquês de Sade incluiu descrições desse ritual em seus famosos romances, *Justine* (Paris, 1791) e *Juliette* (Paris, 1797). Essas descrições podem ter sido inspiradas em histórias da alta sociedade francesa sobre as atividades secretas de madame de Montespan. Os livros de Sade circularam intensamente "por debaixo dos panos", apesar dos esforços para suprimi-los. O fruto proibido é sempre atraente, por isso a ideia da missa negra ganhou status, sobretudo quando era convenientemente decorada com belas mulheres nuas.

Na Grã-Bretanha, o famoso Clube do Inferno, ou Monges de Medmenham, organizado por sir Francis Dashwood, encenava algo muito semelhante, embora bem mais descontraído. Na verdade, houve vários Clubes do Inferno no século 18 e no início do século 19, mas seu objetivo era mais promover a libertinagem desenfreada do que magia das trevas séria. Tal como acontece hoje com algumas organizações semelhantes, se as suas "invocações do Diabo" tivessem realmente produzido algum efeito, ninguém teria ficado mais aterrorizado — ou surpreendido — do que eles próprios.

Todavia, na missa negra mais recente e literária, com seus adornos teatrais, há uma figura antiga de fato: a mulher nua sobre o altar. Seria mais correto dizer que a mulher nua *é* o altar, porque esse é o papel original dela, não o de vítima de um sacrifício (que o herói do thriller resgata bem a tempo e evita que o mago mau a ataque com a faca, como tantas vezes se vê nos filmes). Essa utilização do corpo nu de uma mulher viva como altar onde as forças da vida são adoradas e invocadas remonta a um período anterior aos primórdios do cristianismo e seus dogmas sobre Satã. Remonta aos tempos do antigo culto à Grande Deusa da Natureza, em quem todas as coisas eram unas, representadas pela imagem da mulher.

MORTE NA FOGUEIRA COMO PUNIÇÃO PARA AS BRUXAS

Ao contrário da crença popular, bruxas não foram queimadas na fogueira na Inglaterra, após a Reforma. Em vez disso, as sentenças de morte foram executadas por enforcamento.

Na Escócia, porém, a pena na fogueira ainda era aplicada. Contudo, se as bruxas confessassem o que as autoridades exigiam, eram estranguladas antes da cremação, como um gesto de misericórdia. Caso se recusassem, eram queimadas vivas. Essa tradição também era seguida no continente e foi responsável por muitas das bizarras "confissões" oficialmente atribuídas a bruxas. Sabendo que não tinham chance de escapar, confessavam tudo o que lhes era ordenado — por mais que seus supostos crimes fossem uma afronta à inteligência de qualquer pessoa — a fim de ter uma morte mais misericordiosa. (Ver LEIS CONTRA A BRUXARIA.)

Os registros de bruxas e bruxos queimados na Europa como um todo são repugnantes. Não se sabe ao certo quantas pessoas foram mortas durante os anos de intolerância. É uma história que envergonha tanto protestantes quanto católicos, porque, embora a perseguição às bruxas tenha começado com a Igreja Católica, os protestantes deram continuidade a ela com igual desumanidade.

O diplomata e educador norte-americano George Lincoln Burr, a partir dos seus estudos sobre história da bruxaria, opinou que no mínimo 100 mil homens, mulheres e crianças foram queimados por prática de bruxaria apenas na Alemanha. É verdade que, nesse país, a insanidade da perseguição se alastrou com particular selvageria. Mesmo assim, quando lemos sobre casos como o do francês Nicholas Remy, procurador-geral da Lorena, gabando-se de ter sido pessoalmente responsável por queimar novecentas pessoas por bruxaria em dez anos, de 1581 a 1591, só podemos tentar adivinhar e tremer diante do total — desconhecido — de vítimas na Europa.

A caça às bruxas se estabeleceu como um negócio lucrativo, porque nem de longe todos os perseguidos eram pessoas pobres, e o patrimônios e as propriedades de uma bruxa ou bruxo condenados eram confiscados, às vezes pelas autoridades da Igreja, às vezes pelo Estado, ou mesmo pelo senhor feudal local, dependendo da circunstância. Todos os custos do julgamento e da execução eram subtraídos do patrimônio da pessoa sentenciada. Ainda é possível encontrar documentos pavorosos que definiam as tarifas de fato cobradas para a cremação de bruxas na Escócia e em outros lugares.

A última execução de bruxa na fogueira em território britânico aconteceu na Escócia em junho de 1722, quando uma idosa chamada Janet Horne foi queimada em Dornoch sob a acusação de ter mutilado a própria filha por meio de bruxaria. Quer dizer, essa foi a última condenação à fogueira da qual temos um registro histórico concreto na Escócia. Há rumores de execuções posteriores nesse país, mas, a essa altura da história, não foi a misericórdia, e sim o ceticismo e o racionalismo do século 18 que colocaram um freio nos caçadores de bruxas.

Em 1736, a bruxaria deixou de ser punida com pena capital tanto na Escócia quanto na Inglaterra, e em 1743 esse tipo de condenação foi denunciado publicamente por alguns clérigos escoceses como algo contrário à claríssima lei de Deus!

Antes da Reforma na Inglaterra, as bruxas eram tratadas como hereges e podiam ser queimadas sob a lei *De Haeretico Comburendo*, aprovada em 1401. Mas mesmo antes dessa data a execução de bruxas na fogueira já era realizada nas Ilhas Britânicas, como no caso de Petronilla de Meath, membro do coven de Dame Alice Kyteler, na Irlanda, em 1323. (*Ver* KYTELER, DAME ALICE.)

Revendo os aterrorizantes registros da queima de bruxas, somos obrigados a nos perguntar como a mente humana pôde consentir tamanha crueldade. A resposta parece apontar para o papel importante desempenhado pelo medo, o pavor da magia das trevas. A Igreja Cristã não inventou a pena de morte na fogueira. Menciono o caso de Theoris, uma mulher grega de Lemnos, mencionada por Demóstenes, que foi julgada publicamente em Atenas e condenada à fogueira por feitiçaria. É evidente que as pessoas passaram a acreditar que o poder de uma bruxa só poderia ser realmente destruído se seu corpo fosse queimado.

Em tempos bem mais recentes, os restos mortais de Rasputin, o ocultista considerado o gênio do mal da corte czarista da Rússia, foram arrancados de seu túmulo e queimados pelos revolucionários — um ato que pode significar mais do que uma expressão de ódio isolada. Além disso, em diversas ocasiões nos últimos vinte anos, vieram à tona histórias perturbadoras do México, de mulheres que foram mortas e tiveram o corpo queimado porque acreditava-se que fossem bruxas.

Houve ocasiões na Inglaterra em que mulheres foram queimadas em praça pública na fogueira após a Reforma. Se uma mulher fosse considerada culpada por praticar bruxaria que envolvesse traição — por exemplo, usando meios ocultos para atentar contra a vida do soberano —, ela seria punida com a morte na fogueira. Além disso, caso uma mulher matasse o marido, por bruxaria ou qualquer outro meio, o delito era considerado "traição de menor gravidade", mas igualmente punível com a morte na fogueira.

Por incrível que pareça, esse tipo de sentença foi aplicado duas vezes em Sussex ainda no século 18. Em 1752, em Horsham, uma mulher chamada Anne Whale foi publicamente queimada na fogueira por envenenar o marido. Em 1776, outra mulher, a sra. Cruttenden, foi considerada culpada por matar o marido cortando-lhe a garganta enquanto ele dormia, sendo também queimada em local público na cidade de Horsham.

Não houve menção à bruxaria em nenhum dos casos, mas esse tipo de execução, que, como vimos, sobreviveu até uma data não muito distante, muitas vezes foi confundido com a queima de bruxas.

É uma constatação interessante, do ponto de vista psicológico, que um homem que matasse a esposa não fosse punido com a mesma crueldade. O crime era assassinato, mas não "traição de menor gravidade", portanto, acarretava uma sentença de morte mais piedosa. A horrível punição de ser queimada na fogueira foi, nesse caso, aplicada apenas às mulheres. Talvez, de algum modo profundo e inconsciente, esse fato estivesse relacionado com a antiga prática de queimar bruxas.

MURRAY, MARGARET ALICE

Uma das escritoras sobre bruxaria mais famosas e originais do mundo, Margaret Alice Murray nasceu em Calcutá em 13 de julho de 1863. Ela viveu até os 100 anos e publicou uma autobiografia, *My First Hundred Years* (Londres: William Kimber, Londres, 1963) — um feito literário notável por si só.

Só me encontrei com Margaret Murray uma vez, mas lembro-me dela como uma senhorinha muito pequena, de olhos brilhantes e alertas, com um senso de humor travesso.

Ela afirma em sua autobiografia que sua vida não teve aventuras. No entanto, disfarçou-se de artista visitante quando foi a Cotswolds para investigar o misterioso "assassinato por bruxaria" em Meon Hill. (Ver COTSWOLDS, BRUXARIA EM.) Ela enfrentou uma tempestade de críticas adversas quando seu primeiro livro sobre bruxaria, *O culto das bruxas na Europa ocidental*, foi publicado em 1921. Estudou antropologia ainda quando a disciplina era vista como não muito apropriada para mulheres. Foi uma sufragista pioneira. Trabalhou em escavações arqueológicas no Egito, onde, em certa ocasião, passou por uma cerimônia mágica para protegê-la da raiva, após ser mordida por um cachorro que poderia estar doente. É de se perguntar o que a srta. Murray teria considerado aventuras!

Margaret Murray era uma estudiosa astuta e crítica, e de forma alguma crédula. Sua carreira principal foi em egiptologia, sendo o seu interesse por bruxaria, na verdade, uma atividade secundária — embora, curiosamente, tenha sido esse interesse que a tornou mais conhecida.

Contudo, ela não foi, como se supõe na crença popular, a primeira pessoa a promover a ideia de que a bruxaria é a Antiga Religião, ou a chamá-la de "o culto diânico". Ambas as ideias foram apresentadas anteriormente por Charles Godfrey Leland. (Ver LELAND, CHARLES GODFREY.)

Em sua autobiografia, a srta. Murray nos conta muito pouco de suas pesquisas sobre bruxaria, exceto para revelar que a ideia de que tal prática era de fato uma religião secreta lhe foi sugerida por outra pessoa. Ela começou a investigar o tema por si mesma, trabalhando com base em registros contemporâneos de bruxas e bruxaria; e quando percebeu que o chamado "Diabo" que aparecia nos sabás das bruxas era um homem em disfarce ritual, ela nos conta que ficou "assustada, quase alarmada" pela forma como os registros detalhados que estava lendo se encaixavam e faziam sentido.

Mais tarde, em 1933, ela publicou um segundo trabalho sobre bruxaria, *O deus das feiticeiras*. O livro foi quase ignorado quando apareceu pela primeira vez, mas, depois da Segunda Guerra Mundial, quando o interesse pela bruxaria ressurgiu, foi republicado e tornou-se um best-seller. Em seguida, em 1954, a srta. Murray lançou o seu terceiro e talvez mais controverso título sobre o assunto, *The Divine King in England* (Londres: Faber and Faber).

Nesse livro, ela apresentou a ideia de que muitos dos primeiros soberanos ingleses morreram por assassinato ritual e que os conceitos de realeza e monarquia estavam inextricavelmente ligados ao sacrifício humano do rei sagrado, exigido pela religião primitiva.

Embora cética em relação às histórias altamente tendenciosas de acontecimentos ocultos ligados às relíquias egípcias, Margaret Murray estava interessada nos fenômenos da telepatia e das aparições. Ela apresentou a teoria de que os fantasmas eram, na verdade, uma espécie de imagem fotográfica, de alguma forma registrada na atmosfera de um lugar e tornando-se visíveis sob certas circunstâncias.

Em sua autobiografia, ela também registra sua fé inabalável na alma humana e na sobrevivência dessa alma à morte corporal, e sua crença na reencarnação.

Durante sua longa carreira, Margaret Alice Murray recebeu muitas honrarias acadêmicas. Foi professora assistente de egiptologia na University College de Londres, de 1924 até sua aposentadoria, em 1935; e de 1953 a 1955 foi presidente da Folk-Lore Society. Ela nunca se casou, embora suas fotografias mostrem que era muito atraente na juventude e ainda muito bonita aos 50 anos. Murray foi sem dúvida uma das mulheres mais notáveis de sua geração.

N

NUDEZ RITUAL

A crença de algumas bruxas de hoje no velho conceito de nudez ritual é alvo de ataques de alarmistas. De vez em quando, somos presenteados com uma seção dos jornais de domingo que trazem vívidas descrições de "orgias com nudez e adoração ao Diabo" e assim por diante, que, em teoria, acontecem na Grã-Bretanha atual. Contudo, os covens mais antigos, que fogem a todo custo da publicidade, não costumam insistir na nudez ritual, embora não vejam na prática nada que possa causar alarido. É agradável estar nu em uma noite quente de verão ou dentro de casa, perto do fogo, para realizar certos ritos. Para outros, ao ar livre, na escuridão do Halloween, ou à meia-noite em algum bosque solitário sob a lua cheia, é melhor estar agasalhado.

A ideia da nudez como parte de um ritual mágico ou religioso pode ser encontrada em todo o mundo antigo. Nas famosas pinturas da Vila dos Mistérios, em Pompeia, a jovem iniciada começa vestida e velada, mas no final da cerimônia de iniciação é retratada dançando nua, em um estado de êxtase religioso. Ela rejeitou todas as preocupações mundanas, todas as distinções de classe; ela é una com a natureza e com a vitalidade do universo. Era nessa liberdade e beleza que consistia o êxtase religioso para o pagão.

A nudez ritual aparece no Antigo Testamento, sobretudo no primeiro livro de Samuel, capítulo 19, versículo 24, em que os antigos profetas ou videntes de Israel vaticinavam nessa condição. Nisso eles eram como os sábios nus da Índia antiga ou gimnosofistas (do grego *gymnos*, nu; *sophos*, sábio). Talvez por isso tenha chegado aos gregos e romanos a ideia de que a nudez ritual favorecia a realização de ritos mágicos. O que começou como um costume religioso terminou como uma praxe mágica.

Charles Godfrey Leland, em seu *Bruxaria cigana: mistérios da tradição* (reimpresso pela University Books, Nova York, em 1962; publicado em português pela editora Madras em 2003), observou o aparecimento frequente da nudez ritual em feitiços de bruxas e no folclore mágico em geral. Ele comenta a semelhança entre as danças selvagens e nuas dos antigos sabás, conforme descrito por Pierre de Lancre, e os festivais dos ciganos; e nos lembra de que os ciganos vêm do Oriente, de onde derivam tantas danças eróticas de mulheres em homenagem aos deuses. As bruxas e os ciganos há muito são bastante parecidos.

Maimônides nos conta que as jovens da antiga Pérsia dançavam de madrugada em homenagem ao Sol, nuas e entoando canções. E temos o relato feito por Plínio em sua *História natural*, de como as mulheres da antiga Bretanha também realizavam ritos religiosos nuas. Plínio considerava a Pérsia dos magos o lar da magia, mas ele diz que seus rituais eram tão bem executados na antiga Bretanha que poderíamos ter ensinado magia à Pérsia, e não o contrário. O costume da nudez ritual era decerto comum a ambos.

Relíquias da antiga crença no poder mágico da nudez podem, eventualmente, ser encontradas no folclore. Por exemplo, existe uma ideia antiga de que uma mulher pode ser curada da esterilidade andando nua em sua horta na véspera do solstício de verão, data que, vamos nos lembrar, é a de um dos sabás das bruxas.

Thomas Wright, em seu ensaio que acompanha o *Discourse on the Worship of Priapus*, de Payne Knight (Londres, edição privada, 1865), tem uma passagem interessante e relevante para esse assunto.

> Lembramos que, de acordo com uma das edições anteriores de *Mother Bunch*, as donzelas que desejavam saber se seus amantes eram fiéis recebiam a orientação de sair exatamente à meia-noite da véspera de São João, despirem-se por completo e, em seguida, nessas condições, dirigirem-se a uma pequena árvore ou a um arbusto cujo nome fosse comunicado, e em torno da planta deveriam formar um círculo e dançar, repetindo ao mesmo tempo certas palavras que lhes haviam sido ensinadas por sua instrutora. Terminada essa cerimônia, deve-

riam recolher folhas da planta em torno da qual tinham dançado, levá-las para casa e colocá-las debaixo do travesseiro. Assim, o que desejassem saber seria revelado em seus sonhos. Em alguns tratados medievais sobre a virtude das plantas, vimos instruções que requeriam, para a coleta de algumas espécies de especial importância, meninas em um estado semelhante de completa nudez.

Em *Aradia: o evangelho das bruxas*, os seguidores de Diana são ordenados a ficar nus em seus rituais, para sinalizar que são livres de verdade. Por essa razão, muitos covens atuais insistem em realizar seus ritos com os participantes nus. No entanto, há uma grande diferença entre o clima da Itália ou do Oriente Próximo e o clima das Ilhas Britânicas, como apontam outras bruxas. Exigir nudez ritual em todos os momentos para cerimônias de bruxaria na Grã-Bretanha hoje não é nada prático.

Além disso, muitas das bruxas mais velhas sentem que toda a publicidade de bruxas e bruxos dançando nus atraiu o tipo errado de interesse no que é, ou deveria ser, a Arte dos Sábios; que as pessoas procuram apenas um pouco de excitação sexual, sem qualquer compromisso ou crença séria. Essas bruxas acham que foi colocada muita ênfase nessa característica da Antiga Religião. Pensam que, assim como a outra prática antiga de flagelação ritual, a nudez ritual poderia muito bem desaparecer no passado sem qualquer prejuízo para o culto das bruxas, mas sim o contrário.

O que, claro, nos deixa com uma questão: será a reação do público à ideia de bruxas dançando nuas uma crítica às bruxas ou uma crítica à mentalidade popular, após quase dois mil anos de "civilização cristã"?

O verdadeiro espírito da bruxaria não tem nada em comum com as fantasias sexuais banais dos escritores de suspense e da imprensa sensacionalista. Nem é nada parecido com o ocultismo excessivamente intelectualizado tanto do Oriente como do Ocidente, que hoje assume muita importância e requer um vocabulário complexo para se expressar.

Os verdadeiros segredos não podem ser expressos em palavras. São muito mais uma questão de sentimento e intuição do que de intelecto. A alegria e o contentamento de dançar nu é uma forma de se aproximar desses mistérios.

No entanto, os atuais "divulgadores" da bruxaria não são os primeiros a ficar entusiasmados com a ideia de bruxas nuas. Vários artistas de épocas passadas adoraram representar as bruxas como jovens voluptuosas, nuas e despudoradas.

Um artista notável desse gênero foi Hans Baldung Grun, autor da imagem que deu a Albrecht Dürer a ideia para a famosa gravura *As quatro bruxas*.

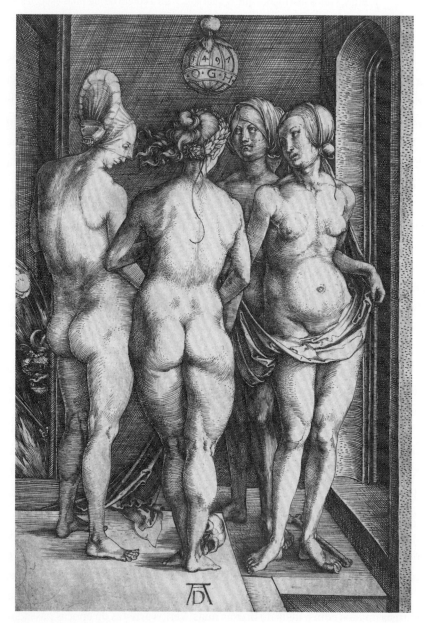

Nudez ritual. Gravura de quatro bruxas, criada por Albrecht Dürer. (Crédito: Rosenwald Collection.)

Essa maravilhosa obra de arte, datada de 1497, mostra quatro mulheres roliças despidas para um rito de bruxas. O ponto principal da imagem, nem sempre compreendido, é o seguinte: as mulheres tiraram toda a roupa, exceto os adereços de cabeça, e essas peças, todas diferentes, mostram as várias classes sociais das quais elas provêm.

Lá está a grande dama, com um adorno elaborado de material delicado. Lá está a cortesã, com cabelos soltos, ornados apenas por uma guirlanda de folhas. Lá está a respeitável esposa do burguês, com um lenço simples e bastante austero, que cobre todo o seu cabelo de modo estrito e modesto. Por último, há a camponesa, com apenas a ponta de um lenço ou xale na cabeça. O artista está dizendo que todas elas são irmãs na bruxaria e que as bruxas vêm de todas as classes da sociedade. Quando estão nuas, elas se veem como iguais e as distinções sociais são esquecidas.

NÚMEROS, SIGNIFICADO OCULTO DOS

Grande parte das tradições mágicas, algumas das quais pertencem à bruxaria, trata dos números e de suas propriedades e associações ocultas. O número das bruxas por excelência é treze, e seu significado remonta a muito além da história registrada. Portanto, a acusação de que as bruxas usaram o número treze para zombar de Cristo e de seus doze apóstolos é falsa. Na verdade, é muito possível que Jesus tenha escolhido doze discípulos porque ele conhecia o significado místico de doze mais um. (*Ver* COVEN.)

O número sete também tem grande importância na sabedoria popular e nas lendas. Tradicionalmente, o sétimo filho de um sétimo filho, ou a sétima filha de uma sétima filha, é um bruxo ou uma bruxa natos. Em algumas zonas rurais da Itália, acredita-se que as crianças de sete meses crescem com poderes semelhantes.

Os sete sagrados originais são os sete corpos celestes, que os antigos chamavam de sete planetas sagrados, embora dois deles, o Sol e a Lua, não sejam, estritamente falando, planetas, mas luminares. A ordem dos sete planetas costuma ser descrita da seguinte forma: Saturno, Júpiter, Marte,

Sol, Vênus, Mercúrio, Lua. Na crença astrológica, todas as coisas na Terra são governadas de alguma forma por esses sete poderes.

Os sete dias da semana derivam desse conceito muito antigo. O Sol rege o domingo; a Lua, a segunda-feira; Marte, a terça-feira; Mercúrio, a quarta-feira; Júpiter, a quinta-feira; Vênus, a sexta-feira; e Saturno, o sábado.

O Antigo Testamento está repleto de alusões ao número sete. Mais tarde, a Igreja Cristã formulou seus sete sacramentos, seus sete pecados capitais, e assim por diante. O mundo pagão teve as suas sete maravilhas, e também os sete sábios da Grécia e os sete rishis da Índia. A sacralidade mundial e consagrada desse número é comprovada por inumeráveis agrupamentos místicos e usos do sete.

Outra razão para a potência do sete é a constelação mais importante e conhecida dos nossos céus do norte, o Arado,* que consiste em sete estrelas brilhantes e atua como um ponteiro para a Estrela Polar do Norte. No mito celta, o Norte era o lugar dos poderes secretos e perigosos. Os espíritos cavalgavam as luzes do Norte e os heróis mortos habitavam o vento norte.

É fácil compreender, portanto, como a antiga magia do número sete se entrelaçou na feitiçaria, assim como o igualmente sagrado e potente número três. Existe uma crença pré-cristã no poder dos números ímpares, que é comentada pelo poeta romano Virgílio: *Numero Deus impare gaudet*, "Deus se compraz com os números ímpares". Shakespeare repetiu essa crença em *As alegres comadres de Windsor*: "A boa sorte reside nos números ímpares... Dizem que há divindade nos números ímpares, seja no nascimento, seja na fortuna, seja na morte".

Os filósofos ocultistas consideravam o homem uma tríade: *spiritus, anima e corpus*, ou espírito, alma e corpo; embora essa tríade, por subdivisão, tenha sido estendida em sete princípios. Na natureza, temos o pai, a mãe e o filho. Além disso, os três reinos, animal, vegetal e mineral. Os alquimistas reconheceram três princípios em sua arte, sal, enxofre e mercúrio, que são paralelos aos conceitos indianos de *sattwas, rajas* e *tamas*.

Três representa o meio-termo entre dois extremos, e é assim que a maioria dos filósofos antigos o usava em seus sistemas simbólicos. Os druidas

---

* A rigor, o Arado não é uma constelação, mas um grande asterismo — um padrão de estrelas reconhecível no céu — que compõe a constelação da Ursa Maior. [N. E.]

expressavam sua tradição em tríades, e seu símbolo era o *Tribann*, ou os três raios de luz. O simbolismo cabalístico revela essa ideia antiga como os três pilares: o pilar da misericórdia, o pilar da severidade e o pilar médio da suavidade, que harmoniza os outros dois; e o ritual maçônico a mantém sob a forma de três colunas.

Não é de admirar que encontremos constantemente na bruxaria a injunção de que as palavras dos encantamentos devem ser repetidas três vezes, ou que as misturas de ervas mágicas devem ser de três, sete ou nove tipos diferentes, compostas juntas.

Existe uma antiga crença de que certos anos da vida das pessoas são fadados pelo destino, chamados anos climatéricos. Trata-se do sétimo e do nono ano, e de seus múltiplos pelos números ímpares: 3, 5, 7 e 9. Assim, os anos climatéricos da vida humana são 7, 9, 21, 27, 35, 45, 49, 63 e 81. O costume de considerar "a maioridade" de uma pessoa aos 21 anos é um vestígio dessa crença, uma referência ao *terceiro* ano climatérico.

O simbolismo místico dos números é uma parte importante da magia prática. Quadrados mágicos — isto é, números dispostos de tal modo nessa figura geométrica que sua soma é invariavelmente a mesma em todas as direções — são talismãs poderosos, usados de muitas maneiras em rituais mágicos. O quadrado mágico mais simples, ou Kamea, é formado pelos primeiros nove dígitos organizados desta maneira:

$$\begin{array}{ccc} 4 & 9 & 2 \\ 3 & 5 & 7 \\ 8 & 1 & 6 \end{array}$$

Qualquer que seja a forma como esses números são somados, inclusive na diagonal, o total será sempre 15.

Muitos quadrados mágicos mais complicados do que esse foram desenvolvidos. Por mais estranho que possa parecer, a matemática é mais uma atividade humana que por muito tempo esteve ligada à magia; a numerologia e a adivinhação por meio de números ainda são populares hoje. As pessoas acreditam que têm um "número da sorte" e, de modo inverso, podem se recusar a morar em uma casa de número treze. Na verdade, o medo do número treze é tão prevalente que levou algumas autoridades locais a retirá-lo discretamente da numeração das casas, enquanto os hoteleiros o banem da porta dos seus quartos. Algumas pessoas evitam o treze a tal ponto que os psicólogos inventaram um nome para sua reação: triscaidecafobia, um medo mórbido do número treze.

Quando lembramos que o ano se divide em treze meses lunares, percebemos como tanto o número treze quanto o número sete estão associados à magia lunar. Talvez seja esse o verdadeiro segredo de sua reputação mágica, já que o crescente e o minguante da Lua são as observações astrológicas mais antigas do homem.

O antigo mês do direito consuetudinário tinha 28 dias, durante os quais a Lua exibia todas as suas fases e girava em torno da bússola do zodíaco. O número 28 não é apenas quatro vezes sete, mas também a soma dos números de um a sete. Cada período de sete dias do mês lunar estava associado a uma fase diferente da Lua e a um estado diferente das marés. Há treze meses lunares no ano solar, com um dia sobrando, razão pela qual a expressão "um ano e um dia" ocorre com tanta frequência nos antigos mitos celtas.

O número três também está associado à magia lunar, por causa dos três aspectos da Lua: crescente, cheia e minguante — de novo, essa é, possivelmente, a razão mais remota para a sua importância.

Uma antiga correlação mágica entre números e astrologia é a seguinte: Sol, 1 e 4; Lua, 2 e 7; Júpiter, 3; Mercúrio, 5; Vênus, 6; Saturno, 8; e Marte, 9. Outra relação mágica de números, baseada na Cabala, é: Saturno, 3; Júpiter, 4; Marte, 5; Sol, 6; Vênus, 7; Mercúrio, 8; Lua, 9. Esses sistemas não são contraditórios, embora possam parecer, porque são usados de diferentes maneiras na prática da magia.

O

OVNIs

O OVNI, ou objeto voador não identificado, era conhecido muito antes do famoso avistamento de Kenneth Arnold no Monte Rainier, que deu início à investigação moderna sobre os chamados "discos voadores".

O autor romano Plínio, em sua *História Natural*, menciona um "escudo voador" que apareceu no céu; e há um sem-número de histórias inusitadas, espalhadas por escritos antigos, que estão sendo reexaminadas hoje, com renovado interesse, por pesquisadores do assunto.

Antigamente, as estranhas aparições no céu costumavam ser atribuídas à bruxaria. Uma lenda interessante desse ponto de vista é a do reino de Magônia, contada em antigas histórias da França e da Itália.

Magônia deve ter sido uma cidade linda e sobrenatural, em algum lugar nas nuvens. Dela, naves misteriosas circulavam sobre a Terra e às vezes pousavam. No entanto, a Igreja considerava Magônia um lugar pagão perverso e dizia que fora construída por bruxas ou que as bruxas estavam mancomunadas com seus habitantes, para fazer chover granizo sobre a terra e destruir as colheitas.

Um homem de opiniões mais independentes e menos supersticiosas do que muitos de sua época foi o arcebispo Agobardo de Lyon, do século 10. Ele não compartilhava dos temores populares sobre bruxas e feitiçaria. Escreveu sobre a crença nas naves celestes de Magônia em termos que poderiam apoiar os estudos atuais de OVNIs. Também denunciou a ideia "de que os feiticeiros que provocam as tempestades estão ligados ao povo das naves e são pagos por eles", e disse, ainda, que tal crença era "estúpida".

O bispo, inclusive, contou como ele próprio, certa vez, salvou a vida de quatro pessoas, três homens e uma mulher. Por alguma razão, a multidão acreditou que essas pessoas tinham desembarcado de uma nave celeste; elas corriam o risco de ser apedrejadas até a morte quando o bispo interveio e as resgatou. Infelizmente, o bispo Agobardo não dá nenhuma descrição desses seres, nem diz o que aconteceu com eles.

Escritores dos séculos passados às vezes se referiam a uma estranha aparição no céu, que chamavam de "dragão de fogo". Parece ter sido uma espécie de nuvem flamejante que voava rapidamente pelos céus. Esses "dragões voadores" foram vistos em vários países em 1532, de acordo com *The Contemplation of Mysteries*, um livro antigo publicado no reinado de Elizabeth I (citado em *The World of Wonders*. Londres: Cassell and Co., 1884). Nele, essas aparições são atribuídas à "condução dos demônios e aos encantamentos dos ímpios". No século 18, tais fenômenos foram imputados, de forma pouco convincente, a diferenças de temperatura na atmosfera. Mas o "dragão de fogo" voador soa bastante como um OVNI do século 20.

P

PÃ

Pã, o deus com pés de bode, é a versão grega do Deus Cornífero, que tem sido adorado sob aparências diversas desde o início dos tempos. Em grego, *Pan* significa "tudo, todas as coisas"; e as várias representações de Pã mostram-no como a força vital positiva do mundo.

A pele fúlgida manchada sobre os ombros representa o céu estrelado. Seu corpo, parte animal e parte humano, é a natureza viva como um todo. Seu cabelo desgrenhado é a floresta primitiva. Seus cascos fortes são as rochas duradouras. Seus chifres são raios de poder e luz.

A flauta de sete tubos tocada por Pã é o emblema da natureza septenária das coisas e do governo dos sete corpos celestes. Sua melodia é a canção secreta da vida, subjacente a todos os outros sons. Ainda que belo, esse deus é capaz de inspirar pânico e terror, tal como podem se manifestar os vários estados de espírito da natureza.

Embora adorado pelos gregos, ele nunca foi de fato colocado entre os deuses mais civilizados do Olimpo. Seu lar na Grécia era a Arcádia, cujo povo, considerado o mais primitivo entre os gregos, era formado por agricultores e caçadores — e Pã era o deus protetor dessas atividades, distante da vida das cidades. Ele era amante das ninfas da floresta e das mênades, as mulheres selvagens que participavam das orgias de Dionísio. O próprio Dionísio, a criança com chifres, era como uma versão mais jovem de Pã.

Pã foi o único entre os deuses a quem a virginal Ártemis se rendeu. Ártemis, a deusa da Lua, era adorada como Diana pelos romanos, que também reverenciavam o deus pastor, a quem chamavam de fauno ou silvano. Tal como a adoração a Diana, o culto a Pã difundiu-se com a extensão do Império Romano e misturou-se com a veneração das divindades nativas.

Há diferentes versões sobre a origem de Pã entre os mitógrafos gregos, assim como diferentes derivações de seu nome. Alguns consideram Pã derivado de *paein*, "pastar"; no entanto, considerando a natureza primitiva desse deus e seus atributos panteístas, parece não haver necessidade de procurar qualquer outra derivação que não seja *Pan*, "o Todo". Um mito sobre sua origem diz que ele era filho de Hermes. Isso é significativo quando lembramos que a *herma* original era uma pedra sagrada, um menir fálico em torno do qual se realizavam danças e ritos de fertilidade. Pã era então o espírito da pedra, o poder masculino da vida que ela simbolizava.

Ele era o poder que os filósofos ocultistas chamavam de *Natura naturans*, assim como o lado feminino da natureza era chamado de *Natura naturata*.

Quando a antiga fé pagã foi substituída pelo cristianismo, espalhou-se a lenda de que "o Grande Pã estava morto". Diz-se que o som de uma voz poderosa e triste gritando essas palavras foi ouvido no mar Mediterrâneo. Mas, na verdade, a adoração a Pã e a outras divindades da natureza apenas desapareceu por um tempo, passou à clandestinidade e reapareceu como culto das bruxas por toda a Europa.

Pã era famoso entre os deuses da Grécia por convocar adoradores desnudos para o seu ritual. Posteriormente, as bruxas que honravam o Deus Cornífero deliciaram-se com danças nuas, uma derivação direta dos costumes da Antiguidade.

Outro título pelo qual Pã era conhecido por seus veneradores era Pamphage, Pangenetor, "Devorador de Todas as Coisas, Gerador de Todas as Coisas", isto é, as forças de crescimento na natureza e as forças de destruição. Nada na natureza fica parado. Tudo está em constante mudança, nascendo, florescendo, morrendo e renascendo. A mesma ideia é vista no conceito hindu do deus Shiva, que é ao mesmo tempo criador e destruidor. Por meio do *Lila*, ou jogo amoroso de Shiva e sua consorte Shakti, todos os fenômenos do mundo manifestado são trazidos à existência. Mas Shiva é também o Senhor da Ioga, o meio pelo qual os homens podem encontrar o caminho para além do mundo das aparências e descobrir a realidade numinosa. Mesmo assim, o conceito de Pã era mais profundo do que o do deus alegre e sensual da vida primitiva que está a ele associado.

No entanto, Pã era sobretudo um deus da folia gentil, adorado com música e dança. Dançar e brincar são atividades básicas da vida. As crianças são dançarinas inatas, assim como os animais. As criaturas da floresta saltam e pulam na mata. As danças de acasalamento dos pássaros, as incríveis travessuras primaveris das lebres, até mesmo o constante movimento circular de um enxame de mosquitos em uma noite de verão, tudo isso faz parte do mesmo impulso instintivo. A Terra, a Lua e todos os planetas unem-se em uma grande dança circular em torno do Sol. Os universos-ilhas das nebulosas parecem girar em torno de um centro. A alegre dança circular das bruxas foi uma resposta do mais puro instinto à natureza viva com a qual buscavam afinidade.

A Igreja medieval tornou-se incapaz de compreender uma religião que procurava adorar os deuses por meio da dança e do entretenimento. Crescia entre os clérigos a ideia de que qualquer coisa divertida devia ser pecaminosa. Ainda hoje sofremos com essa estranha aberração do pensamento humano, embora a humanidade esteja, por fim, começando a emergir da Idade das Trevas — para grande indignação daqueles que se enfurecem contra o que chamam de "sociedade permissiva".

Foi essa visão sombria da vida humana, a ideia de prazer como algo pecaminoso, que acabou obscurecendo a sobrevivência do paganismo na Europa. O alegre deus com pés de bode tornou-se "o Diabo", e as bruxas que o adoravam foram compelidas a se abrigar em uma associação secreta, um movimento clandestino assolado pelo medo e pela suspeita, e com a câmara de tortura, a forca ou a estaca constantemente à espreita.

Tendemos a pensar nos tempos medievais como sendo coloridos, pitorescos e bastante alegres, com camponesas de bochecha rosada dançando em volta do mastro de maio, e assim por diante. Na prática, foram dias de medo, sofrimento e opressão, e grande parte da cor e da alegria dos tempos antigos, como a arte e o aprendizado da Renascença, foram a reminiscência ou o reflorescimento do paganismo. Se observarmos as belas figuras de Pã que restaram das artes grega e romana e as contrastarmos com os demônios retorcidos, maliciosos e cornudos dos tempos medievais, poderemos notar essa mudança de visão e atitude refletida nas formas de arte, que são a expressão visual da alma dos homens.

PEDRAS E CÍRCULOS DE PEDRA

Por causa de sua associação com os rituais de paganismo, as pedras e os círculos de pedra tornaram-se locais de encontro naturais para as bruxas.

Provavelmente, o lugar mais conhecido nesse contexto é a localidade de Rollright Stones, em Cotswolds. (*Ver* COTSWOLDS, BRUXARIA EM.) Há uma lenda que associa essas pedras a uma bruxa.

De acordo com a narrativa, tais pedras foram, em algum momento, um rei e seu exército, que teriam invadido o país com a intenção de usurpar o reino da Inglaterra. Quando o soberano chegou a Rollright, conheceu uma bruxa e pediu a ela que profetizasse se ele tomaria o trono inglês. A mulher respondeu que ele deveria dar sete passos até o topo do terreno elevado que dava para Long Compton, e, se pudesse avistar a aldeia dali, seria rei.

Se Long Compton puderes ver,
Rei da Inglaterra virás a ser.

Parecia uma missão fácil e ele foi, confiante em seu sucesso; mas, quando deu o sétimo passo, descobriu que o monte verde de um longo túmulo escondia a aldeia da sua vista.

A bruxa gritou triunfante:

Prostra-te, homem; ergue-te pedra cada vez mais!
Rei da Inglaterra, tu não serás jamais.

O rei invasor foi imediatamente transformado na pedra ereta que recebeu o nome de Pedra do Rei. Seus seguidores tornaram-se o círculo de pedras às vezes chamado de Homens do Rei, enquanto alguns de seus cavaleiros, que haviam hesitado em conspirar, tornaram-se outro grupo de pedras chamado de Cavaleiros Sussurrantes.

Os habitantes do campo acreditavam firmemente nessa história. Além disso, dizia-se que as pedras de Rollright Stones poderiam voltar a ser homens à meia-noite. Eles dariam as mãos e dançariam, e qualquer um que os visse morreria ou enlouqueceria.

Essa última parte da lenda deve ter sido muito útil para manter as pessoas afastadas das pedras à noite. É de se perguntar se as próprias bruxas ajudaram na disseminação dessa crença. Sabemos que os contrabandistas costumavam espalhar histórias horríveis de fantasmas quando não queriam que estranhos se aproximassem de determinados lugares, que eram usados para fins escusos. As bruxas poderiam ter feito a mesma coisa.

A crença de que antigas pedras monolíticas e círculos de pedra criam vida depois do anoitecer é generalizada em toda a Grã-Bretanha. As pessoas que vivem perto das grandes pedras de Avebury não se importam com elas à luz do dia, mas muitas jamais se aproximariam delas durante a noite.

São inúmeras as histórias de pedras que, na verdade, são pessoas que foram transformadas em pedra. Muitas vezes, sobretudo na Cornualha, a explicação é o castigo por alguma impiedade, como dançar ou jogar aos domingos. Originalmente, porém, as pedras monolíticas podem ter sido consideradas efígies dos mortos que foram enterrados embaixo delas. Na Irlanda e em algumas partes da Escócia, as pedras monolíticas costumavam ter o nome gaélico bastante sinistro de *fear breagach*, ou seja, "homens falsos" ou "homens falsificados".

Há também muitas histórias que apresentam as pedras e os círculos de pedra como o local favorito das fadas. Em algumas ocasiões, camponeses deixavam ali, às escondidas, oferendas às fadas, para terem boa sorte ou evitar o azar. Tais oferendas assumiam, com frequência, uma libação de leite derramado sobre a pedra. Nesse caso, "as fadas" podem ser a memória popular remanescente das divindades pagãs. Às vezes, uma depressão em forma de xícara pode ser encontrada nas pedras, tendo sido escavada artificialmente com o propósito de receber oferendas.

Os primeiros reis da Inglaterra emitiram uma série de decretos proibindo rituais pagãos em pedras, além de várias outras práticas que eram classificadas como bruxaria. Essas leis foram proclamadas ainda na época do rei Canuto, no início do século 11. (*Ver* LEIS CONTRA A BRUXARIA.)

Outro grupo de pedras monolíticas associado às reuniões de bruxas são as Pedras Hoar, na floresta de Pendle. As bruxas de Lancashire costumavam se reunir ali no século 17. A Pedra Bambury, em Bredon Hill, também marca um tradicional ponto de encontro de bruxas. As bruxas de Aberdeen, em 1596, admitiram dançar em volta de "uma pedra cinzenta" no sopé da colina de Craigleauch.

Também no continente encontramos algumas antigas pedras sagradas associadas ao local do sabá das bruxas. Pierre de Lancre cita uma bruxa confessa, Estebene de Cambrue, que, em 1567, disse o seguinte: "Em todo o campo, o lugar dessa grande reunião é geralmente chamado de *Lanne de Bouc*. Ali, elas se entregam à dança em torno de uma pedra que está plantada naquele lugar e sobre a qual está sentado um homem negro alto". *Lanne de Bouc* significa "O Campo do Bode"; o "homem negro alto" era o Homem de Preto, o Diabo do coven.

Menires solitários ou blocos de pedra — naturais ou artificiais — de aspecto surpreendente e impressionante com frequência dão margem a alguma lenda que os associa ao Diabo. Isso oferece mais um motivo para que essas formações sejam relacionadas com as bruxas, ao menos no imaginário popular. Quando existe uma tradição de adoração pagã associada a uma pedra, a conexão pode muito bem remontar aos tempos antigos. Além disso, algumas bruxas modernas procuraram deliberadamente pedras antigas a fim de reavivar os poderes nelas latentes ou ocultos na aura do local.

Antes que as pessoas rejeitem tal ideia como "superstição primitiva", deveríamos lembrar que, na Grã-Bretanha, existem alguns dos monumentos de pedra mais extraordinários do mundo. São relíquias de uma fé antiga sobre a qual muito pouco se sabe, mas que foi capaz de inspirar pessoas, nossos próprios antepassados, a realizar empreendimentos maravilhosos.

Stonehenge, as "Pedras Suspensas", é um monumento único. Não há nada parecido em nenhum outro lugar. Também é um mistério, ainda não sabemos todos os segredos de sua construção, nem por que foi construído. Por muitos anos acreditou-se ser obra dos druidas, mas sabemos hoje que Stonehenge já era muito antigo antes de qualquer druida pôr os pés na Grã-Bretanha.

Os druidas eram sacerdotes e filósofos que pertenciam ao povo celta do início da Idade do Ferro. Eles reverenciavam a Grã-Bretanha como a ilha sagrada, que abrigava uma tradição de Mistérios mais antiga que a deles e da qual derivava sua própria tradição. César nos conta que as nobres famílias celtas do continente europeu costumavam enviar seus filhos à Grã-Bretanha para serem introduzidos nos mistérios druídicos, porque ali as tradições eram preservadas em sua forma mais pura.

Agora, sabemos que os druidas que César encontrou na Europa, aos quais os escritores clássicos se referem, chegaram à Grã-Bretanha seguindo o mesmo caminho dos imigrantes celtas. Portanto, a afirmação de que as tradições druídicas são mais puras na Grã-Bretanha só pode fazer sentido se a Grã-Bretanha fosse o tesouro original da tradição arcana, que se poderia chamar de protodruídica. Monumentos magníficos como Stonehenge e Avebury são mais uma evidência que apoia essa teoria. O povo que os construiu não era formado por selvagens ignorantes vestidos de pele.

Foi preciso esperar a era dos computadores para entender quão maravilhoso Stonehenge é. Um astrônomo britânico, professor Gerald S. Hawkins, da Universidade de Boston, nos Estados Unidos, decidiu testar exaustivamente a teoria de que, além do conhecido alinhamento do solstício de verão, Stonehenge tem outros alinhamentos astronômicos importantes. Então ele inseriu todos os dados disponíveis sobre os possíveis alinhamentos de Stonehenge em um computador. Os resultados foram surpreendentes.

O professor Hawkins contou a história de seu trabalho sobre Stonehenge em seu livro *Stonehenge Decoded* (Londres: Souvenir Press, 1966). Resumidamente, o computador revelou alinhamentos significativos com o nascer e o pôr do sol e da lua nos equinócios e solstícios, alguns dos quais não se suspeitava existirem. Mais do que isso, mostrou que o próprio Stonehenge poderia ter sido usado como um computador, com o propósito de prever eclipses.

O professor Hawkins calculou as probabilidades de que esses alinhamentos não fossem mera coincidência: eram de 10 milhões para 1. Em qualquer outro país, exceto na fleumática Grã-Bretanha, seu livro teria causado enorme sensação. Mesmo assim, aqueles que o leram com a mente aberta perceberam que as suas conclusões significam uma reavaliação completa de nossas ideias sobre o povo da antiga Bretanha.

Outro pensador revolucionário sobre a história passada da Grã-Bretanha, tal como mostrada em seus monumentos de pedra, é o professor Alexander Thom, que abordou o problema do ponto de vista da matemática, aplicando-a às medições dos círculos de pedra. Ele apresentou suas conclusões no livro *Megalithic Sites in Britain* (Oxford: Clarendon Press, 1967).

O professor Thom descobriu que os construtores dos círculos de pedra na Grã-Bretanha, cerca de quatro mil anos atrás, tinham um conhecimento matemático muito mais profundo do que até agora se acreditava ser possível. Talvez a sua descoberta mais surpreendente seja o fato de eles terem utilizado uma unidade padrão de comprimento para o seu trabalho em toda a Grã-Bretanha. O estudioso chamou essa unidade de jarda megalítica, porque é um pouco mais curta do que a jarda atualmente em uso no país. A jarda megalítica tem 82,91 centímetros; e os construtores dos círculos de pedra gostavam de obter o máximo possível de medidas que fossem múltiplos integrais dessa unidade.

A existência dessa jarda megalítica e a sua utilização em todo o território sugerem imediatamente um grau de organização muito maior na Grã-Bretanha antiga do que se imaginava. O passado pré-histórico do país é um enigma; uma caverna do tesouro escura iluminada por alguns raios de luz.

As bruxas britânicas atuais acreditam que a sua Antiga Religião, a Arte dos Sábios, tem raízes num passado muito longínquo, que remonta à Idade da Pedra, período em que esses monumentos megalíticos foram construídos. Como notamos anteriormente, a observância da Antiga Religião continuou muito depois de o país ter sido oficialmente convertido ao cristianismo. Eram práticas associadas a árvores, rios, luz do sol, luar, fogo ritual — todas as coisas ainda relacionadas aos ritos de bruxaria —, bem como ao mistério duradouro das pedras maciças e silenciosas deixadas pelos povos que desapareceram no passado.

PEDRAS FURADAS

Sir Wallis Budge, em seu conceituado livro *Amulets and Superstitions* (Oxford University Press, 1930), afirma que o primeiro homem que encontrou uma pedra com um buraco e pensou em atravessá-la com um barbante para pendurá-la no pescoço tem o crédito de introduzir o uso de amuletos no mundo.

Foi o que aconteceu nos primórdios da história. Hoje, pessoas de férias em uma praia se divertem na orla à procura de pedras furadas; e quando encontram uma pedra bonita, podem muito bem guardá-la "para dar sorte".

É provável que a primeira pedra sagrada fosse, na verdade, uma pedra "furada", isto é, uma pedra com um buraco no centro. A razão para esse objeto conter poderes mágicos é a mesma de outro amuleto muito antigo, a concha de búzios — um emblema feminino representando o portal do nascimento. Portanto, é um símbolo de vida e um portador de sorte.

As pedras furadas também são conhecidas como pedras de bruxa, porque são uma proteção contra seus feitiços. Um velho antiquário, Francis Grose, diz que

> uma Pedra com um Buraco, pendurada na cabeceira da Cama, impedirá os Pesadelos; por isso é chamada de Pedra de Bruxa, devido à desordem ocasionada por uma Bruxa sentada no Estômago da pessoa afligida. A pedra também evita que as Bruxas montem Cavalos: para esse propósito, é com frequência associada a uma Chave de Estábulo. (Citado por John Brand e Sir Henry Ellis em *Observations on Popular Antiquities*. Londres: Chatto e Windus, 1877.)

Se, por um lado, uma pedra furada repelia a bruxaria das trevas, por outro, a bruxaria das luzes a valorizava como um achado de sorte. Algumas pessoas acreditavam que era possível ver as fadas olhando através de uma pedra furada, desde que a hora, o local e outras condições fossem adequados.

Em *Aradia*, o evangelho das bruxas da Itália, somos informados de que "encontrar uma pedra com um buraco é um sinal especial do favor de Diana". Quem a achar deve pegá-la e agradecer ao espírito que a colocou em seu caminho.

Essa crença, tal como a da proteção e da sorte da ferradura, é outro exemplo de coisas que são sagradas para a deusa das bruxas e tratadas como amuletos contra os usos mais sombrios da bruxaria. Notemos como a aflição dos pesadelos e sonhos malignos era antigamente atribuída às bruxas. Pensava-se, claro, que era o espírito da bruxa que visitava as pessoas à noite e as oprimia; ou, como diriam os ocultistas atuais, é a projeção de seu corpo astral.

PENTAGRAMA

O pentagrama, ou estrela de cinco pontas, é um dos símbolos favoritos de bruxas e magos. Tem sido tão amplamente utilizado ao longo dos séculos que a palavra "pentáculo", que originalmente também significava uma estrela de cinco pontas, passou a designar qualquer disco ou placa de metal ou madeira gravados com símbolos mágicos e usados em ritos de magia.

A origem da estrela mágica de cinco pontas se perde nas brumas do tempo. Os primeiros exemplos aparecem nas ruínas da Babilônia. Os cristãos consideravam-no uma representação das cinco chagas de Cristo e, por isso, às vezes é encontrado na arquitetura de igrejas. Há uma forma muito bonita de pentagrama em uma das janelas da catedral de Exeter.

Esse sinal também é encontrado entre os emblemas da maçonaria. Alguns consideram-no o selo de Salomão, embora essa designação seja aplicada com mais frequência à estrela de seis pontas, formada por dois triângulos entrelaçados, que é o sinal da fé judaica. Contudo, o pentagrama é decerto um sinal cabalístico, conhecido pelas fraternidades ocultas que afirmam se originar dos rosa-cruzes.

Os seguidores de Pitágoras chamavam o pentagrama de *pentalfa*, considerando-o uma figura formada por cinco letras A. Na Europa medieval era conhecido como "pé de druida" ou "pé de feiticeiro", e às vezes como "cruz dos goblins". No antigo romance *Sir Gawaine e o Cavaleiro Verde*, é o emblema que Gawaine carrega em seu escudo.

Também aparece na antiga canção "Green Grow the Rushes-O". Esse curioso canto de perguntas e respostas contém sugestões de significados ocultos, e um de seus versos, "Cinco é o símbolo na sua porta", alude ao pentagrama, que foi inscrito em portas e janelas para impedir a entrada do mal.

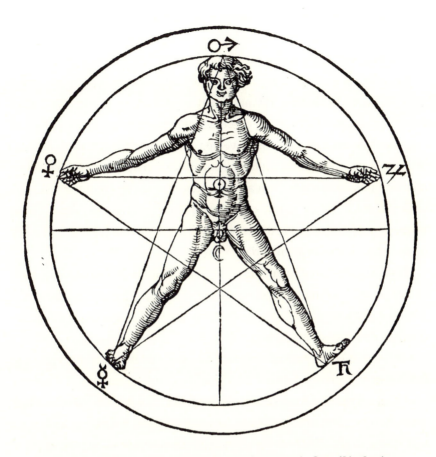

Pentagrama. Homem, o microcosmo; o pentagrama de Cornélio Agrippa.

Algumas moedas celtas antigas mostram a figura de um pentagrama. Algo muito parecido com a estrela de cinco pontas ocorre naturalmente em alguns fósseis, e é por esse motivo que esses objetos sempre foram apreciados pelas bruxas, sendo considerados bastante mágicos. Um tipo de fóssil com uma figura de cinco pontas é o chamado coroa de pastor, um fóssil de ouriço-do-mar. (*Ver* FÓSSEIS USADOS COMO TALISMÃS.) Mas um objeto mágico ainda mais poderoso do que esse é a verdadeira pedra da estrela, um fóssil que ocorre no formato perfeito de uma estrela de cinco pontas. Na verdade, faz parte do caule fossilizado de um crinoide ou lírio-do-mar.

O pentagrama é considerado o símbolo da magia porque suas cinco pontas representam os quatro elementos da vida, mais o espírito, o invisível, o além, a fonte do poder oculto. Por essa razão, o pentagrama deve ser desenhado com uma ponta para cima, a ponta do espírito presidindo as outras quatro. É a mente governando o mundo da matéria.

Por outro lado, o pentagrama é visto muitas vezes como um símbolo mais sinistro. Segundo Madame Blavatsky, em seu *A doutrina secreta* (São Paulo: Pensamento, 2007-2012. 6 v.), o pentagrama invertido é o símbolo de Kali Yuga, a Idade das Trevas em que vivemos, uma era de materialismo, sensualidade e violência. Outros ocultistas consideram o pentagrama invertido a face do Bode de Mendes, com as duas pontas para cima representando os chifres do bode. Nesse sentido, é a face do Deus Cornífero. Às vezes, é chamado de símbolo da magia das trevas, mas o que de fato representa é a luz do espírito escondida na matéria.

O pentagrama com uma ponta para cima é usado pelos ocultistas para controlar os elementais, por causa do seu significado interno. Usado como uma fina placa no peito, era uma proteção contra influências hostis ou indesejáveis em rituais mágicos.

Às vezes, o pentagrama é chamado de estrela do microcosmo, visto que tem a forma de um ser humano com braços e pernas estendidos. Os antigos filósofos ocultistas consideravam o homem um microcosmo, ou um pequeno mundo em si mesmo, contendo em potencialidade tudo o que existia no universo sem ele. Também representa os cinco sentidos, os portais pelos quais as impressões do mundo exterior alcançam o ser humano.

O pentagrama ainda recebe outro nome, nó infinito, porque pode ser desenhado sem levantar a caneta do papel, ainda que traçar uma figura simétrica dessa maneira exija concentração e cuidado — qualidades que eram necessárias para a confecção bem-sucedida de um sinal mágico.

PERSEGUIÇÃO ÀS BRUXAS

A lei que tornava a bruxaria um crime capital na Inglaterra foi revogada em 1735. Havia alguns anos, juízes esclarecidos vinham frustrando qualquer tentativa de enforcar criaturas idosas e miseráveis como bruxas, apesar do clamor popular contra elas. As pessoas mais instruídas da nação ficaram enojadas com a superstição e a impostura relacionadas com os julgamentos por bruxaria. O pêndulo tinha oscilado para o outro lado, de modo que muitos agora desacreditavam completamente da bruxaria.

Perseguição às bruxas. Xilogravura mostrando o "teste da água" das bruxas, do folheto "Witches Apprehended, Examined and Executed", publicado em Londres em 1613. (Crédito: Biblioteca Bodleiana, Universidade de Oxford.)

Essa atitude, no entanto, não foi de forma alguma partilhada pelas classes menos instruídas. Elas ainda acreditavam bastante na existência da bruxaria, tanto das trevas quanto das luzes, e que as bruxas que praticassem o mal deveriam morrer ou, pelo menos, sofrer punições severas. Assim, quando a lei do país começou a relaxar, a lei do linchamento, às vezes, preponderou.

Os autodenominados "mulher sábia" ou "homem astuto" desempenharam com frequência um papel muito sinistro nesses procedimentos. Naquela época (como agora) havia muitos impostores ardilosos e gananciosos, que prosperavam à custa da credulidade pública. Uma de suas especialidades era apontar bruxas ou bruxos perigosos a fim de tirar vantagens para si próprios, por vezes com um resultado trágico e fatal para alguma velha ou velho desventurado que eles perseguiam.

Um caso impressionante desse tipo ocorreu em Tring, no condado de Hertfordshire, em 1751, quando um casal de idosos pobres, John e Ruth Osborne, foi atacado por uma multidão, resultando na morte da mulher.

John e Ruth podem muito bem não ter sido bruxos, mas um homem chamado Butterfield pôs na cabeça que eles eram, em razão de algum problema de saúde e infortúnio que ele enfrentara depois de se desentender com a sra. Osborne.

Assim, ele enviou um pedido até Northamptonshire para que uma renomada mulher sábia viesse ajudá-lo. Ela confirmou que Butterfield estava enfeitiçado, mas seus serviços se revelaram caros e sem resultado, no que diz respeito à melhoria dos negócios dele. No entanto, a curiosidade e o entusiasmo já haviam sido despertados nos arredores do condado, e alguém fez com que os arautos públicos de três cidades vizinhas, Hemel Hempstead, Leighton Buzzard e Winslow, fizessem este anúncio: "Isto é para avisar que, na próxima segunda-feira, um homem e uma mulher serão publicamente mergulhados na água em Tring, neste condado, pelos seus crimes perversos".

Quando o inspetor paroquial de Tring soube que os Osborne eram as pessoas mencionadas, ele os alojou para a própria segurança deles no asilo. Dali foram transferidos para a sacristia da igreja paroquial, no final da noite de domingo.

Na manhã de segunda-feira, uma multidão, estimada em mais de 5 mil pessoas, muitas delas a cavalo, atacou o asilo à procura dos Osborne. Quando o diretor do asilo informou que o casal não estava lá, a turba entrou impetuosamente e revistou o prédio. Privados de suas vítimas, os insurgentes então se voltaram contra o miserável diretor do asilo e o ameaçaram de morte se não revelasse o paradeiro do casal.

Tendo descoberto por esse meio que os supostos bruxos estavam escondidos na igreja, a multidão arrombou as portas do templo, agarrou John e Ruth Osborne e os arrastou para um lago em Long Marston.

Ali ambos foram despidos e enrolados cada qual em um lençol. Os polegares e os dedões dos pés foram amarrados juntos, e uma corda foi colocada em volta do corpo de cada um, exatamente como no teste da água das bruxas na época de Matthew Hopkins. Os suspeitos foram então jogados em separado na lagoa. Quando Ruth Osborne pareceu flutuar um pouco, um homem chamado Thomas Colley a empurrou para baixo com uma vara; esse tratamento foi repetido três vezes em cada caso. Um relato diz que, em seguida, os prisioneiros foram deitados nus na margem e ali foram chutados e espancados até que Ruth Osborne falecesse e seu marido ficasse à beira da morte. Thomas Colley então "se dirigiu aos espectadores e arrecadou dinheiro pelo esforço que teve em demonstrar-lhes o esporte"; assim nos diz o relato de seu julgamento subsequente.

Nem o clero local nem os magistrados levantaram um dedo para salvar os Osborne. Contudo, um motim de tais proporções e sua consequência fatal não puderam ser ocultados, e muitas pessoas ficaram indignadas e horrorizadas. Um inquérito policial foi instaurado após a morte de Ruth Osborne, e doze dos principais cavalheiros de Hertfordshire foram convocados para formar o júri, pois, em investigação de um caso semelhante realizada pouco tempo antes em Frome, Somersetshire, o júri recusou-se a apresentar um veredito de homicídio obviamente justificado.

Como resultado, Thomas Colley foi oportunamente julgado pelo assassinato de Ruth Osborne em sessão de um tribunal superior. John Osborne havia se recuperado, mas não conseguiu prestar depoimento. Mesmo assim, Colley foi considerado culpado e condenado à forca. No cadafalso, uma declaração solene da convicção de Colley relativa à bruxaria foi lida para ele pelo clérigo de Tring. Uma forte escolta militar o acompanhou até o cadafalso, em razão da simpatia pública por ele e de muitos resmungos entre o povo "de que era uma questão difícil enforcar um homem por destruir uma velha perversa que tinha feito tanta maldade por meio de sua bruxaria".

Esse foi o caso mais notório de violência popular contra supostas bruxas na Inglaterra, mas de forma alguma o único. Existem muitos casos registrados de pessoas que atacaram outras a quem acusavam de bruxaria, tentando submetê-las ao "teste da água" ou "tirar-lhes sangue" — outra crença muito antiga segundo a qual uma bruxa perderia o poder sobre alguém se essa pessoa conseguisse golpeá-la e sangrá-la. A essa ideia se deve uma série de mortes, a citar as de Nanny Morgan, em Shropshire, em 1857, e de Ann Turner, em Warwickshire, em 1875.

Ambas as mulheres foram mortas por homens que se acreditavam enfeitiçados por elas. Nanny Morgan, que morava em Westwood Common, perto de Wenlock, pertencia a uma família de bruxas. O velho ditado rural era aplicado a seus parentes: "eles podiam ver mais longe através da porta de um celeiro do que a maioria das pessoas". O método usado em sua morte remontava à época anglo-saxônica, quando era chamado de *pricca*, que significa atar a suspeita de bruxaria a uma estaca e cortá-la com uma arma afiada para que o sangue flua. Nanny Morgan foi achada em sua cabana, presa com uma lança de pesca de enguia atravessada na garganta.

As diversas cartas encontradas na casa dela provaram que de fato praticava bruxaria. Algumas dessas missivas foram enviadas por pessoas de eminente posição local, solicitando seus serviços. Havia também uma caixa de moedas de ouro, as quais ela aparentemente acumulou com a prática de artes ocultas. As bruxas hoje acreditam que é errado praticar bruxaria por dinheiro e que, no fim das contas, isso traz punição para quem o faz.

O jovem que matou Nanny Morgan era inquilino na casa dela. Ele queria ir embora, mas tinha muito medo da mulher para fugir. Por fim, acabou cometendo esse ato desesperado.

Ann Turner foi morta no povoado de Long Compton, perto de Rollright Stones; um lugarejo que, como Canewdon, em Essex, tem uma forte tradição local de bruxaria. Um rapaz, crente de que Turner o havia enfeitiçado, atacou-a com um forcado de feno. Talvez ele pretendesse apenas machucá-la e derramar seu sangue, mas, por ser uma mulher idosa, os ferimentos acabaram por matá-la.

Chegou até nós um relato contemporâneo de um caso semelhante em Wiveliscombe, Somerset, em 1823, que felizmente não terminou em assassinato — mas foi por muito pouco que isso não aconteceu. Esse caso é notável pela forma como ilustra o papel que um "homem astuto" muitas vezes desempenhava nessas questões. Esse suposto protetor contra a feitiçaria das trevas era um certo Velho Baker, conhecido como o feiticeiro de Somerset.

Três mulheres de nome Bryant, uma mãe e suas duas filhas, o consultaram porque se pensava que uma das meninas estava enfeitiçada. Ele, claro, confirmou a suspeita e vendeu à mãe alguns comprimidos e poções para a menina tomar, além de um misterioso pacote de ervas. A verdadeira prescrição, na caligrafia iletrada do Velho Baker, dizia o seguinte: "O papel das arvs [ervas] deve ser queimado, um pouquinho de cada vez, em algumas brasas, com um pouco de feno e alecrim, e enquanto estiver queimando, leia os dois primeiros versículos do Salmo 68, e depois reze o Pai Nosso".

Depois que as instruções do Velho Baker foram seguidas, a filha não teve mais ataques de suposta possessão. Mas restava uma coisa a fazer: era preciso sangrar uma bruxa para quebrar o feitiço de vez. A senhora Bryant disse a um vizinho "que a velha senhora Burges era uma bruxa e que ela iria tirar sangue dela".

Nesse ínterim, a velha sra. Burges ouvira do que estava sendo acusada e foi à casa da sra. Bryant para confrontá-la e negar a acusação. Para sua sorte, ela levou consigo uma amiga, cujos esforços salvaram sua vida. As três mulheres Bryant caíram sobre a velha senhora, e duas delas a seguraram, enquanto a terceira, a filha supostamente enfeitiçada, a atacou. Gritaram por uma faca, mas, como não havia nenhuma à mão, usaram a arma mais próxima, um prego grande, com a qual lhe dilaceraram os braços.

A mulher que acompanhava a sra. Burges gritou "Assassinato!". Uma multidão logo se reuniu em volta da porta da casa, mas as pessoas nada fizeram para impedir o "sangramento", dizendo que a velha era de fato uma bruxa. Quando a amiga a arrastou para longe das agressoras, a sra. Burges já tinha quinze ou dezesseis ferimentos e sangrava muito. Ela foi então levada a um cirurgião, que tratou de suas lesões. Como resultado da contenda, as Bryant foram convocadas perante um juiz de tribunal superior em Taunton.

Ali toda a história foi relatada, incluindo o papel desempenhado pelo Velho Baker. A respeito dele, o juiz observou: "Gostaria que tivéssemos esse sujeito aqui. Digam-lhe que, se ele não parar de conjurar, será capturado e enfeitiçado de uma maneira que não o agradará".

Todas as três acusadas foram consideradas culpadas e condenadas a quatro meses de prisão.

A crença em tirar sangue de uma bruxa para eliminar seu poder ainda estava viva em Devonshire cem anos depois. Em 1924, um fazendeiro do condado foi processado por agredir uma vizinha, a quem acusou de afligi--lo com bruxaria. Ele arranhou o braço dela com um alfinete e ameaçou a atirar nela. O homem insistiu no tribunal que a mulher lhe desejava o mal e tinha enfeitiçado seu porco. Por isso tentara tirar sangue dela. Queria que a polícia invadisse a casa da vizinha e se apoderasse de uma bola de cristal que, segundo ele, era usada em seus feitiços. Nada do que os magistrados dissessem o fazia mudar de ideia, e ele foi condenado a um mês de prisão.

Poder-se-ia supor que, após duas guerras mundiais, a florescente sociedade tecnológica da Alemanha moderna teria mudado o suficiente para que os dias de perseguições às bruxas estivessem completamente esquecidos. Nada poderia estar mais longe da verdade. Na década de 1950, os jornais alemães publicavam notícias frequentes sobre as atividades dos "exorcistas de bruxas" — as quais, por vezes, terminavam na morte da pessoa acusada de bruxaria.

Em 1951, Johann Kruse fundou, em Hamburgo, os Arquivos para a Investigação da Bruxaria nos Tempos Modernos. No mesmo ano, Herr Kruse publicou um livro surpreendente, intitulado *Witches Among Us? Witchery and Magical Beliefs in Our Times* (Alemanha Ocidental, 1951). Esse trabalho revelou fatos sobre a persistência da crença em bruxaria na Alemanha que espantaram seus contemporâneos.

Um jornal da Alemanha Ocidental, em 1952, relatou nada menos que 65 casos envolvendo bruxaria. Muitos deles eram tão horríveis que parece incrível terem sido publicados nas colunas de um jornal moderno, e não em algum livro impresso em letras góticas de séculos atrás.

Por exemplo, houve o caso de uma jovem que foi internada no hospital de Haltern três semanas após seu casamento. Ela estava morrendo, mas, antes de falecer, foi capaz de dizer a causa de seus ferimentos. Ao que parece, logo após o casamento ocorreu, na fazenda dos pais do marido, o surto de alguma doença no gado. Uma mulher de Gelsenkirchen, que era chamada de adivinha, declarou que a noiva era uma bruxa e responsável pela doença do gado. Por instigação da adivinha, a família aprisionou a pobre menina em um quarto escuro, onde foi deixada para morrer de fome e em razão de espancamentos.

Esses autodenominados "adivinhos" ou "exorcistas de bruxas", embora professassem praticar "magia das luzes", na verdade recomendavam as crueldades mais revoltantes contra humanos e animais em nome de sua guerra contra a bruxaria. Muitas vezes, a ideia era de que — espera-se que o uso do pretérito seja apropriado, ainda que incerto —, se não pudessem torturar a bruxa, maus-tratos infligidos a um animal seriam de alguma forma transmitidos a ela.

Assim, um remédio para dores de cabeça supostamente causadas por bruxaria era dilacerar um gato preto vivo em dois e colocar os restos ensanguentados sobre a cabeça do paciente, onde deveriam permanecer por três horas. O remédio para galinhas supostamente enfeitiçadas pelo mau-olhado era queimar duas galinhas vivas no forno. Na verdade, isso foi feito a conselho de um "exorcista de bruxas" e relatado em um jornal alemão em maio de 1952.

Outra prática recomendada pelos "desbruxos" era a profanação de sepulturas. Ossos recolhidos em cemitérios de igrejas eram procurados como proteção contra feitiços. Uma receita para baixar a febre — provavelmente considerada fruto de bruxaria — era: "Pegue ossos humanos de três cemitérios diferentes, reduza-os a carvão, triture-os até virar pó e dê ao paciente com conhaque".

Outros "remédios para desbruxaria" consistiam em assa-fétida (uma goma-resina malcheirosa, popularmente conhecida como "estrume do diabo"), esterco de cavalo e urina — até mesmo urina humana, que os pacientes de um "exorcista de bruxas" eram induzidos a *beber*, pagando três marcos a garrafa!

Às vezes, em meio a toda essa confusão de aviltamento e horror, aparecia o vislumbre de uma memória real da antiga bruxaria. Na província de Hamburgo, por exemplo, um camponês, acreditando que sua casa estava enfeitiçada, fez com que os membros de sua família se despissem todas as noites e varressem o chão com vassouras, para afastar a influência maligna. Tendo ou não consciência disso, ele estava efetivamente realizando um antigo ritual de bruxaria: estar em condição e nudez ritual e varrer simbolicamente o mal, uma das coisas para as quais a vassoura de bruxa é de fato usada.

As autoridades alemãs tomaram conhecimento das revelações de Herr Kruse e, nos anos seguintes, vários desses modernos caçadores de bruxas foram levados a julgamento e punidos pelos seus crimes e pela difamação de pessoas inocentes. Um livro frequentemente mencionado no decurso desses julgamentos é o chamado *Sexto e sétimo livros de Moisés, ou arte espiritual mágica de Moisés*, um dos favoritos dos "exorcistas-feiticeiros". Como resultado, a venda desse livro foi proibida na Alemanha. No entanto, tenho uma cópia em minha própria coleção mágica. (Traduções para o inglês apareceram nos Estados Unidos, muitas vezes clandestinamente, sem data ou nome do editor.) Seu propósito é divulgar as palavras secretas de poder usadas por Moisés, bem como os sinais e símbolos que as acompanham, o que confere poder ao operador sobre os espíritos malignos. Não é um livro de bruxaria, mas deriva do lado mais sombrio da magia cerimonial.

A história nos mostra que o caçador de bruxas expressa os motivos mais elevados, mas, ao mesmo tempo, sua mão está sempre estendida para receber dinheiro.

PLANO ASTRAL

A crença no plano astral é parte da herança comum da filosofia oculta que é compartilhada por bruxas e magos cerimoniais. A palavra "astral" deriva do latim *astrum*, que quer dizer estrela. Foi usada por ocultistas medievais para designar aquele meio suprafísico pelo qual a influência de corpos celestiais chegava até a Terra, afetando tudo no planeta.

De forma resumida, o plano astral é parte do mundo suprafísico, um mundo composto de pura essência ou energia em uma taxa de vibração mais alta do que a do mundo físico. Não mais alta no sentido de estar bem acima, no céu; pelo contrário, tudo no mundo visível da matéria está cercado e permeado por seu equivalente astral. Os ocultistas veem o universo como uma grande escala de vibrações, sendo o nosso plano físico apenas uma dessas camadas, aquela à qual os nossos sentidos físicos reagem.

Obras de autores teosóficos do século 19, como Madame Blavatsky, e os muitos livros sobre espiritismo moderno ajudaram leitores a se familiarizar com a ideia de plano astral e, por isso, nem sempre nos damos conta de que esse é, na verdade, um conceito mágico muito antigo. Todavia, Francis Barrett, em *O mago*, publicado originalmente em 1801 (um dos clássicos dos cerimoniais mágicos), explica esse conceito como uma das ideias fundamentais da qual a prática da magia depende. Éliphas Lévi, outro grande mago do século 19, trata desse conceito de forma ampla e o chama de "a Luz Astral".

Uma das principais afirmações feitas por ocultistas sobre a substância do plano astral é que ela responde a pensamentos e emoções. Por isso o corpo astral do homem, o duplo, *doppelganger* ou "espectro", é chamado pelos hindus de *Kama Rupa*, ou "corpo desejado". É um fato notável que todos os antigos filósofos ocultistas, mesmo separados por continentes e por séculos, tenham tido essas ideias e crenças. Os egípcios antigos também acreditavam no duplo humano, a quem eles chamavam de *Ka*. Lendas nórdicas ancestrais contam sobre o *Scin Laeca*, ou "corpo brilhante", a aparição do ser humano cercado por luzes fantasmagóricas. Se as crenças do ocultismo forem mera utopia, por que a *mesma* criatura mítica galoparia pela mente dos homens, de uma etnia para outra, de uma era para outra?

O corpo astral é o meio pelo qual o homem atua no plano astral, e sobrevive à morte de sua forma física. O ser humano pode, entretanto, visitar o plano astral e ter visões na luz astral enquanto ainda está encarnado nesta Terra. Essa viagem clarividente é um dos objetivos almejados pelas bruxas; é a realidade por trás das histórias tão extravagantes de bruxas voando pelos céus. A bruxa voadora não está em sua forma física, mas na forma astral.

Henry More compreendeu isso no longínquo ano de 1647. More era platônico e estudava a filosofia do ocultismo. Em seu *Philosophicall poems* (Universidade de Manchester, 1931, e Nova York: AMS Press, 1878), publicado naquele ano, quando a bruxaria ainda era um delito mortal na Grã-Bretanha, há esta passagem significativa:

E é uma arte bem conhecida de antigos Bruxos
E Bruxas astutas, que muitas vezes por medo e vergonha
Do ríspido cabresto, eximem-se
De fisicamente participar de seu jogo noturno.
Portanto, suas carcaças ficam em casa,
Mas com a alma, nesse festim desagradável eles estão,
E encontram seus amigos e os chamam pelo nome,
E dançam em volta do Bode, e cantam venerável, venerável,
E beijam o traseiro do Diabo, e experimentam sua alegria mortal.

More, como cristão, considerava o sabá das bruxas algo diabólico, mas seus estudos sobre ocultismo permitiram que ele penetrasse a verdade por trás dos contos de imaginação popular, percebendo que a projeção astral é um dos segredos da bruxaria.

Essa também é a explicação para a velha crença de que bruxas e feiticeiros não projetam sombra. Se alguém os visse em sua forma astral, claro que o duplo, não sendo feito de matéria física, não projetaria sombra alguma. E tamanho era o pavor supersticioso gerado pela proibição da Igreja ao uso de qualquer poder psíquico, que uma pessoa capaz de projetar seu corpo astral era automaticamente considerada uma bruxa ou um bruxo.

O plano astral e os fenômenos a ele relacionados constituem um assunto tão vasto que muitos livros poderiam ser escritos — e de fato foram — a esse respeito. Qualquer breve ensaio, como este, precisa omitir vários pontos interessantes e importantes. Muitos ocultistas dividem o plano astral em sete gradações, ou subplanos, do mais baixo até o mais alto — lembrando que, nessa conexão, os termos "mais baixo" e "mais alto" não se referem a uma posição no espaço, mas a diferentes estados do ser.

As gradações mais altas do plano astral são regiões de beleza que transcendem aquelas da Terra. São o "Summerland" do espiritualista. As regiões mais baixas do plano astral, por outro lado, são a morada da escuridão espiritual, muito embora essa escuridão tenha origem nas degradadas e perversas almas de quem ali habita. A mente cria aquilo que a cerca. Isso é verdade até no mundo físico, e muito mais no plano astral. Semelhante atrai semelhante, e, após a morte, a alma é levada para a região com a qual naturalmente tem mais afinidade.

Essas ideias não são, de modo algum, invenção de espiritualistas modernos ou teosofistas; são tão velhas quanto a Grécia Antiga e o Egito Antigo, talvez até mais. Mesmo o homem de Neandertal enterrava seus mortos com bens funerários, indicando a crença na continuidade da vida no Além.

Além das almas humanas desencarnadas que residem no plano astral, existem muitas outras categorias de espíritos que não são humanos. Há as almas dos animais, sendo que algumas delas alcançaram a individualidade, enquanto outras pertencem a uma alma-grupo de sua espécie. Existe o vasto reino de espíritos da natureza, um reino que contém muitas classes, algumas mais baixas do que a humanidade e outras muito mais altas. Os espíritos da natureza foram divididos por ocultistas medievais de acordo com o elemento com o qual tinham afinidade. Os espíritos da terra foram chamados gnomos; os espíritos da água, ondinas; os espíritos do ar, silfos; e os espíritos do fogo, salamandras.

Esses espíritos dos elementos não podem ser confundidos com as entidades semi-inteligentes chamadas elementais artificiais. Esses últimos são formados a partir da essência elemental do plano astral, pelo poder do pensamento e do desejo humanos que agem sobre essa essência. Por isso podem ser lindos ou repugnantes, protetores ou ameaçadores. A vida deles depende do poder do pensamento que os evoca. A maioria das pessoas desconhece o poder que o pensamento possui e o que ele pode fazer, mas o ocultista usa esse poder de forma deliberada para criar elementais artificiais e formas-pensamento. O poder do pensamento é mais um dos fundamentos da magia, conhecido no mundo todo ao longo dos séculos. No Oriente, tal poder é chamado *Kriyashakti*.

Elementais artificiais e formas-pensamento podem ser notados por aqueles cujo poder da visão astral está aberto, de forma intencional ou não; também são os responsáveis por muitas das visões fantásticas que as pessoas têm ao experimentar, de maneira imprudente, as chamadas "drogas psicodélicas".

Para além do plano astral há níveis de ser ainda mais elevados e espirituais. Alcançá-los é o objetivo do verdadeiro ocultista e mago, que assim conseguirá dominar a luz astral, em vez de ser dominado por ela.

PORTA NORTE

As igrejas de fato antigas da Grã-Bretanha, e na verdade de toda a Europa, com frequência têm relíquias notáveis da fé pagã pré-cristã. Em suas decorações há figuras que apontam para um longo período de transição entre o paganismo e o cristianismo, um espaço de tempo em que as duas crenças se misturaram e uma forte lealdade recíproca deve ter existido.

Uma dessas figuras, já mencionada, é a do Homem Verde, uma forma do antigo deus das florestas. (*Ver* HOMEM VERDE, O.) Outra é a Sheila-na-Gig, encontrada com mais frequência na Irlanda, mas também em algumas igrejas inglesas. Trata-se de uma representação muito franca da sexualidade feminina e cuja origem deve remontar a alguma antiga deusa da fertilidade, uma *Magna Mater* primitiva. Outra ainda é a pequena figura encantadora conhecida como Lincoln Imp, cuja postura de pernas cruzadas lembra muito as antigas estátuas gaulesas do deus cornífero celta, Cernuno.

O ponto para se procurar qualquer item de natureza pagã em uma antiga igreja ou catedral é o lado norte. Isso se deve a uma estranha crença que liga o norte ao Diabo.

Há muitos mistérios relacionados a isso, mas parece ser mais um exemplo de que o deus da velha religião se tornou o diabo da nova. Para os pagãos, o norte era o lugar do poder, o centro misterioso sobre o qual gira a grande roda dos céus. Podemos lembrar que uma das passagens da Grande Pirâmide do Egito, quando a descobriram, estava orientada para a estrela Alpha Draconis, que não é a Estrela Polar nos dias de hoje, mas já o foi, muitos séculos atrás. A constelação de Draco, o Dragão, que gira em torno do polo dos céus, pode ter parecido aos cristãos uma representação do Diabo, embora para os celtas, assim como para os orientais, o dragão fosse um guardião da sabedoria e dos mistérios. Prova disso é o orgulhoso dragão vermelho que ainda está na bandeira do País de Gales.

Poucos sepultamentos se davam na parte norte dos antigos cemitérios; no geral, diziam respeito a pessoas a quem foi concedido a contragosto um enterro cristão, como crianças não batizadas ou suicidas. Comentando esse preconceito contra o lado norte da igreja, o reverendo George S. Tyack, em seu *Lore and Legend of the English Church* (Londres: William Andrews, 1899), diz: "Supõe-se que o norte, em tempos antigos, misticamente tipificava o Diabo, e prevalecia em alguns lugares o costume de abrir uma porta daquele lado da igreja quando se administrava o Santo Batismo, para a saída do demônio exorcizado".

Por essa razão, a porta norte das igrejas antigas era conhecida como "a porta do Diabo". Nota-se que, em muitos casos, em igrejas antigas que sobreviveram até os dias atuais, essa porta está fechada com tijolos. É raro que investigações apresentem os motivos ou uma razão convincente para explicar isso. No entanto, vestígios de portas norte, preenchidas com alvenaria, podem ser encontrados em inúmeras igrejas antigas.

Uma história que explica esse fato peculiar é que antigamente, quando a frequência à igreja era mais ou menos obrigatória, as pessoas que aderiam secretamente à Antiga Religião, ou seja, as bruxas, faziam questão de entrar no templo pela porta norte e de se sentar perto dela.

Elas não ousavam se ausentar das cerimônias cristãs, sobretudo em aldeias pequenas onde todos se conheciam. Na verdade, houve uma época em que a frequência à igreja era obrigatória por lei, e aqueles que não comparecessem podiam ser punidos. Assim, os pagãos adotaram esse método para se distinguir secretamente do restante da congregação, usando a porta do Diabo. Curiosos desenhos, incorporando símbolos mágicos pagãos, às vezes podem ser encontrados ao redor da porta norte, ou no lado norte de igrejas antigas. Costumam aparecer no guia de visita como "marcas de pedreiro", mas um breve estudo desse assunto permitirá ao investigador distinguir uma marca de pedreiro real de uma marca com origem bem diferente.

Por fim, as autoridades eclesiásticas perceberam que esse costume estava sendo observado em segredo pelos elementos obstinadamente pagãos em suas congregações. Elas decidiram frustrar esses avanços bloqueando a porta do Diabo em muitos casos, e vestígios de tal precaução ainda podem ser encontrados.

QUATRO PODERES DO MAGO, OS

Os quatro poderes do mago são os atributos tradicionalmente necessários para o sucesso da prática da magia. São eles: conhecer, ousar, querer e calar. Esses poderes são com frequência chamados pelos seus nomes latinos: *noscere, audere, velle* e *tacere*.

Uma pequena reflexão a respeito desse ensinamento tradicional de magia mostrará o raciocínio que está por trás dele. Nenhum dos poderes é suficiente por si só; os quatro poderes devem estar presentes, equilibrando-se. Não basta o mero conhecimento sem a vontade ou a coragem para colocá-lo em prática. Nem a vontade e a ousadia têm qualquer utilidade sem o conhecimento que as apoie. A audácia não irá longe sem a vontade de perseverar até o fim. A força de vontade deve, por sua vez, aliar a coragem para dar o primeiro passo. Tudo isso é em vão a menos que o mago tenha a prudência de ficar em silêncio e manter seu propósito. Nenhum falastrão jamais alcançará o verdadeiro poder mágico.

Na verdade, diz-se que o quarto poder, o silêncio, é o mais importante de todos e o mais difícil de alcançar. O silêncio é uma potência em si; o silêncio do vasto e infinito deserto sob as estrelas; o silêncio das montanhas nevadas no topo do mundo; o silêncio nas catacumbas das pirâmides. Esses são os silêncios dos tesouros secretos, guardados para o iniciado. Nenhum tagarela ou fanfarrão os encontrará.

Pessoas que alardeiam aos quatro ventos seus planos e ideias dispersam as próprias forças. As operações ocultas, em particular, não devem ser comentadas, ou nunca se concretizarão.

Essa é a razão pela qual hoje, embora a perseguição por parte da Igreja ou do Estado tenha cessado de modo geral, todas as sociedades ocultistas sérias, incluindo a Arte dos Sábios, mantêm em segredo os seus ensinamentos e práticas mais íntimas. Não é porque, como supõem os escritores sensacionalistas, estão acontecendo orgias de adoração ao Diabo, mas porque essa é a tradição mística e mágica. A maçonaria também o observa e se define não como uma sociedade secreta, mas uma sociedade com segredos.

A tradição remonta aos dias dos antigos cultos dos Mistérios, quando uma religião exotérica simples era ensinada à população em geral, enquanto um ensinamento esotérico poderia ser acessado por aqueles que desejassem ir mais longe e tivessem a capacidade de compreendê-lo. O mestre Jesus seguiu o mesmo princípio, quando disse aos seus discípulos que não lançassem pérolas aos porcos, caso contrário os porcos se voltariam para despedaçá-los.

Há uma correspondência entre os quatro poderes do mago e os quatro elementos. *Noscere*, conhecer, corresponde ao ar. *Audere*, ousar, corresponde à água. *Velle*, querer, corresponde ao fogo. *Tacere*, calar, corresponde à terra.

O ar é o elemento de Mercúrio, governante do conhecimento. A água traz consigo a ideia de lançar-se audaciosamente sobre as ondas de mares desconhecidos. O fogo nos lembra a chama da vontade. A Terra transmite a força silenciosa das rochas e das montanhas. Quando esses quatro elementos estão reunidos, surge o quinto elemento, o espírito, ao qual corresponde a quinta potência: *ire*, ir, o poder da progressão através do universo, o poder da evolução.

Como a esfinge é uma representação dos quatro elementos, esses poderes também são eventualmente chamados de quatro poderes da esfinge.

QUINTESSÊNCIA

Os filósofos ocultistas mais antigos nos transmitiram a ideia de quatro elementos da vida: terra, ar, fogo e água. Mas, acima e além desses quatro elementos, pertencentes ao mundo visível, eles assinalaram um quinto, que chamaram de quintessência, éter ou espírito.

Era inevitável que a palavra "poder" fosse mencionada com frequência neste livro. O poder da magia, o poder que é gerado pelas práticas de bruxaria, e assim por diante. Mas o que é esse poder, referido de forma tão vaga? É apenas sugestão ou uma forma de hipnotismo? Ou tem base e origem em algum tipo desconhecido de energia?

Essas questões não são fáceis de responder, por diversas razões. Contudo, levar em consideração a antiga ideia do quinto elemento, ou quintessência, não é irrelevante para tal investigação.

É no mínimo curioso notar a universalidade dessa crença. Os povos do Antigo Oriente igualmente a partilham com os alquimistas e magos europeus da Idade Média. Os iogues e faquires orientais, entretanto, têm suas próprias palavras para o que chamamos de "elementos". Eles os chamam de *tattvas*, as cinco manifestações da energia universal. Os termos hindus são os seguintes: *prithivi*, simbolizado por um quadrado amarelo, equivalente à terra; *apas*, cujo símbolo é um crescente branco, que significa água; *tejas*, um triângulo vermelho, fogo; *vayu*, um círculo azul, ar; *akasha*, um oval preto, espírito ou éter.

E nas antigas tradições druídicas galesas encontradas no *Barddas* podemos notar o seguinte: "Terra, água, firmamento, fogo e *nyv*; e o *nyv* é Deus, e vida, e intelecto. Dos primeiros quatro provêm toda morte e a mortalidade; e do quinto procedem toda vida e animação, todo poder, conhecimento e movimento".

É notável, também, como essa ideia antiga de uma energia universal invisível exigiu um reexame nos nossos dias, tendo em vista o conceito bastante novo de universo (novo para nós, pelo menos) que a física atômica moderna nos ofereceu. Nós já estamos bastante familiarizados com a ideia de que matéria e energia são termos intercambiáveis; no entanto, essa é justamente a ideia que os antigos filósofos ocultistas desenvolveram e da qual o materialismo do século 19 riu com desprezo.

Em nossos dias, porém, temos visto não apenas um conceito inteiramente novo de matéria e energia, mas também o estudo sério de fenômenos como aqueles que costumavam ser chamados de "rabdomancia" ou "feitiçaria da água", e agora são denominados, de forma grandiosa, radiestesia.

Isso levou a uma consideração geral do que podemos chamar de "energias limítrofes". Parece muito possível que nessa região misteriosa possam ser encontrados alguns dos verdadeiros segredos do poder mágico. (O trabalho pioneiro do sr. T. C. Lethbridge e a série de livros que publicou, detalhando as suas investigações, merecem atenção especial nesse contexto.)

Muitos estudiosos já se debruçaram sobre esses assuntos no passado, mas uma grande confusão foi causada pelo fato de que quase todos eles, de acordo com as próprias idiossincrasias, conferiram títulos novos ao que é, no fim das contas, a mesma coisa.

Mesmer, por exemplo, tinha a sua teoria do "magnetismo animal", que chamou de: "Um fluido muito fino e sutil, que penetra tudo e é capaz de receber e comunicar todo tipo de movimento e impressões". Ele estava, contudo, apenas repetindo em termos diferentes os ensinamentos de Paracelso (1493-1541).

Paracelso acreditava que o corpo humano se assemelhava a um ímã e que seu "magnetismo" era controlável pela vontade. Ele também desenvolveu a ideia de um "fluido universal" — um conceito que os cientistas da Era da Razão encararam com desdém. Um "fluido" invisível que poderia interpenetrar objetos sólidos — que absurdo! Hoje, com o nosso conhecimento sobre ondas de rádio e outros tipos de radiação, isso não parece tão absurdo, afinal.

Os fundadores do movimento espírita basearam muitas de suas ideias nesse conceito de "energia limítrofe", algo entre os mundos físico e astral e que partilha um pouco das características de ambos. Eles acreditavam que essa energia era o agente das manifestações, pelo menos as de natureza física, que ocorriam em suas sessões.

Do outro lado do mundo, os kahunas, ou magos nativos, das ilhas do Pacífico, sempre acreditaram nessa força como veículo para a realização de maravilhas. Eles a chamavam de Mana, palavra que se tornou de uso corrente pelos estudantes de religião comparada.

Lorde Lytton, em seu peculiar romance imaginativo *The Coming Race* (Londres, 1871), chamou essa força de Vril. No livro, ele faz referência às pesquisas factuais do barão Von Reichenbach sobre uma força misteriosa nomeada Od ou Odyle.

Outros ocultistas chamaram essa força de "Energia Vital Universal" ou "O Grande Agente Mágico". No notável livro de Mary Anne Attwood, *A Suggestive Inquiry into the Hermetic Mystery* (publicado pela primeira vez em Londres em 1850), a autora sugere que a "quintessência dos filósofos" corresponde àquilo que os alquimistas realmente queriam dizer com a palavra "Mercúrio", e não qualquer substância à base de mercúrio ou azougue.

Pode-se pelo menos teorizar que essa quintessência é o verdadeiro tema da misteriosa inscrição que, diz-se, foi encontrada na tábua de esmeralda de Hermes. Esse objeto foi assim chamado porque, reza a lenda, tratava-se de uma placa inscrita de esmeralda pura, segurada pelo cadáver do grande Mestre, Hermes Trismegisto. Segundo consta, o tesouro foi achado em uma caverna sepulcral perto de Hebron. Algumas versões da lenda dizem que a descobridora foi Sara, esposa de Abraão; outras, que foi Alexandre, o Grande, ou Apolônio de Tiana. Foram encontradas versões árabes muito antigas das inscrições misteriosas, e versões latinas circularam entre estudantes de ocultismo na Europa medieval.

A tradução diz o seguinte:

> É verdade sem mentira, certo e muitíssimo verdadeiro: o que está embaixo é igual ao que está em cima, e o que está em cima é igual ao que está embaixo, para realizar os milagres da Coisa Única [*ad perpetranda miracula Rei Unius*].
>
> E como todas as coisas procederam do Uno, por contemplação, assim todas as coisas nasceram dessa Coisa Única, por adaptação. [*Et sicut omnes res fuerunt ab Uno meditatione unius, sic omnes res natae fuerunt ab hac uma re, adaptatione.*]
>
> Seu pai é o Sol, sua mãe é a Lua; o Vento o carregou em seu ventre; sua ama é a Terra.
>
> O pai de todas as formas [*telesmi*] do mundo está aqui.
>
> Seu poder é pleno [*integra*] se estiver voltado para a Terra.
>
> Tu separarás a Terra do Fogo, o sutil do denso, suavemente, com muita perspicácia.
>
> Ele sobe da Terra para o Céu e retorna à Terra; e recebe a força das coisas superiores e inferiores.
>
> Assim obterás a glória do mundo inteiro; e toda treva se afastará de ti.
>
> Eis o poder potente de toda força; que supera todas as coisas sutis e penetra todas as coisas sólidas.

Assim foi criado o mundo.

Daí surgirão adaptações extraordinárias, pelos meios aqui indicados.

Por isso sou chamado Hermes, o Três Vezes Grande; detentor das três partes da filosofia universal.

O que eu disse sobre a Operação do Sol está cumprido. [*Completum est quod dixi de Operatione Solis.*]

Essa inscrição supostamente contém os segredos mágicos mais profundos, para aqueles que conseguem compreender sua mensagem enigmática.

Decerto está de acordo com o que muitos ocultistas acreditam sobre a energia vital universal, cuja fonte imediata para o nosso sistema astronômico é o Sol. Os planetas, não tendo luz própria, refletem o grande campo de força emitido pelo Sol e, ao fazê-lo, transmitem a ele suas próprias influências. A Lua, ainda que seja muito pequena em comparação, reflete uma grande quantidade de força sobre a nossa Terra, em razão de sua proximidade. Os seres humanos absorvem a energia vital, que os hindus chamam de prana, por meio da respiração, e diz-se que o grande depósito de prana no corpo humano é o plexo solar.

Muito poderia ser escrito sobre esse aspecto do ocultismo, além das relações da quintessência e suas modificações com, pelo menos, alguns dos poderes reais da bruxaria, bem como da magia em geral. Contudo, razões de espaço me proíbem aqui de fazer mais do que indicar uma possível linha de estudo.

Devo, no entanto, comentar o trabalho de Wilhelm Reich e a descoberta do que ele chama de *orgone*. O famoso psicólogo escreveu extensivamente sobre as propriedades dessa energia sutil que, segundo ele, pode ser demonstrada nos organismos vivos, na atmosfera, na Terra e na radiação do Sol.

Ele afirma tratar-se de uma energia cósmica universal que pode ser medida e visibilizada, e cuja cor é azul-violeta — Reich considera o azul do céu e a névoa azul vista a distância em dias ensolarados manifestações da energia orgônica. A Terra, diz ele, está rodeada por um campo de orgone que se move em torno do planeta com um movimento pulsante, de oeste para leste. Segundo Reich, todas as substâncias contêm orgone, pois essa força penetra tudo — mas apenas as substâncias vivas a irradiam.

QUIROMANCIA

O termo quiromancia não se refere apenas à arte divinatória de ler o futuro pelas linhas da palma da mão, mas inclui todo o variado conhecimento relacionado com a mão humana ao longo do tempo.

Não se sabe ao certo há quantos anos a quiromancia existe. Pode ter se originado na Índia antiga. Os gregos decerto a estudaram, e acredita-se que Aristóteles, em particular, tenha se interessado muito por essa prática. A história conta que, ao viajar pelo Egito, o filósofo descobriu um tratado manuscrito sobre a arte e a ciência da leitura da mão, o qual enviou a Alexandre, o Grande, elogiando-o como "um estudo digno da atenção de uma mente elevada e questionadora".

Esse tratado foi traduzido para o latim por um certo Hispanus, e o que supostamente era o livro descoberto por Aristóteles foi impresso em Ulme em 1490 sob o título *Chyromantia Aristotelis cum Figuris*. Um livro ainda anterior, *Die Kunst Ciromantia*, de Johann Hartlieb, foi impresso em Augsberg em 1475. Os praticantes medievais da quiromancia afirmavam que essa arte era sancionada pelas Escrituras Sagradas, citando um texto do livro de Jó, capítulo 37, versículo 7: "Ele sela as mãos de todo homem, para que todos os homens possam conhecer Sua obra". O original hebraico dessa passagem diz "Na mão Ele selará", ou "sela todo homem"; e os defensores da prática argumentavam que isso significava que Deus havia colocado sinais nas mãos dos homens, os quais os sábios poderiam ler e interpretar.

Alguns clérigos concordaram com isso e outros não. Os quiromantes talvez estivessem em terreno mais seguro quando associaram a quiromancia à astrologia e à doutrina do homem como o microcosmo ou pequeno mundo, nas quais todas as correspondências dos céus podiam ser traçadas de forma simbólica. O Sol, a Lua e os planetas, junto com os signos do zodíaco, foram todos atribuídos aos seus lugares e governos pela mão humana. Um fragmento de verso medieval em latim contou a história:

Est pollex Veneris; sed Juppiter indice gaudet,
Saturnus medium; Sol medicumque tenet,
Hinc Stilbon minimum; ferientem Candida Luna
Possidet; in cavea Mars sua castra tenet.

A tradução diz: "O polegar é de Vênus; mas Júpiter se regozija no dedo indicador, e Saturno no dedo médio, e o Sol domina o terceiro dedo (*medicus*) [também chamado anular]. Mercúrio está aqui no dedo mínimo, e a casta Lua ocupa a percussão [ou seja, a parte externa da mão, oposta ao polegar]; na palma da mão, Marte mantém seu acampamento".

Cada um dos quatro dedos tem três divisões, ou falanges, totalizando doze, uma correspondência natural com os doze signos do zodíaco. Assim, pode-se, de certa forma, segurar todo o céu estrelado nas mãos.

Um bom leitor de mãos não precisava criar um horóscopo elaborado para seu cliente. O horóscopo estava ali na mão, formado e impresso pela natureza, exigindo apenas habilidade e intuição para lê-lo. Assim, os praticantes das classes mais pobres, como bruxas e ciganos, que não possuíam instrumentos astronômicos caros ou livros para fazer horóscopos, cultivavam a quiromancia. "Conhecer os segredos da mão" é um dos poderes da bruxaria mencionados em *Aradia*. (Ver ARADIA.)

O número mágico sete tem grande destaque na quiromancia. Existem sete linhas principais na palma da mão: a linha da vida, a linha do coração, a linha da cabeça, a linha de Saturno ou do destino, a linha do Sol ou das artes, a linha hepática ou da saúde e o cinturão de Vênus. Existem também sete montes na palma da mão, com os nomes de Sol, Lua e dos planetas.

Além disso, o famoso quiromante francês D'Arpentigny, que escreveu no início do século 19, distinguiu sete tipos de mão: a mão elementar, a mão espatulada ou ativa, a mão cônica ou artística, a mão quadrada ou útil, a mão nodosa ou filosófica, a mão pontiaguda ou psíquica e a mão mista, que é uma combinação de vários tipos. Os termos "espatulada", "cônica", "quadrada" e "pontiaguda" referem-se aos quatro tipos diferentes de ponta dos dedos, e têm certa afinidade com os quatro elementos e os tipos de temperamento que regem.

Como seria de esperar, os quatro elementos e a quintessência, ou espírito, também estão incluídos no simbolismo geral da mão. A água pertence ao primeiro dedo, a terra ao segundo, o fogo ao terceiro e o ar ao dedo mínimo; enquanto o polegar, que para um quiromante indica a força de vontade do sujeito, é o lugar do espírito.

Para se chegar a uma avaliação honesta da personalidade de uma pessoa e, portanto, de suas perspectivas futuras, ambas as mãos devem ser examinadas e comparadas. A mão esquerda mostrará as tendências herdadas do consulente, e a direita manifestará o uso que ele fez dessas tendências e como elas foram desenvolvidas ou modificadas pela vida. Se o sujeito for canhoto, porém, o inverso se aplicará, pois a esquerda é a mão ativa que mostra a vida da pessoa.

O espaço aqui não permite instruções detalhadas sobre leitura da mão. No entanto, hoje estão disponíveis muitos bons livros sobre o assunto, incluindo os do famoso quiromante conde Louis Hamon, que exerceu a profissão sob o pseudônimo de "Cheiro". O trabalho de Cheiro pode ser hoje considerado desatualizado por alguns, mas temos uma dívida considerável com ele, porque foi sua leitura bem-sucedida das mãos de muitas pessoas famosas que ajudou a tornar a quiromancia socialmente aceitável, ainda que a prática tenha sido ilegal na Grã-Bretanha durante muitos anos.

De acordo com a chamada Lei da Vagabundagem de 1824, no reinado de George IV, foi estabelecido que "toda pessoa que finge ou professa ler a sorte, ou que usa qualquer arte, meio ou dispositivo sutil, por quiromancia ou de outra forma, para enganar e tirar proveito de qualquer um dos súditos de Vossa Majestade", poderia ser condenada a três meses de trabalhos forçados. Esse ato era considerado aplicável não apenas à quiromancia, mas às vezes também à bruxaria.

R

REALEZA, LIGAÇÕES COM A BRUXARIA

O nome do rei Guilherme Rufus II tem sido associado à bruxaria com certa frequência. "Rufus" significa "vermelho", que, como cor da vida, é sagrado para a Antiga Religião. Guilherme era o rei Vermelho, ou o Ruivo. Neto de Roberto, o Diabo, ele era pagão e não escondia isso, sendo odiado pelos monges cristãos que compilaram as crônicas da história. Daí a sua notoriedade como um "mau rei", embora, na verdade, não fosse um rei pior do que a maioria dos seus contemporâneos.

A morte de Guilherme em New Forest "no dia seguinte ao Lammas", um dos grandes sabás da Antiga Religião, ainda é um dos mistérios históricos da Grã-Bretanha. (*Ver* LAMMAS.)

Menos conhecida é a tradição de que os reis Plantageneta favoreciam a Antiga Religião, e alguns deles a seguiam de forma ativa, ainda que em segredo. O nome Plantageneta é derivado de *Planta genista*, antigo nome da giesta, que era seu emblema. Outra designação para essa planta era giesta-das-vassouras, porque dela se faziam as vassouras sobre as quais as bruxas deveriam voar.

O notável romance histórico de Evelyn Eaton, *The King is a Witch* (Londres: Cassell, 1965), é baseado na conexão dos Plantageneta — sobretudo de Eduardo III — com a bruxaria.

A fundação da Ordem da Jarreteira por Eduardo III parece estar conectada à Antiga Religião. (*Ver* LIGAS COMO SINAIS DISTINTIVOS DE BRUXAS.) Seu filho, associado a ele na Ordem, sempre foi conhecido como Príncipe Negro. Nunca foi apresentada uma razão plausível para esse título, a não ser o fato de que, supostamente, tenha sido dado por causa da armadura preta que ele usava. Poderia, no entanto, ter tido outro significado. O líder masculino de um coven era às vezes conhecido como "O Homem de Preto".

A mulher com quem o Príncipe Negro se casou chamava-se "A Bela Donzela de Kent", e é preciso lembrar que a líder feminina de um coven era às vezes conhecida como "A Donzela". Todas essas coisas poderiam ser mera coincidência quando vistas isoladamente. Somadas, formam uma imagem significativa.

O filho desse casal, que se tornou o trágico Ricardo II, adotou como insígnia o cervo branco, que é um emblema diretamente ligado à Antiga Religião. Como o corço branco escondido no matagal, ele aparece nos mitos bárdicos, às vezes como um símbolo da alma humana, às vezes representando o segredo dos Mistérios, e às vezes representando o próprio rei divino sacrificado.

A ideia do rei divino, que deve morrer no final de um mandato designado para que seu sangue traga prosperidade e fertilidade à terra, remonta à Antiguidade. Toda a mística da realeza e da monarquia está envolvida nisso. O mesmo acontece com o sentimento de sacralidade da pessoa do rei, com a crença no direito divino dos reis e assim por diante.

Margaret Murray, em seu livro *The Divine King in England*, argumenta que os primeiros reis da Grã-Bretanha foram de fato mortos em rituais. Eventualmente, diz ela, outra vítima era oferecida em seu lugar para que o rei pudesse viver por mais alguns anos, mas o sacrifício supremo tinha de ser cumprido, porque esse eram os verdadeiros propósito e segredo da realeza.

Uma sugestão de conexão entre bruxaria e a dinastia Plantageneta aparece de novo na época do rei Eduardo IV. A história começou em um lugar que até hoje tem reputação de ser mal-assombrado e palco de acontecimentos misteriosos, a floresta Whittlewood, em Northamptonshire. Ali, Eduardo IV conheceu a bela Elizabeth Woodville, sob uma árvore que muito depois ficou conhecida como Carvalho da Rainha.

Ela era viúva, tendo o marido lutado no que provou ser o lado errado na Guerra das Rosas. Quando ele morreu em batalha, suas propriedades foram confiscadas. Elizabeth implorou ao rei que as restaurasse, pelo bem de seus filhos órfãos. O rei, encantado pela bela dama que conhecera debaixo do carvalho, foi além. Ele se apaixonou perdidamente por ela e os dois se casaram em segredo, na manhã do Primeiro de Maio, na cidade vizinha de Grafton.

As circunstâncias desse encontro romântico na floresta assombrada pelas fadas e o casamento secreto no dia seguinte a um dos sabás das bruxas sem dúvida sugeriram a muitas pessoas uma conexão com a Antiga Religião. Além disso, durante um período conturbado de rebelião anos depois, a mãe de Elizabeth, Jacquetta, duquesa de Bedford, foi acusada de praticar bruxaria, embora na época o caso não tenha dado em nada.

Mas isso não foi esquecido. Quando Eduardo IV morreu em 1483, pelos termos do testamento do rei, seu irmão Ricardo foi nomeado Protetor do Reino e guardião do jovem príncipe herdeiro do trono. No entanto, antes que o rapaz pudesse ser coroado, o Parlamento proclamou os filhos do falecido rei ilegítimos, dizendo que seu casamento com Elizabeth Woodville era ilegal.

Um dos fundamentos para essa declaração era de que o casamento "foi feito com grande audácia, sem o conhecimento e o consentimento dos senhores desta terra, e também por bruxaria e feitiçaria, cometidas pela dita Elizabeth e sua mãe Jacquetta, duquesa de Bedford, conforme a opinião comum do povo e a voz pública, e a notoriedade está por toda esta terra".

Os historiadores muitas vezes presumem que, como a acusação de bruxaria contra Elizabeth Woodville foi determinante para colocar Ricardo III no trono, o fato não tinha qualquer fundamento. No entanto, as circunstâncias de seu casamento com o rei Eduardo IV foram certamente incomuns, e parece crível que tenham se casado de acordo com a Antiga Religião, em vez de celebrarem um casamento cristão. Nenhum motivo convincente foi apresentado para a atitude tomada por Henrique VII de privar a viúva Elizabeth Woodville de todos os seus bens e confiná-la em um convento pelo resto da vida — embora ele tivesse desposado a filha dela com Eduardo IV.

Ricardo III, derrotado e morto na Batalha de Bosworth em 1485, foi o último dos Plantageneta. Sua famosa bandeira do javali branco é outro exemplo de um emblema ligado à Antiga Religião. As presas curvas do javali, lembrando a lua crescente, ainda são valorizadas como amuleto e objeto de sorte; já os porcos brancos eram sagrados para Cerridwen, a deusa druídica da Lua. Alguns historiadores agora acreditam que esse rei não era o vilão que os Tudor o fizeram parecer. Existe até uma sociedade com o propósito de limpar o nome de Ricardo III.

Com a chegada da dinastia Tudor, muitas mudanças ocorreram na Inglaterra. Um por um, quaisquer possíveis pretendentes ao trono que restassem da linhagem mais antiga foram eliminados sem piedade. Mas os soberanos da Inglaterra continuaram a ser coroados, com cerimônia cristã, sobre a Pedra do Destino pagã que está na base do trono de coroação na abadia de Westminster. O rei Eduardo I trouxe essa pedra misteriosa da Escócia em 1297, e ela foi santificada por uma lenda que dizia tratar-se da pedra sobre a qual Jacó descansara a cabeça em Betel. No entanto, os reis saxões também foram coroados sobre uma pedra sagrada, que ainda é preservada em Kingston-on-Thames. Segundo a antiga lenda celta, a Lia Fail, ou Pedra do Destino, é um dos quatro tesouros dos Tuatha Dé Danann, o povo da deusa Dana, e sua origem é certamente pagã. (*Ver* CARTAS DE TARÔ.)

Uma das ancestrais da rainha Elizabeth II, Janet Douglas, lady Glamis, foi queimada como bruxa. Sua execução ocorreu em 1537 na colina do castelo em que vivia, em Edimburgo. Ela foi acusada de ter conspirado para tirar a vida do rei Jaime V da Escócia por meio de veneno e bruxaria. Sua beleza e seu nascimento nobre fizeram com que o caso fosse lembrado por muito tempo. Segundo alguns relatos, ela era totalmente inocente, e o motivo por trás das acusações era intriga política.

Outros, no entanto, alegaram que Janet Douglas era de fato uma bruxa, e que pelo menos parte da famosa assombração do castelo de Glamis é atribuída a ela. Um espírito que era seu familiar, diz a lenda, continua a perturbar o castelo, assim como o fantasma da própria senhora.

Nos séculos 15 e 16, as acusações de bruxaria nas altas esferas eram numerosas. Com frequência, essas denúncias eram feitas contra pessoas de quem o monarca governante queria se livrar; isso porque era muito difícil refutar uma acusação de bruxaria. Também era frequente que pessoas em posições elevadas empregassem bruxas, astrólogos e outros praticantes de artes ocultas para os seus próprios fins. Se algo desse errado e revelações embaraçosas se tornassem públicas, era a bruxa de origem inferior que costumava ser enforcada ou queimada na fogueira, enquanto seu empregador aristocrático escapava da punição mais severa.

O rei Jaime I, em cujo reinado foi aprovada a lei mais severa contra a bruxaria, tinha bons motivos para temer as bruxas. Alguns anos antes, na Escócia, várias bruxas conspiraram contra ele na esperança de colocar no trono seu próprio grão-mestre, Francis, conde de Bothwell, que reivindicaria o trono escocês se Jaime morresse sem herdeiro. No entanto, a trama foi descoberta e muitas dessas mulheres foram queimadas na fogueira, tendo confessado que tinham feito uma efígie do rei "para que outro reinasse em seu lugar, e o governo fosse entregue ao Diabo".

O próprio Bothwell foi preso no castelo de Edimburgo. Mas, antes que pudesse ser levado a julgamento, seus amigos organizaram sua fuga. Por algum tempo, Jaime I viveu aterrorizado por Bothwell. No entanto, quando a rainha deu um filho ao rei, Bothwell percebeu que suas chances eram mínimas e decidiu deixar o país. Ele se estabeleceu em Nápoles, provavelmente por ficar perto de Benevento, o centro das bruxas da Itália, e lá continuou a ser conhecido como praticante de magia.

O rei Jaime, como é de esperar, demonstrou grande interesse no interrogatório das bruxas de North Berwick que haviam sido seguidoras de Bothwell. Chegou a inquirir pessoalmente uma das bruxas principais, Agnes Sampson, que lhe contou coisas tão extravagantes, de acordo com um relato contemporâneo, "que Sua Majestade disse que elas [as bruxas] eram todas mentirosas extremas". Ofendida com essa observação, Agnes Sampson começou a provar a ele seus poderes.

> Chamando Sua Majestade um pouco de lado, ela declarou-lhe as mesmas palavras que foram trocadas entre a Majestade do Rei e sua Rainha em Upslo, na Noruega, na primeira noite de seu casamento, além das respostas que deram um ao outro. Ao que a Majestade do Rei ficou muito maravilhada, e jurou pelo Deus vivo que ele acreditava que todos os Demônios no inferno não poderiam ter descoberto o mesmo: reconhecendo as palavras dela como as mais verdadeiras, portanto, deu mais crédito ao restante do que foi anteriormente afirmado.

Jaime I praticamente declarou guerra às bruxas, e, sob a república puritana, elas passaram por momentos ainda piores. Mas a restauração de Carlos II deve ter passado a impressão, para elas, de que a antiga ligação entre realeza e Arte dos Sábios teria regressado. O incidente do rei fugitivo que foi salvo ao se esconder no carvalho de Boscobel é retratado com frequência em quadros contemporâneos. A forma como o rosto do rei aparece através da folhagem lembra muito a antiga imagem do Homem Verde, o deus pagão das florestas. (*Ver* HOMEM VERDE, O.)

A crença de que o toque do soberano poderia curar doenças está decerto ligada à sacralidade do sangue real, o que remonta às ideias da Antiga Religião. O último monarca britânico que realizou cerimônias públicas em que tocou os doentes foi a rainha Anne. A principal doença que se supunha ser curada pelo toque real, ainda que não fosse a única, era a escrófula, que por esse motivo era chamada de "o mal do rei".

REENCARNAÇÃO

Há alguns anos, na década de 1950, o sr. Geoffrey Gorer realizou uma pesquisa sobre as atuais crenças religiosas do povo inglês. Seus resultados foram publicados no *The Observer*, e o sr. Gorer escreveu que a descoberta mais surpreendente foi a prevalência da crença na reencarnação. Pensando que essa ideia era quase exclusiva dos credos do Oriente, ele não conseguiu explicar sua ampla aceitação na Inglaterra moderna.

O trabalho de ocultistas como Madame Blavatsky e histórias românticas populares como *Perchance to Dream*, de Ivor Novello, tornaram conhecida do público em geral a crença de que vivemos mais do que apenas uma vida. Contudo, isso não seria o bastante para fazer com que essa ideia fosse aceita de forma tão séria e generalizada, a menos que não fosse, na realidade, uma ideia estranha à alma britânica.

Na verdade, a reencarnação é uma ideia muito antiga e faz parte da Antiga Religião da Europa Ocidental, bem como das religiões da Índia e da Ásia. Charles Godfrey Leland testemunhou a sobrevivência dessa crença entre os segredos da *Vecchia Religione* na Itália, e o belo poema de Leland, "One Thousand Years Ago", é uma prova da sua própria convicção nessa doutrina. A última estrofe diz:

Você e eu, ontem
Nos encontramos em um desfile de moda.
Amor, você se lembrou de mim,
Amor de muito tempo atrás?
Sim: mantivemos o juramento afetuoso feito
Há mil anos.

A aceitação da reencarnação foi tão geral em todo o mundo civilizado no início da era cristã que a Igreja Cristã primitiva teve muitos membros eminentes que se subscreveram à crença. A ideia caiu em desgraça aos poucos, sendo substituída pelas doutrinas da morte, do julgamento, do céu e do inferno, derradeiras e definitivas para a eternidade; da expiação vicária em vez da decisão sobre o próprio destino; ou do sono dos mortos em seus túmulos até o Juízo Final.

Todas essas doutrinas eram assustadoras e deprimentes, mas eficientes em manter as pessoas na linha e submissas ao controle da Igreja. Além disso, por mais monstruoso e perverso que um nobre medieval pudesse ter sido, ele só precisava se arrepender no leito de morte e morrer fortalecido pelos ritos da Santa Igreja, e tudo ficaria bem. Ele não precisava temer que o destino que havia traçado para si mesmo o alcançasse em vidas subsequentes na Terra, como ensinaram os filósofos pagãos. Era o papa quem detinha as chaves do céu e do inferno e delegava seu poder aos bispos e padres. Os antigos poderes da Sorte, do Destino ou de Nêmesis eram apenas malditas ideias pagãs.

Quanto ao servo, foi Deus quem designou a sua servidão ao senhor feudal, e sua principal virtude era saber seu lugar e se submeter. Havia apenas uma vida, na qual alguns foram designados senhores e barões e outros, artesãos e servos. Um sangue era nobre, o outro era vil. Considerar a possibilidade de haver mais de uma vida significava que as coisas poderiam se confundir de forma perigosa, levando à subversão da ordem social.

O culto das bruxas, aliás, era acusado de subversão com frequência por seus críticos eclesiásticos. Em outras palavras, havia doutrinas sendo secretamente ensinadas e disseminadas entre as pessoas comuns, e não eram preceitos ortodoxos. Mantinham-se vivas as ideias contra as quais a Igreja proclamava seu anátema.

Os antigos ensinamentos druídicos, por exemplo, continham o conceito de reencarnação. Isso também acontecia com os ensinamentos cabalísticos, estudados em segredo pelos rosa-cruzes. Os gnósticos e os neoplatônicos mantiveram grande parte da filosofia do mundo antigo. Essa filosofia teve como um dos seus mestres mais respeitados Pitágoras, que ensinava sobre reencarnação e afirmava lembrar-se de suas vidas passadas.

Na versão de Dryden do poeta romano Ovídio, Pitágoras fala o seguinte:

A morte não tem poder para a alma imortal aniquilar.
Assim, quando seu corpo atual em barro se transformar,
Procura um novo lar; e com a força que não se reduz
Inspira outro esqueleto com vida e luz.
Pois eu mesmo (lembro-me bem do passado),
Quando pelos gregos ferozes o sacro muro de Troia foi cercado,
Fui o corajoso Euforbo: e no conflito desventurado
Sob a lança de Atrides meu sangue foi derramado.
O escudo que este braço carregava eu vi há pouco tempo ainda
no santuário de Juno, um troféu daquela guerra finda.

Virgílio, no Sexto Livro da *Eneida*, também expõe a doutrina da reencarnação e descreve como as almas do Outro Mundo se reuniam para beber as águas do Letes, o que as fazia esquecer as memórias do passado antes de renascerem em novos corpos na Terra.

Apolônio de Tiana, o famoso filósofo e erudito do primeiro século, também acreditava na reencarnação e disse que conseguia se lembrar de uma vida anterior em que era capitão de um navio.

Assim, pode-se demonstrar que a reencarnação não é uma ideia confinada às religiões do Oriente. Heródoto, que foi um iniciado nos Mistérios do Egito, afirmou que os antigos egípcios foram os primeiros a ensinar a imortalidade da alma e sua evolução através de um ciclo de muitas vidas, e que os gregos mais tarde adotaram esse conceito como se fosse o seu.

Por vezes, as versões antigas da reencarnação também envolviam transmigração de almas ou metempsicose (que ensina que a alma pode renascer no corpo de um animal ou mesmo em uma planta ou árvore); os atuais crentes na reencarnação, por sua vez, geralmente sustentam que, embora a alma possa *ascender* ao nível humano através de outras formas de vida, uma vez alcançado esse nível, não há como voltar atrás. A evolução continua por meio de outras vidas humanas até que o nível desta terra seja transcendido e a alma não fique mais confinada na carne. Entre as vidas terrenas, a alma habita nos planos do Invisível, em determinado nível — alto ou baixo —, conforme a sua aptidão.

A doutrina oriental do carma tem sido muito mal compreendida no Ocidente. Não significa "recompensa e punição", pelo menos não da maneira que muitas pessoas pensam. Não está em nada relacionada com as nossas ideias terrenas limitadas de recompensa e punição. A palavra sânscrita *karma* significa apenas "ação". Isso implica a ideia de que cada ação deve produzir uma reação apropriada, mais cedo ou mais tarde; e se esse processo não for realizado em uma vida, então será cumprido nas vidas seguintes.

Não podemos dogmatizar as coisas profundas do destino humano sob o nosso ponto de vista limitado. É por isso que as religiões pagãs conceberam o carma na forma de Sorte, Destino ou Wyrd, sendo atribuído aos mortais pela deusa tripla. Os gregos tiveram a ideia das Três Deusas do Destino, também denominadas Moiras. Os romanos as chamavam de Parcas. A Grã-Bretanha romano-céltica tinha as Três Mães, as Matres. Para os povos nórdicos antigos, nossos ancestrais do norte, as três deusas do Destino eram as Nornir, cujo conceito em inglês antigo era "As Irmãs do Destino" — e que acabaram por ser combinadas em uma deusa, Wyrd, que igualmente exprime "Destino". Ainda existe uma expressão antiga, "to dree one's weird", que significa cumprir o próprio destino.

A deusa tripla do Destino foi associada às fases da Lua, provavelmente porque a Lua é uma referência secular do homem para medir o tempo. E como as bruxas reverenciavam a Deusa da Lua, era natural que lhes fossem afeitas as ideias de reencarnação e destino — as quais também serviram para fornecer uma concepção alternativa de vida após a morte e de destino da alma, em relação àquela da Igreja Cristã. Além disso, tratava-se de uma noção muito mais antiga e que fazia parte da mitologia da Europa Ocidental.

César, em suas breves referências aos druidas, diz-nos:

> Como um de seus principais dogmas, eles incutem que as almas não são aniquiladas, mas passam, após a morte, de um corpo para outro; e sustentam que esse ensinamento encoraja os homens a ser mais valorosos, desprezando o medo da morte.

Diodoro Sículo diz sobre os druidas: "Entre eles prevalece a doutrina de Pitágoras, segundo a qual a alma dos homens é imortal e, após um prazo fixo, recomeçam a viver, assumindo um novo corpo".

É possível encontrar a ideia de reencarnação em algumas antigas histórias gaélicas. Por exemplo, os homens de Ulster incitaram seu herói Cuchulainn a se casar, porque acreditavam que "seu renascimento seria o dele mesmo"; isto é, ele renasceria como um de seus próprios descendentes. Eles queriam que a alma desse grande guerreiro permanecesse com sua tribo.

Além disso, outro grande guerreiro, Finn MacCoul, teria renascido após duzentos anos como um rei de Ulster chamado Mongan, um personagem histórico que morreu por volta do ano 625.

É bem conhecida a história da inscrição encontrada no túmulo do rei Artur, "*Hic jacet Arthurus, Rex quondam, Rexque futurus*", que significa "Aqui jaz Artur, rei que foi, rei que será".

No entanto, o argumento geral apresentado por aqueles que comentam nosso passado celta é de que esse povo não acreditava na reencarnação, ou na transmigração de almas, da mesma forma que os povos do Oriente. O gênio celta lançava seu próprio encanto sobre todas as coisas que tocava, escondendo suas crenças em lendas e contos. A atmosfera do crepúsculo assombrado e do fogo de turfa que acompanha as coisas célticas é muito diferente daquela do Oriente, da Grécia Antiga ou de Alexandria. Mas isso não significa que as tradições misteriosas da raça britânica sejam de alguma forma menosprezadas por serem de natureza própria, muito pelo contrário. O diamante da Verdade é uma gema com muitas facetas, brilhando ora em uma cor, ora em outra, mas a joia não muda.

Os comentaristas também afirmavam com frequência que a ideia de carma é peculiar ao Extremo Oriente. No entanto, essa noção pode ser igualmente encontrada, de forma implícita ou mais escancarada, nas crenças ocidentais.

Por exemplo, Plotino, que nasceu no Egito no ano 205 ou 206, diz em suas obras:

> Os deuses conferem a cada um o destino que lhe pertence e se harmoniza com seus antecedentes em suas existências sucessivas. Todo aquele que não está ciente disso é extremamente ignorante dos assuntos divinos.

S

SABÁ

Existem oito sabás no ano das bruxas, quatro sabás maiores e quatro sabás menores.

Os quatro sabás maiores são Candelária (2 de fevereiro), Véspera de Maio (30 de abril), Lammas (1º de agosto) e Halloween (31 de outubro). Essas ocasiões correspondem às quatro grandes festas anuais celebradas pelos druidas e por nossos antepassados celtas. Os nomes druídicos para tais eventos eram Imbolc ou Oimelc (Candelária), Beltane (Véspera de Maio), Lughnasadh (Lammas) e Samhain (Halloween). A Véspera de Maio também era conhecida como Noite de Santa Valburga.

Os sabás menores eram os dois solstícios, de verão e de inverno, e os dois equinócios, de primavera e de outono. Essas datas podem variar um ou dois dias a cada ano, pois dependem da entrada aparente do Sol nos signos zodiacais de Capricórnio (solstício de inverno), Câncer (solstício de verão), Áries (equinócio de primavera) e Libra (equinócio de outono). Essas ocasiões também eram celebradas como festivais pelos druidas.

Sabá, O. Miniatura francesa do século 15 mostrando um encontro de bruxas. (Crédito: Biblioteca Bodleiana, Universidade de Oxford.)

Algumas bruxas modernas acreditam que certo impulso psíquico, ou corrente ou maré mágica, começa no equinócio ou no solstício, atinge seu pico no sabá maior seguinte e depois declina até a próxima estação do Sol, quando uma nova maré mágica se inicia, e assim sucessivamente. Desse modo, por exemplo, a maré que se põe em movimento, percorrendo imperceptivelmente toda a natureza no equinócio de primavera, atinge seu pico na Véspera de Maio e então enfraquece pouco a pouco até o solstício de verão, quando começa um novo impulso, e assim sucessivamente.

As bruxas e bruxos celebravam (e continuam a celebrar) essas antigas ocasiões rituais com dança e diversão, bebendo à saúde dos deuses antigos e, em geral, realizando grandes festejos. Antigamente, acendiam grandes fogueiras ao ar livre em algum lugar solitário, e vários covens podiam se reunir na noite do sabá.

Às vezes, eles se reuniam na casa de algum membro do culto. É de se notar que uma das descrições mais detalhadas que temos de tal reunião em uma casa venha da Suécia, onde o clima frio teria tornado essa forma de se abrigar bem-vinda. Em 1670, algumas bruxas suecas confessaram que seu local de encontro, a que chamavam Blockula, situava-se num grande prado; havia um portão diante dele, pintado em várias cores.

> Em uma enorme Sala dessa Casa, disseram eles, havia uma mesa muito comprida, à qual as Bruxas se sentavam; E ao lado da Sala havia outra Câmara na qual se encontravam Camas muito lindas e delicadas. (*Sadducismus Triumphatus*, Londres, 1681.)

Em outras palavras, era uma casa de campo bem equipada de alguém, vista pelos olhos dos camponeses pobres. Nas latitudes mais ao sul, os relatos de sabás de bruxas confessas descrevem, com mais frequência, reuniões ao ar livre, ainda que com uma fogueira acesa para fornecer luz e calor, e cozinhar alimentos.

A palavra "sabá" causou muita especulação quanto à sua origem. Alguns pensam que é apenas a "noite de sábado" das bruxas, em oposição ao dia de descanso cristão — o qual, no entanto, é mais propriamente o domingo. O Sabbath judaico é no sábado, o sétimo dia que foi santificado. Seu nome vem de *Shabbathai*, Saturno, o planeta que rege o sétimo dia. Domingo é o primeiro dia da semana; portanto, chamá-lo de Sabbath não é correto, ainda que seja feito com frequência.

"Sabá", entretanto, é um termo com associações mais antigas que o cristianismo, e não há razão alguma para ligar a festa das bruxas ao Sabbath judaico.

Sabadius ou Sabazius era um título do deus orgiástico Dionísio, deus do êxtase, que era adorado com danças frenéticas e folia. Os celebrantes dos seus mistérios gritavam *Sabai!* ou *Evoi Sabai!*

Essa origem da palavra parece ser a mais provável. Encontramos, séculos depois, relatos de danças de bruxas em que essa palavra era usada como um grito: *Har, har, Hou, Hou, danse ici, danse la, joue ici, jou la, Sabbat, Sabbat!* (Har, har, Hou, Hou, dance aqui, dance ali, brinque aqui, brinque ali, sabá, sabá!).

Esse antigo canto chegou até nós pelo demonologista francês Jean Bodin, e Margaret Murray, em seu livro *O deus das feiticeiras* (São Paulo: Gaia, 2002), apontou como, na versão de Bodin, ele substituiu "Hou" por "*diable*". A versão usada pelas bruxas de Guernsey, nas Ilhas do Canal, é quase idêntica à de Bodin, exceto por apresentar essa antiga palavra celta, Hou, que é um nome do deus que aparece no mito britânico como Hu Gadarn, Hu, o Poderoso. Isso mostra como os escritores antibruxas apagaram qualquer menção aos deuses das bruxas e os substituíram por demônios, porque queriam provar que as bruxas eram culpadas de adoração ao Diabo. Alguns jornalistas atuais ainda utilizam a mesma técnica.

Outros nomes antigos para sabá são o basco *akelarre*, o francês *lanne de bouc* e o espanhol *prado del cabrón*, todos com o mesmo significado, "campo do bode". Outro nome espanhol para sabá é La Treguenda.

Um detalhe curioso em muitos relatos antigos do sabá das bruxas é a afirmação de que nunca havia sal em suas festas. Isso teria tornado a refeição muito insípida e pouco convidativa, se fosse verdade. Comentaristas clericais explicaram tal fato dizendo que o sal era o símbolo da salvação e, portanto, as bruxas o odiavam, mas acho que há outra explicação.

Sabá, O. A ideia seiscentista de um sabá de bruxas, em *Tableau de l'inconstance des mauvais anges et démons*, de Pierre de Lancre. (Ver imagem na horizontal.)

O que faltava na mesa do sabá não era o sal, mas o saleiro, ou vaso de sal, como era chamado. A razão para isso era o fato de que colocar esse objeto na mesa expressava uma marca de distinção social, e no sabá não havia distinções sociais. Todos os membros do culto às bruxas eram irmãos e irmãs.

O *Book of Days*, de Robert Chambers, traz algumas observações relevantes a respeito disso:

> Um dos costumes das grandes casas, antigamente, era colocar sobre a mesa um grande *vaso de sal* ornamental [...] mais ou menos no centro, para marcar o lugar sob o qual era apropriado que moradores e subordinados se sentassem.

O relato afirma ainda:

> Essa prática de outrora, de distinguir de forma tão ofensiva uma parte da outra, parece ter sido adotada em toda a Inglaterra e na Escócia, e ter-se estendido pelo menos à França. Seria um erro supor que a distinção fosse pouco considerada por ambos os lados, ou sempre assumida com bom humor pelas pessoas inferiores. Peças teatrais antigas e outras produções iniciais da imprensa são pródigas em evidências de que ambas as partes estavam plenamente conscientes do que inferia estar abaixo do sal.

Chambers cita uma antiga balada inglesa que contém uma alusão incisiva a essa prática humilhante:

Tu és um homem do povo,
O sal fica entre mim e ti.

Essa citação mostra ainda como a palavra "sal" pode significar saleiro. Foi apenas nesse sentido que o sal foi banido da festa das bruxas.

Alguns escritores afirmaram que não há relatos reais de sabás realizados na Grã-Bretanha, e que essa celebração só aparece nas histórias de autores continentais, que eram caçadores de bruxas e demonologistas dedicados. Tal afirmação, no entanto, vai contra uma quantidade razoável de evidências.

É verdade que as histórias de sabás na Inglaterra são menos detalhadas do que os relatos da Escócia ou do continente. Uma razão óbvia é que as bruxas na Inglaterra não eram torturadas para que confessassem — pelo menos, não de modo legal —, enquanto na Escócia e em outras partes da Europa a tortura era aplicada sem piedade. No entanto, isso não significa necessariamente que as bruxas inglesas não se reunissem em assembleias ou frequentassem os sabás tal como faziam as bruxas de outros lugares.

A descrição dos sabás realizados em Somerset, dada por Joseph Glanvil no século 17, é bastante detalhada. Ele nos fala de dois covens, um em Wincanton e outro em Brewham. Ambos eram formados por treze pessoas, cujos nomes estão preservados nos registros legais. Elas se encontravam à noite, nas casas umas das outras ou ao ar livre. Dois locais de encontro são nomeados: "o Parque perto de Trister Gate" e "um lugar chamado Hussey's-Knap" no bosque de Brewham.

Nessas reuniões, de acordo com uma das participantes, uma bruxa chamada Elisabeth Style, "Eles costumavam tomar Vinho ou uma boa Cerveja e comer Bolos, Carne ou algo parecido". A refeição era servida sobre uma toalha de mesa branca e o líder, o Homem de Preto, presidia a festa. Após a refeição, as bruxas dançavam ao som de uma flauta ou um cistre (antigo instrumento de cordas, tocado com palheta).

O líder também as instruía na magia, mostrando como fazer e usar imagens de cera. Ele dava a elas um unguento esverdeado, o qual friccionavam na testa e nos pulsos. Parecia um "unguento para voar", feito de ervas narcóticas.

Glanvil fornece um detalhe interessante: "Na festa, os participantes dizem *A boy! Merry meet, merry part*". É quase certo que se trata de uma versão esgarçada de um velho grito pagão: "Evohe!". Nos lábios das bruxas inglesas, a expressão teria se tornado algo como "Ah Voy!". E os tacanhos magistrados de Somerset, que recolheram as evidências em 1664, transcreveram-na "A Boy!".

É de admirar que os ritos tradicionais do sabá perdurem em Somerset até hoje. Esse fato foi registrado por Ruth Tongue em sua notável coletânea de antigas tradições intitulada *Somerset Folklore* (Londres: The Folk-lore Society, 1965). Com base em fontes orais, ela registra que, até cem anos ou menos, os rituais de Beltane aconteciam em determinados locais consagrados pelo tempo, na Véspera de Maio e na véspera do solstício de verão.

Há também uma história suficientemente clara sobre um encontro de bruxas e bruxos de Lancashire em 1612, na Torre Malking, onde realizaram um banquete com carne de um carneiro roubado e discutiram seus planos futuros. Essa reunião ocorreu em uma Sexta-Feira Santa, aparentemente em meados de abril. Não é uma data comum para um sabá, mas o coven estava com problemas. Alguns de seus membros tinham sido presos, razão pela qual a reunião da Véspera de Maio talvez tenha sido antecipada, a fim de lidar com a emergência. Um indício de que encontros como esse eram regulares é o fato de os participantes terem combinado uma reunião semelhante para o ano seguinte, na casa de outro membro do coven.

Em 1673, uma criada de nome Anne Armstrong fez um longo e detalhado relato dos sabás que ela afirmava ter testemunhado na área de Northumberland. Anne contou que as bruxas tentaram atraí-la para que se juntasse a elas, mas que conseguiu resistir e escapar. No entanto, acrescentou tantas coisas fantásticas, como ter sido transformada em cavalo e montada por uma bruxa, que é difícil saber quando acaba a fantasia e os fatos começam, se é que isso ocorreu. Ela pode ter sido drogada ou hipnotizada.

Anne Armstrong afirmou que, em certa ocasião, cinco covens de treze pessoas cada reuniram-se para uma festa. O grão-mestre do distrito presidia esse encontro, sentado à cabeceira da mesa, e ela o descreve como "o protetor deles, a quem chamavam de seu deus". A comida era boa e abundante, mas fornecida por magia.

Os magistrados fizeram algumas investigações sobre as alegações de Anne Armstrong, mas as pessoas que ela chamou de bruxas negaram tudo, e parece que muito pouco resultou disso. É curioso, contudo, que uma criada analfabeta tivesse um conhecimento tão detalhado da alegada organização de bruxas se não houvesse qualquer sentido em sua história.

O que de fato acontecia (e acontece) em um sabá de bruxas?

Se o sabá for realizado ao ar livre, com certeza haverá uma fogueira. Além disso, muitos escritores antigos afirmam que as bruxas gostavam de realizar seus encontros em um local com fonte natural de água, o que é verdade. O motivo é o fato de a água ser um dos quatro elementos da vida, ao lado do fogo, do ar e da terra. Assim, com a fogueira ritual e talvez um lago ou um riacho próximo, as bruxas dispõem dos quatro elementos sagrados, visto que estão rodeadas pelo ar e sobre a terra.

Em uma ocasião solene, o líder do coven usará uma espada mágica consagrada para desenhar o círculo. No entanto, nem sempre os covens antigos tinham uma espada, pois esse objeto era símbolo de distinção e, no geral, somente um nobre possuiria tal arma. Assim, o punhal mágico, ou Athame, tendia a tomar o lugar da espada mágica.

Com certeza haverá dança. A princípio, terá lugar a antiga dança circular de mãos dadas, então os movimentos se tornarão mais velozes e frenéticos à medida que o espírito do sabá começar a tomar conta dos participantes. Haverá música ou cânticos, de acordo com os talentos individuais dos membros do coven.

É notável como, nos dias de hoje, o tempo deu uma volta completa. A antiga e protocolar dança de salão foi, em grande parte, substituída pela livre movimentação individual ao sabor do ritmo, assim como as danças dos sabás das bruxas. Mesmo o canto rítmico voltou a ser popular, como "hare krishna", que é na verdade um mantra mágico, uma expressão de palavras ou sons cantados para aumentar o poder sobrenatural — algo que as bruxas têm feito há séculos.

Haverá comida e bebida, com uma libação de vinho aos antigos deuses da natureza. Se houver algum trabalho mágico específico a ser realizado, o assunto será discutido e explicado caso algum participante não esteja ciente. Então, todos serão chamados a se concentrar no objeto do trabalho, formando uma espécie de bateria de vontades, a fim de que o propósito seja atingido. O poder do pensamento é uma força potente, sobretudo na atmosfera animada e agitada do círculo mágico. No entanto, às vezes o sabá não se preocupa com um trabalho mágico específico, mas é realizado só para que se possa desfrutar da comunhão com os deuses antigos e para promover o poder da Arte.

Quando o sabá tem de ser realizado em ambientes fechados, o ritual é modificado de acordo com o local. Então, costuma-se colocar um pequeno altar no centro do círculo. Deve haver fogo e água em cima do altar, de alguma forma; e as bruxas das tradições mais antigas às vezes incluem uma caveira e ossos cruzados, ou uma representação deles. Esse é um símbolo de morte e ressurreição e, portanto, de imortalidade. Às vezes, é chamado de "Velho Simon".

Há uma antiga crença cristã muito curiosa de que, enquanto restassem um crânio e dois ossos da perna de um homem, isso bastaria para assegurar a ele um lugar na ressurreição universal no Último Dia. Essa crença pode muito bem ter se originado do simbolismo real do emblema da caveira e dos ossos cruzados. As fraternidades maçônicas também fazem uso da caveira e dos ossos cruzados em suas cerimônias, as quais têm origem, se é que não derivam diretamente, dos antigos cultos dos Mistérios.

Pessoas de fora podem considerar esse emblema um tanto impressionante e sombrio, sobretudo quando visto à luz bruxuleante de velas. No entanto, os procedimentos na maioria dos sabás dos quais participei foram alegres e espontâneos. Algumas das minhas lembranças mais agradáveis vêm desses eventos.

Chegou-se a alegar que os sabás de bruxas não haviam sobrevivido ao tempo até que Gerald Gardner publicou seu agora famoso livro *Witchcraft Today* (Londres: Riders, 1954). Porém, qualquer pessoa que estude bruxaria a fundo vai saber que não é bem assim, ainda que poucas informações tenham chegado ao público antes de a última Lei da Bruxaria ser revogada, em 1951.

Uma história bastante intrigante foi publicada em um periódico semanal chamado *Illustrated Police News*, com a data de 28 de abril de 1939. Era uma publicação reconhecidamente sensacionalista, o que pode ser constatado com facilidade pela manchete da matéria: "Orgias sexuais do culto de Satanás na Inglaterra rural". No entanto, quando se coloca de lado todo o melodrama do jornalismo apelativo, a essência da história é a que segue.

Um repórter tinha ouvido falar da celebração vindoura da Véspera de Maio, ou Noite de Santa Valburga, planejada para acontecer em vários distritos da Inglaterra naquele ano. Sua informante, a quem prometera não revelar o nome, era uma mulher de 22 anos, artista de profissão. "Uma complicada série de apresentações" teria levado o repórter a estabelecer esse contato.

Ela informou que o sabá seria realizado em um lugar isolado em Sussex. Não ofereceu detalhes precisos da localização, a não ser que se daria entre enormes árvores, perto de um riacho e a um quilômetro e meio da estrada principal. Também descreveu o homem que dirigiria a cerimônia como alguém com cerca de 30 anos, bastante conhecido no West End de Londres e em Bloomsbury. Esse homem, que ela acreditava ser finlandês de nascimento, seria assistido por uma mulher mais velha. A própria artista era relativamente nova no culto, tendo se unido ao grupo há menos de seis meses (o que explica o fato de ter sido ingênua o bastante para revelar tanto a um repórter).

Naturalmente, é difícil saber até que ponto os detalhes sensacionalistas da esperada "orgia" regada a banquete, bebida e dança com pessoas nuas, seguidos de relações sexuais das quais participava quem assim desejasse, foram de fato narrados por essa jovem ou acrescentados pelo repórter.

O relato me parece ter sido "elaborado" a partir informações bastante escassas, com a imaginação do repórter preenchendo as lacunas.

A reunião em si é equivocadamente chamada de "coven" em vez de sabá. E o culto é referido como "satanismo". Tendo em vista isso, eu descartaria todo o relato se não fosse por alguns detalhes que me levam a pensar, como mencionei, que esse repórter em particular conseguiu um contato genuíno, extraiu algumas poucas informações verdadeiras e transformou tudo em uma história sensacionalista, como os repórteres costumam fazer desde sempre.

Uma declaração notável que consta do artigo foi a de que os adoradores esperavam uma manifestação real do Deus Cornífero. No clímax da cerimônia, quando o líder pronunciou uma invocação, eles imaginavam que uma grande forma sombria iria surgir acima do altar.

Mencionou-se também que havia rumores de outras reuniões além daquela em Sussex, as quais seriam realizadas em Wiltshire, Buckinghamshire e Yorkshire. Ainda segundo esse artigo, a quantidade de pessoas que celebrariam os ritos dessa Noite de Santa Valburga na Inglaterra era de "centenas".

Mais tarde, naquele fatídico ano de 1939, a Segunda Guerra Mundial atraiu a atenção da imprensa britânica para outras coisas. Não faltaram manchetes na ocasião, e a bruxaria foi temporariamente esquecida. Pouco se ouviu falar sobre o assunto até 1949, quando surgiram relatos na imprensa sobre um sabá realizado em Rollright Stones, Cotswolds. (*Ver* COTSWOLDS, BRUXARIA EM.) Foi só no ano de 1951, com a inauguração do Museu da Bruxaria em Castletown, Ilha de Man, que voltou a ser dada publicidade às bruxas atuais e seus encontros.

SUMMERS, MONTAGUE

Uma figura notável na história moderna da bruxaria é o falecido Montague Summers. Ele era um homem quase tão misterioso, estranho e pitoresco quanto as bruxas sobre as quais escreveu.

Católico romano devoto, Summers aceitou por completo a proposição de que o Diabo, ou Satanás, é uma entidade real e perigosa, e de que as bruxas são servidoras de Satã. Todos os seus livros sobre bruxaria, por mais brilhantes e interessantes que sejam, são escritos sob esse ponto de vista. No entanto, sua contribuição para a literatura de bruxaria é muito valiosa em razão dos amplos e meticulosos estudos que fez do assunto.

Ele era genericamente conhecido como reverendo Montague Summers, ou mesmo como padre Summers, embora não esteja claro a que tipo de ordem sagrada pertencia.

Charles Richard Cammell, em seu livro *Aleister Crowley* (New English Library, 1969), ofereceu-nos uma das poucas descrições mais intimistas de Montague Summers, revelando um detalhe muito curioso: Crowley e Summers não só se conheciam, mas partilhavam uma admiração mútua! Houve uma época em que Crowley e Summers moravam em Richmond, Surrey, assim como o sr. Cammell, e este nos conta que os dois homens se encontravam em seu apartamento e discutiam seus muitos interesses em uma atmosfera de amizade e humor. Adoraria ter ouvido a conversa deles, já que um era aparentemente o oposto do outro, apesar de ambos serem dotados de um brilho verdadeiramente singular.

Um entendimento tão curioso talvez não surpreendesse o sr. Dennis Wheatley, porque em seu breve relato sobre Montague Summers, no capítulo sobre magia das trevas de seu livro *Gunmen, Gallants and Ghosts* (Londres: Arrow Books, 1963), ele afirma abertamente que Summers o inspirou com medo. Também nos conta que usou a aparência física de Montague Summers como modelo para o sinistro cônego Copely-Syle, personagem de sua história sombria *To the Devil — a Daughter* (Londres: Arrow Books, 1960).

Parece que Montague Summers tinha uma capela particular em sua casa, o que algumas pessoas consideravam bastante estranho e dúbio. No entanto, precisaria de muito mais para me convencer de que Summers era secretamente dedicado à magia das trevas.

Não há dúvida de que ele tinha um enorme conhecimento de ocultismo, sobretudo de seu lado mais sombrio, mas dedicou grande parte de sua carreira literária a escrever contra o que considerava a sinistra conspiração internacional do satanismo. Para Summers, a bruxaria e o espiritismo eram ramos dessa conspiração. Também defendeu o papel da Igreja Católica na perseguição às bruxas, que considerava hereges e anarquistas, bem como satanistas.

Conta-se que ele recebeu uma espécie de breve especial, concedido por altos escalões da hierarquia católica, para que escrevesse sobre bruxaria e ocultismo, uma vez que, no geral, os escritores católicos romanos não eram encorajados a tratar desse assunto, ainda mais com a riqueza de detalhes que caracterizou o trabalho de Summers. Por essa razão tal história surgiu, ainda que Summers não tivesse se vinculado a nenhuma igreja ou fundação religiosa em particular depois de supostamente assumir as ordens sagradas, vivendo aparentemente como cidadão comum. Não sei dizer quanto dessa afirmação é genuína, nem mesmo se há algum fundo de verdade nela.

Summers certamente usava trajes clericais, nos quais compunha uma figura distinta e impressionante, com seus longos cabelos prateados e as mãos finas e macias brilhando com anéis de pedras preciosas. Embora não fosse alto, sua presença era muito digna; as pessoas ficavam um tanto admiradas com ele.

Além de residir em Oxford e Richmond, Montague Summers viveu em Brighton (a cidade onde moro). Ele sempre insistiu na ideia de que Brighton tinha um centro secreto de magia das trevas e que a missa negra era celebrada nesse esconderijo, que ficava em algum ponto no emaranhado de ruas antigas perto da estação de trens.

Segundo investigações locais, parece que de fato havia um grupo ocultista em Brighton alguns anos atrás, o qual praticava o que Summers certamente teria descrito como magia das trevas. Alguns rituais envolviam o sacrifício de um galo. O lugar de encontro dos membros localizava-se na área mencionada por Summers.

Além de escrever sobre bruxaria, Montague Summers tinha um grande conhecimento de teatro e de seus dramaturgos. Certa ocasião, em 1921, seus dois interesses combinaram quando ele dirigiu uma remontagem da peça seiscentista *A bruxa de Edmonton* no Lyric Theatre, em Hammersmith, com Sybil Thorndike no papel da bruxa. Deve ter sido um evento teatral notável.

Montague Summers foi responsável não apenas pelos livros sobre bruxaria que escreveu, mas por toda uma série de traduções e edições de obras mais antigas referentes ao assunto, disponibilizando-as, assim, aos estudantes na língua inglesa. Particularmente valiosa é a sua tradução do notório *Malleus Maleficarum*.

Entre os escritos do próprio Montague Summers destacam-se *History of Witchcraft and Demonology* (publicado pela primeira vez em 1926 e reimpresso pela Routledge & Kegan Paul em 1969); *The Geography of Witchcraft* (Londres, 1927); *A Popular History of Witchcraft* (Londres: Kegan Paul, 1937); e *Witchcraft and Black Magic* (Londres: Riders, 1946). Ele também escreveu com entusiasmo, brilho e convicção semelhantes sobre vampiros e lobisomens — fenômenos que considerava ligados à bruxaria ou associados às atividades das bruxas.

T

TORTURA USADA CONTRA BRUXAS

Tive certa relutância em abordar este tema. Se eu contasse a saga completa e detalhada de como os supostos seguidores do Deus cristão do amor imprimiram suas mãos manchadas de sangue sobre as páginas da história humana, seria acusada de preconceito anticristão. No entanto, cada minúcia de tal relato poderia ser apoiada por provas documentais repugnantemente abundantes, e seu efeito cumulativo seria provar que o cristianismo infligiu muito mais martírios do que o paganismo jamais fez.

Essa documentação foi elaborada de forma admirável, às vezes com cópias fotografadas dos originais, por Rossell Hope Robbins em sua *Encyclopedia of Witchcraft and Demonology* (Nova York: Crown Publishers, Inc., 1959). Esse livro é decerto uma das denúncias mais contundentes já escritas contra a Igreja Cristã; tanto mais que não foi redigido com esse propósito, mas simplesmente como uma revisão histórica dos fatos.

Discordo da opinião do senhor Hope Robbins sobre a bruxaria em si, mas sua contribuição ao assunto é de primordial importância para a história.

A origem da tortura e da morte em nome da religião está calcada na certeza de que há uma religião verdadeira e, portanto, qualquer outra crença deve ser falsa. Sendo assim, as pessoas que professam uma religião diferente da "verdadeira" devem ser consideradas hereges e inevitavelmente condenadas (como fez Santo Agostinho). Logo, é um dever religioso perseguir essas pessoas, e porque o crime cometido é contra Deus, nenhuma crueldade é grande demais para ser aplicada contra elas. Na verdade, qualquer indivíduo que exija misericórdia para com os hereges é tido como suspeito. A evidência da história mostra que, em sua esmagadora maioria, as bruxas foram perseguidas não porque tivessem causado dano a alguém, mas por crime de *heresia*. Daí o forte envolvimento da Igreja, desde o início, nos julgamentos de bruxaria.

A extirpação da bruxaria era um dever religioso. Então, lemos textos sobre uma bruxa açoitada ao som de sinos que tocavam o Angelus; sobre a câmara de tortura defumada com incensos da Igreja e os instrumentos de suplício abençoados antes do início dos procedimentos. Encontramos documentos, usados para registrar perguntas feitas a uma mulher sob tortura, que trazem no cabeçalho o acrônimo AMDG, *Ad majorem Dei gloriam*, "Para maior glória de Deus".

Os protestantes não foram menos cruéis e fanáticos que os católicos. Na verdade, algumas das histórias mais abomináveis vêm de países protestantes, sobretudo da Escócia, onde as leis em relação à bruxaria eram diferentes das da Inglaterra. Segundo a lei escocesa, a tortura era legal; sob a lei inglesa pós-Reforma, não.

Assim, é possível ler histórias como a registrada no julgamento de Alison Balfour, na Escócia, em 1596. Uma confissão de bruxaria foi extraída dessa mulher com o uso de instrumentos de tortura: botas, *caspie-claws* (estrutura de ferro ajustada ao redor das pernas e aquecida com fogo) e *pilnie-winks* (esmagador de dedos) — artefatos utilizados para causar agonia e que, a depender da violência com que fossem aplicados, poderiam estraçalhar os membros da vítima.

Antes de Alison Balfour confessar o que lhe era exigido, foi colocada na *caspie-claws* e mantida assim por 48 horas. Não satisfeitos, os agentes da Igreja escocesa, piedosos e tementes a Deus, colocaram o marido dela em ferros pesados e torturaram seu filho com as botas. Como toque final, capturaram sua filha, uma menina de 7 anos, e atarraxaram os dedos da criança no *pilnie-winks*, na presença da mãe. Diante de tudo isso, Alison Balfour capitulou, sendo executada logo depois com base nessa confissão.

Nem católicos nem protestantes demonstravam misericórdia com as crianças, se estivessem envolvidas em bruxaria. Aquele piedoso puritano,

Cotton Mather, em seu relato de um julgamento de bruxaria em Mohra, Suécia, em 1669, conta-nos com a maior complacência como, depois de muita oração, pregação e canto de salmos, "Quinze crianças, que também haviam confessado envolvimento nessa feitiçaria, morreram do mesmo modo que os demais"; isto é, queimadas na fogueira.

Em outras ocasiões, crianças de famílias de bruxas eram condenadas ao açoite enquanto seus parentes eram queimados. O caçador de bruxas Nicholas Remy registrou esse fato com pesar; ele acreditava que as crianças também deveriam ser queimadas.

As sentenças de morte na Escócia foram por vezes executadas de uma forma particularmente horrível, e um vestígio dessa crueldade sobrevive até hoje. É a Pedra das Bruxas, perto de Forres, no antigo condado Moray. Junto à pedra há uma inscrição que diz: "Desde Cluny Hill, bruxas eram roladas dentro de barris nos quais havia pregos cravados. No lugar onde paravam, os barris eram queimados com seu conteúdo mutilado. Esta pedra marca o local de uma dessas incinerações".

Esse método de execução também foi realizado em outros lugares da Escócia, o que é atestado por dois escritores escoceses, J. Mitchell e John Dickie, que publicaram o livro *The Philosophy of Witchcraft* na cidade de Paisley, em 1839. Eles nos dizem:

> Há uma colina em Perthshire que até hoje leva o nome de Witches' Crag, e a tradição ainda conta como o lugar adquiriu essa denominação. Uma mulher idosa, *considerada culpada* de Bruxaria, foi levada ao topo da colina e colocada em um barril, cujas laterais e extremidades estavam cheias de pregos pontiagudos. O barril foi então bem ajustado e solto para rolar pelo declive íngreme em meio à alegria dos demônios enfurecidos que se reuniram para testemunhar as torturas da pobre velha! Uma fogueira foi acesa onde o barril repousou, e ele, e tudo o que continha, foram reduzidos a cinzas.

Por "demônios enfurecidos" os autores se referem não a espíritos malignos, mas a caçadores de bruxas e àqueles que os apoiavam, que se reuniam para desfrutar da diversão. Na verdade, embora esses indivíduos se julgassem movidos pelos motivos mais elevados e *religiosos*, parece que era bastante comum que os magistrados de uma cidade escocesa organizassem um jantar público após a queima de uma bruxa, como forma de celebração. Há um registro de que isso foi feito em Paisley, em 1697, depois que sete pessoas foram queimadas ali como bruxas, diante de uma vasta multidão que se reuniu para testemunhar a cena.

Foi no continente europeu, contudo, particularmente na Alemanha, que os horrores da tortura e da crueldade se alastraram com mais violência. De fato, os suplícios parecem ter sido às vezes praticados a bel-prazer, mesmo quando a pessoa já tinha confessado. A justificativa para isso era que uma confissão não poderia ser totalmente verdadeira a menos que fosse feita sob tortura.

Vários graus de tortura foram praticados na Alemanha no século 17, o período mais sombrio de toda a história da perseguição à bruxaria. O primeiro grau recebia o nome de tortura preparatória. Começava com a prisioneira sendo levada à câmara de tortura, onde lhes eram mostrados todos os instrumentos e explicadas, com detalhes, as agonias específicas que cada um poderia infligir. Então a prisioneira era despida e preparada. As mulheres presas deveriam ser despidas por matronas respeitáveis, mas na prática eram maltratadas e, por vezes, violadas pelos assistentes do torturador.

Então, impunha-se algum tipo preliminar de tortura, como chicotadas ou aplicação do esmagador de polegares. Esse exame preparatório não era oficialmente considerado tortura, de modo que as confissões feitas sob tal circunstância eram declaradas, nos autos do tribunal, como voluntárias, sem tortura.

Se, entretanto, a prisioneira não confessasse, os carcereiros procediam à tortura final. Essa etapa não deveria ser repetida mais de três vezes, mas, na prática, não havia salvaguardas para a prisioneira, e as torturas podiam ser alternadas à vontade pela engenhosidade sádica dos juízes-feiticeiros.

Um dos juízes mais desumanos foi Heinrich von Schultheis, que teria cortado os pés de uma mulher e derramado óleo fervente nas feridas. Ele escreveu um livro de instruções sobre como agir nos julgamentos de bruxas, impresso com a aprovação do príncipe-arcebispo de Mainz. Nesse volume assustador, Schultheis declara que a tortura é uma obra agradável aos olhos de Deus, porque por meio dela as bruxas são levadas à confissão. Logo, é boa tanto para o torturador como para aquele que é torturado.

Um retrato desse monstro sobreviveu até nós. Mostra um cavalheiro bem-vestido, rechonchudo e bem-apessoado, com a larga gola rendada e a barba e o bigode bem cuidados que se usavam naquela época. Apenas os olhos juntos traem a crueldade exultante do assassino sádico, mas fazem isso com tanta eficiência que não é possível olhar para o rosto sem estremecer. Pode ser que os sucessores de Schultheis tenham percebido o que de fato ele era, porque existe apenas um exemplar conhecido de seu livro, que está na Biblioteca da Universidade Cornell. Um livro raramente desaparece dessa forma, a menos que cópias dele tenham sido deliberadamente destruídas.

A tortura final, portanto, dispunha de inúmeros meios de infligir agonia à carne humana — o esmagador de dedos, o cavalete, o chicote de couro cru, a cadeira de ferro (que era aquecida enquanto a prisioneira estava sentada nela), correntes de metal com pontas que eram apertadas em volta da testa e assim por diante. Mas o método preferido era aquele conhecido como *strappado*, uma forma de deslocar os membros do corpo, especialmente os ombros. As mãos da vítima eram amarradas atrás das costas e presas a uma corda com uma roldana. Então, com um puxão repentino, a pessoa era içada no ar. Enquanto estava pendurada dessa forma, pesos eram amarrados aos seus pés para aumentar a dor.

Uma vez nessa condição, a acusada ou acusado eram interrogados com perguntas cujas respostas eram anotadas como uma "confissão". Se posteriormente tentassem negar ou retratar qualquer afirmação, eram torturados de novo. Por vezes, os prisioneiros eram atormentados com particular severidade como forma de forçá-los a delatar "cúmplices". As autoridades sugeriam nomes de pessoas que gostariam de implicar. Dessa forma, mais e mais "suspeitos" poderiam ser atraídos para a rede dos caçadores de bruxas.

Para esse propósito, uma tortura particularmente agonizante, conhecida como *squassation*, era utilizada com frequência. Tratava-se de uma evolução do *strappado*, em que a vítima era içada da mesma forma e mantida pendurada com pesos atados aos pés, mas seu corpo caía de repente, de maneira violenta, até quase tocar o chão. O efeito desse método era deslocar todas as articulações do corpo. Sob essa forma de tortura, os prisioneiros às vezes desmaiavam e morriam. Era então divulgado que "O Diabo os estrangulou, para impedi-los de revelar muito", ou alguma história parecida. Esses supliciados eram considerados culpados e tinham o corpo queimado.

O período mais crítico em Bamberg deu-se sob o governo do príncipe-bispo Gottfried Johann Georg II Fuchs von Dornheim, que veio a ser conhecido como o Bispo-Bruxo. Seu reinado durou de 1623 a 1633, e cerca de seiscentas pessoas foram queimadas como bruxas e bruxos. Seu primo, o príncipe-bispo de Wurzberg, queimou novecentos supostos praticantes de bruxaria durante seu reinado, mas Bamberg tornou-se o lugar mais notório por ser o verdadeiro lar da tortura mais atroz.

De particular interesse é a Hexenhaus, ou prisão especial para bruxas, que foi construída em Bamberg em 1627 por ordem do Bispo-Bruxo. O edifício já não existe, tendo sido destruído quando a caça às bruxas saiu de moda e os sucessores do bispo se sentiram envergonhados do lugar. Em sua época, porém, foi considerado um prédio muito bonito, e sua planta e imagem chegaram até nós. Além de duas capelas e uma câmara de tortura, possuía acomodações para o aprisionamento, em celas separadas, de 26 bruxas — dois covens. Na frente da Hexenhaus havia duas placas de pedra contendo versões em latim e alemão de um texto significativo do Primeiro Livro de Reis, capítulo 9, versículos 7, 8 e 9: "Esta casa [...] será [...] um provérbio. [...] cada um que passar por ela ficará atônito, e assobiará; e dirão: Por que o Senhor fez assim à sua terra, e a esta casa? E eles responderão: Porque eles abandonaram o Senhor seu Deus [...] e se apegaram a outros deuses, e os adoraram, e os serviram; portanto o Senhor trouxe sobre eles todo este mal".

Isso parece indicar claramente que as bruxas eram acusadas de ter os seus próprios deuses, em vez do Deus cristão.

Com o tempo, o reinado de terror em Bamberg tornou-se tão escandaloso que o próprio imperador tomou medidas firmes para detê-lo, e foi instado a fazer isso por seu confessor jesuíta, padre Lamormaini — um fato que deveria ser registrado para mostrar que nem todos os padres cristãos aprovavam os procedimentos contra as bruxas. Outro jesuíta que se manifestou contra a tortura de bruxas, com máxima coragem, foi o padre Friedrich Von Spee, cujo livro *Cautio Criminalis* foi publicado em Rinteln em 1631. Ele foi preso e caiu em desgraça por sua ousadia, e provavelmente teve sorte de escapar da execução.

A Inglaterra estava livre dessas manifestações de crueldade tão impiedosas, sobretudo porque a lei inglesa é, em seus fundamentos, diferente da lei continental: a prova de culpa era ônus da acusação, não cabendo ao acusado provar sua inocência; além do mais, a tortura não era permitida. A tortura na

Inglaterra era uma prática não oficial e à margem da lei, tendo sido aplicada por bandidos como Matthew Hopkins, o notório general caçador de bruxas. (*Ver* HOPKINS, MATTHEW.) Ele encontrou meios de atormentar prisioneiros mantendo-se, ao mesmo tempo, na letra da lei.

No entanto, um influente teólogo puritano, William Perkins, aprovou a submissão de bruxas à tortura em seu *Discourse of Witchcraft*, publicado em Cambridge em 1608. Perkins diz que a prática poderia "sem dúvida ser usada de forma legal e com boa consciência, se bem que não em todos os casos, mas apenas com base em fortes e grandes suposições anteriores e quando a outra parte é obstinada".

Às vezes, esses sentimentos piedosos eram postos em prática não oficialmente. Em 1603, em Catton, Suffolk, uma multidão se reuniu para torturar Agnes Fenn, de 80 anos, acusada de bruxaria. Ela foi socada com cabos de adagas, lançada ao ar e aterrorizada quando um clarão de pólvora explodiu em seu rosto. Então alguém preparou um instrumento de tortura rústico, quase digno de Bamberg.

O artefato consistia em um banquinho através do qual foram enfiadas adagas e facas afiadas, com as pontas salientes para cima. Em seguida, diz um relato contemporâneo, "eles a derrubaram sobre o mesmo banquinho reiteradas vezes, de maneira que ela era espetada e gravemente machucada".

U

UNGUENTOS PARA VOAR

Uma das aptidões tradicionais da bruxa lendária é a capacidade de voar em um cajado, em um cabo de vassoura, nas costas de uma cabra demoníaca ou em algum outro meio de transporte fantástico. Inclusive não faltaram testemunhas, nos séculos passados, que afirmassem ter visto esses voos diabólicos de bruxas cruzando o céu em noites de luar.

Muito cedo, porém, os escritores sérios perceberam que a verdade por trás das histórias de "bruxas voadoras" estava nas poções misteriosas e nos unguentos indutores de transe que elas usavam.

Francis Bacon escreveu: "Diz-se que o unguento que as Bruxas usam é feito da gordura de crianças desenterradas de suas sepulturas; dos sucos de Aipo, de Acônito e Potentila, misturados com farinha de trigo fino; mas suponho que os medicamentos soporíferos sejam os mais propensos a fazê-lo, quais sejam o Meimendro, a Cicuta, a Mandrágora, a Erva-moura, o Tabaco, o Ópio, o Açafrão, as folhas de Choupo etc.".

No livro *A magia sagrada de Abramelin, o Mago*, escrito por Abraão, o Judeu, para seu filho Lamech e datado de 1458 (São Paulo: Madras, 2020), há uma descrição notável da experiência do autor com uma jovem bruxa de Linz, na Áustria. Abraão viajou sem parar em busca de magia até que enfim conheceu o Mago Abramelin, cujos ensinamentos descreve no livro; mas, antes de encontrar esse especialista, teve experiências variadas com vários outros expoentes das artes mágicas, entre os quais a jovem bruxa.

Ela lhe deu um unguento, que ele usou para esfregar as principais artérias dos pés e das mãos, tal como fez a própria bruxa. Então Abraão teve a sensação de que estava voando no ar, e que chegara ao lugar onde desejava estar, mas que ele não havia indicado à mulher em momento algum.

Infelizmente, ele não nos diz do que era feito o unguento nem descreve o que viu, exceto que foi "admirável". Ele parecia estar em transe ou fora do corpo por algum tempo, e, quando acordou, sentiu dor de cabeça e um sentimento de melancolia. A bruxa então lhe contou o que tinha visto em seu próprio "voo", mas a experiência dela foi diferente da de Abraão.

Ele conta que ficou bastante surpreso, pois sentiu como se tivesse estado, "de corpo e alma", no lugar que aparecera em sua visão. Ele queria vivenciar novas experiências com as propriedades daquele unguento, então, em outra ocasião, perguntou à mulher se ela poderia buscar notícias de um amigo seu, em um lugar que ele mencionou, enquanto permanecia ao lado dela e observava.

Ela concordou e voltou a espalhar o unguento em seu corpo. Enquanto isso, Abraão assistia com expectativa para ver se ela de fato voaria para longe. No entanto, a bruxa caiu no chão e ali ficou por três horas, como se tivesse morrido. Abraão começou a temer que ela tivesse realmente falecido, mas, após algum tempo, a mulher recuperou a consciência e contou o que tinha visto. O relato dela, entretanto, não correspondia ao que Abraão sabia sobre seu amigo, e assim ele concluiu que o ocorrido não passava de um sonho fantástico induzido pelo unguento mágico. A jovem bruxa confessou depois que esse unguento lhe havia sido dado pelo "Diabo", e Abraão, que era um homem muito piedoso, não quis mais lidar com ela.

É curioso notar como os atuais usuários de drogas, como LSD, falam de suas experiências como "fazer uma viagem", "transcender" e assim por diante — expressões que lembram a ideia de "voos" de bruxas sob a influência de alucinógenos.

Um dos primeiros escritores a fazer um estudo detalhado e fundamentado dessa questão dos unguentos das bruxas foi o napolitano Giovanni Battista Porta, autor de *Magia Naturalis*, ou *Magia Natural*. O livro, publicado em

Antuérpia no ano de 1560 e inicialmente chamado *De Miraculis Rerum Naturalium*, trazia uma seção intitulada *Lamiarum Unguenta*, ou "Unguento das bruxas", a qual, no entanto, foi omitida em uma edição posterior, expurgada por um monge dominicano. O texto causou forte impressão na época e foi traduzido para o francês e o inglês. Várias edições foram impressas, e uma delas chegou às mãos de Reginald Scot e o influenciou ao escrever, em 1584, o seu *A descoberta da bruxaria* (São Paulo: Madras, 2022).

Esse livro cético e de livre pensamento ridicularizava as acusações padrão apresentadas contra as bruxas e irritou tanto o rei Jaime I, caçador de bruxas, que o monarca ordenou que o volume fosse queimado em praça pública pelo carrasco oficial. Scot expôs como era absurda a ideia de as bruxas poderem voar e revelou as receitas de Porta para o unguento das bruxas, ou pomada das bruxas, como às vezes era chamado.

Porta escreveu em latim, a língua comum dos homens cultos da época; eis aqui (de acordo com Montague Summers) o autêntico latim de suas receitas:

> *Puerorum pinguedinem ahaeno vase decoquendo ex aqua capiunt, inspissando quod ex elixatione ultimum, novissimumque subsidet, inde condunt, continuoque inserviunt usui: cum hac immiscent eleoselinum, aconitum, frondes populneas, et fuliginem.*
>
> *Vel aliter sic: Sium, acorum vulgare, pentaphyllon, vespertilionis sanguinem, solanum somniferum, et oleum.*

Montague Summers, em seu livro *The Werewolf* (Londres: Kegan Paul, 1933), tem um capítulo muito interessante sobre unguentos de bruxas, aos quais atribui os fenômenos — ou supostos fenômenos — da licantropia e do voo tradicional. Ele nos conta que Jean Wier, em seu *De Lamiis Liber*, cita as receitas de Porta, que são abertamente discutidas no apêndice do livro *O culto às bruxas na Europa Ocidental*, de Margaret Murray (São Paulo: Madras, 2011).

Summers também nos dá a receita de um unguento de bruxa citado por Jerome Cardan em *De Subtilitate*, e também discutida no apêndice mencionado:

> *Constat ut creditur puerorum pinguedine e sepulchris eruta, succisque apii, acontique tum pentaphylli siligineque* (sic).

Agora, é evidente que muito depende da tradução precisa desses textos latinos, e o escritor se arriscaria ao questionar algumas das traduções que deles foram feitas.

Reginald Scot, em seu *A descoberta da bruxaria*, apresenta as receitas de Porta da seguinte maneira:

> A receita é a seguinte:
> [Separam] A gordura de crianças pequenas e fervem-na com água em uma vasilha de bronze, reservando a porção mais densa que resta no fundo, a qual elas recolhem e guardam até que haja ocasião para utilizá-la. Elas acrescentam *Eleoselinum, Aconitum, Frondes populeas* e Fuligem.
> Outra receita com o mesmo propósito:
> *Sium, acarum vulgare, pentaphyllon,* o sangue de um fittermouse, *solanum somniferum* e *oleum*. Elas esmagam tudo isso e então esfregam a mistura com vigor em todas as partes do corpo, até que fiquem vermelhas e muito quentes, a fim de abrir os poros e de que a carne fique sensível e relaxada. A isso acrescentam a gordura, ou óleo em substituição, para que a força do unguento penetre ainda mais fundo e, assim, seja mais eficaz. Por esse meio (diz ele), em uma noite de luar, elas parecem ser carregadas pelo ar para festejar, cantar, dançar, beijar, purgar e realizar outros atos de veneração com os jovens que mais amam e desejam.

Aconitum é acônito, também chamado de mata-lobos; *frondes populeas* são folhas de choupo; *acarum vulgare* é provavelmente cálamo (*Acorus calamus*), uma erva aromática; *pentaphyllon* é potentila; *oleum* é óleo. "Flittermouse" é um nome antigo para morcego. Esses são os ingredientes sobre cujos significados podemos ter alguma certeza, mas o restante apresenta algum problema.

A questão é ainda mais complicada pelo fato de, na reimpressão do livro de Reginald Scot lançada em 1886, publicada por Elliot Stock, uma seção de "notas explicativas" traduzir *Eleoselinum* como "salsa da montanha". (*Selinum* é uma forma latina do grego *selinon*, salsa.) Também apresenta *Sium* como "agrião amarelo" e *Acarum vulgare* como o "nosso *Asarum europaeum*", que não é cálamo, mas outra planta chamada ásaro.

As folhas jovens e os botões do choupo eram usados há muito tempo pelos antigos boticários para fazer uma pomada chamada *unguentum populeum*, que tinha propriedades calmantes para inflamações e feridas. *Solanum somniferum* pode corresponder a várias *Solanaceae*: meimendro, estramônio, beladona ou erva-moura preta (todas, aliás, são plantas muito venenosas, assim como o acônito).

Montague Summers traduz *eleoselinum* como cicuta (também extremamente venenosa), e *Solanum somniferum* como erva-moura-furiosa, que é a mesma coisa que beladona.

É claro que a "gordura de crianças pequenas" é um toque horrífico. A base mais popular para pomadas feitas por boticários era banha de porco, muitas vezes com a adição de um pouco de benjoim para conservá-la por mais tempo.

Quanto à segunda receita, consiste, segundo Montague Summers, em *sium* ou cicuta virosa; *acorum vulgare* ou cálamo; *pentaphyllon* ou potentila; *vespertilionis sanguis* ou sangue de morcego; *solanum somniferum* ou beladona; e *oleum*, que é óleo.

Outra palavra duvidosa aqui é *sium*. Se isso significa cicuta virosa ou cicuta-aquática, então temos, de novo, uma planta extremamente venenosa. Mas será que isso está certo?

Pode ser útil anexar a versão de Jean Wier para essas receitas:

> "1) *Du persil, de l'eau de l'Aconite, des feuilles de Peuple, et de la suye.*" (Esses são os ingredientes da primeira receita de Porta, que tiveram de ser misturados com "a gordura de crianças pequenas". O professor A. J. Clark parece não ter atentado a isso em seu apêndice ao livro de Margaret Murray, mencionado anteriormente, e a descreve como "uma solução aquosa". O equivalente a *eleoselinum* aqui é "persil", que significa salsa.)
>
> "2) *De la Berle, de l'Acorum vulgare, de la Quintefeuille, du sang de Chauve-souris, de la Morelle endormante, et de l'huyle.*" (Essa é a segunda receita de Porta. *La Morelle endormante* decerto se parece com uma descrição da beladona, que tem um fruto grande, parecido com uma cereja. *Berle* significa salsa d'água, aipo ou salsão [*Apium graveolens*]. Isso não é cicuta, e sua ocorrência aqui me leva a suspeitar de que a primeira receita tem uma vírgula fora do lugar que se mostrou notavelmente enganosa. Acho que sua verdadeira leitura é "*Du persil de l'eau, de l'Aconite*" etc., que é um pouco diferente de "salsa e água de acônito". Aipo é uma planta que cresce em regos e terrenos pantanosos; é acre e, quando partida, tem um cheiro singular. É uma das "ervas do espírito" usadas pelos feiticeiros em suas fumigações.)
>
> "3) *De graisse d'enfant, de suc d'Ache, d'Aconite, de Quintefeuille, de Morelle, et de suye.*" (Essa é a receita de Cardan com a adição de *Morelle*, provavelmente

beladona. Summers a traduz como a mistura de gordura de crianças cujos corpos foram roubados de seus túmulos com meimendro, acônito, potentila e farinha de trigo fino. Mas *suc d'Ache* é suco de aipo, não de meimendro; e a "farinha de trigo fino" pode muito bem ser apenas uma interpretação errada de *siligo*, trigo, para *fuligo*, fuligem.)

Comparando essas diferentes versões, podemos nutrir a esperança de chegar a algumas conclusões de quais eram de fato os ingredientes do unguento das bruxas. Resta-nos esperar que novas investigações sejam realizadas por aqueles que possuem as qualificações médicas e farmacêuticas necessárias para realizá-las com segurança.

Aconselho fortemente qualquer outra pessoa a não seguir as receitas, pois a maior parte das substâncias envolvidas é perigosa e pode ser fatal. Refiro-me, claro, aos princípios ativos, às ervas citadas; o sangue de morcego, a fuligem e a gordura de crianças são apenas ingredientes fantásticos, que poderiam até ter sido inseridos nas receitas como um artifício sinistro.

Algumas pesquisas muito interessantes e bastante ousadas sobre os segredos do unguento das bruxas foram feitas pelo dr. Erich-Will Peuckert, da Universidade de Göttingen, Alemanha. Usando como base as receitas fornecidas por Porta, o dr. Peuckert elaborou um unguento contendo estramônio (*Datura stramonium*), meimendro (*Hyoscyamus niger*) e beladona (*Atropa belladonna*). Salsão (*Apium graveolens*) e salsa também foram incluídos; e a base da pomada era banha de porco.

Doutor Peuckert desejava confirmar seus resultados, se fosse possível; para isso, contou com a cooperação de um amigo, um advogado que nada sabia sobre bruxaria ou sobre os supostos efeitos do unguento das bruxas, ou *Unguentum Sabbati*, como por vezes é chamado.

Na noite do experimento, o estudioso e seu amigo retiraram-se para uma sala privada e aplicaram o unguento no corpo de acordo com as instruções de Porta. Eles caíram em um sono profundo que durou vinte horas e, quando enfim despertaram, tinham sintomas muito semelhantes aos descritos no relato de Abraão, o Judeu — similares aos de uma forte ressaca.

No entanto, dr. Peuckert e seu colega forçaram-se, no interesse da ciência, a escrever um relato imediato do que cada um tinha experimentado, antes de discutir o assunto ou comparar apontamentos. O resultado foi fantástico e excedeu as expectativas do erudito.

Não apenas os dois homens tiveram sonhos turbulentos com todas as lendárias fantasmagorias do sabá, mas as experiências oníricas de cada um foram praticamente as mesmas. As visões eram tão estranhas, insólitas e eróticas que o dr. Peuckert tem sido reticente em publicar detalhes, o que é compreensível. Ele sonhou que voava pelos ares e pousava no topo de uma montanha, que presenciava rituais orgiásticos selvagens e via surgirem monstros e demônios.

O relato do colega no experimento coincidia com o seu próprio em tantos detalhes que o dr. Peuckert sugere que, na verdade, a experiência era fruto da ação narcótica da pomada, que induz automaticamente esse tipo de visão. Como alternativa, propôs que o bálsamo atua despertando alguma memória étnica específica, enterrada na mente inconsciente. Mas memória de quê?

Seguindo essa última teoria, parece que algo do inconsciente coletivo está envolvido — um campo no qual o trabalho de Carl Gustav Jung pode ser estudado com extremo interesse, sendo algumas das descobertas do psiquiatra suíço, à sua maneira, tão singulares e instigantes quanto essa.

Ainda que seja importante enfatizar de novo a loucura que seria um leigo mexer com essas substâncias perigosas, sinto que este relato ficaria incompleto sem os detalhes de outra receita (que é disponibilizada aqui, entretanto, só para trazer a informação a pesquisadores qualificados). Disseram-me que essa receita foi usada por uma bruxa contemporânea na Inglaterra, mas não conheço os resultados que produziu. É composta de acônito, suco de papoula, dedaleira, folhas de choupo e potentila, à base de cera de abelha, lanolina e óleo de amêndoas.

As histórias sobrenaturais de sabás visionários, como aqueles induzidos pelo *Unguentum Sabbati*, foram a fonte de inspiração de Mussorgsky para sua música intitulada "Night on the Bare Mountain". Berlioz também tentou descrever musicalmente um sabá de bruxas em sua *Symphonie Fantastique*. As descrições do sabá, feitas por pintores e entalhadores, são inúmeras na arte, mas quase sempre remetem ao sabá da fantasia induzida por narcóticos.

V

VAMPIROS

A palavra "vampiro" vem do eslavo *wampyr*, e desde o famoso romance *Drácula*, de Bram Stoker (1897), e os muitos filmes e peças nele baseados, as pessoas têm o costume de associar a crença em vampiros aos países dos Bálcãs. Mas nem todos sabem que, no passado, essa crença foi fortemente abraçada na Grã-Bretanha.

De qualquer modo, essa é a verdadeira origem do antigo costume de enterrar os mortos ímpios em uma encruzilhada, com uma estaca cravada no coração. O objetivo dessa prática, que só foi abolida por lei em 1823, era evitar que o cadáver se transformasse em vampiro.

O vampirismo sempre esteve associado à magia das trevas. Aqueles que a praticaram durante a vida tinham maior propensão a se tornar vampiros após a morte. Alguns ocultistas contemporâneos acreditam que o vampirismo é um fato, ainda que, por sorte, seja raro.

As opiniões divergem quanto à definição de vampiro. Alguns supõem que seja um espírito maligno que anima o corpo recém-morto de uma pessoa que tenha sido perversa o bastante para ter alguma afinidade com ele. Outros dizem que o vampiro é a alma do indivíduo morto que, por causa de sua consciência pesada, tem medo de passar para o Outro Mundo e, por isso, permanece presa à Terra. A alma se apega desesperadamente à sua ligação com o universo terreno, isto é, seu corpo mortal, e impede que esse corpo se decomponha enviando um simulacro fantasmagórico de si mesmo, formado de material etéreo, para atacar os vivos e se alimentar de seu sangue, que é o fluxo vital da vida. Esse fantasma perigoso se alimenta não tanto do sangue propriamente dito, mas da vitalidade de sua vítima, cuja própria vida pode ser drenada pouco a pouco por tal visitação.

Uma terceira teoria, e a mais grosseira, diz que o vampiro é na verdade um cadáver vivo, uma criatura que dorme em sua tumba durante o dia e a deixa à noite para espreitar em busca de sangue, meio pelo qual sustenta sua vida profana. Os eslavos chamam essas horríveis criaturas das trevas de *Nosferatu*, "os mortos-vivos".

É uma entidade desse tipo que protagoniza a famosa e horrível história do vampiro de Croglin Grange, registrada por Augustus Hare em suas memórias. Clérigo vitoriano com uma *queda* por colecionar relatos de fantasmas, Hare transcreveu a narrativa como se fosse um fato. Pesquisadores posteriores, entretanto, acreditam que a história era fictícia, pois, embora exista um lugar chamado Croglin em Cumberland, eles não conseguem rastrear a "granja" (*grange*) onde esses fatos assustadores supostamente aconteceram.

Em resumo, uma jovem que morava em Croglin Grange teria sido atacada por um ser terrível, semelhante a um cadáver, que entrou pela janela de seu quarto e a mordeu no pescoço. Os homens da casa perseguiram o monstro e atiraram nele, mas a criatura escapou na escuridão e dirigiu-se ao cemitério da igreja. No dia seguinte, eles partiram à procura daquele ser abominável e o descobriram deitado em um caixão, dentro de uma cripta. Em sua perna estava a marca da bala disparada na noite anterior. O corpo foi destruído e a assombração desapareceu.

Contudo, se há alguma verdade na lenda do vampiro, a segunda das teorias citadas parece a mais provável.

Na época em que as bruxas eram enforcadas na Inglaterra, ao que tudo indica, o corpo delas era geralmente enterrado em uma encruzilhada, com uma estaca no coração, porque se acreditava que as bruxas poderiam se transformar em vampiras após a morte. Existem muitas histórias de encruzilhadas assombradas em lugares solitários do interior da Inglaterra, as quais provavelmente têm origem nesse antigo costume. Também os suicidas, e qualquer pessoa que morresse sob pena de excomunhão da Igreja, costumavam ser enterrados dessa forma.

Thomas Wright forneceu alguns detalhes interessantes de longínquas histórias inglesas de vampiros em seus *Essays on Subjects Connected with the Literature, Popular Superstitions, and History of England in the Middle Ages* (Londres: John Russell Smith, 1846. 2v.). Ele nos diz:

> Várias estórias de vampiros ingleses do século 12 são contadas nos capítulos 22º e 23º do quinto livro de história de Guilherme de Newbury. Em Buckinghamshire, o corpo de um homem saiu de seu túmulo e vagou noite e dia para terror e risco da vizinhança. Foi feita uma petição ao bispo de Lincoln, então em Londres, que consultou seus amigos acerca do assunto, e no decorrer da investigação alguns deles disseram que esse tipo de acontecimento não era incomum na Inglaterra e que a única solução era desenterrar e queimar o corpo. Foi sugerida, entretanto, outra forma de se livrar do monstro. O bispo lavrou uma carta de absolvição, a sepultura foi aberta e o corpo foi encontrado sem quaisquer sinais de corrupção; a carta foi colocada sobre o peito do cadáver e depois que a sepultura voltou a ser fechada, ele não foi mais visto nem ouvido. Outro corpo semelhante causou uma pestilência em Berwick-upon-Tweed. O corpo de um padre de Mailros, que perambulava da mesma maneira, foi ferido no ombro por um homem que o vigiava para afastá-lo; logo depois, quando conseguiram encontrar e abrir sua sepultura, o lugar estava cheio de sangue. Em outro caso, o cadáver fora tão destrutivo que alguns jovens da aldeia concordaram em ir juntos desenterrá-lo e queimá-lo. Encontraram o corpo ligeiramente coberto de terra, "inchado com uma corpulência enorme, e com o rosto vermelho e rechonchudo"; quando o perfuraram com uma arma afiada, jorrou tanto sangue que o corpo poderia ser reconhecido como pertencente a um "sugador do sangue de muitos".
>
> Walter Map, em seu tratado *De Nugis Curialium*, também conta algumas histórias curiosas de vampiros ingleses no século 12, o que mostra quanto essa crença era prevalente entre nossos antepassados daquele período.

De forma geral, a madeira considerada correta para a estaca a ser cravada no coração do cadáver é o freixo, embora alguns relatos apontem o pilriteiro ou a sorveira-brava. O alho, sejam as flores, seja o bulbo, também é recomendado como proteção contra más influências. Essa planta deve ser utilizada fresca; quando seco e envelhecido, o alho deve ser queimado e substituído por flores ou raízes frescas, conforme necessário. A rosa-canina é outra flor que tem a virtude de repelir vampiros.

É provável que liguemos os países balcânicos da Transilvânia — nome pelo qual a região costumava ser chamada — ao vampirismo em razão do grande medo de vampiros que ali prevalecia no início do século 18, levando a um inquérito governamental que foi relatado na imprensa contemporânea.

Essa investigação oficial foi motivada por um caso ocorrido em Meduegya, na Sérvia, no ano de 1732. Outros casos foram anteriormente relatados, entretanto, esse foi o primeiro a ser investigado dessa forma e parecia confirmar a velha crença de que o vampirismo é contagioso. Aqueles que morrem em decorrência de ataques de vampiros tornam-se eles próprios vampiros.

Parece que cinco anos antes um homem chamado Arnod Paole havia morrido ao cair de uma carroça. Em vida, Paole contara muitas vezes como, em certa ocasião, fora mordido por um vampiro. Pouco tempo depois, o povo de Meduegya teve bons motivos para lembrar essas histórias, quando um surto de vampirismo começou a aterrorizar a vizinhança. A inquietação acabou resultando na morte de quatro pessoas.

Foi decidido, então, que o túmulo de Paole seria aberto, o que aconteceu quarenta dias depois de ele ter sido enterrado. O corpo ainda estava fresco e assombrosamente manchado de sangue. Queimaram o cadáver do vampiro no mesmo instante, mas a epidemia continuou a se espalhar. Por fim, o problema atingiu tamanha proporção que chegou aos ouvidos do governo, e foram tomadas medidas oficiais.

Um destacamento de soldados, incluindo três cirurgiões do Exército, junto com seu comandante, foi enviado a Meduegya. Eles tinham ordens expressas de abrir os túmulos de todos que haviam morrido recentemente, examinar os corpos e, se necessário, queimar aqueles que pareciam estar na condição de vampiros.

Eles fizeram um relatório detalhado do que encontraram, datado de 7 de janeiro de 1732. Essa é uma das histórias mais surpreendentes e terríveis que já chegaram aos registros oficiais. Ao todo foram abertas treze sepulturas, descobrindo-se que em dez delas havia cadáveres bem conservados e de bochechas rosadas, os quais, quando dissecados, revelaram conter sangue fresco. Os outros três corpos, embora exumados do mesmo cemitério — e em alguns casos enterrados depois dos cadáveres suspeitos —, encontravam-se em processo normal de decomposição.

Todos os corpos encontrados na condição de vampiros foram decapitados e reduzidos a cinzas.

A tradição dos vampiros nos diz que eles só ficam ativos entre o anoitecer e o alvorecer. São criaturas das trevas e não podem suportar a luz pura do sol. Os cães, que são animais psiquicamente sensíveis, podem perceber a aproximação de um vampiro e ficarão muito perturbados, latindo e uivando, se uma entidade tão medonha estiver circulando durante a noite. O vampiro de Buckinghamshire, sobre o qual William de Newbury escreveu, era incomum por ser ativo "tanto de noite quanto de dia".

Não toquei aqui no assunto do vampirismo entre os vivos; fazê-lo de modo abrangente tornaria este verbete longo demais. Deve-se dizer, porém, que, além de casos psicopáticos como o do assassino John George Haigh, que bebia o sangue de suas vítimas, existe um tipo muito perigoso de vampirismo que consiste em drenar a vitalidade de outra pessoa. Quando realizada de propósito, essa modalidade de vampirismo é uma forma de magia das trevas. Contudo, por vezes é feita de maneira mais ou menos inconsciente, por pessoas egoístas e possessivas, e os resultados para a vítima podem ser graves.

VARA BUNE

Esse é o antigo nome escocês dado a qualquer objeto que uma bruxa usasse para voar. Ao contrário da crença popular, o instrumento usado pelas bruxas em seus lendários voos nem sempre era uma vassoura. Os primeiros relatos muitas vezes se referem a uma vara bifurcada, ou simplesmente a um bastão, que é dado à bruxa quando ela é iniciada, junto com um recipiente com uma pomada, o unguento das bruxas. É esse unguento que permite à bruxa voar. (*Ver* UNGUENTOS PARA VOAR.)

Um dos primeiros autores versados em bruxaria a ter um livro impresso foi Ulrich Molitor, professor da Universidade de Constança. Seu trabalho *De Lamiis et Pythonicis Mulieribus* foi publicado em 1489 e contém seis xilogravuras muito pitorescas e bastante interessantes. Uma delas é a primeira imagem conhecida de bruxas durante um voo reproduzida em um livro. A ilustração retrata três bruxas usando exóticas máscaras de animais e compartilhando o mesmo bastão bifurcado durante um voo sobre o campo.

A recorrência desse bastão bifurcado como uma vara *bune* é digna de atenção, pois nos faz lembrar que Diana e Hécate, as clássicas deusas lunares da bruxaria, receberam o título de Trívia, "dos três caminhos", e suas estátuas ficavam em locais onde três estradas se encontravam. O bastão bifurcado poderia muito bem simbolizar isso e, portanto, ser usado pelas bruxas em rituais. Também era semelhante aos chifres do Deus Cornífero.

Acreditava-se que plantas de caules longos poderiam servir de vara *bune* para as bruxas, sobretudo as plantas que cresciam em lugares remotos e desertos. A erva-de-santiago amarela é uma delas, e há um ditado na Ilha de Man que diz: "A bruxa mais notória já montou uma erva-de-santiago".

Isobel Gowdie, aquela jovem bruxa escocesa cuja confissão detalhada tem um ar de poesia selvagem, falou assim sobre seus voos de bruxa:

"Quando íamos montar, pegávamos caules finos e secos ou pés de feijão, colocávamos entre nossos pés e dizíamos três vezes:
Horse and hattock, horse and go,
Horse and pellatis, ho! ho!*
E imediatamente voávamos para onde quiséssemos".

Se as bruxas estivessem bem cobertas com o bálsamo inebriante antes de realizar esse ritual, a substância poderia muito bem servir ao propósito de fixar a mente delas na ideia de que estavam voando em uma vara ou em uma vassoura — para que suas visões subsequentes em estado de transe induzido por drogas assumissem essa forma.

VASSOURA DE PALHA OU *BESOM*

A vassoura de palha tornou-se uma companheira tradicional das bruxas e o corcel encantado de seus loucos e profanos voos noturnos pelos ares. Até mesmo Walt Disney prestou uma homenagem a esse lendário personagem mágico em seu filme *Fantasia*, quando desenhou Mickey Mouse como o Aprendiz de Feiticeiro, com uma vassoura encantada que fazia seu trabalho demasiadamente bem.

---

* Consultar nota na página 277.

No entanto, a vassoura era apenas um dos métodos que as bruxas deveriam usar para voar. (*Ver* VARA BUNE.) Sua presença constante no folclore indica que esse utensílio possuía algum significado especial.

Na verdade, tal significado é fálico. Em Yorkshire, a crença popular dizia que dava azar a uma menina solteira passar por cima de uma vassoura de palha, pois isso significava que ela seria mãe antes de ser esposa. Em Sussex, o mastro de maio, que por si só era um símbolo fálico, costumava ter em seu topo uma grande vassoura de bétula. *Besom*, além de ser outra designação para vassoura, é um termo popular para uma mulher despudorada e imoral.

"Casar em cima de uma vassoura de palha", "pular a *besom*" era uma forma antiga de casamento não tradicional, em que os noivos saltavam sobre uma vassoura para demonstrar que viviam em uma união de fato. Em cerimônias de casamento cigano, os noivos saltam para a frente e para trás sobre uma vassoura, o que é mais uma prova da ligação desse objeto com o sexo e a fertilidade.

Em um velho e curioso livro, *A Dictionary of Slang, Jargon, and Cant*, de Albert Barrère e Charles Godfrey Leland (Londres, 1899 e 1897, também Gale Detroit, 1889), os autores contam que, naquele tempo, a gíria para "vibrador" ou pênis artificial era "cabo de vassoura", e os órgãos genitais femininos eram vulgarmente conhecidos como "a vassoura". "Dar uma varrida" significava ter relações sexuais. Isso ajuda a explicar o real significado das vassouras de palha nos rituais de bruxaria e nas antigas danças folclóricas, nos quais com frequência esses utensílios tinham um papel relevante.

A vassoura doméstica original era um feixe de *Planta genista* — a verdadeira planta para fabrico de vassouras — amarrado em um pedaço de pau. "Vassoura! Vassoura verde!" era um antigo bordão de rua usado pelos vendedores desse arbusto para tal propósito. A *Planta genista* era o emblema da família Plantageneta, cujo nome originou-se dela. Havia rumores de que seus membros eram simpáticos à Antiga Religião. (*Ver* REALEZA, LIGAÇÕES COM A BRUXARIA.)

Em certa época do ano, a planta da vassoura significava má sorte. Diz o velho ditado: "Se você varrer a casa com uma vassoura florida em maio, varrerá também o arrimo da casa". Isso talvez tenha alguma ligação com antigos rituais de sacrifício que iniciavam no verão.

Eventualmente, considerava-se que a vassoura tinha o poder de repelir bruxas — talvez pela ideia de usar a própria magia contra elas. De qualquer forma, colocar uma vassoura na soleira da porta de entrada de uma casa deveria manter as bruxas afastadas.

Uma vassoura também podia ser símbolo de sorte. Quando uma antiga casa em Blandford, Dorset, estava sendo reformada em 1930, uma vassoura foi encontrada murada na estrutura. Constatou-se que fora colocada ali para trazer boa sorte, e permitiu-se ao achado permanecer em seu esconderijo.

Essas acepções suplementares da vassoura combinam com seu significado fálico. Objetos que são símbolos sexuais também são símbolos de vida e, portanto, trazem sorte e protegem contra o mau-olhado.

Em seu livro *A descoberta da bruxaria* (São Paulo: Madras, 2022), Reginald Scot fala sobre os sabás das bruxas:

> Nessas assembleias mágicas, as bruxas nunca deixam de dançar; e durante a dança elas cantam estas palavras: Har, har, diabo, diabo, dance aqui, dance aqui, divirta-se aqui, divirta-se aqui, sabá, sabá. E enquanto cantam e dançam, todas seguram uma vassoura nas mãos e a erguem no alto.

Ele está citando rituais de bruxas descritos por um demonólogo francês, Jean Bodin. Por outros antigos relatos, parece que as bruxas também executavam uma espécie de dança com saltos enquanto estavam montadas em bastões. E, se vassouras também fossem usadas para esse propósito, é fácil ver como essa dança, combinada com as visões delirantes e os sonhos de voar durante um estado de transe mágico, deu origem à popular imagem de bruxas voando em vassouras pelo ar.

Quando as vassouras — ou *besoms* — começaram a ser feitas de materiais mais duráveis do que a giesta, a combinação mais comum de madeiras para seu fabrico eram galhos de bétula para a escova, uma estaca de freixo para o cabo e salgueiro-branco para a amarração. No entanto, na área de Wyre Forest, em Worcestershire, as madeiras tradicionais são galhos de carvalho para o arranjo — que é o termo usado pelos fabricantes para a parte da escova —, aveleira para o bastão e bétula para a amarração. Todas essas árvores possuem diversos significados mágicos particulares e figuram nos antigos alfabetos druídicos de árvores da antiga Grã-Bretanha. O freixo é uma árvore sagrada e mágica; o carvalho é o rei da floresta; a aveleira é a árvore da sabedoria; o salgueiro é a árvore da magia da Lua; e a bétula é o símbolo da purificação.

VELHO, O

"O Velho" é um termo dialetal usado com frequência para designar o Diabo. É um indicador significativo do fato de que "O Diabo" é realmente um deus pré-cristão, que foi degradado ao estado de diabo porque as suas características não se enquadravam na nova concepção puritana de divindade.

No entanto, a Antiga Religião, com suas raízes na natureza, ainda vivia no coração e na mente das pessoas. A maneira de se referir ao Diabo como "O Velho" é um exemplo disso, assim como outro termo para o mesmo personagem misterioso, "Velho Harry".

Isso vem do saxão *hearh*, um santuário no topo de uma colina onde os deuses pagãos eram adorados. O lugar sobrevive no Monte Harry, no alto de Sussex Downs, e nas Pedras do Velho Harry, na costa sul, que supostamente foram colocadas lá pelo Diabo. "Velho Harry" é o Velho que era adorado nas colinas.

Christina Hole, em seu livro *English Folklore* (Londres: Batsford, 1940), observa o fato de que a palavra "providência" é às vezes usada pelos camponeses arcaicos para significar não a ideia cristã de providência, mas o Diabo, ou os antigos poderes do paganismo. Ela cita a esposa de um fazendeiro que defendia algum antigo rito pagão de boa sorte em conexão com a colheita, dizendo que não era bom esquecer a "Velha Providência", e talvez fosse melhor manter ambas as partes!

Essa pequena história é muito reveladora na sua apreensão dos pensamentos e sentimentos dos antigos camponeses, que viviam perto da natureza e tinham uma sabedoria própria e iletrada.

Outro termo para o Diabo é "Velho Chifrudo", uma referência óbvia ao seu famoso atributo, enquanto "Velho dos Pés Divididos" ou "Cascos Fendidos" se referem às características do grande deus Pã.

Um termo dialetal para o Diabo, quase esquecido agora, é "Velho Atiçador", ou "Old Poker", cuja origem é semelhante à das palavras *puck* ou "*pooke*" (duende). Trata-se de um vestígio do inglês antigo *puca* e do galês *pwca*, que significa um ser ou espírito estranho. Outro termo em dialeto é "Velho Arranhão", ou "Old Scratch", do nórdico antigo *skratte*, um goblin ou monstro.

Talvez a referência mais conhecida ao Diabo começando com "Velho" seja "Velho Nick". Isso nos leva diretamente aos tempos pagãos, porque Nik era o nome para Woden, a versão em inglês antigo de Odin, o Pai de Todos, o Mestre Mágico. Como o Diabo em anos posteriores, acreditava-se que Woden às vezes se divertia assumindo a forma humana e vagando entre a humanidade. Qualquer estranho misterioso poderia ser ele, sobretudo se tivesse um ar sinistro e parecesse possuir um conhecimento além do comum.

As seguidoras de Woden eram as mulheres selvagens, as Waelcyrges, a quem as nações mais ao norte chamavam de valquírias. As antigas Waelcyrges inglesas, no entanto, eram mais parecidas com bruxas do que com as mulheres guerreiras que Richard Wagner retratou em suas óperas. Elas voavam à noite com Woden na Caçada Selvagem, quando o vento de inverno soprava alto e as nuvens se moviam rapidamente sobre a Lua. Na verdade, a palavra Waelcyrge foi por vezes traduzida como "bruxa" em manuscritos antigos.

Não é difícil ver como Nik e suas Waelcyrges contribuíram para a ideia do Velho Nick e suas bruxas.

Em lugares onde uma igreja cristã foi construída sobre um local de culto pagão, Nik às vezes era transformado e cristianizado em São Nicolau. Por exemplo, Abbots Bromley, em Staffordshire, onde a famosa Dança dos Chifres é realizada todo mês de setembro, tem sua antiga igreja paroquial consagrada a São Nicolau. Ali os chifres e outros acessórios da dança são guardados quando não estão em uso, e certa vez o pórtico da própria igreja foi palco de uma apresentação. A dança é geralmente aceita como uma sobrevivência de tempos muito antigos, tendo uma origem pré-cristã.

A igreja mais antiga de Brighton, Sussex, é a de São Nicolau. Foi construída sobre uma colina onde, segundo a tradição local, existia um círculo de pedras pagão. As igrejas dedicadas a esse santo quase sempre repousam em fundações muito antigas.

Além disso, a ligação do "velho e alegre São Nicolau" com o festival pagão saxão de Yule é bem mais estreita do que com a versão cristã que chamamos de Natal. O velho alegre, vestido de escarlate, que conduz uma parelha de renas desde o polo Norte, tem muito mais em comum com algum velho deus da fertilidade e da folia do que com um santo bispo cristão.

X – O SINAL DA CRUZ

Ainda que o sinal da cruz seja, de forma geral, considerado o emblema do cristianismo, ele é, na realidade, bem mais antigo. Seu significado como símbolo religioso remonta aos tempos pré-históricos.

Por ser tão antiga, a cruz adquiriu diversas formas. Existe a cruz latina, aquela que costumamos encontrar nos altares das igrejas cristãs; a cruz grega ou cruz de braços iguais; a cruz de santo André ou cruz em forma de X; a suástica ou cruz fylfot; o tau ou cruz em forma de T; a *crux ansata* ou cruz em laço; e a cruz celta ou em forma de roda. Existem também variações locais desses símbolos, como a cruz de Lorena ou cruz de três barras; a cruz russa, igual à latina, mas com uma terceira barra inclinada na parte inferior; e a cruz de Malta, que tem os quatro braços iguais, mas com pontas bifurcadas.

Dessas muitas variedades de cruzes, é provável que as mais antigas sejam as mais simples. Com certeza a cruz de braços iguais, o tau, a cruz da roda, a cruz fylfot e a cruz infinita podem ser rastreadas até tempos muito antigos. Elas sempre foram consideradas símbolos sagrados e que traziam boa sorte. Até a cruz latina pode ser encontrada em representações de monumentos pré-colombianos da América Central, de maneira notável em Palenque.

Há, portanto, evidências de que a ideia de fazer o sinal da cruz para afastar o mal seja comum tanto a cristãos como a pagãos. Assim, o conceito que escritores de suspense sensacionalistas tanto amam, de que as bruxas abominariam e temeriam o sinal da cruz, não tem fundamento algum.

Na verdade, na Creta minoica, os adoradores da Grande Mãe adornavam os altares da deusa com uma cruz de braços iguais. Quando sir Arthur Evans descobriu os esplendores enterrados da cidade cretense de Cnossos, encontrou muitos exemplares da cruz. Ele usou uma delas, uma bela cruz de mármore com braços iguais, como peça central na reconstrução que fez de um altar à Deusa Mãe minoica. Em cada lado da cruz, numa fotografia dessa reconstrução, estão duas estatuetas da deusa, com os seios nus, mas com os trajes elaborados das damas minoicas. Há também taças para libações de vinho; blocos de pedra escavados para receber oferendas ou talvez para queimar incenso; e uma ornamentação com muitas conchas do mar e alguns objetos de formato fálico, representando os poderes do homem e da mulher.

Esse é o significado essencial da cruz de braços iguais. Representa a união das duas grandes forças complementares que, por meio de sua interação, produzem o universo manifestado. A barra vertical da cruz representa o homem e interpenetra a barra horizontal que representa a mulher.

Na filosofia chinesa, esses princípios são chamados de yang (masculino) e yin (feminino). O yang é uma barra única; o yin, uma barra dividida, de modo que, se um se sobrepusesse ao outro, apareceria a figura da cruz de braços iguais.

No Antigo Egito, a cruz em forma de laço, ou *crux ansata*, era a chave da vida e o símbolo da imortalidade. O nome egípcio para ela era "ankh". Essa cruz repete a ideia de união entre masculino e feminino, mas de outra forma, porque o ankh consiste em um formato de T, com um anel ou formato de O acima dele. A forma de T representa o princípio masculino, e o anel, o feminino.

A cruz fylfot ou suástica foi manchada, nos últimos anos, pela associação com Hitler e os nazistas. É uma pena, pois suas origens são tão antigas que a tornam um dos sinais religiosos mais difundidos e veneráveis. Formas da suástica são encontradas no México antigo, entre os indígenas americanos, na China, no Tibete, na antiga Creta, nas civilizações pré-históricas da região mediterrânea e entre nossos ancestrais escandinavos. Foram esses últimos que a chamaram de fylfot, ou martelo de Thor. "Swastika" é, na verdade, o nome dessa cruz em sânscrito, e ela tem sido o símbolo da luz e da beneficência no Oriente há milhares de anos. Alguns ocultistas acreditam que Hitler cavou a própria destruição ao se apropriar e profanar um emblema tão potente e venerado.

O reverendo Sabine Baring-Gould, que devia ser uma autoridade confiável em assuntos eclesiásticos, nos diz em seu *Curious Myths of the Middle Ages* (Londres, 1869) que o fylfot, ou martelo de Thor, encontrou espaço em muitas igrejas inglesas como uma marca colocada nos sinos de seus campanários. O motivo para isso era a crença de que, ao tocarem, os sinos das igrejas dissipavam as tempestades. Por isso, eram marcados com o sinal de Thor, o deus do trovão, que tinha autoridade sobre os poderes do ar. Esse é mais um exemplo de como as crenças e os costumes cristãos e pagãos continuaram lado a lado muito depois de o país ter se tornado oficialmente cristão.

A cruz fylfot pode ser encontrada nas regiões da Inglaterra em que os imigrantes nórdicos se estabeleceram, sobretudo em Lincolnshire e Yorkshire. Baring-Gould afirma que esse sinal foi descoberto em sinos de igrejas em Appleby, Scotherne, Waddingham, Bishop's Norton, West Barkwith, Hathersage, Mexborough "e muitos mais".

A cruz da roda, ou cruz celta, da qual se podem encontrar diversos exemplos antigos e belos na Cornualha, é, com certeza, pré-cristã. As moedas da antiga Gália tinham uma cruz de braços iguais; na verdade, pequenas cruzes da roda foram encontradas em território gaulês, e presume-se que sejam um tipo muito antigo de cunhagem. As joias celtas também exibiam, por vezes, esse desenho básico, com a cruz de braços iguais no círculo.

A cruz da roda, assim como a suástica, também foi encontrada em vestígios pré-históricos no México. A distribuição mundial de tais emblemas, através de mares e continentes, levou estudantes de tradições antigas a suspeitarem de que seu verdadeiro local de origem é a civilização perdida de Atlântida, ou o reino ainda mais remoto e sombrio da Lemúria, ou Mu.

A cruz de braços iguais tem outro significado oculto. Não representa apenas a união das forças masculina e feminina, mas também simboliza os quatro pontos cardeais, os quatro ventos e os quatro elementos. O ponto de união no centro é o quinto elemento oculto, a quintessência ou espírito.

A cruz de braços iguais, quando rodeada por um círculo para formar a cruz da roda ou cruz celta, mostra, assim, a representação do universo manifestado contornado pelo círculo do infinito e da eternidade. A cruz da roda também é chamada de cruz rosa e pode ser o verdadeiro emblema daquela misteriosa irmandade oculta, os rosa-cruzes. Era o distintivo do grão-mestre dos cavaleiros templários.

A cruz é, portanto, um sinal comum tanto a pagãos como a cristãos, e o seu significado é muito mais antigo e grandioso do que um mero instrumento romano de execução.

Y

YULE

Yule é a palavra anglo-saxônica para o festival do solstício de inverno. A nossa celebração do Natal é composta de diversas tradições, celtas, romanas e saxônicas, tendo sido tudo isso adaptado posteriormente pelo cristianismo.

    O festival celta do solstício de inverno foi chamado pelos druidas de Alban Arthan, segundo a tradição barda. Era quando o druida chefe cortava o visco sagrado do carvalho, costume que ainda perdura com o uso do visco como decoração de Natal. No geral, o visco foi banido das igrejas no Natal devido às suas associações pagãs. No entanto, na catedral de York costumava haver uma prática diferente, que Stukeley, autor do século 18 que escreveu sobre druidismo, observa:

> Na véspera do dia de Natal, eles carregam o Visco para o Altar-mor da Catedral e proclamam uma licença pública e universal, perdão e liberdade para todo tipo de pessoas inferiores e até mesmo iníquas nos portões da cidade, em direção aos quatro quadrantes do Céu.

    Esse costume era sem dúvida um vestígio do druidismo. York é uma cidade muito antiga, conhecida pelos romanos como Eboracum.

    A ideia de realizar um festival no solstício de inverno para celebrar o renascimento do Sol era tão universal no mundo antigo que os cristãos adaptaram essa festa popular à celebração do nascimento de Cristo. Ninguém sabe ao certo quando foi o aniversário de Jesus; porém, ao realizar essa comemoração no meio do inverno, Cristo foi misticamente identificado com o Sol.

Os romanos celebravam o solstício de inverno com um festival alegre chamado Saturnália. O fenômeno astronômico ocorre quando o Sol ingressa no signo de Capricórnio; e supõe-se que Saturno, o regente de Capricórnio, também teria sido o regente da longínqua Idade de Ouro, quando a Terra era pacífica e frutífera, e todos eram felizes. Assim, nessa época do ano, as casas eram enfeitadas com galhos de plantas sempre-vivas, suspendiam-se todos os negócios e as distinções sociais eram temporariamente esquecidas na atmosfera da festa. Servos e escravos recebiam um banquete e os senhores os serviam à mesa. As pessoas davam presentes umas às outras, e a Saturnália tornou-se sinônimo de diversão e alegria desenfreadas.

Os saxões pagãos celebravam a festa de Yule com muita cerveja e fogueiras acesas, sendo sua única reminiscência o nosso "tronco de Yule" — o equivalente doméstico, próprio do solstício de inverno, às fogueiras ao ar livre acesas na véspera do solstício de verão. Seu caráter ritual é evidenciado pelo fato de existir um antigo costume, "para dar sorte", de guardar um pedaço do tronco de Yule para acender a chama do Natal do ano seguinte.

A palavra *Yule*, de acordo com Beda e várias outras autoridades do passado, deriva de uma antiga palavra nórdica, *Iul*, que significa roda. Nos antigos *clog almanacs*, o símbolo de uma roda era usado para marcar o Natal — representando a ideia de que o ano gira como uma roda, a Grande Roda do Zodíaco, a Roda da Vida, cujos raios são as antigas ocasiões rituais, os equinócios e solstícios, e os quatro "dias trimestrais cruzados" da Candelária, Véspera de Maio, Lammas e Halloween. O solstício de inverno, o renascimento do Sol, é um ponto de viragem bastante importante.

Por isso, as bruxas modernas celebram o Natal com entusiasmo, só que o reconhecem como Yule, um dos velhos e grandes festivais da natureza. Deploram o materialismo ganancioso que tira toda a antiga felicidade atribuída ao Natal, transformando-o em uma data meramente comercial.

Alban Arthan, Saturnália, Yuletide ou Natal, o festival do solstício de inverno era tradicionalmente uma época feliz. Com o renascimento do Sol, doador de calor, luz e vida, as pessoas tinham uma fonte genuína de felicidade, e diversos costumes antigos e alegres, enraizados no passado pagão distante, prosperavam no interior da Inglaterra.

Naquela época, as pessoas não dispunham de entretenimentos mecânicos como cinema, rádio ou televisão. Elas se divertiam e mantinham os velhos costumes porque gostavam deles. O Natal durava doze dias inteiros, e o trabalho só recomeçava na Segunda-feira do Arado (primeira segunda-feira após o Dia de Reis). Em muitos lugares, para garantir que todas as festividades de inverno fossem devidamente observadas, era eleito um Senhor da Desordem, uma espécie de rei da alegria.

É significativo que o reinado do Senhor da Desordem começasse no Halloween e terminasse na Candelária; ambas as datas são grandes sabás. No Halloween, o Deus Cornífero, o princípio da morte e da ressurreição, ganha relevo no início do inverno celta, enquanto na Candelária aparecem os primeiros sinais da primavera.

As sempre-vivas para decorações natalinas eram o azevinho, a hera, o visco, o louro e o alecrim cheirosos e os galhos verdes de buxo. Na época da Candelária, tudo tinha que ser recolhido e queimado, ou *hobgoblins* iriam assombrar a casa. Em outras palavras, nesse período uma nova maré de vida começava a fluir através do mundo da natureza, e as pessoas precisavam se livrar do passado e olhar para o futuro. A limpeza de primavera era, em sua origem, um ritual da natureza.

As antigas pantomimas, que faziam — e em alguns lugares ainda fazem — parte das festividades natalinas inglesas, estão ligadas ao renascimento do Sol. São Jorge em armadura brilhante sai para lutar contra o "Cavaleiro Turco" envolto em treva. São Jorge é o Sol destruindo os poderes da escuridão. Eles lutam e o cavaleiro das trevas cai. Mas o vencedor grita, no mesmo instante, que matou o próprio irmão; sombra e luz, inverno e verão, são complementares entre si. Surge, então, o misterioso "Doutor", munido de sua garrafa mágica, que revive o homem assassinado, e tudo termina com música e alegria. Existem muitas variações locais dessa peça, mas as ações são as mesmas em sua essência, do começo ao fim.

Z

ZODÍACO

Já foi sugerido que a fonte do poder místico do número das bruxas, treze, são os treze meses lunares do ano. Entretanto, há outra fonte importante que são os doze signos do zodíaco somados a um dos luminares — o Sol durante o dia e a Lua à noite — que os governam. O Sol percorre o círculo mágico do zodíaco no decorrer de um ano; a Lua viaja pelos doze signos em um mês lunar.

    Ninguém sabe ao certo quantos anos tem o zodíaco ou quem o inventou. Nossa palavra "zodíaco" é derivada do grego *zoidiakos*, significando "figuras de animais", conforme a interpretação usual do dicionário. É semelhante a *zoe*, "vida", e *zoidion*, uma imagem de alguma coisa viva. Como nem todas as figuras do zodíaco são animais, pode-se pelo menos especular que uma explicação mais precisa seria "uma figura da vida", ou "uma imagem do curso da vida", para todas as coisas, humanas e cósmicas.

    O zodíaco é um círculo dividido, como todos os círculos, em 360 graus, ou doze signos de trinta graus cada. Esse círculo é o curso nos céus da trajetória *aparente* do Sol, da Lua e dos planetas; tem cerca de dezoito graus de largura. Seus doze signos têm o nome das constelações adjacentes que representam simbolicamente as características de muitas coisas — incluindo os seres humanos — que esses mesmos signos governam. O zodíaco do caminho do Sol, ou eclíptico, *não* é a mesma coisa que o zodíaco das constelações, um fato que os críticos da astrologia nem sempre percebem. (*Ver* ASTROLOGIA.)

Há uma história de que, em tempos muito distantes, considerava-se que o zodíaco consistia não em doze signos de trinta graus cada, mas em dez signos de 36 graus cada; o signo de Libra teria sido omitido e os signos de Virgem e Escorpião, considerados um só. Segundo uma obscura lenda ocultista, isso remetia à época em que a raça humana era andrógina, tendo ambos os sexos em um só. Mas, quando ocorreu a separação entre masculino e feminino, isso foi exprimido pela alteração dos sinais da Grande Roda da Vida. Virgem, a mulher, foi separada de Escorpião, o homem, e entre eles foi colocado Libra, o signo do casamento.

O zodíaco, com seus padrões de relacionamento entre os signos e os planetas que os regem, com suas triplicidades dos quatro elementos e assim por diante, é um desenho maravilhoso de beleza e harmonia, como uma grande mandala. Trata-se de um círculo mágico de fato, daí a popularidade das pulseiras e anéis do zodíaco — com os signos neles representados — como "amuletos da sorte". São emblemas do infinito e da eternidade, da vida sempre futura. Usar o próprio signo zodiacal como uma peça de joalharia emblemática é expressar o desejo de se colocar em harmonia com as melhores qualidades inerentes ao próprio signo. Todos os signos do zodíaco têm as próprias características, boas e más; todos são partes necessárias do Grande Padrão.

Os signos do zodíaco foram tema recorrente na arte decorativa. Uma bela representação do zodíaco foi esculpida no templo de Hátor em Dendera, e, ao longo dos séculos, a imagem reapareceu como decoração em muitas igrejas e catedrais cristãs antigas.

Porém, o zodíaco mais maravilhoso de todos talvez seja aquele que se afirma existir entre as colinas verdes e os rios sinuosos de Somerset, nas cercanias de Glastonbury. Digo "afirma existir" porque alguns céticos negam a sua realidade, e obviamente esse zodíaco não é reconhecido por nenhum antiquário ortodoxo. No entanto, qualquer pessoa que examine as provas, sobretudo as fotografias aéreas, admite que alegar coincidência é ir além do razoável para explicá-lo.

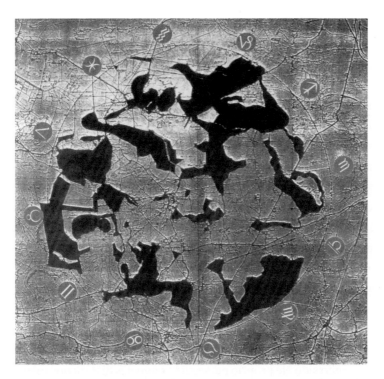

Zodíaco. O zodíaco de Glastonbury. (Crédito: Charles Walker Collection/Alamy Stock Photo.)

Em resumo, o zodíaco de Glastonbury, como passou a ser chamado, é formado pelas configurações naturais de colinas rurais, rios etc., coadjuvadas por terraplenagens pré-históricas, linhas de estradas antigas, terraços agrícolas e pelos padrões dos campos. Forma um grande círculo, com cerca de 16 quilômetros de diâmetro e trinta quilômetros de circunferência. O centro desse círculo está em Butleigh; Glastonbury, a antiga ilha de Avalon, fica no limite norte; abaixo dela, a sudeste, fica Cadbury Castle, que se acredita ser o local da "Camelot" do rei Artur.

As grandes figuras zodiacais foram descobertas pela primeira vez nos tempos modernos pela sra. K. E. Maltwood, membro da Sociedade Real de Artes, por volta de 1925, como resultado da elaboração de mapas para ilustrar o romance arturiano do século 12 chamado *The High History of the Holy Grail* (traduzido por Sebastian Evans, Londres: Everyman's Library, J. M. Dent Edition, 1913). Ao examinar e estudar o terreno percorrido pelos cavaleiros do rei Artur, a sra. Maltwood percebeu que o mítico "reino de Logres", com suas muitas proezas inusitadas, era na verdade uma descrição velada desse grande planisfério de origem pré-cristã, como os próprios romances arturianos o são. Essa era a *verdadeira* Távola Redonda do rei Artur.

A sra. Maltwood descreveu suas descobertas nos livros *A Guide to Glastonbury's Temple of the Stars* (Londres: James Clarke and Co., 1964), *An Air View Supplement to Glastonbury's Temple of the Stars* e *The Enchantments of Britain* (British Columbia: Victoria Printing and Publishing Co., 1944). Desde a publicação desses trabalhos, muitos outros estudantes do patrimônio britânico iniciaram a busca por mais informações e provas dessa maravilha da antiga Grã-Bretanha.

Mais pistas surgiram, particularmente uma passagem impressionante e enigmática dos diários do dr. John Dee, que foi conselheiro ocultista da primeira rainha Elizabeth. (*Ver* DEE, DR. JOHN.) Doutor Dee e seu colega Edward Kelley tinham profundo interesse na área de Glastonbury, e sua menção às "estrelas que correspondem às suas reproduções no solo" mostra que ele sabia da existência do Grande Zodíaco, embora se abstivesse de descrevê-lo com mais precisão. (Dee conhecia o valor da virtude do silêncio sobre assuntos ocultos, tendo sido ele próprio perseguido naqueles dias menos tolerantes.)

Essa passagem do diário do dr. Dee é reproduzida na recente biografia escrita por Richard Deacon, *John Dee* (Londres: Frederick Muller, 1968), e às pessoas que zombam da existência de tradições secretas, deveria dar algo em que pensar.

As implicações da existência dessas grandes efígies, como da dos alinhamentos de Stonehenge e da matemática dos círculos de pedra, são tremendas e de amplo alcance. A Antiga Religião de nossos ancestrais, chame-a de Arte dos Sábios ou como quiser, é digna de estudo e não pode ser descartada como superstição.

ÍNDICE REMISSIVO

Os principais verbetes deste livro estão listados em ordem alfabética no sumário. Este índice pretende ser um complemento, servindo para indicar assuntos, lugares e pessoas mencionados nos artigos.

A

Abbots Bromley, 177, 490
Aberdeen, bruxas de, 152, 175, 410
Abraão, o Judeu, 473-4
Abracadabra, 150
adoração ao Diabo, 386, 387
afrodisíacos, 208, 209, 210-1
alquimistas, 196, 252, 400, 435
alraun, 370
âmbar, 263-4
Amon, 147-8
anéis de fadas, 176
ankh, 46, 492
ano céltico, 204-5, 260
antigo calendário, 154, 155
Aristóteles, 437
armas mágicas, 44, 129
Artur, rei, 93, 95, 124, 450, 501-2
árvore de natal, 73, 284
Árvore do Mundo, 73

Ashdown, floresta de, 214, 236
Auldearne, 160
Awen, 125
azeviche, 263-4

B

Bacon, Francis, 180, 370, 473
Bamberg, 469-70
Barddas, 433
batismo, 220-1
bebê de Rosemary, O, 191, 230, 307, 373
Beltane, 204, 260, 261
berbere, 150
Besant-Scott, sra., 267
Blackwood, Algernon, 347
Blandford, 488
Blavatsky, Madame, 416, 424, 446
Bolena, Ana, 378-9
bolotas, 71
Bone, sra. Ray, 155

Borrow, George, 136, 141
Boscastle, 153, 165
Bothwell, conde de, 445
Bourton-on-the-Water, 153
Braid, dr. James, 283
Bredon Hill, 142-3
Bretforton, 156
Brewham, 160, 457
Brighton, 103, 173, 341-2, 463, 490
Bruto de Troia, 197-8
bruxa de Hethel, 70
bruxaria italiana, 55-7, 138-9, 196, 342
bruxaria na Alemanha moderna, 422-3
bruxas bascas, 320-2
bruxas no México, 89-90, 308, 391
Buchan, John, 386
Buckland, dr. Raymond, 227-8
bufotenina, 244
Bulwer, Lytton, 183, 434
Buxted, 69

C

Cabala, 43, 100
Caçada Selvagem, 94, 188, 193, 202, 143-4, 346, 490
caixas de bruxa, 292
canibalismo, 75, 349, 351
Canterbury, 283, 330
Canuto, rei, 335
carma, 229, 449, 450
carneiro de Mendes, 148, 187
Carolina, princesa de Gales, 299
carvalhos, 71-2
casamento sagrado, 252
Castelo Maiden, 75

Castle Rising, 64, 300
Castleton, 288
catedral de Lyon, 275
catedral de São Paulo (Londres), 198
Catton, 471
caveira e ossos cruzados, 95, 459
Cellini, Benvenuto, 208
Cernuno, 53, 88, 100, 184, 186, 188, 325, 428
Cerridwen, 94, 124, 125, 203, 443
Charlton, 255
charm, 46
Cheiro (conde Louis Hamon), 439
Chelmsford, 110, 291
chifres, 186-9
Chipping Campden, 156
cinco estados de consciência, 119
Clubes do Inferno, 388
cognomes, 157
Colégio de Armas, 161
co-maçonaria, 267
conchas de búzios, 64, 413
cone de poder, 90, 140, 176, 269
cores
    preto, 218-9
    azul, 46, 381
    verde, 221, 288-9
    vermelho, 361, 372, 441
    branco, 156
    dos Airts gaélicos, 41
Cornualha, 153, 251, 261, 493
coroas de pastor, 262, 415
corpo astral, 347, 425
crença das bruxas, 121, 162-3
Creswell Crags, 63

Creta minoica, 187, 492
crianças como acusadoras, 340
crianças verdes, 239
Croglin, 482
Crowley, Aleister, 130, 140, 163, 170-3, 179, 234, 271, 315-6, 356, 462
culto à árvore, 68
culto a Diana, 56-7, 114, 115, 125-6, 138-9, 342-3, 392

D

Dança dos Chifres, 490
dançarinos de Morris, 148
Daraul, Arkon, 145, 149
Darvellgadarn, 205-6
deasil, 42, 140
Dee, dr. John, 167, 178-80, 298, 502
Devonshire, 202, 421
diamante Hope, 366
Doação Tichborne, 363-4
Dornoch, 390
Dorset, 75, 200, 201
Dozmary Pool, 223
dragão, 428
dragão de fogo, 404
drogas, 26
druidas, 71, 357, 410-1, 449-50, 495
Duncan, Helen, 340
Dürer, Albrecht, 398

E

East Anglia, 133, 290, 293, 294
Eastry, 65
Elfame, rainha de, 238, 242
Elizabeth I, rainha, 178, 297, 338

Endor, bruxa de, 162, 241
energia orgone, 362, 436
energias limítrofes, 434
Éon de Hórus, 172
Era de Aquário, 25, 84, 228
Escola da Noite, A, 180
espelho mágico, 167-8, 169
espiritismo, 113-4, 247-8, 276, 279, 340-1, 424, 462
espíritos da natureza, 192, 207, 248, 426-7
Essex, 290
Evans, George Ewart, 133
Evelyn, John, 72
Exeter, 109
    catedral de, 414

F

falo artificial, 38-9, 310, 323, 487
farmácia, 215
fascinum, 37
Feira do Chifre, 255
ferradura, 134
festivais druídicos, 204-5, 451
fetiche, 243
Fleming, Ian, 179
fogueiras, necessidade de, 261-2
Forres, 467
Fortuna, Dion, 36, 316
Fox, George, 142
Frazer, sir James, 56, 321
fylfot, 492-3

G

Gardner, Gerald, 24, 120, 146, 147, 158, 227, 265-73, 386

Gaule, John, 294
Gigante de Cerne, 251
gigantes atlantes, 182
ginseng, 211
Glamis, castelo de, 444
Glamis, lady, 444
Glanvil, Joseph, 160, 313, 456-7
Glastonbury, 93-4, 500-2
Goodfellow, Robin, 160
Gorer, Geoffrey, 446
Gowdie, Isobel, 160-1, 259, 309, 486
Graal, 94, 124, 129
Grande Besta, 171
grande pirâmide, 40, 428
Graves, Robert, 24, 44, 54, 123, 281
Great Leighs, 109-11
grimórios, 86, 141, 182-3, 231, 356, 360, 387
grupos de três bruxas, 116-7
Guernsey, 454
Guerra do Vietnã, 230

H

Hastings, 173, 271
Hátor, templo de, 500
Hawkins, professor Gerald S., 411
Heist, Roy, 224, 228
herbários, 85, 215-6, 370
Hereford, 261
Herne, 144, 188
Herodias, 126-7, 197, 346
Hexenhaus, 470
hexerai, 226
Hitler, ritos contra, 202, 230, 269
Holsworthy, igreja de, 78

Holt, sir John, 340
homem de Neandertal, 64
Honório de Tebas, 45
horóscopo, 83, 85
horse brasses, 46, 132
Horsham, 391
Howard, Raymond, 87
Hu Gadarn, 205, 454
Huysmans, Joris-Karl, 307

I

Idade da Pedra, 26, 49, 61-5, 90, 185
Ilha de Man, 144, 227, 268, 292, 486
inferno, 195
Irmandade de Crotona, 266-7
Irmandade dos Mendigos, 285-6
Ísis, 36, 55, 215, 273, 255

J

Jaime I, rei, 102, 242, 291, 339, 379, 444-5
Janus, 321-2
jarda megalítica, 412
Jesus, 27, 399
Jorge IV, 299
julgamentos de bruxas escocesas, 390, 160-1, 240, 246, 314, 339-40, 445, 466
Jung, Carl Gustav, 32, 57, 141, 479

K

Kahunas, 434
Kali Yuga, 416
Kamea, 401
Karnak, 184

Kilkenny, 327-30
Killin, castelo de, 365
Kirk, reverendo Robert, 239-41, 248
Knaresborough, 353
Kriyashakti, 427
Kruse, Johann, 422, 423

L
labirintos, 176
Lancashire, bruxas de, 141-2, 298, 457
lanternas de abóbora, 278, 279
Leamington Spa, 171
Leland, Charles Godfrey, 24, 28, 36, 55-61, 100, 114-5, 135, 169, 196, 204, 222, 341-3, 396, 446, 487
Lethbridge, T. C., 434
Letras de Éfeso, 67
Lévi, Éliphas, 100, 181, 347, 424
Lincoln, 245
Lincoln Imp, 428
Lingam, 36
língua enoquiana, 179-80
Long Compton, 154-5, 420
Lothian, 254
Lúcifer, 57-8, 181, 186
Lugh, 334
Lupercália, 50, 255-6

M
maçã, 95
Macbeth, 41, 123, 216, 233, 281
maçonaria, 116, 271, 312, 347, 359, 432
madona, 136, 198
magia das trevas, 27, 357
magia de caça, 49, 62, 185
magos, 357, 396
Malleus Maleficarum, 125, 310-1, 337, 463
Malmesbury, 116
Maltwood, sra. K. E., 501
mandala, 141, 500
mano cornuta, 381-2
mano in fica, 381-2
mãos como amuletos, 381-2
marés, 33, 402, 453
máscara folhar, 289
máscaras, 38, 92, 148, 310, 314, 485
mastro de maio, 251, 487
Mathers, S. L. MacGregor, 101, 171, 356
matriarcado, 50, 56
Medeia, 50, 123
Men-an-Tol, 251
menires, 40, 406, 410
Meon Hill, 143, 153, 154, 392
mesmerismo, 285
Meu amigo Harvey, 249
microcosmo, 416
Milagre de Campden, 156
Miles, Anton, 92-3
Mistérios, cultos dos, 36, 51, 55, 255, 432
Moiras, 449
Moisés, 184, 424
Montespan, madame de, 387-8
More, Henry, 113, 425
Mortlake, 180
Murray, Margaret, 24, 39, 49, 53, 154, 160, 200, 235, 310, 315, 332, 333, 334, 344, 391-3, 442, 454
Museu Britânico, 148, 273, 316, 350

museus, bruxaria e, 153-4, 165, 268, 292, 461
música e bruxaria, 221, 479

N

Natal, 490, 495-7
Netherbury, 241
New Forest, 214, 267, 333
Noite de Santa Valburga, 48, 106, 204, 451, 460
nomes
    de familiares, 41, 245-6
    da deusa, 196-7, 280-1
    de poder, 231, 316, 360
    do sabá, 453-4
nomes de lugares
    do Diabo, 192
    de rituais de fogo, 260
Norfolk, 64, 87, 300-1, 365
Northumberland, 458
Norton, Rosaleen, 91-2
nós, 382
numerologia, 43

O

O'Donnell, Elliott, 67-8, 69, 79-80
ogam, 44
Ohta, dr. Victor, 77
olhar através do cristal, 165-6
olho grego, 46, 383
Ordem da Aurora Dourada, 130, 170, 171, 356, 358
osculum infame, 151, 320, 322
Osíris, 57, 186
Ozark, montes, 224

P

Paganhill, 251
pagão, 237
país subterrâneo, 238-9
pantomimas, 497
pão de vôngole, 212
Paracelso, 83, 165, 243, 283, 434
pedra da estrela, 415
Pedra de Londres, 198
Pedra do Destino, 129, 444
pedras de bruxa, 413
"pedras de trovão", 263
penas de pavão, 329
Pendle Hill, 141-2
perfumes, 302-5
pesadelo, 311, 413
Peuckert, dr. Erich-Will, 478-9
picadores de bruxa, 377-8
Piddinghoe, 39
Pierre de Lancre, 319-20, 322-3, 350, 410
Plantageneta, 344, 441-3, 487
Plínio, 45, 216, 270, 396, 403
Plotino, 450
Plymouth, 203
porta do Diabo, 428-9
Porta, Giovanni Battista, 474-8
Price, Harry, 109, 111
providência, 489
psicologia, 30, 31, 47, 216, 283

R

Randolph, Vance, 224-5
Reculver, 78
rei divino, 50, 74, 75, 281, 393, 442

Reich, Wilhelm, 229, 362, 436
Remy, Nicholas, 337, 389, 467
Rex Nemorensis, 321
ritos sexuais, 251-2
Robbins, Rossell Hope, 39, 161, 465
Roberts, Susan, 230
Rollright Stones, 155, 408-9
Rudston, 40
Rufus, Guilherme, 333, 441
runas, 44

S

Sabbath judaico, 453-4
sabugueiro, 72-3
sacrifícios de fundação, 77-9
Sade, Marquês de, 388
sal, 454-6
Salem, Massachusetts, 226-7, 340
Samhain, 278
"sangramento" de bruxas, 419-22
santuário de bruxa, 118
São Paulo (apóstolo), 51
sapos, 243-4
Satã, 180-1, 386
satanismo, 27, 76, 113-5, 165, 229-30, 360
Schultheis, juiz Heinrich von, 468-9
Scot, Reginald, 289, 308, 475, 476, 488
Scott, sir Walter, 237, 247, 248
Senhor da Desordem, 497
seres extraterrestres, 182
Sete Raios, 83
Shah, Idries, 145, 146, 147
Sheila-na-Gig, 427-8
Sherborne, 180

Shiva, 36, 52-3, 57, 101, 406-7
Shropshire, 143-4, 199, 419
sidra, 95
simbolismo, 30, 130, 141, 401
símbolos mágicos, 46
sinais hexadecimais, 225
Sociedade da Palavra do Cavaleiro, 132, 133
Sócrates, 192
Somerset, 95, 160, 221-2, 261, 457, 500
Spence, Lewis, 89, 94, 203
Steyning, 72, 73
Stonehenge, 206, 410-1, 502
Sturston, 365
suástica, 46, 492-3
Suffolk, 239, 289, 290, 471
sufis, 145-52
Summers, Montague, 39, 336, 461-4, 475-8

T

tábua de esmeralda, 82, 435
Tanat, 153
Tate, Sharon, 74, 372-6
tattvas, 433
tatuagem, 315
templários, 97-9, 146, 152, 494
Tessália, bruxas da, 54, 188
"teste da água", 291-2
teta de bruxa, 379
Thom, professor Alexander, 412
Thomas, o Rimador, 237-8, 242
Tibete, 86, 128, 492
Toledo, 145, 216
Tongue, Ruth, 457

torres redondas, 39
tourada, 187
travestismo, 101
três graus de bruxaria, 116
Tring, 418-9
Trismegisto, Hermes, 82, 435
Trotula, 216
Tuatha Dé Danann, 129, 444
tuathal, 42, 140
tugues, 75

V

Vangelo delle Stregue, 56-61
velas, uso de, 361-2
ventos, 40-1, 493
vergalho de touro, 258-9
Vidente Brahan, 364
vidro Nailsea, 130-4
Vila dos Mistérios, 255, 395
virgindade, 151, 322-3
vodu, 165, 209, 223-4, 282, 301, 342

W

Walsh, John, 241
Walton, Charles, 154
Warboys, 286

warlock, 114
Weir, major Thomas, 81
Wesley, John, 339
Wheatley, Dennis, 360, 462
Whittlewood, floresta, 442
Williamson, Cecil H., 153-4, 165
Williamson, Hugh Ross, 147, 155, 333
Wincanton, 160, 456
Withering, dr. William, 1999
Wolsey, cardeal, 355
Wookey Hole, 65
Wright, Thomas, 51, 52, 99, 238-9, 396-7, 483
Wyre Forest, 488

Y

Y Lin Troia, 197
yoni, 37
York, 326
    catedral de, 495
Yorkshire, 40, 353-5, 487

Z

Zeus Lycaeus, 349, 351
zoroastrismo, 181

SOBRE A AUTORA

Doreen Valiente foi uma das fundadoras da wicca moderna, iniciada em quatro ramos diferentes da Antiga Religião na Grã-Bretanha. É autora de *Natural Magic, Witchcraft of Tomorrow* e *The Rebirth of Witchcraft*. Estudou o ocultismo por mais de trinta anos e é uma das figuras mais conhecidas no universo da bruxaria, tendo participado de vários programas de rádio e televisão para elucidar o tema. Seu profundo conhecimento de folclore, misticismo e magia cerimonial, combinado com talento literário, fez dela protagonista no ressurgimento das tradições pagãs no século 20. Faleceu em 1999.

TIPOGRAFIA	FreightText Pro e Nagel VF [TEXTO] FreightDisp Pro e FreightText Pro [ENTRETÍTULOS]
PAPEL	Ivory Slim 65 g/m² [MIOLO] Couchê 150 g/m² [CAPA E SOBRECAPA] Offset 150 g/m² [GUARDAS]
IMPRESSÃO	Ipsis Gráfica [MARÇO DE 2025]